Tobias Kollmann

STARTUP.mord

Erfolg kennt keine Grenzen

Gründerroman

Impressum

STARTUP.mord – Erfolg kennt keine Grenzen
Autor: Tobias Kollmann, tobias.kollmann@netstart.de
Adresse: netSTART GmbH, Am Waldpark 34, 50996 Köln
 1. Auflage (2021)

Bestellung und Vertrieb:
Nova MD GmbH, Vachendorf

ISBN: 978-3-96966-509-1

Auch als eBook und Hörbuch erhältlich.

www.startup-roman.de

Prolog

Die Glocke lag schwer in seiner Hand. Eigentlich hätte er sie in dem Blitzlichtgewitter der Fotografen auf dem Börsenparkett in Frankfurt am Main mit einer Leichtigkeit läuten sollen, die für diese traditionsreiche Symbolik angemessen war. Schließlich war es der größte Tag in der Geschichte seines Startups - es war der Tag vom IPO von *AudioKing.com*, einer Plattform für das Aufnehmen und Abspielen von Audiodateien. Quasi das *YouTube* für die Ohren.

Wer mit seinem Gesicht überzeugen konnte, war bei *YouTube*, wer es „nur" mit der Stimme konnte, war bei und damit ein *Audio-King*. Die drei magischen Buchstaben IPO standen dabei für Initial Public Offering und bedeuteten nichts Anderes als die Erstplatzierung der Aktien eines Unternehmens an der Börse. Für die Gründer, Investoren und anderen finanziellen Wegbegleiter bedeutete es aber schlichtweg eins: Zahltag!

Doch das Gewinnerlächeln von Alexander König, der in der Startup-Szene in Analogie zum Firmenname gerne auch „Der King" genannt wurde, war nur gespielt. Hinter seiner Stirn machte sich Unsicherheit breit. Sah man ihm den Verlust seines Freundes und Mitgründers Moritz Hansen an, der erst vor wenigen Wochen ermordet wurde und dessen Tod den heutigen Tag überschattete? Durfte er sein Gewinnerlächeln, welches über die Zeit zu seinem Markenzei-

chen geworden war, genau vor diesem Hintergrund überhaupt zur Schau stellen?

Der Automatismus der Öffentlichkeit zwang ihn doch dazu und die Bilder würden länger wirken, als die Frage nach dem immer noch ungeklärten Ableben seines Kollegen. Also schwang er die Glocke, lächelte in die Kameras und feierte den guten Start auf dem Börsenparkett. Gut war dabei eigentlich keine passende Beschreibung, denn die Aktien waren nicht nur im Vorfeld des IPO gefragt, sondern der Kurs explodierte geradezu direkt nach dem Beginn des Handels.

Das erste digitale Unicorn aus Deutschland mit einer weltweiten Relevanz, welches zudem dem Lockruf der NASDAQ widerstehen konnte und den Börsengang nicht in New York, sondern vor Ort in Frankfurt wagte. Welches schon vorher die Kaufangebote von *Google* und *Facebook* ablehnte und seinen eigenen Weg gehen wollte. Welches als das Vorzeigeprojekt einer bis dato sehr schwachen europäischen Digitalszene galt und welches viele Personen heute mit dem Börsengang reich machte. Sehr reich machte!

Die beteiligten Business Angels aus der Anfangszeit, die Venture Capital-Geber aus der Wachstumsphase, die beteiligten Banken und Private Equity-Investoren im Zuge des Börsengangs und natürlich die Gründer selbst. Zumindest die, die noch am Leben waren. Moritz Hansen war es nicht mehr...

Natürlich war sein Handy voll mit SMS- und WhatsApp-Nachrichten, die ihm mehr oder weniger ehrlich gratulierten. Die üblichen Speichellecker, die ihm in den Hintern kriechen und mit ihm Geschäfte machen wollten, andere Gründer, die ihn gerne als Business Angel für die eigenen Startups gewinnen würden und Vermögensberater, die jetzt unbedingt mit ihm sprechen mussten. Er schenkte diesen Mitteilungen nur wenig Beachtung.

>>*Wir müssen jetzt nach draußen gehen!*<< holte ihn Anna-Maria Abrams aus seinen Gedanken. Offiziell war sie die PR- und Pressesprecherin von *AudioKing.com*, inoffiziell war sie wohl eher die persönliche, man munkelte hinter vorgehaltener Hand sogar „sehr persönliche" Assistentin vom „King". Im Moment war sie aber auf die exakte Einhaltung des Zeitplans bedacht und so schob sie Alexander König sanft aber bestimmt in Richtung Ausgang, nicht ohne den Wink an die Pressemeute, ihnen zu folgen.

Auf dem Weg zum obligatorischen Foto mit der bekannten Bullen-Skulptur vor dem Börsengebäude fiel dessen Blick aber doch noch auf eine Nachricht auf seinem Handy, die ihm das Blut in den Adern gefrieren lies:

„Du Schwein! Ich mache Dich fertig! MfG Moritz"

Der Absender war die ihm mehr als bekannte Mobilfunk-Nummer von seinem ermordeten Mit-Gründer. Ihm wurde schlecht und ein mehr als ungutes Gefühl überkam ihn. Dieses wurde noch verstärkt, als er beim Verlassen des Foyers der Frankfurter Börse aus den Augenwinkeln heraus die blauen Lichter der Einsatzwagen der örtlichen Polizei bemerkte.

Etwa zeitgleich pingte bei ihm und allen anderen um ihn herum eine Eilmeldung der bekannten Online-Plattform *startup.news* auf, die es mehr als in sich hatte. Er überflog nur kurz die Überschrift und in diesem Moment wusste er, dass er die Bronze-Plastik auf dem Börsenplatz, die seit 1985 dort stand und mit Bulle und Bär den ewigen Kampf von Auf und Ab am Aktienmarkt symbolisierte, nicht mehr erreichen würde.

Zu diesem Zeitpunkt fing auch der Börsenkurs von *Audio King.com* massiv an zu sinken. Panik machte sich unter den Anlegern breit und die Aktie kannte in der Folge nur eine Richtung: abwärts… Die beteiligten Investoren konnten nur fassungs- und tatenlos zusehen, wie ihr Kapital und ihre Exit-Träume zunehmend vernichtet wurden. Die rechtlich verbindliche Lockup-Periode verbot ihnen einen direkten Verkauf ihrer Anteile direkt zu Beginn des Börsengangs.

Alexander König hörte noch schwach den aufkommenden Tumult aufgrund der eingegangenen Eilmeldung durch das erneut aufkommende Rauschen in seinen Ohren, dann sackten seine Knie weg und ihm wurde schwarz vor Augen…

Seed-Phase 1

>>*Die Digitalisierung ändert alles!*<< Es war dieser Satz seines Professors im Grundkurs zum Thema „Digital Transformation“ an der bekannten privaten *University of Digital Business* in Düsseldorf, welcher sich in das Gedächtnis von Alexander König einbrannte. Die *UDB* residierte durchaus nobel im angesagten Medienhafen der Landeshauptstadt und bot exklusive Bachelor- und Masterstudiengänge für die Digitale Wirtschaft an.

Nichts erinnerte hier an eine klassische Hochschule. Die Sitze im Hörsaal waren aus Leder mit verstellbaren Lehnen und individuell ausklappbaren Tischelementen für Laptop oder Tablett, die jeder Student am Anfang als Willkommensgeschenk bekam. Die Seminarräume waren im hippen Co-Working-Style ausgestattet und einen exklusiven Fitnessraum gab es ebenso wie ein hippes Kaffee als Meeting-und Networking-Station. Ultraschnelles und freies WLAN war eine Selbstverständlichkeit und eine Chill-Area mit Kickertisch und Tischtennisplatte erzeugte eine digitale Startup-Kultur, die durchaus gewollt war.

Düsseldorf war dabei gut gewählt, denn während die Hochschulen im Rheinland führend für die klassische Betriebswirtschaft waren, konnten die Ruhruniversitäten in den Bereichen Informatik und Wirtschaftsinformatik punkten. Düsseldorf lag somit geografisch im bestmöglichen Schnittpunkt, wo sich das informationstechnische „Digital“ und das anwendungsorientierte „Business“ trafen und so zum innovativen „Digital Business“ wurden. Ein exklusiver Ort des digitalen Wissens für eine exklusive Auswahl an begabten Digital Natives, welche die reale Welt ins digitale Zeitalter transformieren bzw. aus den Angeln heben wollten.

Und noch eine Besonderheit konnte man an der *UDB* beobachten: Die innovative Hochschule hatte sich neben dem Grundstudiengang zum allgemeinen „Bachelor of Digital Business“ und dem weiterführenden „Master of Digital Business“ noch einen einzigartigen Sonderstudiengang zugelegt, der in Deutschland und auch Europa seines gleichen suchte. Für den speziellen „Master of Digital Entrepreneurship“ bewarben sich die Studenten nicht nur mit den Noten aus dem Bachelor, sondern mit einem Businessplan für eine eigene Geschäftsidee.

Das anschließende Studium drehte sich neben seinen allgemeinen Vorlesungen in seinen speziellen Kursen dann nur und ausschließlich rund um diese Idee und deren Umsetzung in eine tatsächliche Unternehmensgründung. Dabei kam es durchaus vor, dass sich einige Studenten von ihrer ursprünglichen Idee trennten und sich anderen Kommilitonen anschlossen, was durchaus gewünscht war.

Am Ende stand der über die Grenzen hinweg bekannte „*Battle of Ideas*“ vor dem hauseigenen nationalen und internationalen

Investorenclub auf dem Programm, wo die besten Ideen auch direkt eine Finanzierung bekommen konnten. Der Weg dorthin war lang und in regelmäßigen *„Ideas Slams"* versuchten sich die Teams ständig mit ihren Gründungsideen untereinander zu messen.

Am Ende stand somit für die Studenten nicht nur der Mastertitel, sondern auch der Start des eigenen Unternehmens oder ein lukratives Angebot für eine Position in einem schon bestehenden Startup im Portfolio der Kapitalgeber im Raum. Die suchten nämlich nicht nur neue Startups, in die sie investieren konnten, sondern auch vielversprechenden Nachwuchs für die schon laufenden Investments.

Die *UDB* wurde somit zur Kaderschmiede für die nächste Gründergeneration in der digitalen Wirtschaft. Der Track-Record, also die individuelle Referenzliste, die über die Erfolge von den bisherigen Startups der *UDB* eine Auskunft gibt, spricht für sich. Mit einem Gesamtwert von fast 3,5 Mrd. Euro waren die Ausgründungen aus der Düsseldorfer Hochschule die erfolgreichsten in ganz Europa und die Hochschule hatte sprichwörtlich ihren Anteil daran.

>>*Die University of Digital Business ist die TOP-Adresse für Gründer, Investoren und Unternehmen, die im Bereich der Digitalen Wirtschaft aktiv sind oder es werden wollen.*<< Mit diesem Satz ließ sich der Rektor bzw. Präsident der *UDB*, Prof. Dr. Andreas Baumann, immer gerne zitieren. Er war selbst einmal ein erfolgreicher Gründer in der Zeit der

New Economy gewesen und verstand seine Hochschule schlichtweg als Business Modell.

Studiengebühren gab es vor diesem Hintergrund nicht, aber die Studenten mussten sich im Rahmen der Unternehmensgründung verpflichten, 5% der Anteile an die *UDB* und 5% an deren Professoren als Pool-Beteiligung abzugeben. Man nannte es „*Das UDB-Prinzip*" und die zugehörige Titelstory aus dem Manager-Magazin mit Baumann auf dem Cover überstrahlte im überdimensionalen Großformat alle anderen Einrichtungsgegenstände im Büro des Rektors.

So gab es für alle Beteiligten einen besonderen Anreiz, dass die Startup-Ideen ein Erfolg wurden. Mehr noch, es spannte das Band einer eingeschworenen Gemeinschaft zwischen Hochschule, Professoren und Studenten. Das hatte inzwischen einen Kult-Status. Man duzte sich, man unterstütze sich... Die Profs waren mehr Mentoren als Lehrer und mussten im Rahmen der Berufung nachweisen, dass sie selbst ein erfolgreiches Unternehmen gegründet hatten und über ein wertvolles Netzwerk verfügten.

>>*Mit tollen Publikationen in amerikanischen A-Journals alleine kommt hier niemand an die UDB. Wir wollen Persönlichkeiten, die auch außerhalb der Hochschulen bewiesen haben, dass sie etwas vom Unternehmertum verstehen. Alle anderen können sich gerne an eine staatliche Universität auf die Pensionierung vorbereiten.*<< sagte Baumann gerne mit einem Seitenhieb auf die öffentlich-rechtlichen Kollegen.

Wer an der *UDB* als Hochschullehrer nicht spätestens nach jeweils 5 Jahren nachweisen konnte, dass er erfolgreich die Startups der Studenten begleitet hatte, der war schneller wieder weg, als er vielleicht zum Einstieg dachte. Erfolg war dabei klar definiert: Wie viele Gründer hatten für ihre Gründungsideen eine Finanzierung bekommen.

Damit wurden die Abschlussprüfungen in Form von Pitches vor den Investoren nicht nur zum Prüfstein für die Studenten, sondern auch für die Professoren, die sich aus den jeweiligen Master-Bewerbungen analog zur amerikanischen Football-Liga *NFL* im Draft-Verfahren ihren individuellen Betreuungspool auswählen konnten. Unterricht gab dann jeder Professor für alle Studenten, aber die konkrete Betreuung der resultierenden Gründerteams mit ihren Startups lag in den einzelnen Händen der jeweils beteiligten Hochschullehrer.

Durch dieses System standen alle unter Druck, konnten im Erfolgsfall über das besondere Beteiligungsmodell aber auch sehr reich werden. Entsprechend war das Verhältnis zwischen der *UDB* und den normalen Universitäten geprägt von einer Mischung aus gegenseitigem Neid bezüglich der Verdienstmöglichkeiten an der *UDB* bzw. der Stellensicherheit im öffentlich-rechtlichen Sektor einerseits und dem Mitleid bezüglich des permanenten Stresses der *UDB*-Kollegen bzw. dem geringen Grundgehalt eines normalen FH- oder Uni-Professors andererseits.

Aber das Modell funktionierte und die Investoren standen Schlange und bezahlten der Hochschule viel Geld, nur um im Rahmen der Abschlussprüfung den ersten Blick auf die aktuellen Absolventen und ihre Ideen werfen zu dürfen. Neben dem Beteiligungsmodell eine weitere gute Einnahmequelle.

Nationale und internationale Venture Capital-Unternehmen, reiche und renommierte Business Angels, staatliche und halbstaatliche Fonds und große Industrie-Unternehmen pilgerten regelmäßig zweimal im Jahr zu den Präsentationen der Studenten nach dem jeweiligen Winter- oder Sommersemester. Es war das „*Who-is-Who*" der digitalen Szene. Nur die Presse war unerwünscht und es war den Studenten strengstens verboten, über ihre Ideen vor der Abschlusspräsentation öffentlich zu berichten.

Es war die Regel, dass noch vor Ort die ersten exklusiven Letter of Intents, also unverbindlichen Absichtserklärungen unterschrieben wurden, die bestätigten, dass man in anschließende Verhandlungen über eine Beteiligung eintreten wollte. Die Wahrscheinlichkeit, dass die LOIs auch in eine tatsächliche Beteiligung umgewandelt wurden, lag in der Vergangenheit durchschnittlich bei 91,47 Prozent.

Es war das Ziel eines jeden Gründerteams an der *UDB*, am Ende des Tages die meisten dieser LOIs zu bekommen. Damit verbunden war der Titel des „*UDB*-Startup of the Year", mit dem man gleichzeitig zum Jahrgangsbesten wurde und sein Team-Foto ab diesem Tag vor dem Büro des Rektors sehen durfte.

Das war der Traum eines jeden neuen Studenten, dann hatte man es geschafft und durfte sich seine Investoren aussuchen. Dort hing man dann neben den großen Vorbildern, die in zwei Fällen als „IPOler" einen Börsengang geschafft oder in vielen weiteren Fällen als „TradeSaler" ihre Startups erfolgreich an Industrie-Unternehmen verkauft hatten. Der Weg zum großen Geld war damit quasi vorprogrammiert...

Und da saßen sie nun Seite an Seite und hatten genau diesen Traum: Alexander König und sein Kommilitone Moritz Hansen. Der eine als 21-jähriger Bachelor der Betriebswirtschaft aus Köln und der andere als Bachelor der Informatik aus Dortmund, der gerade einmal den 20. Geburtstag hinter sich hatte.

Alexander war dabei nahezu ein Prototyp eines zukünftigen *Chief Executive Officer* und damit CEO eines Startups. Gutaussehend, überzeugend, selbstbewusst mit leichtem Hang zum Narzissmus, aber eben auch fundierten Kenntnissen in BWL mit dem Schwerpunkt Marketing. Ein zukünftiger „Digital Leader" wie ihn Kapitalgeber in einem Gründerteam suchen und selten finden.

Das Haar immer gut frisiert und die Kleidung immer tadellos in Form der Startup-Uniform schlechthin: *Boss*-Anzug, weißes oder blaues Hemd mit zwei offenen Knöpfen, natürlich keine Krawatte...

Mit einem gnadenlosen Talent für die Kommunikation und Präsentation zu seiner Idee und natürlich auch zu sich selbst. Es überraschte kaum, dass er als Lebensmotto in seinen Bewerbungsunterlagen für die *UDB* den bekannten Überfliegersatz „*The Sky is the Limit!*" eingetragen hatte.

Demgegenüber kam Moritz Hansen deutlich stiefmütterlich daher und erinnerte somit eher an die Nerds aus der bekannten US-Serie „*The Big Bang Theory*". Jeans und T-Shirts mit Aufdrucken amerikanischer Comic-Symbole und den obligatorischen *Birkenstock*-Sandalen. Er war eben keine Rampensau, die sich auf die Bühne stellte und überzeugend reden konnte.

Seine Welt war eine andere – seine Welt bestand aus Nullen und Einsen, aus denen er Programmzeilen bevorzugt für mobile Anwendungen schrieb. Er war die Fachkraft bzw. der potenzielle *Chief Technology Officer* und damit CTO, nach der bzw. dem alle suchten und die kaum zu finden war. Er war ein Coder!

Moritz war einer der wenigen hochbegabten Menschen, die reale Probleme technisch in digitale Lösungen übersetzen konnten. Ein Virtuose der Kombination von binären Programmzeilen mit einer gnadenlosen Effizienz und Effektivität, mit der eine resultierende Anwendung genau das tat, was sie tun sollte. So wie andere Menschen ein Brief schrieben, so schrieb er die Codes für ein digitales Programm. Codes, die der Schlüssel zu einer neuen Dimension waren – der digitalen und damit virtuellen Dimension des Internets. Das war sein Reich, seine Spielwiese und sein Selbstverständnis…

Moritz Hansen überzeugte die *UDB* mit einer Startup-Idee, welche ein neue Streaming-Möglichkeit für Audio- und Videodateien beinhaltete und in Zukunft das *mp3*-File als Kompressionsverfahren ablösen sollte. Alexander König war angetreten mit der Idee einer Plattform für redaktionellen Audio-Content, bei dem die Podcasts einzelner Akteure zu individuellen Channels gemischt werden konnten.

Schon beim ersten internen „*Idea Slam*" wurde beiden klar, dass sie in die gleiche Richtung weitergehen und sich ergänzen konnten. Seitdem saßen sie in allen Veranstaltungen zusammen und arbeiteten weiter an ihrer Idee. Beide hatten aus dem Professoren-Draft denselben Mentor bekommen. Es war Prof. Dr. Nikolas Krüger und der war eine seltene Mischung aus Verbandspräsident und Investmentmanager.

Dieser Dozent strahlte auf der einen Seite vollkommende Seriosität aus, schlug sich aber auf der anderen Seite mit dem Gerücht herum, dass er durchaus dazu neigte, nicht unerhebliche Summen an der Börse einzusetzen und damit nicht sonderlich erfolgreich zu sein. Als ehemaliger *Chief Financial Officer* und somit CFO eines FinTech-Startups hatte er nach dem erfolgreichen Exit aber auch das notwendige Spielgeld dazu. Entsprechend egal war ihm das Gerücht.

Prof. Krüger war nach seiner aktiven Startup-Zeit mit der obligatorischen Pause vor vier Jahren an die *UDB* gekommen und unterrichtete hier Finanzen und Investment-Management. Er war durchaus beliebt bei den Studenten und sein Fachwissen war unbestritten. Als Finanzmann hatte er aber nicht immer das Gespür für gute Geschäftsmodelle und deswegen war seine Ausbeute beim Investionsvolumen in die von ihm betreuten Absolventen und deren Startups überschaubar.

Prof. Krüger war vor diesem Hintergrund auch alles andere als ein Gewinner des *UDB*-Prinzips und blickte durchaus mit etwas Unbehagen auf die demnächst anstehende 5-Jahres-Evaluation. Mit Alexander König und Moritz Hansen hatte er aber endlich nach einer langen Zeit mal wieder ein heißes Eisen im digitalen Startup-Feuer, dass spürte er...

>>*Und denkt immer daran, mit Gedanken alleine hat man noch nie ein Fenster eingeschlagen.*<< Der Dozent beendete gerne seine Vorlesungen mit einer mehr oder weniger literarischen Bemerkung, die als Motivation und Antrieb für die Studenten gedacht war. Im gleichen Zuge winkte er seine Schützlinge Alexander und Moritz zu sich nach vorne ans Rednerpult. >>*Sehen wir uns nachher in der Chill-Area auf einen Kaffee?*<<, fragte er die beiden.

>>*Na logo, wir wollten sowieso einen neuen Gedanken zu unserer Geschäftsidee mit Dir diskutieren*<<, antwortete Alexander. >>*Dann so um*

11:00 Uhr? Ich habe vorher noch einen wichtigen Conference-Call mit Strangeway Venture zu einem neuen heißen Scheiß aus dem Valley.<< rief Krüger den beiden noch im Weggehen zu, ohne auf dieses Name-Dropping verzichten zu wollen. >>*Geht klar!*<< meinte Alexander aber wohl mehr zu sich selbst als zum bereits enteilten Professor.

>>*Glaubst Du ihm den Call?*<< fragte Moritz seinen Kommilitonen fast schon beiläufig. >>*Keine Ahnung. Die Jungs von Strangeway Venture sind drüben in den USA eine ganz große Nummer.*<< meinte Alexander und schaute sich im Hörsaal verschwörerisch um, bevor er sich leise flüsternd wieder zu Moritz wandte und meinte >>*Da würde es mir persönlich schon reichen, wenn er nur mit dem Pförtner telefoniert. Hauptsache er kann mal unseren Businessplan auf deren Tisch befördern.*<<

Der sah Alexander an und fragte sich, warum sein Freund für diese Information so leise sprechen musste. Er wollte aber dann ebenso cool sein wie sein Kollege und flüsterte zurück >>*Mal sehen, ob das am Ende des Tages nur heiße Luft oder eine echte Investment Opportunity für unser Startup ist.*<< Doch der rief ihm als Antwort nur sehr laut zu >>*Warum flüsterst Du eigentlich?*<<

Moritz erkannte damit sofort, dass Alexander ihn mit seinem Geheimnis-Gehabe nur aufgezogen hatte. Während sein Studienfreund lachend an ihm vorbeizog, schaute Moritz doch etwas pikiert hinterher. Und damit schlenderten die beiden Gründer in Richtung Ausgang und verließen gemeinsam den Hörsaal.

Seed-Phase 2

Er schaute aus dem Fenster. Es war ein besonderes Fenster, denn es erlaubte ihm den Blick aus seinem Büro in seine Garage. Es war eine Spezialanfertigung gewesen, wie eigentlich das gesamte Haus als Mischung von Privat- und Geschäftsräumen eine Spezialanfertigung gewesen war. Und eigentlich betraf dies auch sein gesamtes Leben. Es war in allen Belangen speziell und er selbst war es auch. Georg von Falkenhorst hatte es eigentlich geschafft. Er hatte ein erfolgreiches Unternehmen fortgeführt, nachdem er das Erbe seiner Traditionsfamilie in Form von mehreren Geschäften für den Handel mit Eisenwaren in Hamburg und Umgebung als einziger männlicher Vertreter übernehmen musste.

Sein Traum war das nicht, aber Adel verpflichtet ja, wie es immer hieß. Und die Familie von Falkenhorst gehörte schon immer zu den herausragenden Namen in der hanseatischen Kaufmannschaft. Als aber im Zuge der Digitalisierung der reale Handel immer weiter ins Internet abwanderte, geriet die *Falkenhorst Eisenwaren GmbH & Co. KG* unter Druck und Georg war mit seinen 55 Jahren nicht mehr derjenige, der das Unternehmen ins digitale Zeitalter führen konnte. Zu schnell, zu dynamisch und mit Spielregeln, die sich eher an Wildwest-Methoden als an der hanseatischen Kaufmannsehre orientierten.

>>Früher konnte man seinem Wettbewerber noch von Angesicht zu Angesicht gegenübertreten. Heute versteckte er sich hinter den binären Codes eines amerikanischen oder asiatischen Web-Shops im Internet.<< klagte Georg von Falkenhorst einmal bei einer Diskussion zum Thema „Internet und Handel" im renommierten *Übersee-Club*, wo er seit vielen Jahren ein geschätztes Mitglied war.

Ja, unpersönlich war das Netz, aber eben viel günstiger als das Personal in seinen Läden. Und dem Kunden war es zunehmend egal, ob er die Schrauben und Beschläge mit einem persönlichen Schnack mit einem Verkäufer in einem der Falkenhorst-Läden oder per Paket von *UPS* nach einer Online-Bestellung nach Hause bekam. Der Online-Handel bedeutete schon seit vielen Jahren eine massive Veränderung. Eine Veränderung, die Gewinner und Verlierer produzieren würde und die *Falkenhorst Eisenwaren GmbH & Co. KG* gehörte zu den Verlierern. Das Internet nahm keine Rücksicht auf Tradition!

Als die Zahlen im Geschäft nicht mehr stimmten und auch die Mitarbeiter zunehmend unruhig auf die Entwicklung schauten und sich diese Unruhe auch auf die Kunden übertrug, war es Zeit, die Reißleine zu ziehen. Sollten sich doch andere mit dem neumodischen Computer-Kram herumschlagen, er war zu alt und unbeweglich dafür. Eigentlich wäre das der perfekte Zeitpunkt gewesen, um das Geschäft an die nächste Generation zu übergeben, an die Digital Natives, die mit den digitalen Technologien groß geworden waren.

Aber da war niemand. Eigenen Nachwuchs hatte er nicht, was zum einen daran lag, dass er sowohl schwul als auch aufgrund einer zurückliegenden schweren Krankheit zeugungsunfähig war. Keine guten Voraussetzungen also, um die Familientradition fortzuführen und in die Hände seiner Nachkommen zu geben. Zähneknirschend musste er also das Kaufangebot einer anderen Handelskette annehmen, die aber weniger an dem eigentlichen Geschäft als an den zugehörigen Immobilien interessiert war.

Er wusste also, dass *Falkenhorst Eisenwaren* mit dem Verkauf zur Geschichte wurde. Die Läden würden nach der Abwicklung des Personals verschwinden und durch Filialen austauschbarer Markenketten ersetzt werden. „Handel im Wandel“ nannte man das und er war nicht mehr dabei. Der Kaufpreis konnte den damit verbundenen Schmerz nicht kompensieren. Er war raus...

Und so schaute er auf seine Oldtimer-Sammlung, die er auf der anderen Seite des Fensters von seinem Büro aus beleuchtet vorfand. Einen schwarzen *Jaguar XK 150* von 1957 als *DHC* aus der ersten Serie, die damals das Werk verlassen hatte. Einen roten *Triumph GT6 MK1* von 1968 hatte er dabei ebenso wie einen dunkelblauen *Aston Martin V8 Coupe* von 1974 und noch ein paar andere Schätze von *Porsche* und *Maserati*. Was aber kaum einer wusste, die Substanz seiner nach dem Verkauf gegründeten Investmentfirma *von Falkenhorst AG* bröckelte ebenso, wie seine Oldtimer an Rost gewannen.

Sein zugehöriges Family Office bestand nur noch aus ihm selbst und viele seiner Beteiligungen, die er als Business Angel gemacht hatte, waren Flops gewesen. Als Business Angel bezeichnete man in diesem Zuge vermögende Privatpersonen, die mit Kapital und Know-how in junge Firmen investierten und hofften, dass die damit verbundenen Anteile am Unternehmen mal sehr viel mehr wert sein würden als zum Zeitpunkt des Einstiegs.

>>*Man sollte nur das Geld investieren, welches man auch bereit ist zu verlieren*<<, hatte noch sein Bankberater gesagt. >>*So ein Idiot…*<< dachte Georg, denn er wollte ursprünglich ja nichts verlieren, sondern neben dem Geld vor allen Dingen eines gewinnen: Ansehen und Respekt! Er konnte die mitleidigen Blicke im *Übersee-Club* nicht mehr ertragen, die ihm nach seinem Zwangsverkauf der Eisenwaren-Geschäfte mehr und mehr zugeworfen wurden. Er schämte sich, fühlte sich nicht mehr richtig zugehörig zum Kreis der erfolgreichen hanseatischen Kaufmannsfamilien und wollte das ändern. Das Problem war nur, dass er vom Investment-Geschäft ebenso wenig verstand wie von der Digitalisierung.

Die bittere Erkenntnis in diesem Zusammenhang war, dass er Geld verlor und mit jedem gescheiterten Investment auch noch mehr Ansehen: ein Teufelskreis. Die abgetragene Kleidung war bei ihm kein Zeichen für seinen Adelsstand, sondern ein notwendiges Übel. Der ausgefranste Ellenbogenschoner auf seinem viel zu oft getragenen Tweed-Sakko war ebenso ein sichtbares Zeichen seines Niedergangs wie die Tatsache, dass schon die Hälfte seiner edlen Oldtimer zum Verkauf auf einer Online-Auktion angemeldet waren.

Er brauchte einen Befreiungsschlag. Ein Unicorn-Investment, bei dem man früh einsteigen konnte und dessen Bewertung noch vor dem Börsengang auf 1 Mrd. Euro hochschoss. Ein *Facebook*-Investment halt. Ein Traum, den jeder Business Angel hatte. Einmal wie *Peter Thiel* sein, der der erste externe Investor vom weltweit führenden Social-Network von Mark Zuckerberg war und dessen Vermögen heute auf über 2,7 Mrd. Dollar geschätzt wurde.

Und wenn das Internet ihm schon sein Traditionsgeschäft und Familienunternehmen kaputt gemacht hatte, dann sollte wenigstens ein Startup-Unternehmen aus dem Netz ihm diesen Schaden auch gefälligst ersetzen. Mit so einem monetären Ergebnis aus dem zugehörigen Börsengang dieses Startups würde er dann den *Übersee-Club* kaufen und alle rausschmeißen, die heute nur noch Mitleid ihm gegenüber zum Ausdruck brachten. Ja, dass würde er tun...

Blieb nur noch das Problem, wo er ein solches Startup finden könnte, nachdem sprichwörtlich ja alle anderen auch suchten und es offenbar genauso selten fanden wie er selbst. Nach einem Vortrag von Prof. Dr. Andreas Baumann im *Übersee-Club* wusste er es: Beim *Battle of Ideas* an der *UDB*!

Seed-Phase 3

Pünktlich um 11:00 Uhr waren Alexander König und Moritz Hansen in der Chill-Area an eben dieser *UDB* und warteten auf ihren Mentor. Der Erholungsbereich an dieser privaten Hochschule war mit einer normalen Mensa, Bistro oder Cafeteria an einer staatlichen Universität natürlich nicht zu vergleichen. Hier standen das edle Ambiente und der zugehörige Wohlfühlfaktor im Mittelpunkt und nicht die nackte Funktionalität einer Massenabfertigung.

Angefangen von einer mit Holz verkleideten Theke mit großer aufgesetzter Glasvitrine, in der die hochwertigen Snacks und frischen Backwaren die Besucher ebenso zum Verweilen einluden wie die große und original italienische Espresso-Maschine, an der ein professioneller Barista alle nur erdenklichen Köstlichkeiten aus den verschiedenen Kaffee-Sorten zubereitete. Hier wurde zur Veredlung der schwarzen Genussmittel das Logo der *UDB* mit einem 3D-Printer auf den Kaffeeschaum gedruckt. Ansonsten erinnerte die Einrichtung an eine Mischung von *Starbucks* und Edel-Italiener.

An der Wand montierte Holzkisten präsentierten zum einen in großen Glaskuben die verwendeten Kaffee-Bohnen, die natürlich auch zum Verkauf angeboten wurden oder beherbergten die neusten digitalen Gadgets aus dem Internet, die gerade auf den Markt kamen. Auf einer großen Kreidetafel standen die Tagesangebote und Getränke, die gerade in der Startup-Szene angesagt waren. Also *Club-Mate*, *Fritz-Cola* und ayurvedischer Tee.

Das Mobiliar war hauptsächlich in Teak-Holz gehalten und neben den Bistro-Tischen mit ihren ledergepolsterten Stühlen lockerte der eine oder andere Stahl-Hocker in knalliger Farbe das Gesamtbild auf. Von der Decke hingen Lampen, die im Design an die alten Glühbirnen erinnerten, und verschiedene Sitzecken mit in Grautönen gehaltenen Stoff-Möbeln luden zum Entspannen ein. Wobei „Entspannen" natürlich ein altmodisches Wort war. Bei den Digital Natives hieß das heutzutage natürlich „Chillen" und genau daher kam auch der Name für diesen besonderen Aufenthaltsort an der *UDB*.

Wie es sich für einen Aufenthaltsraum innerhalb der Digitalen Wirtschaft gehörte, durften auch ein paar notwendige Accessoires natürlich nicht fehlen. Dabei war der obligatorische Kicker-Tisch ebenso Standard wie die Tischtennis-Platte und die bunten Sitzsäcke in einem mit dicken Glasscheiben abgetrennten Nebenraum. Es gehörte ferner zum guten Ton, dass sich die ehemaligen Studenten mit einer Unterschrift an den Wänden in der Chill-Area verewigten.

So real diese Tradition auch war, so digital war das große OLED-Display hinter der Theke, auf dem alle aktuellen und ehemaligen Studenten mit einem speziellen Zugang über eine zugehörige App ihre textlichen und bildlichen Kurznachrichten posten konnten.

Ob man eine neue Finanzierung für sein Startup bekommen hatte oder einfach weitere neue Mitarbeiter suchte, ob man den Kontakt zu einem Vorstand eines Industrie-Unternehmens brauchte oder einfach nur das neuste Bild von einem Treffen mit einem anderen *UDB*-Absolventen zum Besten gab, das „*UDB-Newsboard*" war der richtige Ort dafür. Eine ständige Mischung aus Eitelkeiten, Networking und Karrierechancen machte es so interessant.

Aus den Lautsprechern klang leichte Lounge-Musik und neben der leiblichen Versorgung konnte man hier auch die diversen Merchandising-Produkte der Hochschule erwerben. Vom T-Shirt über die Hoodies bis hin zum Designer-Hemd mit *UDB*-Monogramm gab es so ziemlich alles, was man brauchte, um zu dokumentieren, dass man dazu gehörte. Meist in den Grundfarben rot, blau, braun und grau mit dem farblich passenden Aufdruck des inzwischen durchaus bekannten *UDB*-Logos gehalten.

Besonders beliebt bei den IT-Leuten, also den besonders technisch begeisterten Anhängern digitaler Technologien, war das Shirt mit dem Binär-Code der Buchstaben *UDB*, also der 01010101 - 01000010 - 01000100 in einem dreizeiligen Block-Aufdruck. Die kaufmännisch orientierten BWL-Leute hielten sich eher an das Motto-Polo „*UDB – totally digital since 2010*".

Ein solches hatte auch Alexander König an, als er zusammen mit Moritz Hansen an der Theke stand, um sich einen normalen

Cappuccino zu bestellen. Bezahlt wurde natürlich digital mit dem Studentenausweis der Hochschule. Moritz orderte dagegen einen *Death Wish Coffee*. Dieses Getränk war speziell für Programmierer gemacht, die noch eine längere Nacht vor sich hatten und nicht müde über ihren Codes zusammenbrechen wollten. Mit 186mg Koffein auf 100ml war es der stärkste Kaffee der Welt und der aufgedruckte Totenkopf auf der Verpackung kam nicht von ungefähr. Zudem brauchte die Zubereitung mehr Zeit, was Moritz die Gelegenheit gab, mit Emma ein paar Worte zu wechseln.

Emma Bartel war quasi der Prototyp des netten Mädels hinter einer Theke, wie es nicht besser in einem Schlager hätte besungen werden können. Hübsch, natürlich und mit einem Charme, dem man sich kaum entziehen konnte. Ihre naturgegebenen rötlichen Haare waren zu einem Zopf gebunden und mit ihren leichten Sommersprossen und der kleinen Stubsnase versprühte sie ein einzigartiges Signal: Geborgenheit.

Sie war sicherlich nicht das, was man einen Mega-Schuss nennen würde, dafür war sie nicht schlank genug, was sie bei den meisten eher oberflächlichen BWL-Studenten für einen schnellen Flirt nicht in Frage kommen ließ. Aber in der Kombination aus den tiefblauen Augen und einem ehrlichen Lächeln verzauberte Emma mit den passenden weiblichen Rundungen den eher schüchternen Moritz von Anfang an. Der schaute sie auch heute wieder träumend an…

Mit einem lauten >>*Hallo!*<< meldete sich Alexander und riss seinen Kommilitonen damit aus seinen Gedanken zu seiner heimlichen Liebe. Wobei Moritz aufgrund der wenigen kurzen Gespräche mit Emma zu seinen Bestellungen überhaupt nicht einschätzen konnte, ob es tatsächlich schon Liebe war. Vielleicht war es auch nur eine Schwärmerei für die nette „Theken-Fee“ und nicht mehr.

Moritz nahm nach diesem Weckruf endlich seinen *Death Wish Coffee* und verabschiedete sich dem üblichen Smalltalk von „seiner“ Emma. Die war natürlich zu allen Kunden nett. Nett, aber unverbindlich… Er aber spürte, dass bei ihm etwas dazu kam: Interesse an seiner Person. Aber vielleicht war das auch nur Einbildung. Oder eben nur ein Wunschtraum.

>>*Sag mal, läuft da was zwischen Euch?*<< fragte Alexander ihn, als sie mit ihren Getränken auf die zentrale Sitzecke in der Chill-Area zusteuerten. >>*Keine Ahnung.*<< antwortete Moritz mehr ausweichend als zu einem weiteren Gespräch anregend. War ja auch egal, denn im Mittelpunkt stand ja sowieso das gemeinsame Startup-Projekt und da konnte man Ablenkung kaum vertragen.

Und so ließen sie sich in die „*Creative Couch*“ fallen, nachdem sie ihre Erfrischungen auf dem zugehörigen Couchtisch abgestellt hatten. Bei der *Creative Couch* handelte es sich um eine Designer-Couch, die mitten im Raum positioniert war. Sie bestand aus einem großen 3D-Schriftzug, der über die zugehörigen Buchstaben des Modellnamens die Sitzfläche ergab, wobei das erste C von *Creative* und das letzte H von *coucH* die größeren Armlehnen an den Seiten repräsentierten.

Die Sitzfläche, die Rückenlehne und die beiden Armlehnen hatten die gleichfarbigen grau-beigen Kissenauflagen, die zwar flach im Design und dennoch sehr bequem waren. Auf dieser *Creative Couch* sollte man angeblich die besten Ideen haben. Der zugehörige Couchtisch bestand aus zwei übereinander gestapelten und miteinander verbundenen Holzpaletten auf denen eine dickere Glasplatte als Auflage verankert war.

Mit 5 Minuten Verspätung schlenderte nun wie angekündigt Prof. Krüger auf die beiden zu. Er setzte sich demonstrativ zwischen die beiden Gründer auf die *Creative Couch*, die dafür groß genug war und legte sein Handy und seine Kopfhörer auf die Glasplatte des Couchtisches. Er klopfte beiden kumpelhaft auf die Oberschenkel und eröffnete mit einem lockeren >>*Also, was gibt es?*<< das Gespräch.

>>*Wir haben nochmals über unsere Audio-Plattform nachgedacht und die Idee ein wenig gestresst und weiterentwickelt.* << sagte Alexander. Er klappte demonstrativ seine Unterlagen auf, sortierte kurz seine Notizen und fuhr dann mit seinen Ausführungen fort >>*Wenn wir mal Ihr Tool für den Aufbau von digitalen Geschäftsmodellen durchspielen wollen, dann muss am Anfang ja ein relevantes Problem stehen, welches wir mit Hilfe eines*

digitalen Prozesses besser lösen, als es bereits bekannte und/ oder elektronische Lösungen tun. Richtig?<<

Prof. Krüger fühlte sich geschmeichelt, dass die beiden Studenten auf seinen *EBG*, seinen *E-Business-Generator* zurückgriffen. Mit Hilfe dieses innovativen Tools für den Aufbau von elektronischen bzw. digitalen Geschäftsmodellen und -prozessen konnten sowohl Gründer ihre neuen Startup-Ideen entwickeln, aber auch etablierte Unternehmen sich mit bestehenden Geschäftsprozessen einer umfassenden Digitalen Transformation unterziehen.

Der Dozent hatte es schon vor Jahren entwickelt, um dem Anwender quasi eine Anleitung zu geben, wie er Schritt für Schritt ein digitales Geschäftsmodell basierend auf Wertschöpfungsprozessen durch innovative Informationstechnologie (IT) verstehen, entwerfen, implementieren und kontinuierlich evaluieren konnte. Er antwortete trotz seines Stolzes auf dieses Tool jedoch nur kurz und knapp >>*Richtig und weiter?*<<

Alexander meinte >>*Wir beobachten das Problem, dass es keine individuellen Radiosender gibt. Alle klassischen Angebote besitzen ein lineares Programm, welches der Hörer nicht beeinflussen kann.*<< Er legte an dieser Stelle eine bewusste Pause ein, damit sich sein Zuhörer auf dieses Problem einlassen konnte. Nach einem zugehörigen Schluck Kaffee fuhr Alexander dann fort >>*Sowohl die Musik als auch die redaktionellen Beiträge können vom Hörer nicht gesteuert werden. Der kann sich zwar mit dem*

Radiosender grob für eine gewisse Richtung im Hinblick auf Region, Musik und weitere Inhalte entscheiden, aber das war es dann auch schon.<<

Auch Moritz wollte sich nun aktiv an dem Gespräch beteiligen und zog damit die Aufmerksamkeit von Prof. Krüger auf seine Seite der *Creative Couch.* >>*Andererseits haben wir über die Podcasts und die verschiedenen Streaming-Portale für Musik eine höchst individuelle Komponente für auditiven Content, die aber kein zusammenhängendes Programm ergeben und immer wieder einzeln angesteuert werden müssen.*<< meinte der Coder.

Beide Studenten ließen nun eine schöpferische Pause und gaben somit Prof. Krüger die Zeit, sich das resultierende Bild im Kopf selbst zusammenzusetzen. Es war in dem Gesicht des Dozenten klar erkennbar, dass er den Einstieg in die zugehörige Ideenreise gefunden hatte. Trotzdem fragte er noch relativ nüchtern >>*Und? Was bedeutet das konkret?*<<

Alexander nahm den Ball gerne auf. >>*Das bedeutet, es gibt keine Plattform für individuellen Audio-Content als Mischung von eigener Musik und redaktionellen Beiträgen, die der Nutzer zu einem persönlichen Radiosender zusammensetzen kann.*<< Krüger rieb sich die Stirn, erkannte zunehmend die Zusammenhänge und fragte dennoch zunächst simpel weiter. >>*Wozu brauche ich das?*<<

Jetzt war Moritz wieder am Zug und Prof. Krüger musste den Kopf erneut in die andere Richtung drehen. >>*Radio wird hauptsächlich im Auto gehört und da habe ich einen Digital Captive Moment, bedeutet, ich bin gefangen in einer Situation, in der ich die Hände nicht frei habe, um über die Steuerung meines digitalen Endgerätes meinen Content individuell abzurufen.*<< Der Coder winkte mit seinem Smartphone und meinte >>*Schließlich ist der Griff zum Handy während des Fahrens verboten und das autonome Fahren noch nicht da.*<< wobei er sich nicht sicher war, ob Prof. Krüger nicht noch zu der Generation gehörte, die mit dem Telefon in der Hand ein Auto fuhr.

Moritz nippte kurz an seinem Kaffee und fügte anschließend dennoch noch hinzu >>*Eine reine Sprachsteuerung als Lösung ist kompliziert für das wirklich individuelle Picking von einzelnen Inhalten, zumal das zwar für bekannte Musik, aber kaum für den noch unbekannten redaktionellen Inhalt gehen würde.*<<

Nach dem bewährten Ping-Pong-Spiel war jetzt Alexander wieder an der Reihe, so dass Prof. Krüger einmal mehr seinen Kopf drehen musste. >>*Mal abgesehen davon, dass dieser Digital Capitive Moment noch beim Joggen, Training und weiteren Tätigkeiten vorkommt, schlägt dieses Problem auch beim normalen Radiohören in der Küche oder sonst wo zu.*<< Der zukünftige CEO lehnte sich bewusst zurück an die Rückenlehne der *Creative Couch* und ergänzte >>*Hier ist es insbesondere die Bequemlichkeit, die uns von einem ständigen Umschalten abhält, wenn mal nicht das läuft, was wir mögen.*<<

Und jetzt war es soweit, denn nun musste das junge Startup-Team den einen Satz bringen, der alle bisherigen Vorbemerkungen zusammenfassend auf den Punkt brachte. >>*Wir wollen deswegen eine Plattform bauen, auf der sich die eigene Musik und ein redaktioneller Content zu einem personalisierten Radio zusammensetzen lassen.*<<

Als Krüger scheinbar nicht direkt ansprang, legte Alexander nach. >>*Nie mehr Musik, die man nicht mag und nur redaktionelle Beiträge, die vom Interesse auf einen zugeschnitten sind. Kein Umschalten mehr, keine Langeweile mehr, kein lineares Radio mehr.*<< Der junge angehende Gründer straffte den Rücken, öffnete einladen die Arme und sagte euphorisch >>*Wir machen das Radio, so wie man es bisher kannte kaputt und schaffen ein neues Radio der Zukunft. 100% individuell und somit für jeden nutzbar. Innovativ, disruptiv und skalierbar!*<<

Es waren die drei Zauberworte, die jede Idee im Resultat bedienen musste. Die Idee musste neu sein, sie musste zerstörerisch sein und sie musste technisch handhabbar sein, so dass ein digitales System die wachsenden Zugriffe auf der Plattform verarbeiten konnte, ohne dass dies zu einem höheren Einsatz von teuren menschlichen Arbeitskräften führte.

Damit war die zweite Stufe im *E-Business-Generator* von Prof. Krüger bedient. Die digitale Geschäftsidee war hinterlegt mit dem Digitalisierungs- und Innovationsgrad, einer Massentauglichkeit, der Skalierbarkeit und Nachhaltigkeit. Der Dozent war nun auch offensichtlich aktiviert, wollte aber noch das gewisse Etwas. >>*Alle gut und schön, aber wo ist darüber hinaus der besondere Kick?*<<

Es gehörte zur Dramatik, dass man als Gründer im Hinblick auf seine Idee dafür immer noch einen Trumpf im Ärmel hatte. Jetzt war der Zeitpunkt, um ihn zu ziehen. Und Moritz zog in.

>>*Unsere Plattform ermöglicht nicht nur, dass man seine persönliche Musik über Spotify, Apple Music oder Deezer zusammen mit den Lieblingspodcasts zu einer individuellen Playlist kombinierte...*<< Er machte eine bedeutungsschwere Pause und zeigte in einem Kreis auf alle Studenten in der Chill-Area und ergänzte >>*... jeder Teilnehmer kann auch seinen eigenen redaktionellen Content aufnehmen, hochladen und allen anderen Hörern zur Verfügung stellen. Wir nennen das Social Media Radio!*<< vollendete Moritz den Satz.

>>*Damit sind wir nicht nur ein reiner Verwerter von schon vorhandenen, sondern werden auch zum Produzenten von neuen Inhalten. Beziehungsweise unsere Nutzer tun das, während wir nur die technische Plattform zur Verfügung stellen.*<< ergänzte Alexander und fügte im Anschluss eher spontan als geplant eine Anmerkung hinzu, die das zugehörige Startup in der Folge prägen sollte, wie keine andere. >>*Wir werden das YouTube für die Ohren!*<<

Bäm!... Da war er, dieser besondere und magische Moment. Der Moment, in dem es nicht nur beim Zuhörer, sondern auch im Kopf eines jeden Gründers „klick" macht und auch ihm selbst die Tragweite der eigenen Idee bewusst wird. Es ist ein Moment, wo einem die pure Begeisterung wie eine Überdosis durch die Adern schießt und in den festen Glauben versetzt, dass man gerade das nächste Unicorn geboren hat.

Dabei passieren in den Köpfen durchaus ganz unterschiedliche Dinge. Die einen denken an Ruhm und Ehre, dies anderen an Macht und Geld. Alexander dachte in diesem Moment einfach an alles und malte sich den zugehörigen IPO aus, Moritz begeisterte sich an dem besonderen Algorithmus, den er für die automatische Zusammensetzung des Contents auf der Plattform programmieren würde und Prof. Krüger an die Chance, es seinen Kollegen bei dem großen Pitch zum Abschluss des Jahrgangs zu zeigen und seine Verlängerung als Professor an der *UDB* zu sichern.

Die Investoren würden die Analogie zu *YouTube* lieben. Das dachten alle drei und die *Creative Couch* hatte offensichtlich mal wieder funktioniert...

Seed-Phase 4

Dr. Jörg Lehmann klappte einen weiteren Businessplan zu, den er auf seinem Tisch liegen hatte. >>*Was für ein Schrott*<< dachte er, während er kurz aus dem Fenster schaute. >>*Gibt es eigentlich keine gute Ideen mehr?*<< fragte er mehr sich selbst und war durchaus überrascht, dass er diesen Gedanken dann doch etwas zu laut und verärgert im modernen und hippen Großraumbüro der *Digital Investment Company* aussprach, so dass es die Kollegen mitbekamen.

Die *DIC* war ein größeres Venture Capital-Unternehmen mit Sitz in Berlin, welches ausschließlich in elektronische Geschäftsmodelle und die zugehörigen Plattformen im E-Business investierte. Als sogenannter VC residierte man in unmittelbarer Nähe zum *Sankt Oberholz* am Rosenthaler Platz. Das *Oberholz* war schon fast ein Mythos für die Startup-Szene in der Hauptstadt. In diesem Kaffee arbeiten die Gründer gerne an ihren Ideen und quasi an jedem Platz schlugen sie dafür ihre Laptops auf. Der öffentlich zugängliche Raum wurde ergänzt durch einen Member-Coworking-Space auf der zweiten Etage, in der laut Legende erfolgreiche Startups wie *SoundCloud* oder *Brands4Friends* gegründet wurden.

Ein perfektes Umfeld also für die *DIC*, die gerade mit dem exzellenten Zugang zur Gründerszene im Startup-Hotspot der Hauptstadt für ihren Fonds geworben hatte. *„Egal welche neue Geschäftsidee in Berlin geboren wird, wir wissen es zuerst!"*, war entsprechend die Werbebotschaft des Venture Capitalisten, der mit viel Mühe erstmals einen eigenen Fonds aufgebaut und das Geld von vermögenden Privatpersonen, aber auch großen Firmen und Institutionen eingesammelt hatte.

Insgesamt 80 Millionen kamen so zusammen, von denen aber bislang nur zwanzig mehr oder weniger gut investiert werden konnten. Das lag zum einen daran, dass man wahrlich nicht der einzige VC vor Ort war und deswegen schon seit längerem die Angel für Beteiligungen auch in den anderen Regionen Deutschlands ausgeworfen hatte und zum anderen, dass eben auch für die *DIC* nicht jedes Investment funktionierte. Aber wo und bei welchem Investor war das schon der Fall?

Denn auch für das Unternehmen von Jörg Lehmann und seinen Partnern galt die alte Regel, dass von 10 Investments nun einmal 6 kaputtgingen und abgeschrieben werden mussten, 2 weitere mehr oder weniger ohne großen Wertzuwachs überlebten und die restlichen 2 Beteiligungen dann aber so gut waren, dass sie alles andere über einen tollen Exit wieder ausglichen. Und das war ja schließlich das Geschäftsmodell eines VCs. Einem vielversprechenden Startup am Anfang das benötigte Kapital geben und dafür zu einem frühen Zeitpunkt möglichst viele Anteile am Unternehmen mehr oder weniger „günstig“ bekommen, die man dann später über ein erfolgreiches Wachstum für deutlich mehr Geld wieder verkaufen konnte.

Den Verkauf der Anteile und damit den Ausstieg aus der Startup-Beteiligung nannte man eben im Fachjargon „Exit“. Und dieser war umso erfolgreicher, je höher das zugehörige „Multiple“ war. Dieser Indikator beschrieb das Verhältnis vom eingesetzten Kapital zu Beginn bis zum resultierenden Erlös am Ende einer Beteiligung. Ein guter Exit hatte einen Multiple von 20 oder höher. Für 1 Mio.

Euro mussten am Ende also mindestens 20 Mio. Euro wieder zurückkommen. Es musste also wirklich deutlich mehr sein, um auch die nicht erfolgreichen Investments im Portfolio auszugleichen. Dafür brauchte man aber eben mindestens zwei Hotshots und die hatte die *DIC* im Moment nicht.

Unangenehm war das für alle Beteiligten, denn so ein VC-Fonds hatte nur eine bestimmte Laufzeit, in der das Kapital investiert und die Exits realisiert werden mussten. Danach erwarteten die Geldgeber des Fonds ihr Geld mit einer stattlichen Rendite als Basis plus einem variablen Anteil an den darüberhinausgehenden Gewinnen zurück. Und diese Restlaufzeit betrug nur noch 3 Jahre. Nicht mehr viel Zeit, um die Hotshots zu finden, aufzubauen und nach erfolgreichem Wachstum einen Käufer zu überzeugen, für die Anteile den zwanzigfachen Wert zu bezahlen.

Am besten ging das über einen Börsengang, wo man nicht nur den einen Käufer finden, sondern gleich die vielen Anleger mit einer großen Story ansprechen konnte, die sowieso nach neuen und vielversprechenden Emissionen Ausschau hielten. Die aktuellen Startups im Portfolio der *DIC* konnten diese Erwartungen bislang nicht erfüllen. Man stand also zunehmend unter Druck und Jörg Lehmann wusste das und die Partner und Investoren des VC-Gebers wussten es auch. Die Rakete musste also bald zünden und fliegen.

Dabei war es eigentlich gut losgegangen. Er hatte Karriere gemacht. Ausbildung an der *European Business School* in Oestrich-Winkel mit einem Abschluss in Finanzwissenschaften. Anschließend Promotion zum Thema „*Venture Capital als Beteiligungschance für Corporates – Eine institutionelle Betrachtung auf Basis der Spieltheorie*“ mit einem summa cum laude. Danach konnte er sich die Positionen fast aussuchen und landete schließlich im Corporate Venture-Bereich eines großen Energie-Konzerns im Ruhrgebiet. Das Jahresgehalt lag schon zum Einstieg um die 120.000 Euro plus Bonus.

Immer wieder hatte er das Angebot als CFO, also als *Chief Financial Officer*, zu einem Startup zu gehen und viele seiner ehemaligen Kommilitonen versuchten auch immer wieder ihn zu überreden. Aber er war konservativer, als er vielleicht zugeben wollte. Und das strategische Zeitfenster seines Alters schloss sich zunehmend, als er 30 Jahre alt wurde. Zu alt für Risiko, zu alt für ein junges Startup. Eine Frau und zwei Kinder taten ihr Übriges, um ihn von dem Abenteuer abzuhalten. Doch dann konnte er doch irgendwie nicht wiederstehen.

Als der Energie-Konzern entschied, aus dem Beteiligungsgeschäft auszusteigen, beschlossen die Mitarbeiter eine eigene Venture Capital-Gesellschaft aufzumachen. >>*Corporates müssen auch darüber nachdenken, was sie verlieren können. Startups dürfen nur darüber nachdenken, was sie gewinnen können.*<< hatte der Vorstand des Konzerns zum Abschied gesagt und schob noch hinterher >>*Deswegen passen Corporates und Startups in der Kultur nicht zusammen.*<<

Viele waren anderer Ansicht und sahen in dieser Aktion lediglich eine Bankrott-Erklärung eines alten Tankers, der nicht mehr die Substanz hatte wie ein junges Schnellboot zu denken. Dabei war der Track Record, also die Erfolgsgeschichte aus den bisherigen Beteiligungen, eigentlich ganz in Ordnung und man konnte für die neue VC-Gesellschaft sogar die Anteile in die bereits investierten Startups zu einem guten Preis mitnehmen. Auf dieser Basis funktionierte auch das Fundraising für den neuen Fonds ganz gut, aber ohne einen Konzern im Rücken war die neue Aktivität halt mit einem Risiko verbunden. Doch Lehmann dachte „Jetzt oder nie“ und wurde Partner bei der resultierenden *Digital Investment Company*. Umzug nach Berlin inklusive.

Doch er tat sich schwer mit der hippen Gründerszene. Er, der immer Anzug und Krawatte trug, der zwar digital im Kopf aber weder auf *Twitter* noch *Instagram* täglich um Aufmerksamkeit buhlte, er tat sich schwer in Berlin. Daran konnte auch das obligatorische Tragen von Jeans und T-Shirt, das Nutzen von Carsharing-Angeboten oder der 3-Tages-Bart nichts ändern. Er fühlte sich als analoger Fremdkörper in einer digitalen Welt, in der andere Regeln galten. Ob die besser waren oder besser funktionierten als die alten, war egal. Entscheidender war, ob man nach ihnen spielen konnte. Aber er konnte nicht mehr zurück und die *DIC* musste ein Erfolg werden, darüber war er sich im Klaren.

Er schnappte sich also seine Jacke und machte das, was man in Berlin so machte, wenn man keinen heißen Deal hatte oder in keinem wirklich spannenden Startup arbeitete. Man ging zu einem der mehr als zahlreichen Networking-Events, die gefühlt hundertfach pro Abend für die Gründerszene angeboten wurden. Dort traf man sich, nur um sich zu erzählen, dass „alles Super" laufen würde. Interessant war aber eigentlich nicht wer da war, sondern wer nicht da war und warum.

Heute war mal wieder das lässige *Soho House* an der Torstraße Ecke Prenzlauer Allee dran. Wer hier dazugehören wollte, der muss vor allen Dingen „Cool" sein. Eine Krawatte gehörte deswegen nicht dazu und wer sich trotzdem dem Fauxpas hingab und mit einer erschien, wurde mit einem abwertenden Lächeln am Eingang gebeten, diese doch bitte an der Garderobe abzugeben. Es zeichnete das zugehörige Hotel im kühlen Bauhausstil aus, dass im zugehörigen Club nur eingekaufte Member und ihre Gäste zugelassen waren. Ausnahme waren die zahlreichen Events, zu denen der Club auch mal vollkommene Frischlinge mehr oder weniger akzeptierte. Denn eigentlich wollte man unter sich bleiben.

Promis waren hier ebenso normal wie die Vorstände der Dax-Unternehmen und die CEOs der Startups, die es schon geschafft hatten oder meinten, es geschafft zu haben. Natürlich war auch Jörg Lehmann über die *DIC* ein Member und genoss den besonderen Status in einem Club, in dem es hieß „*Wer in dem zugehörigen Pool auf der Dachterrasse schwimmen ging, war cooler als das Wasser, in dem er sich befand.*"

Eigentlich war der Club ein großes Wohnzimmer mit Esstischen, Sitzecken mit schweren Ledermöbeln und einer gut sortierten Bar. Edel, sehr edel ausgestattet sogar und mit einer umlaufenden Fensterfront, die vom achten Stock aus einen weiten Ausblick auf die Hauptstadt ermöglichte. Das Gefühl über den Dingen und den Menschen da unten zu stehen inklusive.

Doch heute war der Club wieder einmal offen und die Community-Plattform *startup.news* hatte „die Szene" zum informellen Austausch geladen. Und so trafen sich die üblichen Verdächtigen und berichteten untereinander von dem nächsten ganz großen Ding, an dem sie gerade arbeiten würden. Es war wieder Zeit für das zugehörige Buzzword-Bingo und Jörg Lehmann hatte im Kopf schon die zugehörige Tabelle parat gelegt und strich gelangweilt die gehörten Treffer gedanklich ab.

Big Picture, *Out of the Loop*, *Leverage Effect*, *Conversion Rate*, *Disruption*, *KPI*, *Big Data...* Bingo! Normalerweise dauerte es nur 30 Minuten und 3 Small-Talks bis man die in der Gründerszene üblichen Begrifflichkeiten gesammelt hatte. Und trotzdem hoffte man immer wieder, dass man auf diesen Treffen einmal ein neues unverbrauchtes Gesicht sah, eine unkonventionelle Idee zu hören bekam oder einen wirklich heißen Tipp für ein neues Startup abstauben konnte, welches man noch nicht kannte.

Also ging man hin und Jörg Lehmann machte da keine Ausnahme. Doch er wurde wieder einmal enttäuscht. Keine neue Investment Opportunity zeichnete sich ab. Nur ein Gespräch mit der Chefredakteurin Corinna Ohlsen von *startup.news* blieb ihm in dann doch in Erinnerung.

Sie berichtete, dass sie aus gut unterrichteten Kreisen im Valley erfahren hatte, dass *Facebook* demnächst auch den Audio-Bereich adressieren wolle. Unter dem Projektnamen *Facebook Live Audio* wolle man auch zum Broadcaster werden und damit die Echtzeit-Übertragung von Radio-Inhalten und verschiedenen Podcasts ermöglichen. Zunächst soll das Feature den exklusiven Partnern von *Facebook* vorbehalten sein. Dazu zählten der *BBC World Service* und der Verlag *Harper Collins.* >>*Später wird das Format aber natürlich für alle Nutzer und Publisher ausgerollt.*<< meinte die Chefredakteurin.

„*Facebook, immer wieder Facebook…*" dachte Lehmann. Der Online-Gigant war Fluch und Segen zugleich. Auf der einen Seite war es der Stoff aus dem die Investorenträume sind, zum anderen lies dieses Unternehmen anderen Startups aber kaum die Luft zum Atmen und expandierte mit seiner Nutzer- und Datenmacht in alle angrenzenden

Bereiche. Wenn man dennoch als Startup eine Lücke erkannte, eine gewisse Relevanz erreichte und Glück hatte, dann wurde man von *Facebook* aufgekauft. Wenn man Pech hatte, machte *Zuckerberg* einen als Konkurrenten einfach platt. Und trotzdem nahm Lehmann etwas mit aus dem Gespräch. Es war der Begriff *Audio-Plattform*…

Seed-Phase 5

>>*Das wird richtig groß!*<< sagte Alexander König zu seinem Kommilitonen Moritz Hansen, nachdem das Treffen mit Prof. Krüger zunächst zu Ende gegangen war. Er bekam das Grinsen kaum noch aus dem Gesicht. Die beiden *UDB*-Studenten schlenderten in den nächsten Meeting-Raum, um die spontanen Eindrücke aus dem Gespräch mit ihrem Mentor zu verarbeiten.

Überall auf dem Campus waren diese Räume eingerichtet worden, wo man sich auf wenigen Quadratmetern mit einem Tisch und wenigen Stühlen, einem großen Whiteboard und einem Flipchart so seine Gedanken über die eigene Gründungsidee machen konnte. Natürlich durfte auch ein großer Sitzsack für die kreativen Momente nicht fehlen. >>*Das YouTube für die Ohren. Megastark! Diese Analogie war ganz großes Facebook, King*<< antwortete Moritz unter der Verwendung des Spitznamens seines Freundes.

Schon in der Schule wurde Alexander als „*King*" angesprochen, was nicht nur der englischen Übersetzung seines Nachnamens entsprach, sondern auch seinen Charakter widerspiegelte. Immer vorn dabei, sportlich in fast allen Schulmannschaften ein Führungsspieler, manchmal mit einem leichten Hang zur Arroganz, aber fast immer mit einer vollen Portion Selbstvertrauen, welches von seinen Kritikern gerne als selbstverliebter Egoismus interpretiert wurde. Im Ergebnis mochte man ihn oder eben nicht, ein Dazwischen gab es nicht.

>>*Der König dankt!*<< gab Alexander zurück und ergänzte mit einem Siegerlächeln >>*Und der König hat nachgedacht und beschlossen, dass das Startup-Baby AudioKing heißen wird. AudioKing.com*<< Moritz sah das Glitzern in den Augen seines Freundes und erwiderte >>*Das ist ein Knaller! Kurz, international und direkt den Inhalt beschreibend. So wie ein Markenname im Internet sein muss. Ist die Domain noch frei?*<<

Sie klappten ihre Laptops auf und recherchierten schnell mal auf einer der zahlreichen Registrierungsseiten für nationale und internationale Domains. Die wenigen Sekunden die eine solche Abfrage dauerte, kamen ihnen vor wie Stunden. Aber dann war das Ergebnis da. >>*Scheiße, natürlich nicht.*<< sagte Alexander mit einem enttäuschten Blick auf den Bildschirm.

Welche gute Domain war heutzutage noch frei? Rund 392 Millionen Domains waren weltweit registriert und fast alle sinnvollen

Namenskombinationen entsprechend weg. Das war auch der Grund, warum immer mehr Markennamen mit einem Doppel-Konsonanten auftauchen wie das *oo* bei *swoodoo*, einem Zahlenzusatz wie bei *Tipp24.de* oder den mal mehr, mal weniger originellen Übersetzungen in exotische Sprachen wie Hawaiianisch wie bei *Wikipedia.*

Moritz betrachtete sich das Suchergebnis noch einmal genauer. >>*OK. Die .com-Adresse ist weg, aber frei wären noch .biz, .info oder .org sowie .net und .de Das geht doch auch, oder?*<< Alexander war anderer Meinung. >>*Die nimmt man doch nur, wenn man völlig verzweifelt ist. Viele Spam-Domains arbeiten mit diesen Endungen, daher sollte man es lieber sein lassen. Außerdem ist das einzige was international zählt eben die .com-Adresse und die ist weg!*<<

Moritz versuchte es weiter. >>*Was ist mit der .io-Domain? Die finde ich cool!*<< was kein Wunder war, denn gerade bei Techies war diese Website-Endung, die geografisch eigentlich zur Inselgruppe des Britischen Territoriums im Indischen Ozean gehört, sehr beliebt. Der Grund war einfach. Das Kürzel .io stand für Input/Output. >>*I/O bezeichnet in der Informatik die Kommunikation eines Systems mit dem Nutzer oder einem anderen System. Und das gilt auch für unsere Audio-Plattform! Also ich finde AudioKing.io passend…*<< untermauerte Moritz seinen Vorschlag.

>>*In der Kommunikation mit dem einfachen Kunden und Plattform-Nutzer einfach zu kompliziert.*<< antwortet Alexander und hämmerte

mit einem >>*Scheiße, Scheiße, Scheiße…*<< die Faust auf den Tisch. >>*Es wäre ja auch zu schön gewesen.*<< Er stand auf und lief enttäuscht im Raum umher.

Moritz ließ die Finger über die Tasten fliegen. Es kam ihm ein flüchtiger Gedanke, den er überprüfen wollte. Er gab die Domain *AudioKing.com* direkt in den Browser ein und schob seinem Freund das Display entgegen. Dort konnte der in der englischen Überset-zung lesen „*Diese Webseite hat keinen Inhalt. Die zugehörige Domain steht zum Verkauf. Sie können die Domain für 4.900.- USD vom Eigentümer er-werben.*“ Dahinter stand ein Link zu einer der größten Domain-Han-delsplattformen im Netz.

Alexander wurde aktiviert. >>*Also wir können alle anderen Do-mains für AudioKing bekommen, weil sie frei sind, oder?*<< fragte er Moritz. Der Coder nickte. >>*Und wie sieht es mit den Bindestrich-Namen aus, also Audio-King.com und andere?*<< fragte Alexander weiter. Sein Freund checkte dies ebenso schnell wie alle anderen Domains. >>*Alle verfüg-bar! Offenbar wurden die nicht angepackt, da alle wie wir denken, dass es ohne die Top-Domain AudioKing.com nicht geht.*<< gab Moritz zurück.

Alexander wurde aktiv und Moritz war zwar nicht zum ersten Mal, aber durchaus mal wieder beeindruckt von der Tatkraft seines Kollegen. >>*Du reservierst alle freien Domains und ich kaufe die .com-Adresse. Befehl ausführen.*<< sagte er und zückte seine Kreditkarte, folgte dem Link und drückte den Kauf-Button.

Nun waren die rund fünftausend Dollar kein Pappenstiel, aber Alexander brauchte sich über seine finanzielle Ausstattung keine Sorgen machen. Erstens hatte er weitreichende Unterstützung aus seinem Elternhaus und zweitens konnte er über die diversen Praktika in einigen Großunternehmen schon etwas auf die Seite legen.

>>*Aye, Aye, Captain!*<< antwortete Moritz und machte sich ans Werk. Wenige Minuten später hatten sie die jeweiligen Bestätigungen über die erfolgreichen Registrierungen und den Kauf von *AudioKing.com* als ihren Startup-Namen. Beide sahen sich an, legten zwei Finger aufs jeweils linke Auge und riefen sich triumphierend den Piratengruß zu. >>*Arrr!*<<

Es war Nachmittag geworden und Alexander und Moritz packten ihre Sachen zusammen, nur um einige Minuten später im Hörsaal A der *UDB* den Ausführungen von Prof. Dr. Rüdiger Zenker zu lauschen. Er war Wirtschaftsinformatiker und bediente die Themen der digitalen Geschäftsmodelle und des zugehörigen strategisches IT-Management.

Prof. Zenker war Mitte fünfzig und hatte schon viele digitale Trends kommen und gehen sehen. Anders als seine Kollegen lief er schon fast traditionell, man könnte auch sagen schlampig über den Campus der *UDB*. Ein viel zu oft getragenes Woll-Sakko über einem schon längst aus der Mode gekommenen Streifen-Hemd mit Button down-Kragen ergänzten die ausgewaschene Jeans. Getoppt wurde dieses Bild aber noch durch die dicken Socken, die in den Birkenstock-Sandalen weithin sichtbar waren. Was die Barthaare an Länge aufweisen konnten, fehlte ihren Kameraden am Kopf.

Das Gesamtbild führte oft dazu, dass man ihn im ansonsten auf Cool getrimmten Kreis der *UDB*-Professoren unterschätze. Aber er kannte alle Tricks der Programmierung und der Modellierung von technischen Geschäftsprozessen, was ihm insbesondere den Respekt bei den technisch-orientierten Studenten einbrachte.

So stand der Dozent zwar als Mentor nie ganz vorne, da er aber immer wieder gerne von den Programmierern und Techies hinzugezogen wurde, bekam er immer ein Stück vom Kuchen der erfolgreichen *UDB*-Startups ab. So hielt er sich schon seit Jahren im internen Ranking und sein Vertrag wurde immer wieder verlängert. Inzwischen war er zum IT-Dinosaurier an der Hochschule geworden, der aber anders als seine ausgestorbenen Kollegen der Tiergattung immer noch da war. Nicht zuletzt, weil er sich selbst immer auf dem neusten Stand der Technik gehalten hatte.

Heute stand das Kapitel „elektronische Wertschöpfung“ für Startups im Internet auf dem Programm. >>*Starten wir mit einer einfachen Frage.*<< begann Prof. Zenker seine Ausführungen. >>*Welche elektronischen Mehrwerte können überhaupt von einer Plattform im Netz angeboten werden?*<< Eine rhetorische Pause gab den Studenten die Möglichkeit, sich für eine Antwort zu melden.

Natürlich blieb es ruhig, denn die Begeisterung sich aktiv zu melden war an der *UDB* nicht anders ausgeprägt, als an den staatlichen Hochschulen. >>*Für eine elektronische Wertschöpfung können dies folgende Aspekte sein.*<< fuhr Prof. Zenker fort. >>*Da haben wir zunächst den Überblick. In diesem Fall schafft ein Online-Angebot einen Überblick über eine Vielzahl von Informationen, die sonst nur sehr mühselig zu beschaffen wären. Damit wird ein Strukturierungswert geschöpft.*<<

Alexander übersetzte die Ausführungen des Dozenten direkt für *AudioKing.com* und schrieb sich in die Notizen seines Laptops, dass kurz gehalten „AK" einen Überblick über den weltweit verfügbaren Audio-Content schafft. >>*…und den seiner Nutzer, die diesen über eigene Radiokanäle aktiv einstellen.*<< flüsterte Moritz ihm zu, der die Eingabe beobachtete. >>*Es folgt die Auswahl. In diesem Fall schafft ein Online-Angebot die Möglichkeit, über Datenbank-Abfragen für die Nachfrager die gewünschten Informationen, Produkte oder Dienstleistungen gezielter und damit effizienter zu identifizieren. Damit wird ein Selektionswert geschöpft.*<< hörten sie Prof. Zenker weiter sagen.

Alexander schaute zu Moritz. >>*Das bezieht sich bei AK auf die Auswahl von Musik und dem redaktionellen Content. Bei offiziellen Titeln ist das relativ einfach, weil eine Verschlagwortung meist vorliegt.*<< meinte der Coder zu seinem Partner und ergänzte >>*Bei dem Audio-Content vom privaten Nutzer wird das schon deutlich schwieriger. Das System muss erkennen, dass dieser beim Stichwort „Essen" wirklich über die Nahrungsaufnahme und nicht über die Stadt im Ruhrgebiet spricht. Das ist technisch komplexer.*<< Er malte die zugehörigen Code-Strukturen auf den Notizblock von Alexander.

Dieser notierte sich, das „AK“ einen Selektionswert anbieten würde und Moritz dafür sorgen wird, dass das System es auch tun würde. Der zukünftige CTO von *AudioKing.com* verdrehte die Augen. >>*Ne ist klar, der Maschinenraum muss mal wieder funktionieren*<<. Alexander schmunzelte zurück >>*So ist das, Scotty*<< mit einer Anspielung auf den Ingenieur auf dem *Raumschiff Enterprise*, der alle Probleme mit dem Drücken von ein paar Knöpfen irgendwie lösen konnte und das meist schneller als es der Captain *James T. Kirk* erwarten konnte.

>>*Es wäre schön, wenn auch die beiden Kommilitonen in Reihe 3 mir ihre Aufmerksamkeit schenken würden.*<< rief Prof. Zenker durch den Saal und schaute irritiert zu Alexander und Moritz, die gar nicht gemerkt hatten, dass ihr Flüstern etwas zu auffällig geworden war. Entschuldigend hoben Sie die Hände und Zenker fuhr fort. >>*Als nächstes haben wir die Vermittlung. In diesem Fall schafft ein Online-Angebot die Möglichkeit, Anfragen von Anbietern und Nachfragern effizienter und effektiver zusammenzuführen. Damit wird ein Matchingwert geschöpft.*<<

Das wird das zentrale Thema von *AudioKing.com* dachte Moritz, der sich im Kopf schon im Hinblick auf den zugehörigen Algorithmus so den einen oder anderen Gedanken gemacht hatte.

Neben den gezielten Suchen und Zusammenstellungen der Audio-Clips mit der passenden Musik durch die Nutzer selbst wird es sicherlich darauf ankommen, dass „AK" auch immer wieder passende Vorschläge macht, welcher Content wahrscheinlich zum Geschmack des Nutzers passen könnte. Man sollte bei *AudioKing.com* entsprechend so was wie eine künstliche Intelligenz einbauen, so dass die Benutzer nur die Radio-Kanäle vorgeschlagen bekommen, die ihnen gefallen würden.

Bei der zugehörigen Entwicklung würde man ein „*Self-Enforcing Network*" verwenden, welches alle Nutzer anhand ihrer Favoriten-Kanäle in mehrere Nutzergruppen clustert und dann die Kanäle vorschlägt, die von vielen Nutzern abonniert worden sind, die sich in demselben Cluster befinden. >>*Das wird mein Meisterstück*!<< dachte Moritz und zeigte Alexander den erhobenen Daumen als Bestätigung, dass „AK" auch diesen elektronischen Mehrwert würde bieten können.

>>*Dann hätten wir da noch die Abwicklung. In diesem Fall schafft ein Online-Angebot die Möglichkeit, ein Geschäft effizienter und effektiver zu gestalten (z. B. Kostenaspekt oder Bezahlmöglichkeit). Damit wird ein Transaktionswert geschöpft.*<< referierte Prof. Zenker. An dieser Stelle machte Alexander in seine Notizen ein Blitzzeichen und fügte noch ein Fragezeichen hinzu, denn er war sich nicht sicher, ob dieser Punkt bei ihrer Startup-Idee eine Rolle spielen würde.

Ein E-Shop war *AudioKing.com* sicherlich nicht. Auch wurden keine Güter oder Dienstleistungen angeboten, an denen man per Gewinnmarge oder per Vermittlungsgebühr verdienen konnte. Hier konnte „AK“ nicht punkten. Überhaupt musste die Frage nach den Einnahmen für das Geschäftsmodell noch geklärt werden. Alexander hatte an Werbung gedacht, die Unternehmen analog zum Radio auch in die individuellen Playlists einspielen konnten. Schließlich machte das *Facebook* genauso. Darüber musste er sich später noch einmal Gedanken machen.

>>*Und dann hätten wir da noch die Kooperation. In diesem Fall schafft ein Online-Angebot die Möglichkeit, dass verschiedene Anbieter ihr Leistungsangebot effizienter und effektiver miteinander verzahnen können. Damit wird ein Abstimmungswert geschöpft.*<< riss ihn Prof. Zenker aus den Gedanken. War bei „AK“ nicht gegeben, denn die klassischen Radiosender würden *AudioKing.com* als Bedrohung sehen und mit Sicherheit nicht ihre Programme untereinander öffnen, um mit einem gemeinsamen Angebot neu an den Markt zu gehen.

Und genau deswegen konnten sie nicht gegen „AK“ antreten. Sie waren gefangen in ihrer linearen Welt, in der jeder Radiosender für sich um die Reichweite und Hörergunst kämpfte. Alexander notierte sich ein rotes Kreuz an die zugehörigen Ausführungen, schrieb aber auch den Begriff „Wettbewerbsvorteil“ daneben. Den werden sie maßgeblich für ihr Startup adressieren müssen.

>>*Und abschließend hätten wir noch den Austausch. In diesem Fall schafft ein Online-Angebot die Möglichkeit, dass verschiedene Nachfrager effizienter und effektiver miteinander kommunizieren können. Damit wird ein Kommunikationswert geschöpft.*<< Das war natürlich wiederum einer der zentralen Stärken der geplanten Audio-Plattform dachte Alexander. Natürlich konnten und sollten sich die Nutzer zu den einzelnen redaktionellen Beiträgen über eine zugehörige Kommentar-Funktion austauschen können.

Das umfassende Abonnieren der einzelnen Kanäle mit zugehöriger Bewertung sowie die Anzahl der gespielten Beiträge durch die einzelnen Nutzer sollten zudem immer wieder den Anreiz geben, sich untereinander zu vernetzen und einen „Sozialen Halt" mit der Plattform aufzubauen. Das zuversichtliche Nicken von Moritz zu diesem Punkt bestätigte seine Überlegungen. Im Resultat konnte *AudioKing.com* immerhin vier von sechs elektronischen Werten adressieren. >>*Nicht so schlecht…*<< überlegte Alexander. Nur die Frage nach den Einnahmen machte ihm noch ein wenig Kopfschmerzen.

>>*Last but not least! Denken Sie immer daran: Wer als erstes ein Kundenbedürfnis oder -problem digital erkennt, der kann über seine elektronische Wertschöpfung auch als erstes ein digitales oder reales Angebot machen!*<< beendete Prof. Zenker seine Ausführungen und die zugehörige Vorlesung. Es folgte das obligatorische Klopfen des Auditoriums als studentischer Dank für die Ausführungen.

>>*Und wir werden für den gewünschten Audio-Content die Ersten sein.*<< flüsterte Alexander zu Moritz. >>*Und die Schnellsten…*<< gab der zurück.

Seed-Phase 6

Als Dr. Jörg Lehmann am Morgen nach dem Networking-Event im *Soho House* zurück ins Büro der *DIC* kam, hatte er immer noch den Begriff „*Audio-Plattform*" im Kopf. Natürlich kannte er *Spotify* und *Deezer* sowie andere Anbieter, bei denen man sich die eigenen Play-Listen mit der bevorzugten Musik zusammenstellen konnte. Und es war schon von Vorteil, sich nicht mehr die einzelnen Songs zu kaufen, sondern sich für die Nutzung in einem monatlichen Abonnement flexibel aus einem Portal mit einem nahezu unbegrenzten Musikangebot zu bedienen.

Er selbst war Kunde bei *Spotify* und sehr zufrieden. Das aber hier der redaktionelle Content fehlte, war ihm auch schon bewusstgeworden und so ertappte er sich immer wieder, wie er für Nachrichten auf den guten alten Radiosender zurückgriff. In jüngerer Vergangenheit bot zwar auch *Spotify* den einen oder anderen Podcast an, aber in diesem Bereich hatte Apple wiederum immer noch einen eindeutigen Vorsprung. Nachdem der Computer hochgefahren war rief er *Google* auf, tippte die Suchbergriffe „*Facebook Live Audio*" ein und drückte die Enter-Taste.

Er bekam rund 400.000 Einträge. Ziemlich weit oben fand er einen Eintrag mit dem Titel „*Facebook hat es aufs Radio und Podcasts abgesehen!*" Über den Link auf die zugehörige Webseite des Magazins *WIRED* war zu lesen „*Facebook meint es ernst mit seiner Live-Plattform!*" Livestreaming sei die Zukunft, hat das Unternehmen immer wieder verlauten lassen, zuletzt sogar mit teurer physischer Werbung. Nun wird das Feature mit dem Launch von *Live Audio* erweitert.

Wie der Name schon vermuten lässt, können individuelle User und Marken damit Audio-Streams auf ihrer Facebook-Seite anbieten. Ein Frontalangriff aufs Radio und natürlich auf Podcasts… *Live Audio* gebe *Facebook*-Seiten eine weitere Möglichkeit, für ihr Publikum in Echtzeit auf Sendung zu gehen. Als Beispiele für *Live-Audio*-Inhalte nennt Facebook Interviews und Lesungen. Wie schon bei *Live Videos* werden User die Tonübertragungen demnach im News Feed sehen und können dort mit ihnen interagieren."

Lehmann dachte nach. >>*Frontalangriff aufs Radio…*<< murmelte er. Alle Medien werden oder wurden durch das Internet umgekrempelt, nur das Radio ist tatsächlich noch weitgehend verschont geblieben. Trotzdem war er noch nicht ganz überzeugt. Wie löste *Facebook Live Audio* das Problem mit der Musik? Das machte das Radio doch am Ende des Tages auch aus, oder?

Die Mischung aus redaktionellen Beiträgen, Nachrichten, Reportagen, Interviews und eben Musik bot *Facebook* nicht und umgekehrt *Spotify* auch nicht, denn hier fehlte der User-Generated-Content in Form der einzelnen Beiträge der Netzwerk-Teilnehmer. Riecht irgendwie nach einer Marktlücke und wo die ist, da ist auch eine Investment Opportunity meist nicht weit. Er wollte dieses Thema mal im täglichen *Jour fixe* mit den Kollegen besprechen.

Und so machte er sich auf den Weg zum *Konfi 1*, wie der zentrale Besprechungsraum liebevoll genannt wurde. Ein langer Tisch aus Sheesham-Holz dominierte den Raum. Umringt wurde er von acht in weißem Leder gehaltenen Stühlen, die über ihren sesselförmigen Sitz mit umlaufend erhöhten Armlehnen und einer gepolsterten Rückenlehne auch für längere Meetings den gewünschten Komfort versprachen.

Am Kopf des Tisches fand sich ein Telepresence-System von *CISCO* mit Doppel-Monitor und zugehörigen Video-Kameras. Über diese Anlage konnte man per Video-Konferenz weitere Kollegen, Investoren oder Startup-Gründer in das Meeting reinholen. Heute brauchte man es nicht, da das Treffen rein intern war.

>>*Die Investoren werden merklich unruhig.*<< begann Anne Westheim, die Kollegin und berufliche Partnerin von Jörg Lehmann, das Gespräch. >>*Insbesondere die Ammerkamp Media Group macht sich Sorgen, dass weder die bisherige Performance noch die Aussicht auf gute Deals*

den Ausblick auf einen erfolgreichen Fonds zulassen.<< führte Anne besorgt fort und schaute in die Runde.

Sie hatte wie fast immer ein Business-Kostüm mit weißer Bluse an. Formal korrekt, aber langweilig. >>*Wir bekommen seit einiger Zeit aber auch nur noch Scheiße auf den Tisch!*<< antwortete Björn Rademacher, ein Business Analyst der *DIC*. >>*Ich kann die 100. Jobbörse, das 200. Reiseportal oder die 1000. Event-Community nicht mehr sehen. Die zugehörigen Business-Pläne lesen wir aus dem Konfigurator. Alle gleich, alle ohne Kick, ohne irgendeine Phantasie. Und in unsere info@-Mails mag ich schon gar nicht mehr schauen.*<<

Björn, wie immer in Jeans und T-Shirt und damit eher als Gründer denn als Investor unterwegs, war für die Erstprüfung von neuen Startup-Ideen zuständig und polterte weiter. >>*Da hat schon meine Oma originellere Geschichten erzählt und die Deal-Pipeline sieht auch nicht viel besser aus. Wenn man mal was hat, was auch nur etwas am Mainstream vorbeigeht, dann entpuppt sich das oft als Luftnummer, wenn man mal das Gründerteam und die Geschäftsidee ein wenig stresst und konkret nachfragt.*<<

Lehmann ergänzte >>*Ich kann den Eindruck von Björn nur bestätigen. Auch aus den Netzwerken kommt im Moment wenig. Fakt ist, wir haben zu viele B- bis C-Startups im Portfolio und bei rescure.io und allesbillig.de brennt im Moment der Baum. Und ein A-Startup für ein Neuinvestment ist nicht in Sicht. Kurz: Es läuft nicht…*<<

Anne begann zu schwitzen. >>*Was ist los bei allesbillig.de? Von Schwierigkeiten höre ich gerade zum ersten Mal.*<< Sie schaute fragend zu Petra Trampke, die als zuständige Investment-Managerin etwas tiefer in ihren Lederstuhl sank. Die 28-jährige Nachwuchshoffnung war von Anfang an zuständig gewesen für dieses vermeintlich gute Start-up-Pferd im Stall des *DIC*.

Petra Trampke war neu zum Team dazu gekommen, als man das Büro in Berlin aufmachte. Sie kam von der *IBB*, der *Investitionsbank Berlin* und hatte trotz ihres Alters schon weitreichende Erfahrung mit der Startup-Szene vor Ort. >>*Seit diesem Quartal stimmen die KPIs von allesbillig.de nicht mehr. Wir liegen 24% hinter den Erwartungen zurück.*<< antwortete die Investment-Managerin.

Mit den KPIs waren die „*Key Performance Indicators*" gemeint, mit denen der Fortschritt oder der Erfüllungsgrad hinsichtlich wichtiger Zielsetzungen oder kritischer Erfolgsfaktoren von Unternehmen und damit auch Startups gemessen werden.

>>*Geht es etwas genauer?*<< fuhr Anne die Kollegin an. Nicht ohne Grund wurde sie nervös, hatte die *DIC* bislang doch rund 2,5 Mio. Euro in zwei Runden in dieses Startup investiert, welches das bekannte Prinzip der 1-Euro-Läden ins Internet übertrug und vielversprechend gestartet war.

>>*Der durchschnittliche Warenkorb erreicht nicht mehr den Umfang, den wir brauchen und am Anfang auch schon mal hatten, um die Logistik-*

Kosten reinzuholen. Es wird zwar weiterhin bestellt, aber eben zu wenig über dem Mindestumsatz pro Kunde in Höhe von 25.- Euro, damit sich der Versand lohnt.<< antwortete Petra und strich sich dabei eine Locke aus der Stirn. Anschließend fuhr sie fort >>*Hinzu kommt, dass die Conversion Rate auf unter 3% gesunken ist.*<< und beschrieb damit das Verhältnis der Kosten für den über das Online-Marketing eingeworbenen Besucher der Webseite im Verhältnis zu einem daraus resultierenden zahlenden Kunden im Shop.

>>*Schuld daran sind die gestiegenen Kosten für die AdWords bei Google. Wir prügeln uns da einfach mit zu vielen Wettbewerbern um die gleichen Schlüsselbegriffe, was die Preise für die Buchung hochtreibt. Und Google verdient immer…*<< beendete Petra die Kurzfassung zum Stand der Dinge bei *allesbillig.de.* Die anschließende Pause verriet nichts Gutes und die Reaktion von Anna sollte auch nicht lange auf sich warten lassen.

>>*Dann sollten wir mal schleunigst ein Meeting mit den Gründern einfordern, in dem die uns erklären, welche Lösung sie dafür haben. Und die kann nicht lauten „Gebt uns mehr Geld, damit wir die bösen Wettbewerber aus dem Feld schlagen können". Das wäre mir zu einfach!*<< blaffte Anne zurück. Petra notierte sich einen entsprechenden Reminder und schaute hilferufend zu Jörg Lehmann.

Der nahm den Ball auf. >>*Nun kommen wir alle mal wieder runter.*<< Er breitete die Arme aus >>*Wir wissen doch, dass wir weit unter Target laufen und unser Story-Telling nicht aufgeht. Wir brauchen mehr Unique*

Investment Moments und…<< Er wurde von Anne jedoch harsch unterbrochen. >>*Hör mir doch mit dieser gequirlten Buzzword-Scheiße auf. Ich kann das nicht mehr hören! Komm mit konkreten Vorschlägen!*<<

Jörg ignorierte den Einwurf seiner Kollegin und fuhr fort >>*…und deswegen müssen wir weniger warten, welche Startups auf uns zukommen, sondern wir müssen uns die digitalen Trends der Zukunft erarbeiten und uns dann gezielt auf die Suche nach Gründern begeben, die diese bedienen können. Und zwar nicht nur hier in Berlin!*<< Er schaute in die Runde und wartete auf eine Reaktion.

>>*OK, aber wie stellst Du Dir das vor?*<< gab ihm Björn schnell die gewünschte Rückmeldung, bevor sich Anne weiter echauffieren konnte, die schon Luft geholt hatte. Jörg antwortete direkt. >>*Nun, wir sammeln mal alle aktuelle digitalen Themen und Trends, die wir wo auch immer wahrnehmen. In Blogs, bei Vorträgen, bei Events, aus Interviews, aus Studien – vollkommen egal. Jeder stellt in einem der nächsten Meetings ein Thema vor und wir diskutieren, ob das zu einem lohnenden Geschäft werden kann.*<< Er schaute abermals in die Runde.

>>*Ist doch Blödsinn!*<< Die Reaktion von Anne ließ nicht lange auf sich warten. >>*Damit fallen die guten zugehörigen Startups auch nicht von den Bäumen. Egal ob wir einen guten Trend erkennen oder nicht.*<< Jetzt platzte Petra der Kragen. >>*Sag mal, hast Du Deine Tage oder was? Nun sei mal nicht so negativ! Jörg kommt hier mit einer Idee und das einzige was Du dazu beiträgst sind bad vibrations.*<<

Bevor Anne außerhalb ihres bösen Blicks antworten konnte, fiel Jörg ihr ins Wort. >>*Das wir uns die guten Startups nicht backen können, weiß ich selbst. Aber wir könnten mal unsere Suchmechanismen ändern. Im Moment bewegen wir uns auf ausgetrampelten Pfaden.*<< Der *DIC*-Partner stand auf, ging an Fenster und zeigte demonstrativ auf die Umgebung. Die Teilnehmer des Meetings waren gespannt, was nun kommen sollte.

>>*Wenn wir über die Themen kommen und dann gezielt darüber suchen, finden wir vielleicht mal ein paar unentdeckte Talente. Ich denke da beispielsweise auch an die Hochschulen. Wir müssen jedenfalls mal was anderes versuchen, als uns immer hier nur im Berliner Saft zu drehen.*<< sagte Jörg und machte nochmals eine Pause, um zu testen, wie viel Gegenwind er zu seinem Hauptstadt-Bashing bekommen würde. Interessanterweise blieb dieser aber aus und so fuhr er fort.

>>*Ich für meinen Teil befasse mich gerade mit dem Thema Audio-Plattform. Facebook hat was angekündigt, Spotify kennen wir alle und das gute alte Radio ist noch nicht digital angezählt worden. Und damit meine ich nicht das Digital Audio Broadcasting, sondern die Frage nach einer Mischung aus Musik, Content und Individualität.*<< erzählte Jörg den Stand der Dinge zu seinen aktuellen Überlegungen.

Björn sprang ihm zur Seite. >>*Das ist Mega spannend! Spotify hat gerade angekündigt die Verkehrs- und Navigations-App Waze zu integrieren, damit die Nutzer beim Musik hören auch die Staunachrichten auf ihrem*

Weg mitbekommen. Ich habe sofort gedacht, jetzt geht es dem Radio an den Kragen.<< Auch Petra sprang auf den Zug auf und ergänzte >>*Genau und es entstehen auch immer mehr Podcast-Channels bei Spotify und sogar Jan Böhmermann ist mit seinem Audio-Angebot gerade erst dorthin gewechselt. Höre ich regelmäßig gerne!*<<

Jörg registrierte, dass er offensichtlich nicht alleine auf das Thema ansprang. >>*Genau, aber irgendwas fehlt mir noch für das ganz große Ding. Sicher bin ich mir aber, dass ich in Zukunft nicht ständig zwischen Radio, Podcasts, Facebook und Spotify & Co. hin- und herschalten möchte. Im Ergebnis sollten wir uns mal den Markt ansehen und schauen, ob sich irgendwo in Deutschland schon jemand damit befasst.*<<

Alle schauten nun zu Anne, die ihre Arme verschränkend vor der Brust hielt, was immer eine Abwehrhaltung signalisierte. Überzeugt war sie nicht, aber auch ihr war klar, dass frischer Wind für das Portfolio dringend notwendig war. Also lenkte sie ein.

>>*Na schön, wir können es ja mal versuchen. Wichtig wäre mir aber, dass wir neben dem Trend-Research nicht die Beurteilung der eingehenden Businesspläne und Betreuung der vorhandenen Portfolio-Unternehmen außen vorlassen. Aber am Ende des Tages können wir ja das eine machen, ohne das andere zu lassen.*<< meinte die Kollegin zu ihrem Partner Jörg.

Damit packte sie ihre Unterlagen, um das Meeting zu verlassen. Im Aufstehen schaute sie aber nochmal zu Petra. >>*Und wir beide reden nochmals unter vier Augen über die Performance von allesbillig.de und wenn Du hier nicht aufpasst, dann sind Deine Tage in dieser Company schneller gezählt, als ich meine nächsten bekommen werde.*<<

Seed-Phase 7

Nur ein paar Straßen weiter schaute Corinna Ohlsen fast zeitgleich gelangweilt in ihre E-Mails im Büro von *startup.news*, der führenden Nachrichten-Website für die deutsche Startup-Szene. >>*Sie sind immer die Größten, die Besten, die Neusten und die Innovativsten… Bla, Bla, Bla…*<< murmelte sie beim Durchlesen der zahlreichen PR-Nachrichten, die sie jeden Tag in die Redaktion bekam.

startup.news gab es nun schon seit fünf Jahren und hatte sich nach anfänglichen Schwierigkeiten inzwischen zu der zentralen Medien-Plattform für Gründer und solche, die es werden wollten, entwickelt. Es war dabei die besondere Mischung aus News und durchaus den einen oder anderen Gerüchten, die ein Startup entweder in den Himmel loben oder auf den Boden der Tatsachen holen konnten. Schlimmer als hier entweder in die eine oder andere Richtung vorgeführt zu werden war nur, wenn man gar nicht genannt wurde.

Gewinner und Verlierer gaben sich die Klinke bei der Berichterstattung in die Hand und jeder, aber auch wirklich jeder, versuchte allgemein bei *startup.news* oder aber auch speziell bei Corinna

Ohlsen zu landen. Manchmal auch persönlich und „Conni", wie sie entweder liebevoll oder auch mal kumpelhaft genannt wurde, konnte sich manchmal vor Lachen gar nicht einkriegen, wenn Mann oder auch mal Frau versuchte, sie um den Finger zu wickeln.

Verstehen konnte man das, denn Corinna war mit Mitte 20, braunen langen und gelockten Haaren und nicht minder langen Beinen mit der zugehörigen atemberaubenden Figur im besten Sinne das, was man eine Verführung nennen konnte. Wüsste man es nicht besser, dann wäre sie der Prototyp eines Cheerleaders für ein Football-Team in der *NFL*.

Auf ihr Aussehen reduziert zu werden, ärgerte sie aber maßlos. Schon am Gymnasium hatte sie die Schulzeitung geschmissen und war Kinderreporterin der örtlichen Zeitung gewesen. Danach ein Journalistik-Studium an der privaten *Macromedia Hochschule München* mit Bezug zum Online-Bereich und einem Volontariat bei *SPIEGEL ONLINE*. Hier machte sie mit einer eigenen Startup-Kolumne früh auf sich aufmerksam und wurde ein bekanntes Gesicht in der damals noch jungen Startup-Szene.

Als sich die klassischen Medien in diesem Thema aber nicht weiterentwickeln konnten oder wollten, wagte sie den Schritt in die journalistische Selbstständigkeit. Erst als persönlicher Blog, dann als umfassende News-Webseite mit unterschiedlichen Redakteuren, etablierte sie *startup.news* zu dem, was es heute war.

Nachdem sie die E-Mail mehr oder weniger abgearbeitet hatte, schaute sie über den Bildschirm hinweg aus dem Fenster, um sich im Anschluss zu erheben, ihr Büro zu verlassen und draußen in der Redaktion den beiden heute anwesenden Kollegen ein lautes >>*Brainstorming-Alarm!*<< zuzurufen.

Das war das Zeichen für eine spontane Redaktionsrunde am Kaffee-Automaten, um den einen oder anderen Gedanken auszutauschen. Und so schlenderte sie einen Raum weiter in die Bistro-Küche, in der die Erstversorgung mit Getränken und Snacks gesichert war. Sie drückte den entsprechenden Knopf auf dem Vollautomaten, um sich den ersten Latte Macchiato des Tages zu gönnen.

Es war dieses besondere Geräusch, wenn die Maschine anfing die Bohnen frisch zu mahlen und sich der zugehörige Duft im Raum verbreitete. In diesem Moment fing das Kaffee-Erlebnis für sie schon an. Dabei durfte es natürlich nicht irgendein Kaffee sein. Es mussten Ihre Bohnen sein und sie stand auf die Marke *Chicco d'Oro* um genau zu sein. >>*Der Clooney mit seinen 08/15-Kapseln kann mir gestohlen bleiben.*<< sagte sie dann meistens mit dem Blick auf die aus ihrer Sicht noch ehrlich gemahlenen Bohnen.

Kurz nachdem die Maschine anfing die köstlich braune Flüssigkeit in das schon vorher mit aufgeschäumter Milch gefüllte Glas zu gießen, gesellten sich Meike und Fynn dazu. Die beiden Kollegen versorgten sich ebenfalls mit Getränken und setzten sich dann zu

Corinna an die Theke, die mit stylischen Barhockern ausgestattet waren. >>*Und, was gibt es Neues?*<< fragte Conni in die Runde.

>>*Neben der wie immer üblichen Berichterstattung zu neuen Startups und aktuellen Finanzierungsrunden arbeite ich weiter dem spannenden Thema der Mitarbeiter-Ausbeutung.*<< antwortet der wie immer gut aufgelegte Fynn Schneider, der mit zu den am längsten an Bord befindlichen Redakteuren von *startup.news* gehörte und insbesondere oftmals für die Skandal-Geschichten verantwortlich war.

Er berichtete von seinen jüngsten Erkenntnissen zu diesem Thema, welches ihn schon länger beschäftigte. >>*Ich habe endlich jemanden gefunden, der mir meine Vermutung exklusiv in einem Interview bestätigt hat, dass die schöne hippe Startup-Welt für einfache Mitarbeiter alles andere als cool ist. Nix mit Mitbestimmung, Eigenverantwortung und Entwicklungschance. Ausbeutung, enorme Arbeitsbelastung und geringe Bezahlung meist über einen Praktikanten-Status, so sieht es wirklich aus!*<<

Die Story war durchaus ein heißes Eisen, denn erstens war es selten, dass Mitarbeiter von Startups in dieser Form auspackten und damit Gefahr liefen, in dieser Branche keine Anstellung mehr zu bekommen. Und zweitens war das betreffende Startup alles andere als unbekannt in Berlin. Im Gegenteil. Es war sogar unter den Top 3 der jungen E-Commerce-Plattformen in Deutschland. Die Geschichte wird also Staub aufwirbeln und sicherlich auch von den traditionellen Medien aufgegriffen werden.

>>*Und die Quelle dürfen wir namentlich nennen?*<< fragte Conni. >>*Ja, mit Namen und Bild.*<< grinste Fynn, der im Anschluss einen großen Schluck Kaffee aus dem Becher von seinem Lieblingsclub *Hertha BSC* trank.

>>*Und Du hast auch recherchiert, dass die Angaben dieser offensichtlich gefrusteten und gerade erst entlassenen Mitarbeiterin auch wirklich stimmen und nicht nur ein Auswischen gegenüber dem ehemaligen Arbeitgeber sind?*<< meldete sich Meike Klausen zu Wort, die schon mal unangenehme Erfahrungen mit der einen oder anderen Rechtsabteilung beziehungsweise Anwaltskanzlei von Startups aufgrund der Berichterstattung auf *startup.news* gemacht hatte.

>>*Ich habe zwei weitere Quellen, die dies bestätigen, aber im Gegensatz zu meiner Kronzeugin nicht öffentlich genannt werden wollen. Aber eins ist ganz klar. Bei diesem Startup brennt der Baum und die Unzufriedenheit in der Belegschaft ist mit den Händen greifbar.*<< versuchte Fynn die Bedenken der Kollegin wegzuwischen.

Conni überlegte und traf eine Entscheidung. >>*OK. Check nochmal alle Fakten und Angaben und dann bringen wir es. Versorg mich aber vorher mit allen Aussagen und Belegen, denn fünf Minuten nachdem das Online geht, habe ich deren CEO am Telefon, der mich beschimpfen wird. Wäre nicht das erste Mal.*<<

Conni ging nochmals zur Kaffee-Maschine und drückten den bekannten Knopf für die nächste Latte. Während sie wartete sprach sie aber schon rückwärtsgewandt zu den beiden anderen. >>*Mal was anderes und der eigentliche Anlass für meinen Brainstorming-Alarm.*<< Der *Chicco* füllte erneut das Glas. Und während dieses Vorgangs holte die Chefredakteurin für ein längeres Statement Luft.

>>*Mir hängt die passive Berichterstattung über die Startups auf Basis deren PR-Gelaber allmählich zum Halse raus. Ich möchte da mal näher ran. So eine Art Startup-Dokumentation wo man quasi den Werdegang eines Gründerteams hautnah mitmacht und dann mehr oder weniger live über die Entwicklung berichtet. Es gab mal den Film startup.com, wo ein Kamera-Team das amerikanische Startup GovWorks.com von der Ideenfindung und Geschäftsgründung über große Erfolge bis hin zum völligen Untergang ihrer Firma begleitet hat. So etwas schwebt mir quasi als journalistisches Online-Tagebuch vor. Was haltet ihr davon?*<< meinte Corinna, die zwischenzeitlich mit dem fertigen Kaffee wieder zurück in der Runde war.

Fynn sprang sofort darauf an, denn er war immer für innovative Sachen zu haben. >>*Coole Idee! Machen! So etwas gab es nach meiner Erinnerung bei uns noch nicht und man könnte hier mal deutlich mehr hinter die Kulissen blicken als bei den normalen Interviews.*<<

Meike dagegen konterte >>*Nennt mich Bedenkenträgerin, aber wer will das schon machen und sich quasi öffentlich ausliefern? Wir wissen doch alle, dass es gerade am Anfang turbulent zugeht und die Startups alles vermeiden, was nach außen hin nach Problem riecht. Wie will man da eine ausgewogene Berichterstattung hinbekommen?*<<

Conni musste indirekt zustimmen. >>*Ist mir auch bewusst, aber man müsste es mal ausprobieren. Klar ist, dass man dazu ein Gründer-Team braucht, welches schon sehr von sich überzeugt sein muss.*<<

Fynn ergänzte >>*Du meinst wohl besonders eingebildet und arrogant. Hashtag Zwinker-Smiley.*<< Conni kniepte mit einem Auge zu dem Kollegen zurück. >>*So kann man es auch ausdrücken. Angeber halt mit einer guten Idee, die der Versuchung nicht wiederstehen können, sich in der Öffentlichkeit zu präsentieren.*<<

Meike fand nun auch Gefallen an der Idee und fragte. >>*Und wo findet man die? Gerade dann, wenn sie noch nicht bekannt sind und man sie von Anfang an begleiten möchte?*<< Conni und Fynn sahen sich an und antworteten mit einem Grinsen zeitgleich. >>*An der UDB!*<<

Seed-Phase 8

Ein paar Tage später trafen sich die beiden Next-Unicorn-Gründer Alexander König und Moritz Hansen in der Chill-Area an der *UDB* für ein Update zum Stand der Dinge bei *AudioKing.com* und berichteten sich gegenseitig über die gemachten Fortschritte. >>*Also, ich bin den E-Business-Generator von Prof. Krüger weiter durchgegangen und habe einiges konkretisieren können.*<< machte Alexander den Anfang. Er hatte mal wieder sein CEO-Outfit an. Blauer *Boss*-Anzug, hellblaues und aufgeknöpftes Hemd ohne Krawatte, einen Gürtel von *Mont-Blanc* und schwarze Lederschuhe einer guten englischen Marke. An seinem Arm blitzte eine *Omega Seamaster* mit Stahlarmband.

Er fuhr fort >>*Wir hatten ja bereits die Basisebene geklärt und ausgehend von dem Kundenproblem eines nicht vorhandenen personalisierten Radios die digitale Lösung in Form von unserer individuellen Audio-Plattform mit einer Mischung aus Musik und Content als eine Geschäftsidee formuliert. Das Baby heißt AudioKing.com oder kurz „AK" und inzwischen haben wir auch alle zugehörigen Domains entweder registrieren oder kaufen können.*<< Alex holte kurz Luft und meinte >>*Auf dieser Basis wolltest Du Dir den zentralen digitalen Wertschöpfungsprozess ansehen.*<< Moritz nickte.

Im Gegensatz zu seinem Partner war er im üblichen Coder-Look angetreten. Sneakers, Jeans und T-Shirt, auf dem ein schwarz-weiß Foto mit einem Ufo zu sehen war. Darunter war der Spruch zu lesen „I Believe", womit man sich als Fan der amerikanischen TV-Serie „*Akte X – Die unheimlichen Fälle des FBI*" outete.

Er antwortete. >>*Dieser besteht ja laut Prof. Krüger aus den drei zentralen Schritten der Informationssammlung, der Informationsverarbeitung und der Informationsübertragung. Bedeutet, wir müssen erstens irgendwie die einzelnen Content-Bausteine digital in unser System bekommen, zweitens dann diese zu einem individuellen Hörerlebnis mit einer zugehörigen Playlist über einen Algorithmus zusammensetzen und drittens diese dann mit allen Steuerungselementen wieder an den Nutzer zurückgeben.*<<

Er nahm einen Schluck aus seiner Wasserflasche, die er meistens bei sich trug. Er war fest von der Vorgabe überzeugt, dass der Körper pro Tag mindestens zwei Liter zu sich nehmen müsse, um leistungsfähig und gesund zu bleiben. >>*Dazu muss die Plattform technisch gesehen über einen Inputbereich verfügen, wo entweder die Schnittstellen zu den vorhandenen Medien-Containern vorhanden sind oder wo es zum Upload der Audiofiles kommt, die vom Nutzer selbst eingespielt werden. Letzteres am besten auch noch mit einer Live-Aufnahme-Funktion über das Handy. Damit kommt als zentrale Umsetzung nur ein Medium in Frage.*<<

Er tippte auf sein *iPhone*, welches vor ihm lag. Man konnte den jungen vielversprechenden Programmierer durchaus als *Apple*-Jünger bezeichnen. Er hatte nicht nur alle Modelle seit der Markteinführung im Jahr 2006, sondern gehörte auch zu den Verrückten, die schon mal vor dem Verkaufsstart vor einem Store des Konzerns mit dem angebissenen Apfel kampierten, um nur ja am nächsten Morgen zu den ersten zu gehören, die das neue *iPhone* ihr eigen nennen duften. Für andere verrückt, für ihn normal.

>>*Im Mittelpunkt wird also ein App stehen, die dies alles verbindet und mit einem Remote-Server bei uns verbunden ist, so dass der Content immer auch bei uns eine Ablage findet und von dort aus auch zu allen anderen Nutzern gestreamt werden kann.*<< referierte Moritz.

Alexander dachte kurz nach und unterbrach ihn dann. >>*Wie teuer wird der Aufbau einer eigenen Server-Farm, denn da werden ja sicherlich nicht nur ein paar Gigabyte ausgetauscht, oder?*<< Es gehörte zu den Fingerübungen eines Startups gerade am Anfang mit möglichst geringen Kosten in den Markt zu kommen und sich eben keine teure Infrastruktur zu leisten.

Moritz antwortete nicht ohne eine gewisse Faszination. >>*Ich rechne mit etwa 11 Exabyte oder umgerechnet rund 11.000.000.000 Gigabyte in der letzten Ausbaustufe pro Jahr. Und die würde den weltweiten Einsatz repräsentieren. Das ist unglaublich viel, aber immer noch weniger als bei YouTube, weil Audiofiles generell kleiner sind als ihre Video-Konkurrenz. Aber keine Angst, am Anfang holen wir uns den Webspace bei Amazon, den man als Startup mieten kann. Das sollte für das erste Jahr locker reichen. Danach hast Du spätestens das Geld von Investoren reingeholt, so dass wir in eigene Server-Systeme investieren können.*<< Er grinste seinen Kommilitonen an. Nichts war schöner, als sich mit dem Geld von anderen Leuten den besten und neusten technischen Scheiß zu leisten.

>>*Danke für die Blumen und die Erwartungshaltung, aber die haben wir natürlich schon schneller an Bord, als Du programmieren kannst.*<< gab Alexander zurück. >>*Wenn nicht Du, wer dann?*<< nahm Moritz den Ball wieder auf.

Der Coder wusste, dass er selbst nicht gerade die schillerndste Persönlichkeit war, um bei Investoren um Geld zu betteln. Er hielt sich viel lieber im Hintergrund auf und sorgte dafür, dass die Systeme fehlerfrei laufen. Auch war er kein großer Präsentator, keine Front-

Sau, die rhetorisch die Leute mitreißen konnte. Insofern war die Hoffnung, die er in den „*King*“ steckte, ehrlich gemeint.

Vor diesem Hintergrund fuhr Moritz fort. >>*Also nehmen wir nun einmal an, wir haben den Content im System, dann kommt jetzt für die Informationsverarbeitung der Clou. Ich bastle gerade schon an einem Algorithmus, der aus den persönlichen Daten eines Nutzers, also Geschlecht, Alter usw. zusammen mit der gespeicherten Lieblingsmusik und den von ihm abonnierten AK-Channels anderer Nutzer ein so detailliertes Nutzerprofil aufbaut, dass wir ihm nicht nur optimale Vorschläge für neuen Content machen, sondern auf Wunsch per Zauberstab-Funktion direkt sein individuelles optimales Radio-Programm anbieten können.*<<

Das entfachte beim BWL-Kommilitonen natürlich direkt Dollar-Wallungen, denn an der Einnahmenseite bastelte Alexander noch herum. Er dachte dabei natürlich an *Facebook*. Der führende Online-Gigant bei den sozialen Netzwerken hatte gerade bekannt gegeben, dass der Überschuss aufgrund der Werbeeinnahmen nach eigenen Angaben um 79 Prozent auf 4,7 Milliarden Dollar, also rund 4,0 Milliarden Euro gestiegen war. Der Umsatz wuchs um 47 Prozent auf 10,3 Milliarden Dollar. Basierend auf diesem Wissen gab er zu Protokoll.

>>*Es gibt nichts Wertvolleres im Netz als persönliche Nutzerprofile mit allen Präferenzen und Persönlichkeitsmerkmalen. Die Werbeindustrie wird AudioKing.com lieben!*<< jubilierte Alexander.

>>Genau. Am Ende wird AK seine Nutzer besser kennen, als sie sich selbst. Und das kann genutzt werden von Produktvorschlägen bis hin sogar zur passenden Partnervermittlung.<< gab Moritz zurück.

Beim Wort Partnervermittlung schaute er unweigerlich zur Theke der Chill-Area. Und dort stand sie wieder. Emma Bartel. Mit ihrem bezaubernden Lächeln bediente sie einen Studenten und neigte dabei ihren Kopf leicht nach hinten. Was würde er für ein Date mit ihr geben. Doch hatte er sich immer noch nicht getraut, sie anzusprechen. Warum musste eigentlich dieser Teil des Lebens so kompliziert sein? Warum ging er nicht einfach hin und fragte sie, ob sie nicht einen Kaffee mit ihm trinken wolle. Kaffee? Blöde Idee! Schließlich schenkte sie den ganzen Tag welchen aus. Nein, da musste ihm schon was Besseres einfallen.

>>Die ist natürlich sehr geil!<< fand Alexander, dem der Blick von Moritz zu Emma nicht verborgen geblieben war. *>>Wie bitte? Wie meinst Du das?<<* war Moritz irritiert, der sich durchaus ertappt fühlte und im ersten Moment die Bemerkung seines Freundes deswegen auch nicht einschätzen konnte.

>>Na, die Idee des Profiling der Nutzer auf unserer Plattform.<< gab Alexander zurück und ergänzte schnell *>>Die Kleine an der Theke aber auch… Aber Hey, gehört Dir. Ist nicht mein Typ.<<* sagte er und erhob beschwichtigend die Arme. Moritz merkte, wie er rot anlief und wollte schnell wieder das Thema wechseln.

Entsprechend kam der Coder wieder zurück zu seinen eigentlichen Ausführungen. >>*Bleibt noch die Informationsübertragung und hier ist die resultierende Playlist der Dreh- und Angelpunkt. Hier entsteht eine Liste in einer noch zu definierenden Mischung aus Musik, Content-Beiträgen, News, Staumeldungen und natürlich Werbung, die dann abgespielt wird. Die Steuerung erfolgt dann sowohl über den Touch-Screen mit einem Hin- und Herwischen, aber auch über externe Steuerungselemente wie zum Beispiel im Auto mit den Tasten am Lenkrad, später dann auch mit Audio-Befehlen.*<< sagte Moritz und war damit am Ende seines Berichtes und auch die Röte aus seinem Gesicht war wieder verschwunden.

>>*Damit hätten wir den Informationsdreisprung als digitalen Wertschöpfungsprozess aus dem E-Business-Generator auch erledigt. Wie weit bist Du mit der Umsetzung?*<< fragte Alexander, der in Gedanken schon wieder viel weiter war und wie nebenbei seine E-Mails auf dem Handy checkte.

Normalerweise würde man das als unhöflich bezeichnen, aber in der Kopf-runter-Generation der Handy-Süchtigen war das vollkommen normal und deswegen auch für Moritz nicht weiter sonderbar. >>*Die ersten Mockups als visuelle Attrappe der Oberfläche sind in der Mache und ich habe schon mit dem Prototyp begonnen. In 2-3 Wochen hast Du eine klickbare Demo-Fassung. Für die erste externe zeigbare Demo brauche ich aber eher 2-3 Monate.*<< gab Moritz zurück, nicht ohne nochmals einen Schluck aus seiner Wasserflasche zu nehmen.

>>*OK, dass passt im Hinblick auf den Zeitplan, denn die nächsten Ideas Slams sind in vier Wochen. Da treten wir dann mit den Mockups an und der große Battle of Ideas ist erst in sechs Monaten. Wenn wir da schon eine tolle Beta-Phase hinter uns hätten und ein lauffähiges System präsentieren könnten, dann wäre das natürlich Mega!*<< stellte Alexander fest, der sich schon intensiv Gedanken über den großen Auftritt in diesem Wettbewerb an der *UDB* machte.

>>*Du bekommst es und alle Besucher können sich dann die App schon während der Präsentation offiziell im jeweiligen App-Store downloaden und live mitmachen. Mindestens in der IOS-Fassung für das iPhone und wenn alles gut läuft ist auch die Android-Fassung fertig.*<< versprach Moritz, der fest gewillt war, diesen Kraftakt für die Programmierung in so kurzer Zeit alleine zu leisten.

>>*Cool. Und dann heißt es Show-Time!*<< freute sich Alexander schon auf seinen Auftritt beim *Battle of Ideas* und meinte diesbezüglich zum Ende des Treffens zu seinem Kommilitonen und Mitgründer >>*Dann treffen wir uns die nächsten Tage, um die Angebots- und die Nachfrageebene zu besprechen.*<< Und mit einem Kopfnicken in Richtung von Emma meinte er noch >>*Und wenn Du das alles zeitlich auf die Reihe bekommst, dann mache ich für dich auch die Kleine von der Theke klar. Versprochen! Aber erst programmieren und dann flachlegen. OK?*<<

Moritz wurde wieder rot im Gesicht und antwortet nur leicht verärgert >>*Idiot!*<<

Seed-Phase 9

Es war wieder einmal einer dieser typischen Regentage in Hamburg, wie sie oft an der Nordküste gerade zu dieser späten Jahreszeit vorkamen. Man hatte das Gefühl, dass sich die Tropfen von oben mit dem leichten Nebel von unten zu einer Symbiose der Melancholie verbanden. Unweigerlich wurde man an den „*Tod in Venedig*" von *Thomas Mann* erinnert, auch wenn es in dem Film kaum Regen gab. >>*Aber Regen und Venedig passten halt ebenso gut in der Assoziation zusammen wie Niederschlag und Hamburg.*<< dachte Prof. Dr. Andreas Baumann, als er am Hauptbahnhof aus dem ICE stieg.

Dabei hatte die Hauptstadt des Nordens mit gerade einmal 133 Regentagen im Jahresdurchschnitt sogar 40 weniger als München. Das war dem Rektor der *UDB* aber heute so ziemlich egal, denn er hatte mal wieder einen der 133 erwischt und suchte verzweifelt nach einem Taschentuch, um sich die triefende Nase an diesem nasskalten Herbsttag zu putzen.

Prof. Baumann war erneut in der Hansestadt, um einen Vortrag für ein großes Unternehmen der Telekommunikationsbranche zum Thema Digitalisierung zu halten und viel zu dünn angezogen. Schließlich hatte er am frühen Mittag das Rheinland noch bei etwas mehr als 16 Grad und leichtem Sonnenschein verlassen. Fünf Stunden später, mit den für die Deutsche Bahn schon fast üblichen 45

Minuten Verspätung aufgrund einer Weichenstörung, waren es eben nur noch 9 Grad und Regen und er war spät dran. >>*Thank you for travelling with Deutsche Bahn…*<< dachte er noch.

Er war einen Tag früher angereist. Eigentlich wäre der Vortrag erst am Vormittag des Folgetages. Grund war aber diese Einladung zum Abendessen, mit der er eigentlich nicht viel anfangen konnte. Er hatte sie von Georg von Falkenhorst erhalten und konnte sich dunkel daran erinnern, dass er diesen älteren Herrn bei einem anderen Auftritt im *Übersee-Club* kennengelernt hatte.

>>*Ich muss Sie unbedingt sprechen!*<< hatte der adelige Hanseat im Telefonat im Vorfeld der Terminfindung gesagt und er würde ihn in „*DIE BANK*“ zum Dinner einladen. Die *BANK* war eines der angesagten Szene-Restaurants in Hamburg und seit über 10 Jahren ein beliebter Treffpunkt für die Schönen, die Reichen und die ganz schön Reichen. Baumann hatte es irgendwie nie geschafft, hier einmal zu speisen. An einem Ort, der sich angeblich mit den schönsten Brasserien der Welt messen lassen konnte. Und nach dem Motto „*Mit Speck fängt man Mäuse*“ sagte er zu.

Er lief also zum Taxistand, schnappte sich einen freien Wagen und sagte zum Fahrer >>*Bitte schnell ins Hanseviertel in die Hohe Bleichen 17 und ich habe keine Zeit für eine Stadtrundfahrt.*<<

Die BANK hielt, was sie versprach. Schon der Eingang war ungewöhnlich. Durch eine hohe schwere Schwenktür, die reichlich verziert war, kam man in ein beeindruckendes Treppenhaus mit einem antik anmutenden Aufzug am Ende des rechteckigen Gebildes, welches mit einer Menge Marmor verkleidet war. Zu seiner Rechten bemerkte Baumann einen Pförtner in seiner Loge, der ihm nur kurz zunickte und meinte, dass das Restaurant im ersten Stock liegen würde. Er nahm die Treppe, schon alleine deswegen, um sich von den hohen Decken des Treppenhauses weiter beeindrucken zu lassen. Oben angekommen betrat er den eigentlichen Ort des Geschehen. Baumann musste den Anblick nun erst einmal kurz auf sich wirken lassen.

Er stand in einem großen Saal, der früher einmal der Kassenraum gewesen war. Große Kristallleuchter erhellten die Szenerie mit einem warmen Licht, der durch etwas modernere Strahler für die Wände unterstützt wurde. Neben den durchaus eng angeordneten Tischen mit ihren edel wirkenden und mit Leder bezogenen Stühlen, wurde das Auge aber unmittelbar auf das Prunkstück aufmerksam, welches in die Mitte des vorderen Teils platziert worden war.

Die überdimensionale Bar, die fast bis zur Decke reichte und dem Gast mit einer sortierten Auswahl von bekannten und weniger bekannten Spirituosen eine Vorfreude auf den Aufenthalt versprach, war weniger ein tatsächlicher Ort des Genusses als vielmehr die Anrichte und Versorgungsstation für die Getränke zum anschließenden Essen. Die eigentliche Funktion war aber ein ganz andere.

Die Bar war ein optisches Highlight, welches unmittelbar an New York oder andere Metropolen erinnerte und perfekt zu den langen, vom Boden bis zur Decke reichenden schwarzen Säulen passte, die sich harmonisch mit den Stuckdecken verbanden.

Die Empfangsdame kam auf Baumann zu, während er noch versuchte den Gesamteindruck der BANK zu erfassen. >>*Einen schönen guten Abend. Wie darf ich Ihnen dienlich sein?*<< fragte sie ihn in einem freundlichen aber bestimmenden Ton, der keinen Zweifel daran ließ, dass sie den Laden im Griff hatte.

>>*Ich habe eine Verabredung mit Herrn von Falkenhorst. Er müsste eigentlich schon da sein.*<< antwortete der *UDB*-Präsident. Ohne in ihr Reservierungsbuch zu schauen nickte die Empfangsdame und antwortete >>*Selbstverständlich. Herr von Falkenhorst erwartet Sie bereits. Wenn Sie mir bitte folgen mögen, ich bringe Sie zu seinem Tisch.*<<

Nachdem er auf dem Weg seinen Mantel und Reisekoffer an der Garderobe abgegeben hatte, wurde er in den hinteren Teil des Restaurants ans Fenster geführt. Dort stand bereits sein Gastgeber Georg von Falkenhorst auf, um ihn zu begrüßen. >>*Mein lieber Prof. Baumann! Schön, dass Sie es einrichten konnten. Ich freue mich sehr und herzlich Willkommen in der freien Hansestadt Hamburg.*<<

Der unverkennbare norddeutsche Akzent mit seinem ganz eigenen Charme war unüberhörbar. Nach dem obligatorischen Austausch der Höflichkeiten im Rahmen der Begrüßung, nahmen die beiden Herren, die unterschiedlicher nicht hätten gekleidet sein können, ihre Plätze ein.

Georg von Falkenhorst sah aus wie fast immer. Braune Cordhose und sein Tweed-Sakko mit den obligatorischen Aufnähern aus Leder an beiden Ellenbogen. Das feine seidene Einstecktuck mit einer blumigen Faltung mochte zu der ansonsten durchaus robusten Kleidung eigentlich gar nicht so recht passen. Das abgewetzte Manschettenhemd und die farblich zwar zurückhaltende aber nicht auf das grünlich-karierte Tweed-Sakko abgestimmte Krawatte, die zudem für den heutigen Geschmack viel zu breit daherkam, wurde noch ergänzt durch goldene Manschettenknöpfe, auf denen das Familienwappen zu sehen war. Zumindest vermutete das Baumann, als er einen Blick darauf werfen durfte.

Er selbst kam dagegen wie frisch aus dem Mode-Katalog daher. Er hatte heute einen dunkelgrauen Maßanzug mit passendem weißen Hemd auf dem seine Initialen „*AB*“ an der Manschette als Monogramm eingestickt waren. Eine bordeaux-farbende Krawatte von *Burberry* mit dem typischen Karo-Muster, als Zeichen einer gehobenen Stellung, umschmeichelte den modischen Haifisch-Kragen des Hemdes. Abgerundet wurde der Straight-Look durch das quadratisch und leicht waagerecht herausschauende weiße Einstecktuch, welches zusammen mit der von ihm heißgeliebten *Rolex Submariner* am Handgelenk den Eindruck eines erfolgreichen Geschäftsmanns signalisieren sollte. Er hatte sich die Uhr selbst zum Geschenk gemacht, als er den Posten des Präsidenten an der *UDB* übernommen hatte. Quasi als Belohnung.

Beide schauten in die Karte, die nur aus einer Vorder- und Rückseite bestand und im Brasserie-Look gehalten war und die Baumann unweigerlich an das bekannte Restaurant *Borchardt* in Berlin erinnerte. Auch wenn damit der Eindruck von edlen französischen Gerichten erzeugt werden sollte, so stellte er fest, dass es das bekannte Wiener Schnitzel auch hier gab.

Nachdem sie bestellt hatten, und der Smalltalk bis zum Bringen der Vorspeise erledigt war, kam von Falkenhorst auf das eigentliche Thema zu sprechen. >>*Lieber Herr Prof. Baumann, Sie haben bei ihrem Besuch in unserem Übersee-Club einen wirklich überzeugenden Vortrag gehalten. Ich war sehr begeistert und ich danke Ihnen hiermit nochmals für die Inspiration.*<<

Er nahm einen Schluck aus dem Weinglas und fuhr fort. >>*Insbesondere haben mich Ihre Ausführungen zu den Möglichkeiten eines Investments in die Startups der UDB und um es kurz zu machen: Ich möchte da gerne mitmachen.*<< Er schaute erwartungsvoll zu seinem Gegenüber.

Der Präsident der *UDB* musterte seinen Gastgeber und war nicht sicher, ob er das richtige Kaliber für einen vermögenden Business Angel vor sich hatte. Aber schließlich war er Mitglied im *Übersee-*

Club und das musste ja was bedeuten. Zumal es zudem bekannt war, dass man dem Adel sein Vermögen ja nicht unbedingt direkt ansehen muss. >>*Grundsätzlich ist das möglich, aber es gibt ein paar Hürden, die ich Ihnen gerne erläutere.*<< antworteten er zunächst zurückhaltend.

Er schaute auf seinen Butterteller auf dem ein endlos verschnörkeltes „B" stellvertretend für den Namen des Restaurants fast bis zur Unkenntlichkeit aufgedruckt war. Je nach Stellung des Tellers konnte es aber auch ein opulentes Hirschgeweih sein. Er mochte solche Details und störte sich entsprechend daran, dass die aufgelegte Tischabdeckung aus Papier offensichtlich zum Schutz des eigentlichen Tischtuchs aus dickem Stoff seiner Meinung nach so gar nicht zum Ambiente passte. Aber einen Fehlgriff kann man wohl akzeptieren. Vielleicht muss man es auch. Erst beim zweiten gab es Abzüge für die „B"-Note.

>>*Wie Sie ja im Zuge meines Vortrags mitbekommen haben, steht am Ende des Master-Programms an der UDB der Battle of Ideas an. Hier präsentieren die Studenten, die sich zwischenzeitlich in Startup-Teams zusammengefunden haben ihre Ideen vor einem ausgesuchten und damit exklusiven Investorenkreis.*<< Baumann sah das Leuchten in den Augen seines Gegenübers beim Wort „exklusiv" und freute sich, dass diese Vokabel offensichtlich immer funktionierte, wie sie sollte.

>>*Das Ganze findet nach klaren und einfachen Spielregeln statt. Die Studenten unterschreiben eine Vereinbarung, dass sie ihre Idee nicht vorher der*

Öffentlichkeit oder Kapitalgebern preisgeben und im Falle eines Investments durch den von uns zusammengestellten Investorenkreis 5% der Anteile an die UDB und 5% an deren Professoren als Pool-Beteiligung abgegeben. Sie können das als eine Art Ausbildungs- und Vermittlungsgebühr für das anschließende Startup-Kapital interpretieren, welches aber nur im Erfolgsfall also bei einem konkreten Investment fällig bzw. eingerechnet wird.<< erläuterte der UDB-Präsident weiter, nicht ohne jedoch das Ambiente der *BANK* zu genießen.

Georg von Falkenhorst nutzte die kurze Pause und ergänzte >>*Das berühmte UDB-Prinzip!*<< Baumann schmunzelte und meinte >>*Ob es berühmt ist, weiß ich nicht, aber es funktioniert, weil auch die Investoren eine solche Vereinbarung unterzeichnen, dass sie die UDB nicht umgehen und später einen Deal mit unseren Studenten an uns vorbei eingehen.*<< Er trank einen Schluck Wein und ergänzte >>*Wir haben somit eine Art „Ideenschutz", die wir über die gemeinsame Arbeit mit den Studenten entwickeln bzw. veredeln und durch unsere Professoren zur Reife bringen.*<<

Das sich die Anteile der *UDB* im weiteren Verlauf dann mit jeder weiteren Investmentrunde verwässern ist dabei einkalkuliert aber weder zum Nachteil der Gründer noch der Hochschule, da die jungen Unternehmer am Anfang für die Vermittlung kein Cash-out-Szenario haben und die *UDB* kein echtes Geld in die Hand nehmen muss, um sich zu beteiligen.

Auch die Investoren akzeptieren dieses Prinzip, da sie eine exklusive Deal-Pipeline mit Ideen bekommen, die zu so einer frühen

Phase schon eine erstaunliche Qualität haben. Hinzukommen tolle Gründer, die sich als Team schon gefunden haben und alle Voraussetzungen mitbrachten, um durchzustarten. Außerdem mischte sich die *UDB* als Beteiligungspartner nach dem Closing des Deals nicht mehr ein und trat sogar die Stimmrechte an den größten Investor an. Eine klassische win-win-Situation für alle Beteiligte, dachte Baumann.

Georg von Falkenhorst hörte aufmerksam zu. >>*Wie wird man denn nun Mitglied in dem Investorenkreis?*<< wollte er wissen.

Der Präsident der *UDB* schaute ihn intensiv an und erklärte das diesbezügliche Verfahren. >>*Man muss sich bewerben, denn schließlich wollen wir nur potente und zuverlässige Investoren, die auch unseren Studenten eine gewisse Stabilität geben, wenn sie tatsächlich einsteigen. Ferner müssen wir ausschließen, dass man aus diesem Kreis auch tatsächlich investiert und nicht nur zuhört und sich schlau macht. Deswegen wird neben der Bonitäts- und Aktivitätsprüfung auch ein jährlicher Mitgliedsbeitrag für den UDB-Investorenclub in Höhe von 25.000.- Euro erhoben.*<<

Anders als beim Wort „exklusiv“ war nun in den Augen von Herrn von Falkenhorst kein Leuchten mehr zu sehen. >>*Das ist viel Geld nur um mal zu schauen, ob etwas dabei ist, wo sich ein Investment lohnt.*<< bemerkte der adelige Hanseat mit leicht zittriger Stimme.

>>*Das stimmt und hinzukommt, dass das kleinste Ticket für ein anschließendes Investment in eines unserer Startup bei mindestens 100.000.- Euro liegt. Deswegen haben wir auch fast ausschließlich nur Vertreter von Venture*

Capital-Unternehmen in unserem Investorenclub. Die privaten Business Angels sind eindeutig in der Minderheit.<< antwortete Baumann mit einem Blick zur Wand des Restaurants.

Dort betrachtete er das überdimensionale schwarz-weiß Foto von dem ihn ein fast zahnloser älterer Mann hinter einer Design-Sonnenbrille im teuren Anzug anlächelte. Ein durchaus bizarrer Kontrast, mit dem er zunächst nicht viel anfangen konnte. Ein richtig schöner Anblick war es aufgrund der scheinbar kariesbefallenen oder bereits ausgefallenen Zähne des dargestellten Mannes nicht.

Georg von Falkenhorst nutzte die daraus entstandene Pause und zwang sich selbst zur Ruhe. Jetzt bloß nicht den Eindruck erwecken, dass man sich das nicht leisten kann. Es war eine teure Eintrittskarte, aber es war eben eine. >>*Und wie sieht es mit der Bewertung aus? Was bekommt man an Anteilen am Startup?*<< fragte er nach.

Baumann holte Luft, denn dies war nicht in einem kurzen Satz zu erklären. >>*Die ergibt sich aus der Nachfrage. Neben den 10% für die UDB und ihre Professoren sollen die Gründer natürlich die Mehrheit an ihrem Startup haben. Sie bekommen entsprechend 60%, so dass noch 30% für die Investoren in der ersten Runde übrigbleiben. Je nach Menge und Höhe des Investments ergibt sich dann die Verteilung innerhalb dieses Anteils. Ist man der einzige Kapitalgeber, so kann man mit 100.000.- Euro eben maximal 30% erwerben. Wollen alle Club-Mitglieder mit großen Summen einsteigen, dann ist man eben vielleicht nur mit 1 oder 2 Prozent dabei, hat aber dafür die Gewissheit, dass es offenbar eine gute Idee sein muss, wenn so viele einsteigen wollen. Das gibt dann Stabilität und bessere Erfolgsaussichten für das Startup, da es mit viel Geld eben auch schneller wachsen kann.*<< erwiderte der Professor und wandte sich wieder seinem Essen zu.

Er hatte sich nach der Gänseleberterrine zum Auftakt den Zander als Hauptgang bestellt. Der Fisch schmeckte außerordentlich köstlich. Kein Wunder dachte er, denn, wenn einer etwas von der Zubereitung von Meerestieren verstehen sollte, dann waren es doch die „Fischköppe“ hier aus dem hohen Norden.

>>*Ich denke, das ist am Ende ein angemessener Preis ist für den exklusiven Zugang. Und das anschließende Investment muss sich halt auch lohnen. Ich bin dabei!*<< sagte von Falkenhorst, der sich zwischenzeitlich wieder gefangen hatte. Baumann, der damit nicht unbedingt gerechnet hatte, war sich nicht ganz sicher und fragte nach. >>*Sie sind sich aber schon im Klaren, dass es keine Rückvergütung gibt und wir auch keine Garantie für den Erfolg eines Investments in eines unserer Startups geben. Im Zweifel dürfen Sie nur das investieren, was Sie auch bereit sind zu verlieren.*<<

Jetzt wurde von Falkenhorst ein wenig ungehalten, denn dieser Zweifel bohrte in seinen Wunden als wenig erfolgreicher Geschäftsmann und erinnerte ihn an die Worte seines inzwischen verhassten Bankberaters. Der Hanseat straffte seinen Rücken.

>>*Lieber Herr Prof. Baumann, dass Sie als Digitalexperte unser klassisches alteingesessenes Familienunternehmen nicht kennen, welches ich erfolg-*

reich in den letzten Jahren verkauft habe, nehme ich Ihnen nicht übel. Tradition schießt ja bekanntlich weder im Fußball die Tore noch trifft man damit automatisch das digitale Netz, aber gehen Sie einmal davon aus, dass aus dem Firmenverkauf genug übrig geblieben ist, um mir ein UDB-Startup leisten zu können.<< antworte Georg von Falkenhorst und zog seine Manschettenknöpfe unter seinen Ärmeln demonstrativ zurecht.

Baumann hob beschwichtigend die Arme und gab ohne sich wirklich zu entschuldigen zurück >>*Ich habe daran nicht den geringsten Zweifel, wollte aber auch nur die Spielregeln von Anfang an klarmachen. Ich würde mich daher freuen, wenn Sie dem UDB-Investorenclub beitreten würden. Ich werde morgen mein Sekretariat anweisen, Ihnen die dafür notwendigen Unterlagen zukommen zu lassen.*<<

Das Lächeln im Gesicht seines Gastgebers zeigte ihm, dass er die Kurve bekommen hatte und wenn alle Voraussetzungen gegeben waren, das Eintrittsgeld bezahlt wurde und die Bonität für die anschließenden Investments durch eine Bank bestätigt wurde, dann sprach ja auch wirklich nichts dagegen. Denn erstens waren die hanseatischen Kaufleute ja für ihre Zuverlässigkeit bekannt und ferner konnte man durchaus noch einen Vertreter aus dem hohen Norden im Kreis der Business Angels im Investorenclub gebrauchen. Da gab es nämlich nicht so viele.

Apropos Bank, nachdem nun das zentrale Thema besprochen war, konnte man sich wieder dem Essen in der *BANK* zuwenden.

Und nachdem man den Nachtisch in Form einer raffinierten *Darjeeling Crème brûlée* zu sich genommen hatte, bat von Falkenhorst nach dem abschließenden Espresso nach der Rechnung.

Baumann nutze die Gelegenheit, um die Kellnerin nach dem Hintergrund des großen schwarz-weiß Fotos an der Wand der Kassenhalle zu fragen. Die antwortete routiniert >>*Das Bild zeigt einen armen argentinischen Bauern, der für das Fotoshooting in ein teures Outfit gesteckt wurde, um so den Anschein zu erwecken, dass er wohlhabend ist. Es soll den Kontrast zwischen arm und reich symbolisieren, der aber vielleicht nicht immer direkt zu erkennen ist.*<<

Wie passend zu einem Restaurant in einer ehemaligen Bank, dachte er. Kleider machen eben Leute, wobei er mit einem Blick auf Herrn von Falkenhorst in seiner überholten und abgewetzten Kleidung diesen bekannten Spruch relativieren wollte. Er konnte mit diesem vermeintlich armen Adels-Look noch nie viel anfangen.

Unabhängig davon bedankte er sich aber ausführlich bei seinem Gastgeber für die Einladung und bemerkte erst im Gehen, dass ein paar Tische weiter der amtierende Außenminister der Bundesrepublik saß und ebenfalls den Aufenthalt in der *BANK* zusammen mit zwei Journalisten, Lobbyisten oder Parteifreunden an einem Ecktisch genoss. So genau konnte man das nicht ausmachen. Aber es gab dem Besuch am Ende nochmals einen Kick und deswegen war das Fazit seines ersten Dinner-Bankings auch eindeutig. Ein geiler Laden.

Seed-Phase 10

Alexander König saß alleine mit seinem *Apple Mac* in einem der zahlreichen kleineren Besprechnungsräume an der *UDB*, hatte die kabellosen *AirPods* als Kopfhörer zu seinem neuen *iPhone X* im Ohr und hörte seine Lieblingsplaylist auf *Spotify*. Er hatte sie „Swag!" genannt und es war eine Mischung aus Musik von *NERVO*, *Craig David*, *Jason Derulo* und *Maschine Gun Kelly*.

Das Schreiben eines Businessplans war nicht unbedingt seine bevorzugte Lieblingsbeschäftigung, aber nun einmal notwendig, um nicht nur seine eigene Idee nochmals zu hinterfragen, sondern auch, um den Investoren etwas in die Hand zu geben, an dem sie sich festhalten konnten. Alex wusste das, auch wenn er eher ein Anhänger der *Lean Startup-Methode* war, bei dem man einfach ohne große Planung loslegte und schaute, was passierte.

Das Problem an dieser Methode war, dass viele Ideen schon von Anfang an einen gewissen Kapitalbedarf benötigten, um überhaupt erst einmal das Licht der Welt zu erblicken oder um anschließend schneller zu wachsen als die nachkommende Konkurrenz, die gerade im Netz so ziemlich alles kopierte, was erfolgsversprechend war.

„*The Winner Takes It All*" war deswegen gerade in der digitalen Welt eine Kernregel und vor diesem Hintergrund konnte „*Lean*" zwar schön, aber eben auch manchmal zu langsam sein, selbst wenn es in dem zugehörigen Buch von dem Erfinder der Methode *Eric Ries* anders lautete. In diesem Beststeller, welches in keinem realen oder elektronischen Bücherschrank eines Gründers fehlte, war als Klappentext zu lesen:

> *Sie ist schnell, ressourcenfreundlich und radikal erfolgsorientiert. Anhand von durchgespielten Szenarien kann man von vornherein die Erfolgsaussichten von Ideen, Produkten und Märkten bestimmen. Und auch während der Gründungphase wird der Stand der Dinge ständig überprüft. Machen, messen, lernen – so funktioniert der permanente Evaluationsprozess. Das spart enorm Zeit, Geld und Ressourcen und bietet die Möglichkeit, spontan den Kurs zu korrigieren.*

Eigentlich ein Traum, aber irgendwie hatte Alexander das Gefühl, dass es für *AudioKing.com* anders laufen muss. Die Technik und die zugehörige Plattform waren aus seiner Sicht nicht so das große Problem. Da vertraute er seinem Mitgründer und Coder-Genie Moritz Hansen voll und ganz. Aber das Geschäftskonzept lebte nun einmal von dem Content der Nutzer und wie intensiv die Audiofiles eingestellt und gehört wurden.

>>*Wir müssen schnell eine kritische Masse erreichen.*<< dachte Alexander und erinnerte sich an den zugehörigen Aussagen von Prof. Krüger in seiner Vorlesung. Er schaute in seine zugehörigen Unterla-

gen und las im Skript zu diesem Punkt die Ausführungen seines Professors und Mentors nochmals nach.

> *Die installierte Basis – d. h. die bereits auf dem Marktplatz vorhandene Nutzerzahl – bestimmt den Nutzen, der für einen Neukunden entsteht, da mit steigender Nutzerzahl auch die Anzahl möglicher Transaktionsbeziehungen steigt. Je größer die installierte Basis, desto größer ist der Derivativnutzen für die Marktplatzteilnehmer. Wenn eine bestimmte Anwenderzahl überschritten ist und der Derivativnutzen damit ein bestimmtes Niveau erreicht hat, ist zu erwarten, dass die Nutzer den Marktplatz auch in Zukunft akzeptieren und dass die Anzahl der Neukunden stärker zunimmt. Die Mindestzahl an Anwendern, die erforderlich ist, damit Marktplätze einen ausreichenden Nutzen für eine langfristige Verwendung bei einem Anwender- und Interessentenkreis entwickeln können, wird als kritische Masse bezeichnet.*

Das Auge von Alexander fiel auch auf einen handschriftlichen Vermerk, den er sich dazu noch gemacht hatte. „*Kritische Masse ist nicht gleich Break-Even-Punkt!*" Dreifach unterstrichen. Bedeutet, dass selbst wenn man die Kritische Masse erreicht hatte, man nicht auch zwangsläufig mehr Einnahmen als Ausgaben und somit ein positives Geschäftsergebnis vorweisen konnte. Das beste Beispiel war der Nachrichtendienst *Twitter*, der zwar sicherlich die kritische Masse an Nutzern für seine Plattform erreicht hatte, aber noch nie in seiner Unternehmensgeschichte einen Gewinn verzeichnen konnte.

So oder so, die Basis für beide Aspekte waren also die Menge an Nutzern einerseits und die daraus realisierbaren Umsätze andererseits. Alexander strich sich durch die seitlichen Haare und nahm einen Schluck aus seinem Coffee-to-Go-Becher. Er mochte diese Geste und zelebrierte sie auch ausgiebig. Überhaupt waren seine Haare sehr wichtig für ihm. Sie mussten immer perfekt geschnitten, an den Flanken enganliegend und gestylt sein. Früher nannte man es Föhnfrisur, aber heute war die Haartrocknung nur die Vorstufe für einen intensiven Geleinsatz. Locker und doch mit festem Halt, das war sein Credo. Er dachte weiter nach und das Koffein gab ihm hierfür den benötigten Schub.

>>*Dafür müssen wir also so schnell wie möglich und so viele Teilnehmer wie möglich auf die Plattform bekommen.*<< überzeugte er sich und einen imaginären Investor gedanklich, den er sich im Raum vorstellte. Das bedeutet am Ende des Tages aber einen massiven Marketing-Einsatz und das bedeutet Geld – viel Geld, welches benötigt wurde, um gerade am Anfang die notwendige Aufmerksamkeit im Netz zu bekommen.

>>*Auch deswegen, weil wir quasi eine doppelte kritische Masse benötigen.*<< dachte Alexander mit einem Blick aus der Glastür auf die vorbeigehenden Studenten, die ihrerseits auf der Suche nach einem freien Raum waren. >>*Wir brauchen nicht nur ausreichend Personen, die Audiofiles produzierten, sondern auch viele, die sich diesen anhören. Beides*

musste gegeben sein.<< überlegte er und malte mit seinem Stift ein Gebilde, welches an eine Wippe auf einem Kinderspielplatz erinnerte.

Da die Hörer nicht unbedingt auch Produzenten von Audiofiles sind und umgekehrt, musste also beide Zielgruppen gleichermaßen adressiert werden. Und das gleichmäßig intensiv, denn wenn man viele Produzenten hatte, aber zu wenige Hörer, dann verloren die ersteren ihr Interesse und hauten wieder ab.

Er tippte auf die eine Seite seiner gemalten Wippe. Hatte man aber zu viele Hörer und zu wenig Produzenten, dann war es schnell für diese langweilig. Er sprang mit dem Stift auf die andere Seite der Wippe. Ein sich gegenseitig bedingender Kreislauf, der sich im besten Fall enorm positiv gegenseitig anstachelte, aber im negativen Fall auch schnell für ein schnelles Absinken der Attraktivität sorgen konnte.

Alexander wurde in seinen Gedanken unterbrochen durch eine *WhatsApp*, die seine Musik mit einem akustischen Ping kurz unterbrach. Er schaute auf sein Handy. Die Nachricht kam von Moritz.

„Habe die erste Rohfassung der Plattform fertig, muss aber noch alles implementieren im TestFlight-Modus. Morgen kannst Du dann die App durchklicken."

Er lächelte. >>*Sehr cool!*<< dachte Alex und schrieb zurück.

„Klasse! Sitze gerade am Businessplan. Gehen wir heute Abend noch zusammen in den Club?"

Er drückte die Sendetaste und es dauerte nur kurze Zeit, bis die erneute Antwort eintraf.

„OK. Kann dann den Bildschirm für heute auch nicht mehr sehen. Wie wäre es mit 21:00 Uhr?"

Alexander tippte eine Bestätigung zurück und damit war die kurze und knappe Online-Konversation unter Männern beendet. Eine Frau hätte jetzt noch ein Bussi-Smiley mit Herz versendet oder ein „*Freue mich!*", aber sie hatten ja noch kein weibliches Mitglied im Gründerteam und wenn es nach *Macho Alexander* ginge, dann würde das auch so bleiben. Damit wendete er sich zurück zu seinen Überlegungen.

Der für *AudioKing.com* beste User war also eigentlich der, der beides tat. Eigene Audiofiles für andere produzieren und die Stücke der anderen Teilnehmer regelmäßig anhören. Leider konnte nicht unterstellt werden, dass man nur diesen „*Super-User*" von Anfang an auf der Plattform hatte, was unmittelbar zum berühmten *Henne-Ei-Problem* führte.

Was brauchte man zuerst? Die Produzenten, damit die Hörer kamen, oder die Hörer, damit die Produzenten kamen. So oder so, es wird viel Kapital benötigt werden, um am Anfang immer wieder beider Zielgruppen einzuwerben, auch wenn man vielleicht nicht alle direkt zufriedenstellen konnte.

Und dieses „*Big Money*" hatten Alexander und Moritz dann doch nicht. Und deswegen brauchten sie Investoren und deswegen schrieb er gerade den verdammten Businessplan. Das zugehörige Finanzierungsmodell bedeutet nämlich, dass die Aktivitäten der Unternehmung „top-down" konzipiert wurden. Er googelte das Stichwort im Netz und fand eine passende Beschreibung:

Aus der Gründungsidee und der entwickelten Strategie zu deren Umsetzung leitet sich somit letztlich auch eine Finanzplanung mit entsprechender Kapitalbedarfsrechnung her. Der zwingenden Logik des entworfenen Geschäftsmodells folgend, kommt dann die Aufgabe auf die Gründer zu, in einem zweiten Schritt die Investoren für das benötigte Kapital zu überzeugen. Dies geschieht in der Regel mit Hilfe eines sog. Businessplans, mindestens aber unter Verwendung einer knappen Investment Summary, welche als Grundlage für sich anschließende Verhandlungen um Venture Capital (VC) dienen kann.

Also kam er um diese Fingerübung nicht herum. Da machte es auch keinen Unterschied, dass jeder wusste, dass gerade bei einem Startup dieser Geschäftsplan in dem Moment veraltet war, in dem er fertig auf dem Tisch lag. Aber wenn jemand sein Kapital gab, dann wollte er irgendetwas analysieren, irgendetwas lesen, irgendetwas sehen, um dran zu glauben. Und schließlich brauchte man in den meisten Fällen das Kapital von Investoren, sofern man die Finanzierungslücke am Anfang für den Auf- und Ausbau des Startups nicht selbst aus eigenen Mitteln schließen konnte. Im besten Fall wurde der Businessplan nach dem Investment nie wieder ausgepackt, weil es besser lief als prognostiziert.

Aber wehe, wenn dem nicht so war. Dann wurde man als Gründer auf die Aussagen und Zahlen in diesem Papier festgenagelt. In der Konsequenz kommt es dann zu Nachverhandlungen über die Bewertung und Anteilsvergabe oder im schlimmsten Fall zur Nichtauszahlung der weiteren Kapitaltranchen, die mit dem Erreichen bestimmten Meilensteinen aus dem Businessplan verbunden waren.

Er hatte nun schon die Produkt- und Unternehmensidee von *AudioKing.com* beschrieben und den damit verbundenen Kundennutzen, auch im Vergleich zu den Wettbewerbern, deutlich gemacht. Auch die Ausführungen zum Gründerteam waren kein Problem.

Auch im Hinblick auf das Kapitel „Markt und Wettbewerb“ hatte er schon alle Zahlen und Daten zusammen und konnte *Audio King.com* im Vergleich zu *spotify*, *Podcasts* & Co. positionieren. Er hatte im Netz zudem einige Studien zum Radiomarkt in Deutschland, dem Hörerverhalten und ferner bei *statista* u.a. eine schöne Grafik zu den Werbeumsätzen bis zum Jahr 2021 gefunden. Damit konnte er schon einige Puzzleteile zusammenfügen. Es fehlte noch die Planungen zu Marketing und Vertrieb und natürlich der Aspekt Finanzen.

>>*Wie wollen wir Geld verdienen?*<< Diese Frage stand über allem, dachte Alexander. Er ging zum Whiteboard des Besprechungs-

raums und fing an zu schreiben. Erstens mit der App selbst. >>*Wir könnten einmalig einen Betrag für den Download aus dem App-Store verlangen.*<< überlegte er. Problem dabei ist, dass dies gerade am Anfang abschreckend wirken kann, um überhaupt teilzunehmen. Ferner mögen Investoren solche Einnahmenmodelle nicht sonderlich, da sie immer auf neue Nutzer angewiesen sind und man nicht aus denen etwas herausholt, die schon da sind. Alexander machte ein Fragezeichen hinter dieser Möglichkeit.

Seine Gedanken trugen ihn weiter. >>*Da wäre eine monatliche Nutzungsgebühr schon besser, die aber beim Nutzer auch nicht sonderlich beliebt ist. Aber Spotify arbeitet so, warum nicht auch AudioKing.com?*"<< war Alexander überzeugt. Um den Einstieg zu erleichtern gibt es die ersten drei Monate umsonst und danach wird dann monatlich ein Betrag von 4,95 Euro gezahlt. Oder aber man lässt alles für den Nutzer kostenlos und verdient an der Werbung, die man in die resultierenden Playlists automatisch einspeist. Vielleicht mit einem fixen Verhältnis von 80% Programm und 20% Werbung pro Stunde gemischt.

>>*Wer das nicht möchte, kann sich mit der monatlichen Gebühr von der Werbung freikaufen. Dann hat er die freie Wahl. Kostenlos mit Werbung oder mit Gebühr aber dafür ohne Werbung. Schließlich müssen wir ja auch leben.*<< war Alexander von seiner eigenen Argumentation überzeugt. Anders als bei den App-basierten Musikdiensten ist der Kunde über das Radio ja Werbung gewohnt und hat diese schon als „Normal" ak-

zeptiert. Alexander machte deswegen ein Ausrufezeichen hinter diese Möglichkeit.

Aber auch eine dritte Option viel ihm noch ein. >>*Die Nutzer zahlen eine Positionsgebühr, um in den Empfehlungslisten weit oben bzw. prominent angezeigt zu werden. Das ist dann wie bei Google AdWords. Wenn man seinen Channel bekannt machen möchte, dann bezahlt man dafür, dass man in der ersten Channel-Liste zum Thema „Empfehlungen" auftaucht. Wir könnten es „Die AudioKings" nennen.*<< freute er sich über diese Idee.

>>*Erst danach werden die Channels angezeigt, die gerade neue Audiofiles eingestellt haben, oder die insgesamt am meisten gehört werden oder aber den meisten Content einstellen.*<< Alexander lächelte und dachte an die Profil- oder Scitenwerbung bei *Facebook*. Er machte sich eine Notiz für seinen Mit-Gründer Moritz, dass dieser diese Funktion mit zugehöriger Anzeige in die App einbauen sollte. Wenn es funktioniert, dann wollen alle mehr Zuhörer, mehr Follower, mehr Fans. Er machte drei Ausrufezeichen neben dieser Möglichkeit und setzte sich zurück an seinen Rechner, um *Excel* aufzurufen.

Das bekannte Kalkulationsprogramm war zum Dreh- und Angelpunkt für eine Finanzplanung geworden. Und *Excel* war ja so schön geduldig. Nirgends konnte man sich schneller reich oder arm rechnen als mit den zugehörigen Tabellentools. Das war Chance und Risiko zugleich. Eine Versuchung für jeden Gründer. In diesem Programm wurden Startup-Träume geboren oder zunichtegemacht. Und

Alexander kannte sich gut aus mit *Excel*. Sehr gut sogar! Es dauerte nur eine halbe Stunde, dann hatte er die Grunddaten der Marktentwicklung für die nächsten fünf Jahre eingegeben und miteinander verknüpft hatte.

Jetzt musste er die Annahme treffen, wieviel *AudioKing.com* von diesem hoffentlich wachsenden Kuchen, denn kein Investor investiert in einen schrumpfenden Markt, für sich gewinnen wollte. Dann musste er diesen Anteil umrechnen in Nutzer auf der Plattform, die wahrscheinliche Anzahl an eingestellten Audiofiles, deren durchschnittlichen Aufrufen, der zugehörigen Reichweite als Attraktivität für Werbekunden, das Verhältnis von Audio-Produzenten und -Konsumenten, den Preisen für einen Werbespot und deren wahrscheinlichen Anzahl im Zeitverlauf für die 20%-Programmfenster, den Einnahmen für die Channel-Platzierung als Premium-Werbung im Rahmen der Empfehlungslisten und die Menge an Usern, die von dem Gebührenmodell zum Ausschalten der Werbung einen Gebrauch machen würden.

Am Ende standen in der Verknüpfung, der Multiplikation und Wachstumsannahmen die erwarteten Einnahmen. Nach weiteren 45 Minuten war Alexander auch damit fertig. Es folgte noch die Kalkulation für die Kostenseite. Ausgaben für Technik, Traffic, Management, Organisation und weiteres. Und natürlich Marketing. Das war der *Casus knacksus* auf dieser Seite des Tableaus. Was kostet die Einwerbung eines Audio-Produzenten und/oder eines -Konsumenten und welchen Umsatz konnte *AudioKing.com* mit diesen Nutzern auf der Plattform machen? Eine Glaskugel könnte auch nicht vielsagender sein.

Annahmen über Annahmen, aber so war das nun einmal mit Businessplänen für Startups. Man musste sich einem realistischen Szenario nähern, welches erheblich von Prognosen abhängig war. Überprüfen konnte es ein Leser meist sowieso nicht, denn schließlich war das Unternehmen noch nicht am Markt aktiv und wenn die Idee wirklich innovativ war, dann konnte man auch nicht mit Analogien zu bereits umgesetzten Konkurrenzangeboten etwas ableiten.

>>*Das ist der magische Zeitraum der Gründer-Phantasie.*<< hatte es Prof. Krüger genannt und mit ausgebreiteten Händen bedeutungsschwanger hinzugefügt >>*Wenn Innovation auf Markt trifft und nur die Prognose das Tor zur Wahrscheinlichkeit einer Realität ist, dann schlägt die Stunde eines Startups!*<<

Alexander interpretierte das für sich so: Groß denken! Es gibt nur eine Chance auf die große Phantasie und das ist am Anfang mit einer guten Story, die aber noch nicht mit realen Ergebnissen aus einem laufenden Geschäftsbetrieb unterlegt werden konnten. Alles was nach einer Gründung kam, wurde am laufenden Geschäftsbetrieb gemessen. Seine Finger huschten über die Tastatur. Die wirtschaftlichen Hebel des Geschäftsmodells von *AudioKing.com* waren klar.

Anzahl der Audiofiles, Anzahl der Hörer, Anzahl der Werbespots, Anzahl der Werbe-Frei-Subscriber und Anzahl der Ad-Channels für die Premium-Positionierung. Er rechnete die Kosten und hier gerade die Marketing-Spendings dagegen und verband alle Daten zu einer Einnahmen-/Ausgabenrechnung und drückte energisch und damit zunächst zufrieden die Return-Taste.

Im Ergebnis lag der *Break-Even-Punkt*, bei dem die Einnahmen erstmals die Ausgaben überstiegen, im für Startups typischen dritten Jahr. Alexander schluckte, als er sich die Details ansah. Die Einnahmen wuchsen von rund 1 Mio. Euro im ersten Jahr auf fast 55 Mio. Euro im zweiten auf über 126 Mio. Euro im dritten Jahr.

Problematisch war, dass die Ausgaben wegen den Marketing-Kosten zum Anschub von *AudioKing.com* im ersten Jahr schon rund 8 Mio. Euro ausmachten. Das relativierte sich zwar im weiteren Verlauf, bedeutete aber unter dem Strich, dass man mit einem Verlust von rund 7 Mio. Euro am Anfang startete. Eine große Finanzierungslücke direkt zu Beginn, für die man Investoren brauchte. >>*Big Budget is needed…*<< überlegte Alexander. Dafür gab es im vierten Jahr aber schon ein Ergebnis vor Steuern von fast 27 Mio. Euro.

>>*Na, wenn das keine Story ist, dann weiß ich es auch nicht. Jetzt muss nur noch jemand dran glauben. Und am besten war es ein Investor mit einer Menge Kohle auf der hohen Kante.*<< dachte Alexander und klappte mit klopfendem Herzen seinen Laptop zu.

Seed-Phase 11

Im Club hämmerte leicht aber bestimmt der Bass zu einer Lifestyle-Musik, wie man sie von zahlreichen hippen Radio-Sendern aus dem Internet wie *crooze.fm* oder *Canal Voyage* kannte und die eine Mischung aus Chillout und Urban-Lounge anboten. Alexander hatte es sich in einer Sitzecke bequem gemacht und winkte Moritz zu, als dieser durch die Tür kam.

Das *Elektron* war als Club-Konzept ein besonderer Ort für die hippe und digitale Nerd-Generation als Mischung von Lounge, Bar und Club mit Eventfläche auf zwei Etagen. Eigentlich entschied der Besucher, was es war und je nach Stimmungslage, wurde der Club unterschiedlich genutzt.

Er lag im angesagten Düsseldorfer MedienHafen auf der obersten Etage eines umgebauten Speicherhauses und bot seinen Gästen eine großartige Aussicht auf den Rhein und die Skyline der Stadt. Da die *UDB* mehr oder weniger in unmittelbarer Nähe lag, war das *Elektron* quasi auch ein verlängerter Arm des Campus und viele Studenten schauten abends öfter auch mal im Club vorbei.

Dadurch war eigentlich immer was los und davon profitierte sowohl die Location als auch die Hochschule. Man schaute dann, wie sich der Abend so entwickelt und da ging eigentlich immer was. Da lag auch daran, dass sich die Musik jede Stunde in der Lautstärke auf eine höhere Stufe bewegte und sich zudem von Lounge zu Dance entwickelte, so dass die Wahrscheinlichkeit für eine Party in der 2. Etage, dem „Rooftop“, gegeben war.

Die Besonderheit an dieser über eine elegant verdrehte Treppe erreichbaren Tanzfläche war, dass sie ein großer Glaskubus auf dem Dach des Gebäudes darstellt und die Party-People beim Tanzen einen Rundumblick über die Stadt hatten. Wie der Clubbesitzer es schaffte, dass Beschlagen der Glasscheiben bei der Hitze der tanzenden Feiermeute zu verhindern, war und blieb sein technisches Geheimnis. Umgekehrt konnten man dadurch aber auch aus der Stadt sehen, ob und wie im *Elektron* gefeiert wurde. Damit bekam das übliche „Sehen und gesehen werden“ eine ganz neue Dimension.

Extrovertiert war das Stichwort, sowohl für die Location, aber sicherlich auch für seine Gäste. Der Club war eine Drehscheibe der Eitelkeiten und ein beliebter Treffpunkt für die Suchenden und die Gefunden-werden-Wollenden. Bis der DJ oben auflegte, konnte man sich auf dem „Groundfloor“ an einer offenen Küche mit einer in den Raum schwungvoll reinragenden Theke mit den üblichen Szene-Snacks wie Sushi oder anderem Fingerfood bedienen und sich in einer der Sitzgruppen niederlassen und sich finden.

Moritz hatte Alexander gefunden und lies sich schwungvoll in die Sitzgruppe fallen. >>*Was geht?*<< fragte er und Alexander grinste ihn an. >>*Eine Menge und zwar eine richtig große Menge!*<< antwortete sein Mitgründer und dachte dabei an seine *Excel*-Akrobatsübungen im Businessplan vom Nachmittag. Er berichtete Moritz kurz die Ergebnisse und der pfiff leicht durch die Lippen. >>*Ist das nicht ein wenig überambitioniert? Schließlich ist die New Economy ja längst Geschichte.*<< Er schaute seinen Kumpel fragend an.

Doch der antwortete nüchtern. >>*Hey Alter, das ist doch die Magie der Gründungsphantasie. Und mal ganz ehrlich. Wann hat man in der letzten Zeit bei startup.news von wirklich großen Ideen gelesen? Die ganze, ach so tolle Startup-Szene ist doch langweilig geworden. Nur noch zweitklassige Copy/Paste-Ansätze von Ideen aus dem Valley oder die verzweifelte Suche nach dem Web 3.0 der Zukunft. Abgedroschen! Die Investoren brauchen wieder mal eine Story! Und wir bieten ihnen eine…*<< Alexander winkte der Kellnerin, die hier allerdings Service-Managerin genannt werden wollte und bestellte zwei Gin Tonics.

Es war das Modegetränk der Szene und keine Bar, die auch nur im Ansatz etwas darstellen wollte, verzichtete auf eine größere, mehr oder weniger gepflegte Kollektion. Aus der Auswahl und der Kombination von Gin und Tonic konnte man inzwischen eine Philosophie machen. Die Lieblingskombination von Alexander war der *Gin Mare* mit dem *Mediterranean Tonic Water* von *Fever-Tree* gefolgt vom *Siegfried Gin* mit dem *Tonic Water* von *Goldberg*. Heute wollte er aber was Neues testen und bestellte deshalb zweimal einen *Skin Gin* aus Hamburg mit dem *1724 Tonic Water* aus Chile. Im Internet stand:

Auf 1724 Höhenmetern wachsen in den peruanischen Anden die Chinarindenbäume, aus deren Rinde das Chinin für das Tonic Water von 1724 gewonnen wird. In der Nähe des Inkaweges haben die Bäume perfekte Wachstumsbedingungen, und das Chinin weist aufgrund der klimatischen Bedingungen ein charakteristisches Aroma auf, welches sich durch Noten von Mandarinen auszeichnet.

Mit einem Blick auf die Flasche sagte er zu Moritz. >>*Das richtige Story-Telling ist ja so wichtig und das gilt auch für AudioKing.com und deswegen werden wir eben den Investoren eine Mega-Story verkaufen.*<< Alexander nahm einen Schluck und bewegte den Gin Tonic in seinem Mund hin und her.

>>*Da bleibe ich lieber bei technischen Tatsachen, die belastbarer sind.*<< meine Moritz und fummelte sein Handy aus der Hosentasche. >>*Eigentlich wollte ich es Dir ja erst morgen zur Verfügung stellen, aber ein erster Blick auf unsere Demo-Fassung kann ja nicht schaden.*<<

Er rief die App *TestFlight* auf, mit deren Hilfe man die verschiedenen Entwicklungsstufen einer mobilen Applikation schon vor der Veröffentlichung in einem App-Store unter realen Bedingungen geschützt mit einem Passwort auf ausgewählten Handys testen konnte. Alexander schaute gebannt auf den Screen und lies sich den aktuellen Stand erklären.

Nachdem der Start-Screen mit einem Themenfoto den User zur Eingabe seines Nutzerzugangs aufrief, der entweder direkt per

Anmeldedaten oder einfacher per Facebook-Account erfolgte, wurde der Home-Bereich der App aufgerufen. Moritz erklärte seinem Mitgründer, was er hier sehen und machen konnte.

>>*Hier sieht man die verschiedenen Kategorien an Channels, die für den Nutzer vorgeschlagen werden. Die werblichen Empfehlungen der „Audio-Kings", gefolgt von den „New-Kings", die gerade einen aktuellen Content eingestellt hatten und den „Pop-Kings", die besonders populär waren und am meisten gehört wurden. Daran schließen sich die „Friend-Kings" an, die man schon abonniert hatte und den Abschluss bilden die „Best-Kings", die mit Hilfe unseres personalisierten Algorithmus vorgeschlagen werden und bestmöglich zum eigenen Geschmack passen sollen.*<< erklärte der Coder zu seiner Demo.

Alexander betrachtete die Auswahllisten, die pro Channel immer ein kleines Foto mit dem Titel des Anbieters und einem kleinen Herzen versehen waren und horizontal von rechts nach links gewischt werden konnten. Moritz erriet die nächste Frage hinter der Stirn von Alexander und gab direkt die Antwort. >>*Mit einem Druck auf das Herz habe ich den Channel abonniert und die zugehörigen Audiostücke wandern ab diesem Zeitpunkt in die individuelle Playlist, womit wir zum nächsten Teil kommen.*<<

Er drückte in der unteren Menue-Zeile den Knopf „Playlist" und fuhr fort. >>*Hier siehst Du das Herzstück von AudioKing.com in dem zwei Dinge passieren. Erstens wird der gesamte Audio-Content, den man über die einzelnen Channel abonniert und noch nicht gehört hat, chronologisch aufgelis-*

tet. Rechts oben findest Du zweitens dann die Buttons für die Hinzunahme Deiner persönlichen Musik über die Songs oder Podcasts, die sich auf Deinem Handy befinden. Alternativ kannst Du Dich mit Spotify verbinden und auf Deine Musik dort zurückgreifen. Mit nur zwei bis drei Klicks erfolgt die Auswahl, die dann zu dem bereits vorhandenen Audio-Content in die Playlists gemischt wird. Und fertig ist der persönliche AudioKing.com-Radio-Channel.<<

Alexander riss Moritz das Handy sprichwörtlich vor Begeisterung aus der Hand und probierte alles aus, was sein Mitgründer ihm gerade präsentiert hatte. Es klappte alles, auch wenn der Content aus den Test-Channels im Moment nur reine Probe-Mitschnitte aus dem klassischen Radio waren. Es funktionierte und das war die Hauptsache.

>>*Mega-Stark!*<< rief er seinem zukünftigen CTO zu und klopfte ihm auf die Schulter. Doch das war noch nicht alles, den Moritz hatte noch einen Entwicklungspfeil im Köcher. Moritz drückte auf seinem Handy, welches sich immer noch in der Hand von Alexander befand, den nächsten Knopf im Auswahlmenue, der den Titel „Record" trug und legte eine staatstragende Miene auf. >>*Es wird Zeit, den allerersten Live-Content für AudioKing.com aufzunehmen und wer könnte das besser machen, als der KING himself.*<<

Auf dem Handy war eine Maske erschienen, in die man einen Titel und eine Beschreibung eingeben konnte. Ferner waren ein Längenzähler und ein roter Button zu erkennen. Alexander tippte als Titel die Zeile „*Der Start von AudioKing.com*" und gab als Beschreibung den Satz „*Es ist nur ein kleiner Audio-Content für uns, aber ein großer Meilenstein für die neue Plattform AudioKing.com*" ein.

Das war natürlich eine Analogie zu dem berühmten Ausspruch von *Neil Armstrong*, den dieser beim erstmaligen Betreten des Mondes für die Geschichtsbücher getätigt hatte. Alexander lächelte und drückte mit einem Blick zu Moritz und dem beigefügten Kommentar >>*Schreiben wir Geschichte!*<< im Anschluss den roten Button und die allererste Aufnahme für die neue Plattform begann.

Nachdem er seine Aufnahme beendet und den zwischenzeitlich grün gewordenen Button erneut gedrückt hatte, war dieser erste Audio-Content im Kasten. Er drückte die Play-Taste, um sich seinen geistigen Erguss nochmals anzuhören.

Liebe Online-Gemeinde,

heute ist ein besonderer Tag für uns, denn unsere Plattform AudioKing.com geht an den Start. Vergesst Facebook, vergesst YouTube! In drei Jahren wird unsere Plattform das neue Google sein, der hellste Stern am Online-Himmel und der einzige digitale Weltmarktführer aus Deutschland. Wir werden die Art und Weise ändern, wie man Audio-Content konsumiert und wir werden die Sprachen dieser Welt zusammenführen. Sprache wird die Steuerung des 21. Jahrhunderts und AudioKing.com das Radio für die Digital Natives. Egal was in Deiner Welt und bei Deinen Freunden los ist, Du hörst es zuerst auf AudioKing.com. Wir werden nicht nur ein neues weltumspannendes

Mediennetzwerk, sondern wir werden ein Medienereignis. Werde ein Teil von dieser Vision und werde jetzt ein AudioKing!

Moritz schaute seinen Kollegen mit großen Augen an. >>*Das war ja der reine Wahnsinn! Für einen Moment habe ich gedacht, Du bist Elliot Carver aus dem James Bond-Film. Wenn Du das jetzt noch wirklich selbst glaubst und so den Investoren vermittelst, dann werden die uns mit Kapital nur so überschütten. That was a Gänsehaut-Moment!*<<

Alexander drückte den Upload-Button und diese Ansage wurde somit zum ersten Audio-Content im eigenen offiziellen Channel von *AudioKing.com* und meinte >>*Das glaube ich nicht nur, sondern ich bin fest davon überzeugt!*<< Und damit gab Alexander seinem Kollegen dessen Handy zurück. Der zukünftige CEO erhob im Anschluss sein Glas und wollte dem Anlass entsprechend einen *Toast* darauf ausbringen.

>>*Dann hoffe ich, dass wir dieser Erwartungshaltung auch gerecht werden.*<< meinte Moritz, dem beim Heben seines Glases ein kleiner Schauer über den Rücken lief. Entsprechend murmelte er nach dem *Toast* von Alexander mehr zu sich selbst >>*Und was ist, wenn das schief geht?*<< Doch dieser Gedanke wurde vom nächsten Gin Tonic und der lauter werdenden Musik im *Elektron* mitgenommen und verflüchtigte sich schneller als es das Gewissen von Moritz zunächst zulassen wollte.

Seed-Phase 12

„Fakultätsratssitzung“ konnte man die Zusammenkünfte der Professoren an der *UDB* eigentlich nicht nennen, da dieser Hochschule ja keine unterschiedlichen Fachbereiche geschweige denn zugehörige Disziplinen hatte. Deswegen nannte es man hier „Große Lage“, wenn alle Professoren einmal im Monat zu einer Generalbesprechung zusammenkamen. Im Gegensatz zur „Kleinen Lage“, bei der Prof. Dr. Andreas Baumann als Rektor immer nur einen Teil der Kollegen zu einer Besprechung bat, um spezifische Angelegenheiten zu besprechen, ging es hier um das große Ganze. Und ein großes Ereignis stand demnächst mit dem *Battle of Ideas* wieder an.

Und dieses musste besonders intensiv vorbereitet werden, war es doch schließlich das Aushängeschild der Hochschule und die immer wiederkehrende Leistungsschau der *UDB*-Studenten aber auch ihrer Professoren, die ja ebenfalls mit dem Erfolg bzw. Misserfolg ihrer betreuten Startups verbunden waren. Es war die vorletzte Sitzung vor dem nächsten *Battle of Ideas* in zwei Monaten und es war gelebte Routine, dass sich die Professoren gegenseitig die Startup-Ideen mit den zugehörigen Studenten als Gründer vorstellten, die sie ins Rennen schicken wollten. Dafür präsentierten sie sich gegenseitig die ersten Entwürfe der jeweiligen *Pitch-Decks* vor, mit denen die Studenten vor den Investoren antreten wollten.

Ein *Pitch-Deck* war der Begriff für die wenigen Präsentationsfolien, mit denen ein Gründer die wichtigsten Inhalte aus dem Businessplan komprimiert darstellt, so dass sich ein Investor in kürzester Zeit einen Überblick über die Geschäftsidee und den Finanzierungsbedarf machen kann. Es bestand in der Regel aus 11 Folien zu den Themen Einleitung, Team, Problem, Lösung, Produkt, Markt, Alleinstellungsmerkmal, Wettbewerb, Proof of Concept, Geschäftsmodell sowie Finanzierungsbedarf und -verwendung. Ein gutes *Pitch-Deck* war der Schlüssel zum Erfolg, wenn man die Investoren davon überzeugen wollte, ihr Geld bereitzustellen und sich mit dem Startup weiter zu befassen. Wenn dann der Gründer noch überzeugend präsentieren konnte, dann war das schon die halbe Miete.

Innerhalb der letzten Wochen mussten die Studenten nicht nur im Rahmen der *Ideas Slams* immer wieder in internen Runden ihre Startups vorstellen und aufgrund der Feedbacks das Vorhaben konkretisieren, sie mussten auch den Businessplan schreiben und abgeben sowie eben auch das *Pitch-Deck* zusammenstellen. Auch hierfür fanden mehrere Probe-Präsentationen statt und die Darstellung und Aufbereitung der Folien war quasi eine Wissenschaft für sich. Dabei ging es nicht nur um Inhalte, sondern auch um die Art und Weise, wie sich die Gründer präsentieren konnten.

Dabei wird immer wieder gestritten, was nun wichtiger sei, die Qualität der Idee oder die der Gründer. Ein bekanntes Sprichwort aus der Venture Capital-Szene besagte hierzu „*An a-class founder with a b-class idea will be more successful than a b-class founder with an a-class idea*". Ob das stimmte oder nicht, konnte wissenschaftlich nie richtig nachgewiesen werden.

War aber auch egal, denn über einen Zusammenhang waren sich alle im Klaren. Wenn es die Gründer schon nicht schaffen, den Investoren ihre Idee „zu verkaufen", wie sollten es ihnen dann später gegenüber dem Kunden gelingen? Und damit trennte sich dann im *Battle of Ideas* auch schnell die Spreu vom Weizen und es war nicht nur schnell erkennbar, wie gut oder schlecht eine Idee war, sondern auch wie gut oder schlecht die zugehörigen Gründer waren. Das Gesamtpaket musste also stimmen.

Bald war Prof. Dr. Nikolas Krüger an der Reihe und es war ungewöhnlich für ihn, dass er auf einmal durchaus nervös wurde. Das lag zum einen sicherlich daran, dass er unbedingt wieder mal einen Treffer landen musste, um seine weitere Anstellung an der *UDB* zu sichern. Zum anderen, weil er mit *AudioKing.com* wirklich ein heißes Eisen im Feuer hatte und sich dies natürlich schon längst rumgesprochen hatte. Allerdings war es auch ein ungewöhnliches Eisen, denn die Gründer waren, nun ja, speziell.

Insbesondere der CEO, Alexander König glaubte fest daran, dass er der nächste *Mark Zuckerberg* sei und war emotional nicht immer kalkulierbar und nur schwer erreichbar für Kritik und Anregungen. Es schien so, als ob er ständig die Aufmerksamkeit und Anerkennung als positive Bestätigung seines Umfeldes brauchte, um Höchstleistungen abzurufen.

Bei vielen Kommilitonen hatte er inzwischen den Ruf, zwar ein genialer Entrepreneur aber eben auch ein unglaublich eingebildetes und arrogantes Arschloch zu sein. Dazu passte sein Spitzname „Der King" nur allzu gut. Fakt war aber auch, dass seine Gründungsidee und alle bisherigen Ausführungen dazu einfach eine Klasse für sich waren. Und das zählte am Ende.

Dagegen war der Mitgründer und CTO des Startups, Moritz Hansen geradezu ein Mauerblümchen. Nicht minder genial, aber eben kein Front-Mann so wie Alexander. Er beschränkte sich auf die Programmierung und die zugehörige Perfektion der technischen Systeme. Ein Nerd aus dem Bilderbuch, wie man ihn sich nicht besser hätte backen können.

Eigentlich ein Dream-Team und doch hatte Prof. Krüger immer wieder ein leicht ungutes Gefühl, wenn er mit den beiden sprach. Der ungezügelte, unbedingte und schnelle Erfolgswille von Alexander auf der einen Seite und der perfektionierende, entdeckende und eher ruhige Entwicklungswille von Moritz. Eigentlich wie Plus und Minus. Sich gegenseitig abstoßend, aber eben auch perfekt zusammen als Magnet für die Träume von Investoren. Wenn sie als Team funktionierten.

Und so stellte er seinen Kollegen in der „Großen Lage“ das Pitch-Deck von *AudioKing.com* vor, welches eine Besonderheit hatte. Im Gegensatz zu allen anderen Präsentationen sollte es hier auch eine Live-Vorführung der zugehörigen Plattform geben. Quasi als Schauspiel gestaltet, sollte der typische Anwendungsfall auf der Bühne präsentiert und die Investoren sogar als Steigerung auch noch aktiv eingebunden werden. >>*Das stellt ein gewisses Risiko dar, welches die Gründer aber bereit sind einzugehen.*<< resümierte Prof. Krüger gegenüber seinen Kollegen.

Er registrierte die fragenden und unsicheren Gesichter in der Runde und der Rektor fragte stellvertretend für die anderen. >>*Muss das wirklich sein? Wenn da die Technik oder die Stimmung oder gar beides nicht funktionierte, dann wird das eine Peinlichkeit sondergleichen. Ein Risiko für alle, denn die UDB ist ja schließlich eine Gründer-Hochschule und keine Schauspielschule.*<<

Krüger kratzte sich am Kinn und antwortete. >>*Das Risiko ist nicht von der Hand zu weisen, aber müssen Gründer nicht hin und wieder auch ein Risiko eingehen? Wenn es klappt, dann haben auch wir als UDB eine neue Dimension für Pitches aufgestoßen. Und wenn es nicht klappt, dann können wir es als Entrepreneurial Thinking einer Hochschule verkaufen.*<<

Überraschenderweise sprang ihm sein Kollege Prof. Dr. Rüdiger Zenker zur Seite. >>*Ich kann die Bedenken gegen diese außergewöhnliche Präsentationsform durchaus teilen, aber ich habe das Gründerteam und die Idee ja mitbegleitet und beides lebt in der Faszination von dem Live-Effekt. Die Plattform wurde sauber programmiert und die technische Stabilität ist hoch. Und wenn wir es als innovatives Experiment ankündigen, dann ist der Gesichtsverlust auch nicht so hoch, wenn es nicht klappen sollte.*<<

Alles schaute zum Rektor, der nun sein abschließendes Urteil geben musste. Er war nun in einer Zwickmühle, denn schließlich wollte er sich nicht nachsagen lassen, dass man an einer Hochschule für Entrepreneurship nicht innovativ sein konnte oder durfte.

>>*Also gut, probieren wir es aus. Von mir gibt es ein GO.*<< Damit war dieser Punkt der Tagesordnung abgearbeitet. Einige Sekunden später hatte Prof. Krüger eine SMS von seinem Rektor auf dem Display seines Handys mit einer eindeutigen Botschaft.

„*Versau es nicht!*"

Seed-Phase 13

Moritz Hansen konnte am späten Nachmittag einfach nicht mehr auf den Bildschirm schauen. Seit Stunden programmierte er schon wieder an der App für *AudioKing.com* und die binären Nullen und Einsen verschwammen zunehmend vor seinen Augen. Und da niemandem geholfen war, wenn er aufgrund von Müdigkeit zahlreiche Flüchtigkeitsfehler in den Code einbaute, war es Zeit für eine Pause. Im

Zweifel dauerte es hinterher länger, die ganzen Fehler zu finden, als sich jetzt kurz zu erholen und in der Chill-Area der *UDB* ein wenig zu entspannen. Außerdem hatte ein *Death Wish Coffee* noch nie geschadet, wenn man einen weiteren Schub für die nächste Coder-Runde brauchte.

Also machte er sich auf den Weg vom kleinsten PC-Pool-Raum der Hochschule, in dem er quasi die letzte Reihe für sich gepachtet hatte und stand ein wenig später an der Theke der Kaffee-Bar seiner Hochschule. Müde und geistesabwesend registrierte er zunächst gar nicht die Ansprache, die aus den tiefblauen Augen ihm gegenüber geäußert wurde.

>>*Hallo Moritz, was möchtest Du denn haben? Das übliche?*<< Emma Bartel lächelte ihn an. Es dauerte einen Moment bis er seine Gedanken sortiert hatte, denn erstens war er überrascht, dass die Theken-Fee seinen Namen kannte und zweitens, dass sie sich offenbar an sein Lieblingsgetränk erinnerte.

Mit leicht rot werdenden Wangen nickte er und flüsterte ein >>*Ja bitte, einmal den Death Wish Coffee, schwarz ohne alles.*<< Während der Zubereitung sprach Emma ihn an. >>*Und, wie geht es Dir so? Siehst müde aus.*<< Sie hatte ihn angesprochen. Das Eis war gebrochen und Moritz lächelte zurück.

>>*Der Battle of Ideas steht demnächst an und wir sind diesmal dran und ich muss noch die Plattform zu Ende programmieren und der Code bringt*

mich echt um und viel Zeit ist ja auch nicht mehr und es muss noch so viel gemacht werden und…<< antwortete der Coder. Er merkte, wie es nur so aus ihm heraussprudelte und stockte.

Emma lachte. >>*Langsam, Langsam. Ich glaube, Du brauchst keinen Kaffee, sondern besser was zur Beruhigung. Vergiss mal den DWC. Ich mache uns mal einen ayurvedischer Tee. Setzt Dich schon mal hin, ich komme gleich zu Dir.*<< Moritz war verwirrt.

>>*Ultra gerne, aber hast Du überhaupt Zeit?*<< wollte er wissen. >>*Wir haben seit 5 Minuten geschlossen und bist gerade noch reingehuscht und ich habe frei.*<< antwortete Emma. Auf ein weiteres Warum, Weshalb, Wieso wollte sich Moritz gar nicht erst einlassen und verzog sich sofort in eine Sitzecke der Chill-Area.

Ein paar Momente später saßen sie zusammen auf der *Creative Couch* und vor Ihnen dampfte ein frisch aufgebrühter Tee, der begann, seine Aromen im Raum zu verteilen. >>*Und, woran arbeitest Du gerade?*<< eröffnete Emma erneut das Gespräch.

Moritz erklärte ihr ganz kurz die wesentlichen Grundzüge der Idee zu *AudioKing.com* und war gespannt auf ihre Meinung. >>*Ich kenn mich mit diesem digitalen Kram nicht so gut aus, aber es hört sich spannend an.*<< meinte Emma.

Doch dann beugte sie sich vor und flüsterte ihm noch zu. >>*Und aus den Gesprächen der anderen Studenten an der Theke weiß ich, dass ihr heiß gehandelt werdet, um den Battle of Ideas zu gewinnen.*<< Sie zwinkerte ihm zu, wobei Moritz mehr von der nie gehofften Nähe ihres Körpers elektrisiert war, als von der Botschaft, die sie ihm mitgeben wollte.

Sie lehnte sich wieder zurück und ihre Finger umspielten eine Haarlocke, die hinter dem Ohr hervorgesprungen war. Wer sich ein wenig im Flirt-Sport auskannte, der wusste, was diese Geste zu bedeuten hatte. Moritz wusste es nicht. Er griff nach der Tasse, in der der Tee inzwischen seine Reife gefunden hatte. >>*Das Gewinnen ist mir eigentlich gar nicht so wichtig. Mir geht es um die technische Fähigkeit des Systems und die Funktionalität der Plattform.*<< antworte der Coder.

>>*Das scheint Dein Kollege ganz anders zu sehen. Alexander heißt er doch, oder? Der trägt schon die Dollar-Zeichen auf der Stirn und möchte unbedingt gewinnen. Im Gegensatz zu Dir, mag ich ihn nicht besonders.*<< gab Emma zurück und griff ebenfalls zu ihrer Teetasse.

Im Kopf von Moritz begann es sich zu drehen. >>*Sie mag mich und Alexander mag Sie nicht.*<< dachte er und versuchte die gegensätzlichen Informationen zu verarbeiten. >>*Du, Du magst mich?*<< fragte er unsicher zurück, nachdem er seine Tasse abgestellt hatte.

>>*Klar, Du bist süß und scheinst nett zu sein. Außerdem bist Du im Gegensatz zu den vielen anderen arroganten UDB-Schnöseln immer höflich zu mir gewesen. Auch wenn Du dabei nicht viel geredet hast.*<< gab sie mit einem offenen Lächeln und einem erneuten Griff zu ihrer Haarlocke zurück und ergänzte. >>*Erzähl mir was von Dir.*<<

Moritz kam der Aufforderung nur allzu gerne nach. Er erzählte von seiner Familie und seinen Geschwistern aus dem Ruhrgebiet. Wann er den ersten Computer bekommen hatte und wie in der Schule schnell klar war, dass Mathe und Informatik seine Lieblingsfächer waren. Er hatte eine gute Figur und trotzdem war er kein ausgewiesener Sportler.

Moritz war einer der Schüler, die zwar im Klassenraum in der ersten Reihe saßen, beim Sport aber eher am Ende in die Mannschaft gewählt wurden. Eigentlich hätte niemand von ihm Notiz genommen, wenn er nicht schon früh für sein Gymnasium die Landesschachmeisterschaft gewonnen hätte. Dieser Gewinn gab ihm auch einen gewissen Schutz vor den üblichen Nerd-Anfeindungen der coolen aber deutlich dümmeren Klassenkameraden.

Aus Mode machte er sich nicht viel und die Mädchen waren zwar an seiner Nachhilfe aber weniger an ihm selbst interessiert. Er galt als hochbegabt, ohne dass dies tatsächlich mal gemessen wurde. Moritz konnte am Ende den Informatik-Unterricht besser gestalten, als der dafür umgeschulte Lehrer, der für dieses Fach dran glauben musste, da seine Abwehrhaltung gegenüber der Digitalisierung in der Schule etwas weniger ausgeprägt war, als beim Rest der Lehrerschaft.

Am Ende hatte er ein sehr gutes Einser-Zeugnis und war weitgehend unbeschadet durch die Schulzeit gekommen. Im Zuge des anschließenden Bachelor-Studiums der Informatik an der Universität Dortmund hatte er über das dortige Technologiezentrum erstmals Berührung mit dem Thema „Startup" bekommen und war fasziniert, dass man mit einem einfachen Code ganze Unternehmen aufbauen aber auch andere vernichten konnte.

Das hatte zur Folge, dass er sich für das Master-Studium an der *UDB* beworben hatte und auch direkt angenommen wurde, denn er wollte sein eigenes Ding, sein eigenes Unternehmen und seine eigene Plattform aufbauen und nicht in irgendeinem Computer-Labor eines großen IT-Unternehmens versanden.

>>*Es war noch so einfach für junge Menschen etwas Eigenes zu machen. Die Digitalisierung gibt uns alle Chancen und man braucht nur sehr wenig Ressourcen, um etwas auf die Beine zu stellen. Und ich will was aufbauen, was Bestand hat und vielleicht möglichst vielen Menschen eine Arbeit bietet.*<< erzählte Moritz und beendete damit seine Vorstellung und schaute mit einem >>*Und wie war es bei Dir?*<< erwartungsfroh zu Emma, die ihm aufmerksam zugehört hatte.

>>*Bei mir war und ist es weniger spektakulär.*<< begann sie. Geboren und aufgewachsen in Düsseldorf, war sie weder eine überragende Schülerin noch eine Modemaus gewesen, so dass sie in den entsprechenden Kreisen der Landeshauptstadt hätte punkten können. Sie war nicht superschlank, hatte aber eine gute Figur mit passenden Rundungen und war einfach nur nett, was sie aus dem Jagdmuster der meisten pubertierenden männlichen Jugendlichen für eine

schnelle Nummer herausfallen lies. Der erste Freund kam dann auch aus dem privaten Umfeld eines Tanzkurses, den sie erst mit sechzehn absolvierte und mit dem sie dann fast drei Jahre zusammen war.

Ihre Stärke lag eindeutig in der sozialen Kompetenz und in dem Mitgefühl für ihre Mitmenschen. Entsprechend interessierte sie sich in der Schule für Sozialkunde und Philosophie und organisierte gemeinnützige Veranstaltungen auf denen Spenden für soziale Projekte wie Kindertagesstätten oder Afrika gesammelt wurden. Aufgrund des Organisationstalentes hatte sie es zur Klassensprecherin geschafft und war auch Schülervertreterin in der Schulpflegschaft. Sie hatte sich immer eingebildet, die Welt einmal verbessern zu können. Und deswegen studierte sie nach dem Abi folgerichtig Politik- und Sozialwissenschaften an der Universität Düsseldorf.

Da ihre Familie nur über eingeschränkte Mittel verfügte, um sie bei diesem Studium zu unterstützen, jobbte sie hier in der Chill-Area der *UDB*, um ihr monatliches Salär aufzubessern und ihre 1-Zimmer-Wohnung zu bezahlen. Wohin das Ganze führen sollte, wusste sie noch nicht genau. >>*Mein Traum ist es, mal den Bauplan des Lebens zu entwerfen und ein Buch darüber zu schreiben.*<< Moritz klebte förmlich an ihren Lippen und fragte, was es mit diesem Bauplan auf sich hatte.

>>*Ich gehe davon aus, dass dieser Bauplan aus einem Fundament mit drei Säulen mit einem Dach besteht. Das Ganze erinnert vielleicht an einen ein-*

fachen griechischen Tempel und die Philosophen Aristoteles und Sokrates haben mich auch schon immer sehr inspiriert. << fing Emma an zu erklären. Sie freute sich sichtlich, dass sich Moritz offenbar ehrlich dafür interessierte.

>>*Das Fundament repräsentiert die Lebensbasis und damit die Gesundheit eines Menschen. Ohne diese Gesundheit, kann ein Leben nicht normal oder nur mit Einschränkungen gelebt werden. Viele vergessen dieses Fundament, aber ist es nicht gegeben, so werden die Säulen, die auf ihm stehen immer wackelig sein.*<< sagte sie und Moritz nickte zustimmend und trank seinen Tee weiter.

Emma wartete kurz und fuhr dann fort. >>*Die erste Säule steht dann für die Lebensattribute der Träume und Ziele eines Menschen, die zweite Säule steht für das Geld bzw. Vermögen über welches der Mensch verfügt und die dritte Säule repräsentiert den Beruf und die Karriere des Menschen, wobei letztere sowohl wirtschaftlich, politisch als auch sozial interpretiert werden kann.*<<

Moritz fand es spannend, dass sich nicht nur esoterische, sondern auch materialistische Aspekte in dem Modell wiederfanden und fragte nach den diesbezüglichen Zusammenhängen.

Emma antwortete >>*Mir ist bewusst, dass die meisten Philosophen das Streben nach materialistischen Dingen ablehnen, aber ich bin da halt durchaus etwas realistischer. Zudem gibt es viele Beispiele, wo Menschen mit ihrem Vermögen viel Gutes bewirkt haben. Geld ist also per se nicht nur schlecht. Es kommt darauf an, was man damit macht. Umgekehrt hat der bettelarme Mensch weniger Möglichkeiten sich zu entfalten und etwas zu bewirken. Viel Geld macht nicht unbedingt glücklicher, aber gar kein Geld in den meisten Fällen eben auch nicht.*<<

Moritz konnte diesen Überlegungen durchaus etwas abgewinnen und versuchte sich in das von Emma aufgezeigte Bild argumentativ hinein zu bewegen und merkte an >>*Wenn ich mal bei Deinen Säulen bleibe, dann könnte ich mir vorstellen, dass diese auch etwa gleich hoch also in einer Balance ausgeprägt sein sollten, damit sie noch das Dach tragen können, oder?*<< Das war der Moment, den Emma später als den Zeitpunkt des Verliebens angeben konnte und wo ein warmes und angenehmes Gefühl ihren Körper durchdrang.

>>*Genau! Man kann mit seinem Beruf viel Geld verdienen, wenn es nicht auch Spaß macht und der Job einen ausfüllt, dann wird man nicht glücklich sein. Umgekehrt kann man einen tollen Job haben, der aber nichts einbringt und die eigene Existenz sichert. Noch schlimmer, wenn eine gute oder schlechte Karriere einen davon abhält, seine eigentlichen Träume und Wünsche zu erfüllen. Wer zudem sein Vermögen nur geerbt und nicht erarbeitet hat, dem fehlt die Wertschätzung bei der Umsetzung seiner Träume, weil er nur eine Besitzliste abhakt.*<< gab Emma begeisternd zurück.

Sie schaute Moritz tief in die Augen. Er hielt diesem Blick stand und meinte >>*Ein komplexes System bei dem die Balance zwischen den Lebensattributen den drei Säulen die notwendige Stabilität für den Gesamtbau des Lebens gibt.*<<

Er war von sich selbst überrascht, dass er wie beiläufig Emmas Hand nahm und war noch mehr überrascht, dass sie diese nicht zurückzog, sondern diese Geste erwiderte. >>*Und welche Attribute machen das Dach des Tempels aus?*<< fragte er leise und rückte etwas näher zu ihr. >>*Kannst Du Dir das nicht denken?*<< fragte sie zurück indem sie ebenfalls näher kam.

Moritz überlegte kurz und antwortete. >>*Ich tippe mal auf Glück und Liebe.*<< Sie waren sich jetzt ganz nah gekommen und nur noch wenige Zentimeter trennten ihre Lippen voneinander. >>*Ganz genau.*<< hauchte Emma und der erste Kuss besiegelte eine Entwicklung, die für Moritz nicht hätte schöner sein können und die mit einer ersten leidenschaftlichen Nacht in ihrer Wohnung fortgesetzt wurde. Es war sein erstes Mal und Moritz suchte am nächsten Morgen nach der passenden Beschreibung. Geil? Mega-Geil? Nein, das war zu stumpf gedacht. Eigentlich war es einfach nur schön.

Seed-Phase 14

Es war angerichtet! Der große Tag war gekommen und die *UDB* hatte sich wie immer professionell vorbereitet. Die Investoren wurden, sofern sie nicht selbst direkt zur Hochschule anreisten, mit einem Shuttle-Service vom Bahnhof oder Flughafen abgeholt. Dieses

Jahr hatte sich *Tesla* das Mobility-Sponsorenpaket gesichert, um mit 10 Fahrzeugen der neuen Modellreihe X alle Investoren zur *UDB* zu bringen. Wer mit dem eigenen Auto zur Hochschule kam, der hatte einen reservierten Parkplatz direkt vor dem Hauptgebäude. Der zugehörige Parkservice sorgte dafür, dass der Besitzer am Ende des Tages sein Fahrzeug vollgetankt und gewaschen dort wieder vorfand.

Jeder Investor bekam zudem zwei Studenten im passenden T-Shirt der Hochschule und mit Logo des VC-Gebers als persönliche Betreuer an die Seite gestellt, die ihn auf Schritt und Tritt begleiteten und alle Wünsche entgegennahmen sowie alle Wege mitgingen, um ein Verlaufen zu vermeiden. Alle Studenten, die nicht dem letzten Jahrgang angehörten, wurden hierfür oder andere Dienste eingespannt.

Die Chill-Area war voll besetzt und es gab zudem eine Live-Übertragung der Pitches für die *UDB*-Studenten, die nicht gleichzeitig im großen Hörsaal sein konnten. Das „*UDB-Newsboard*" quoll an diesem Tag über mit Mitteilungen der ehemaligen Absolventen, die ihren Nachfolgern viel Glück wünschten. Der Ehrenkodex an der *UDB* verbot es, irgendwelche Inhalte der Pitches nach außen zu geben und wenn man seinen Abschluss noch bekommen wollte, dann hielt man sich besser daran.

Um sich vor ungebetenen Gästen zu schützen, war ein eigener Sicherheitsdienst aufgestellt worden und die entsprechenden Farben an den Batches organisierten den Zutritt in die einzelnen Bereiche. Alle Besprechungsräume wurden zudem jeweils einem einzelnen Investor zugeordnet, der sich dort für interne Gespräche zurückziehen und sich in persönlichen Ordnern nochmals alle Informationen zu den einzelnen Startups nochmals ansehen konnte.

Im großen Hörsaal, in dem die Pitches stattfanden, wurde eigens eine spezielle Bühne aufgebaut, die sämtliche Hilfsmittel für die Gründer bereitstellte. Zudem gab es eine Simultan-Synchronisation für die ausländischen Investoren in den Sprachen Englisch, Chinesisch, Indisch und natürlich Russisch. Die Show konnte also beginnen. Die kleineren Hörsäle standen danach jeweils für ein Startup und die zusätzliche Fragerunde mit den Investoren zur Verfügung. Diese hatten schon vor vier Wochen die Einladung zum diesjährigen *Battle of Ideas* bekommen und sich angemeldet.

Wie immer waren alle Mitglieder des *UDB*-Investorenclub vor Ort. Keiner ließ sich dieses Spektakel entgehen und die Aussicht auf den nächsten großen Deal war einfach zu groß, um diese Chance zu verpassen. Dafür war der Track-Record der bisherigen *UDB*-Startups einfach zu gut und das Eintrittsgeld in den *UDB*-Investorenclub zu hoch. Hinzu kam die Neugier, denn für die Vorbereitung gab es im Zuge der Einladung nur den Namen der präsentierenden Startups und eine Profilbeschreibung der zugehörigen Gründer. Es wurde jedoch nichts über die Ideen verraten.

Dass diese Liste natürlich irgendwie dann doch an die Presse durchgereicht wurde, heizte aber die Spekulationen um die eigentlichen Ideen nur noch mehr an. Es war jeder Jahr einer der meist geklickten Nachrichten auch auf *startup.news*, wenn dort die Einladungsliste gepostet wurde und sich die Leser in einer rekordverdächtigen Anzahl von Kommentaren mit ihren Vermutungen über die hinter diesen Namen stehenden Geschäftsideen ausließen. Es soll sogar schon vorgekommen sein, dass hierbei dann aufgrund der Spekulationen neue Ideen entstanden sind, die eigentlich gar nicht von den *UDB*-Studenten beabsichtigt waren.

Es gab zudem Wettanbieter im Netz, bei denen man auf den Sieger des *Battle of Ideas* setzen konnte. Auch eine App war hierzu vorhanden, mit der man private Tipp-Runden organisieren konnte, was in der Startup-Szene sehr beliebt war. Der einzige Gradmesser für die wahrscheinliche Qualität der Startup-Ideen, der vorab bekannt wurde, war die Punktwertung der Hochschule als Ergebnis der Einschätzung der *UDB*-Professoren zu den Studienleistungen für die zugehörigen Gründer.

Diese Skala war ein Ranking analog zu den Parker-Punkten für gute Weine. Sie ging analog zum amerikanischen Schulnoten-System von 50 bis 100 Punkten. Wer unter 80 Punkten erreichte, wurde gar nicht zum *Battle of Ideas* zugelassen. Das hatte zum einen den Vorteil, dass man diese Auswahl als „Die Besten, der Besten, der

Besten!" verkaufen und zum anderen der positive Nebeneffekt realisiert werden konnte, dass es sowieso nicht möglich war, alle Absolventen an diesem Tag zeitlich präsentieren zu lassen.

Da die Gründungsideen unterhalb der Pitching-Grenze aber auch nicht schlecht waren, buchten einige Investoren auch das Extra-Paket, welches Ihnen den Zugang auch zu diesen Ideen und den zugehörigen Gründern ermöglichte. In der Regel wurde dies aber weniger wegen der „Investment Opportunity" als wegen dem Recruitment der Studenten für bereits existierende Startups im Portfolio der Kapitalgeber in Anspruch genommen.

Mit 80 bis 89 Punkten tauchten dann die ersten Gründer in den Unterlagen zum *Battle of Ideas* in der Kategorie „überdurchschnittlich bis sehr gut" auf, bei 90 bis 95 Punkten waren sie in der Gruppe „hervorragend" und mit 96 bis 100 Punkte erreichte man den „außerordentlich"-Status. Tatsächlich erreichten nur ein bis maximal drei Gründerteams diese oberste Kategorie. In diesem Jahr waren es nur zwei Ideen und *AudioKing.com* war eine davon.

Der Tag war im Ablauf wie immer gleich und zeitlich exakt eingeteilt. Das Eintreffen der Investoren erfolgte bis 09:00 Uhr. Bis zu diesem Zeitpunkt wurde ein umfangreiches Frühstück angeboten, welches mit ersten Gesprächen innerhalb des Investorenkreises bis spätestens 09:30 Uhr abgeschlossen wurde. Es folgte eine 10-minütige Ansprache des Rektors, der nochmals die Spielregeln und das zugehörige *UDB*-Prinzip erklärte, weil jedes Jahr auch neue Investoren im Club dabei waren. Weitere 10 Minuten wurden benötigt, damit die präsentierenden Gründer aus einer Lostrommel ihre persönliche Startnummer für den kommenden Pitch zogen.

Das war das erste Mal, wo die Investoren einen persönlichen Eindruck vom Gründerteam bekamen. So manche positive Voreinschätzung soll an dieser Stelle schon den Nervositätsbach heruntergegangen sein, erzählten sich die Studenten in vielen mehr oder weniger bestätigten Mythen rund um diesen besonderen Tag. Danach ging es geschlossen in den großen Hörsaal, wo um exakt 10:00 Uhr die ersten Pitchings begannen.

Moderiert wurde dann die Veranstaltung vom Gründerteam, welches den letzten *Battle of Ideas* im Vorjahr gewonnen hatten und es war für diese eine Ehre und Herausforderung, die Neuauflage dieses Wettbewerbs so interessant wie möglich zu präsentieren. Da es sich zudem in der Regel aufgrund des nachfolgenden Erfolgs des Sieger-Startups um bereits sehr bekannte Gründer handelte, war auch diese Besonderheit ein Aspekt für das besondere Flair der Veranstaltung.

Jedes Team hatte 20 Minuten für den Pitch. Es folgten allgemeine Fragen der Moderatoren für weitere 10 Minuten, so dass jedes Gründerteam genau eine halbe Stunde Zeit hatte, um sich und die eigene Idee zu präsentieren und die Investoren zu überzeugen. Bis 12:00 Uhr wurden so die ersten vier Startup-Teams über die Bühne gebracht. Es folgte eine einstündige Mittagspause, um die ersten Eindrücke zu verarbeiten.

In der zweiten Session von 13:00 Uhr bis 15:00 Uhr folgten dann weitere vier Gründerteams. Danach konnten sich die Investoren in ihre individuellen Meeting-Räume zurückziehen, wo sie bei Kaffee und Kuchen ihre Einschätzungen reflektierten. Die professionellen Venture Capital-Geber meist isoliert für sich, die Business Angels oft auch in kleinen Gruppen. In dieser Zeit konnten auch die *UDB*-Professoren für eine Konsultation angefragt und in die Besprechung einbezogen werden. Nach einer weiteren Stunde fand dann um 16:00 Uhr die Exploration statt. Dabei konnten die interessierten Investoren in die jeweiligen kleinen Hörsäle der zugeordneten Startups gehen, wo die Gründer schon warteten und sich für weitere 60 Minuten den Fragen stellten.

Schon an dieser Stelle konnte man eine Abstimmung mit den Füßen beobachten und feststellen, welche Gründungsidee besonders hoch im Kurs stand. Ab hier begann auch das taktische Verhalten, denn aus dem Interesse und dem geschickten Fragen/Antworten-Spiel wurde untereinander im Investorenclub abgecheckt, wie teuer welche Anteilstickets bei welchem Startup wohl werden würden.

Um 17:00 Uhr zog man sich dann wieder individuell zurück, um seine möglichen Gebote als Letter of Intents zu formulieren und in ein dafür bereitgestelltes Formular einzutragen. Im Prinzip mussten sich nur drei Dinge auf dem Zettel wiederfinden. Der Name des oder der Startups, in die man investieren wollte, die Höhe des Investments in das oder die einzelnen Startups und eine Unterschrift für die Verbindlichkeit. Das Ganze wanderte dann in einen Umschlag, der versiegelt wurde und den man dann in eine zugehörige Box bis 18:00 Uhr vor dem Büro des Rektors einwerfen musste.

Dieser Einwurf wurde natürlich zelebriert mit einem entsprechenden Foto und Posting in den *UDB*-Kanälen. Die Spannung stieg damit nochmals und es soll schon vorgekommen sein, dass sich ein arroganter Investor aus dem Valley gewundert hatte, dass sein Umschlag um 18:01 Uhr nicht mehr angenommen wurde. Auch das gehörte zu den vielen Geschichten, die man sich um dieses Zeremoniell herum immer wieder erzählte.

Zwischen 18:00 Uhr und 19:00 Uhr wurden dann im Büro des Rektors die Umschläge in einem fünfköpfigen Gremium geöffnet. Mit dabei waren der Rektor der *UDB*, ein Vertreter der Professoren, ein Vertreter des Investorenclubs, ein Vertreter der Studenten und der Justiziar der Hochschule. Es musste ja alles seine Ordnung haben, denn schließlich ging es teilweise um sehr viel Geld und da zählte Vertrauen und Transparenz für die Berechnung der jeweiligen Anteilshöhen.

Und so wurde feierlich ein Umschlag nach dem anderen geöffnet und zur Prüfung rumgereicht, bis der Rektor am Ende sitzend laut und nach jeder Runde einzeln den Kapitalgeber, das oder die Startups mit den zugehörigen Beträgen vorlas. In einem eigens dafür programmierten Tool wurde dann der Reihe nach für jedes Startup die Höhe des Betrages eingetragen, die ein Kaptalgeber hierauf investieren wollte.

Gleichzeitig wurden alle anfallenden Beträge aufsummiert und in Relation gesetzt, wieviel im Ergebnis ein Kapitalgeber an Anteilen am 30%-Pool der Investoren erhalten würde. Die Berechnung war simpel. Gab nur ein Investor das Mindest-Ticket in Höhe von 100.000.- Euro für ein Startup ab, dann bekam er die vollen 30% als alleinigen Anteil. Das Startup hatte dann eine Bewertung von 333.333.- Euro. Die 10% für die *UDB* und ihre Professoren waren dann 33.333.- Euro und die 60% für die Gründer rund 200.000.- Euro wert. Zu mindestens auf dem Papier.

Was sich auf den ersten Blick bescheiden anhörte, steigerte sich beträchtlich wenn mehrere Investoren einsteigen wollten. Gaben 10 Kapitalgeber jeweils ein Ticket über 100.000.- Euro ab, so bekamen sie jeweils 3% am 30%-Pool der Investoren. Da diese 30% aber nun 1 Mio. Euro repräsentierten, stiegt die Gesamtbewertung für das Startup auf ca. 3,3 Mio. Euro und das bedeutet für die *UDB* und ihre Professoren einen Wert für die zugehörigen Anteile von 333.333.- Euro und für die Gründer im Rahmen ihrer Anteile einen Wert von rund 2 Mio. Euro.

Das gute an diesem Prinzip war, dass wenn ein Investor mehr als das Mindest-Ticket gab, er nur die anderen Investoren innerhalb des 30%-Pools, nicht aber die Anteile der *UDB* und ihrer Professoren oder der Gründer verwässerte, was zumindest von den letzteren als fair erachtet wurde.

Es war somit das Interesse der *UDB*-Seite, dass möglichst viele Investoren mit hohen Beträgen in ein Startup investieren wollten, denn entsprechend stieg der Wert des 30%-Pools und damit auch der Wert der eigenen Anteile. Umgekehrt war es das Interesse der Investoren, dass sich eben nicht allzu viele Kollegen um das gleiche Startup schlugen. Damit war der Begriff „*Battle of Ideas*" mehr als gut gewählt, denn dieser Kampf war mehrseitig. Zum einen der Kampf der Gründer um Investoren, zum anderen der Kampf der *UDB* und deren Professoren um hohe Beträge der Investoren und schließlich der Kampf der Kapitalgeber untereinander um die Anteilsstärke im Investorenpool.

Der Tag war also geprägt von strategischen und taktischen Überlegungen mit einer ganz eigenen Dynamik, die vorher nicht prognostiziert werden konnte. Es war ein besonderer Tag und es war wie gesagt „angerichtet". Eine enorme Spannung lag in der Luft und die Nerven der Protagonisten lagen bei manchem Teilnehmer schon so blank, dass so mancher Fingernagel schon jetzt dran glauben musste. Der Kampf konnte beginnen…

Seed-Phase 15

Alexander König und Moritz Hansen warteten in ihrem kleinen Hörsaal bis sie für Ihren Pitch aufgerufen wurden. Sie hatten die Startnummer 4 gezogen und waren damit das letzte Gründerteam, welches vor der Mittagspause präsentieren durfte. Nicht der beste Startplatz, aber eben auch nicht der schlechteste. Die meisten Gründer wollten entweder als Erste zu Beginn oder als Zweite nach der Mittagspause dran sein. Beliebt war auch der letzte Pitch des Tages, um nochmal ein Highlight und vielleicht den letzten guten Eindruck zu setzen. Maximal unbeliebt waren der dritte Startplatz im ersten Teil als Niemandsland oder der Startslot nach der Mittagspause, wo man die Investoren nach dem Essen erst wieder besonders aktivieren musste.

>>*Wir werden die Jungs und Mädels mit dem Geld mit einem bleibenden Eindruck in die Pause entlassen in der es nur ein Gesprächsthema geben wird. AudioKing.com!*<< hatte Alexander zu Moritz nach dem Ziehen der Startnummer mit einem Augenzwinkern gesagt.

Eine gewisse Nervosität konnte sie sich beide nicht absprechen. Aber es war halt die Aufgabe des CEOs gegenüber den anderen Crew-Mitgliedern eine gewisse Zuversicht auszustrahlen. Also versuchte er es. Sie gingen zusammen nochmals die Checkliste und den Ablauf durch. Alles war vorbereitet, wobei es nie eine absolute

Sicherheit gab. Sie hatten sich gegen den klassischen Pitch auf Basis einer Powerpoint-Präsentation entschieden und wollten eher eine Live-Vorführung ihrer Idee auf der Bühne durchführen. Es war ein Vorhaben, mit dem sie alles Gewinnen, aber eben auch alles Verlieren konnten, wenn es nicht klappte.

Dann gab der sie betreuende Student das Zeichen „Noch 15 Minuten“ und Alexander und Moritz kamen bedeutungsvoll zusammen und fassten sich an den Unterarmen. Vielleicht standen so auch einst die sagenumwobenen König Artus und Sir Lancelot zusammen, bevor sie in die entscheidende Schlacht aufbrachen, dachte der King. Nur das sie nichts zu verteidigen, sondern nur etwas zu erobern hatten und das auch noch ohne eine Armee im Rücken. Entsprechend ausgestattet gingen Sie in den *Battle of Ideas.*

Ihre Ritterrüstung bestand aus zwei identischen und einfach gehaltenen T-Shirts in einem dunklem Mintgrün mit dem fetten weißen Schriftzug „AudioKing.com“. Über dem Schriftzug war eine Krone aus Gold zu sehen, die von einem stilistischen und ebenfalls weißen Kopfhörer eingefasst war.

Das war ihr Startup-Logo, ihr Wappen, mit dem sie in den *Battle of Ideas* zogen. Sie schauten sich in die Augen und Moritz sagte. >>*Möge die Macht der Nullen und Einsen mit uns sein.*<< Dann verließen Sie ihr Basislager und ließen sich hinter die Bühne des großen Hörsaals führen. Der Angriff der LOI-Krieger hatte begonnen.

Die Moderatoren hatten gerade das dritte Gründerteam gemeinsam mit den Investoren im Saal von der Bühne geklatscht, als sie auch schon zum nächsten Akt überleiten.

>>*Liebe UDB-Gemeinde!*<< begann der CEO des letztjährigen Siegerteams bedeutungsvoll. >>*Dass alles digitalisiert wird, was digitalisiert werden kann, das haben wir Alle hier an der UDB gelernt. Und doch gibt es ein Medium, welches überraschenderweise bislang weitgehend verschont wurde und fast noch so funktioniert, wie vor einhundert Jahren.*<< Man merkte dem inzwischen erfahrenen Gründer und Anführer eines Unternehmens mit über 50 Angestellten seine Präsentationsroutine an. Aber auch sein Mitgründer stand dem in nichts nach und übernahm fließend den Ball, den er zugespielt bekam. >>*Aber damit ist jetzt Schluss, denn jetzt geht es auch dem klassischen Radio an den digitalen Kragen. Wie? Das zeigt uns jetzt das Team von AudioKing.com!*<<

Mit der Gestik einer überleitenden Handbewegung verließen die beiden Moderatoren die Bühne, die im gleichen Moment dunkel wurde. Die Spannung war unglaublich, den nun war eines der beiden Startups am Zug, die in der Vorbewertung in der höchsten Kategorie lagen. Entsprechend waren die Erwartungen.

Was dann passierte sollte in die Geschichte der *UDB* eingehen. Man hörte eine Toneinspielung mit den Geräuschen einer Autobahn. Gleichzeitig wurde ein Spotscheinwerfer aufgedreht und man sah einen Mann, der per Anhalter mitgenommen werden wollte. Wie durch Zauberhand wurde ein Auto auf die Bühne geschoben. Keine Attrappe, sondern ein echter aufgemotzter *Ford Mustang Chevrolet Camaro*. Keiner wusste, wie die Organisatoren das geschafft hatten. Der Wagen kam neben dem Mann zum Stehen und die Scheibe auf der Beifahrerseite senkte sich. Ein aufgrund von schwarzer Kleidung fast unsichtbares Kamerateam mit mobilen *GoPros* filmte die Szene mit und übertrug die Großaufnahmen direkt auf den Video-Screen.

>>*Wohin?*<< fragte der Fahrer missmutig, der einem mit langen fettigen Haaren und einem langen, nach unten hängenden Spitzen-Schnurrbart irgendwie bekannt vorkam. >>*München?*<< antworte der mitzunehmende Mann, der nun in Großaufnahme zu sehen war und sofort ging ein Raunen durch den Saal. Es war der bekannte Schauspieler *Jürgen Vogel* und es war die bekannte Szene aus dem Film „Kleine Haie“. Und unfassbar, aber der Fahrer war tatsächlich *Armin Rohde* in seiner Gastrolle als Ulf mit dem Kampfnamen „Bierchen“.

Ungläubiges Staunen und das eine oder andere „Wow“ war im Auditorium leise zu hören. Was nach dem nickenden >>*Jo*<< von *Rohde* als zum Einstieg einladende Geste passierte, war längst Kult innerhalb der deutschen Filmszene geworden. „Bierchen“ wehrte den Konversationsversuch „Hast echt ein originelles Auto“ von *Vogel* alias Tellerwäscher Ingo Hermann ab, in dem er eine Kassette ins Autoradio schob und den Innenraum des Wagens mit einer furchtbaren Heavy Metal-Musik beschallte und dazu anfing seinen Kopf und Mundwinkel wild hin und her zu schütteln. Dazu wurde das berühmte „Fahrtbier" aus der Dose geöffnet.

Kurz bevor die Musik, die nun auch den Hörsaal einnahm zu unangenehm wurde, brach diese ab und die gesamte Szene froh ein und weder *Jürgen Vogel* noch *Armin Rohde* bewegten sich. In diesem Moment wurde die gesamte Bühne beleuchtet und die beiden Gründer Alexander König und Moritz Hansen wurden sichtbar, die sich während des kleinen Schauspiels auf der Bühne positioniert hatten.

>>*Meine Damen und Herren, Sie kennen das…*<< erhob Alexander seine Stimme. >>*Sie sitzen im Auto und wieder einmal kommt aus dem "Radio" nicht, sagen wir mal so, die passende Musik.*<< Mit einem Seitenblick auf die Autoszene gab er dem Publikum die Zeit für einen kleinen Lacher. Es war für ihn der Gradmesser, ob sich das Auditorium auf die Vorführung eingelassen hatte. Hatte es, wie die zahlreichen Schenkelklopfer bewiesen und an dieser Stelle, so berichtete Alexander es später in zahlreichen Interviews, wusste er schon, dass er gewinnen würde.

>>*Wäre es jetzt und in vielen anderen Situationen nicht schön, wenn man nicht auf den linearen Einheitsbrei im Radio angewiesen wäre? Wäre es nicht phantastisch, wenn man sich schnell und unkompliziert einen individuellen Radiosender zusammenklicken könnte, der nur die eigene Lieblingsmusik und zudem einen redaktionellen Content einspielen würde mit Themen, die einen*

wirklich interessieren?<< Alexander machte eine künstlerische Pause, um dann euphorisch anzusetzen. >>*Diese Möglichkeit gibt es! Sie heißt AudioKing.com! Und es wird das YouTube für die Ohren sein! Ihr ganz persönliches Social-Media-Radio!*<<

An dieser Stelle übernahm Moritz. >>*Sie bekommen in diesem Moment eine SMS auf ihre Mobilfunkgeräte*<< sagte er und an der einen oder anderen Stelle konnte man im Raum das bekannte Piepen für den Eingang einer Nachricht hören. Also deswegen wollten die beiden Gründer die Nummern der Investoren bekommen, dachte Prof. Krüger, der diesen Effekt mit Begeisterung beobachtete. >>*In dieser SMS finden Sie einen Link zum Download unserer App, denn AudioKing.com existiert nicht nur auf dem Papier, sondern ist längst Realität geworden.*<< setzte Moritz seine Präsentation fort. >>*Sie finden nun dort ein fiktives Profil auf ihren Namen und Sie dürfen nun mit ein paar Klicks ihre Interessen an Themen angeben. Also Sport, Politik, Kultur usw.*<<

Das Auditorium folgte den Anweisungen und eine schemenhafte Vorgehensweise wurde auch auf dem Video-Screen über der Bühne als Erklär-Film sichtbar. >>*Im Ergebnis finden Sie dann unter dem Menuepunkt „Playlist" eine resultierende Liste mit dem redaktionellen Content, der zu ihrem Profil passt und der bereits von professionellen aber auch privaten Nutzern und am Ende auch ihren persönlichen Freunden auf unsere Plattform eingestellt wurde. Wenn Sie nun noch mit einem Klick oben rechts auf das Notensymbol ihre Musik aus dem Handy oder Musikportalen wie Spotify auswäh-*

len, dann mischt sich diese automatisch und fertig ist der persönliche Radiosender.<< Moritz fühlte sich jetzt wie *Steve Jobs* bei der Präsentation des neuen *iPhones.* Er hatte sich immer gefragt, wie es sein würde, eine der Welt eine Innovation vorzustellen. Jetzt wusste er es. Es war unfassbar geil!

Das Kamerateam hatte sich zwischenzeitlich im Hörsaal verteilt und filmte einzelne Handy-Screens der Investoren ab, um das Funktionieren von *AudioKing.com* zu dokumentieren. Und es funktionierte! Kein technisches Versagen, kein Absturz. Einfach Plug & Play wie es sein sollte. Es funktionierte bei jedem Investor, bei jedem Handy-Typ und Betriebssystem wie es sollte.

Moritz wandte sich an das Auditorium. >>*Um jetzt unseren Freund aus seiner schwierigen auditiven Lage im Auto zu befreien, haben wir jetzt live aus allen ihren An- und Eingaben auch für ihn ein passendes Programm zusammengestellt, welches die Nutzerprofile mit den Interessen über einen von uns entwickelten Algorithmus vergleicht und mit seinen Nutzerdaten in Einklang bringt.*<<

Die eingefrorene Szene auf der Bühne bekam wieder Dynamik und *Jürgen Vogel* hob langsam sein Handy und zeigte den Screen zu *Armin Rohde.* Der nickte und über eine fiktive Bluetooth-Verbindung wurde im Auto nun eine andere Musik abgespielt. Es war die Musik von der Rockband *Nickelback* offenbar als kleinster gemeinsamster Nenner zwischen den beiden Protagonisten der Filmszene.

Über die überraschte Gesichtsmimik der beiden Schauspieler fing auch das Publikum herzlich an zu lachen. Nach ein paar weiteren Takten wurde die Musik abgelöst von einem redaktionellen Beitrag zu der *Gemeinde Wacken*, in dem einmal jährlich das größte Metal-Festival der Welt stattfand. An dieser Stelle war die Welt für beide wieder in Ordnung und die Fahrt wurde fiktiv fortgesetzt.

Jetzt war Alexander wieder an der Reihe. >>*Aber das ist natürlich noch nicht Alles!*<< fing der zukünftige CEO von *AudioKing.com* an. Sein Handy-Bildschirm wurde nun auf den Video-Screen übertragen. >>*Über den Button „Record“ können wir nun selbst einen Audio-Content aufnehmen oder sogar live auf Sendung gehen. So wird jeder Nutzer auch zu einem Radiomacher!*<< Er drückte den Button und ging mit dem Handy ins Publikum und fing an, die Investoren zu interviewen, wie ihnen die Plattform bislang gefiel. Ein weiteres hohes Risiko, denn dieser Effekt funktionierte nur, wenn er nun positive Stimmen bekam. Er sollte sie bekommen.

Mit Kommentaren wie „Großartig“, „Beeindruckend“ oder „Spannend“ beendete er die Aufnahme, drückte den Upload-Knopf und wenige Sekunden später tauchte der Content in allen Playlists eines jeden Investors auf. Gleichzeitig wurde das Stück nochmals laut in bester Qualität über die Hörsaal-Lautsprecher wiedergegeben. Und so hallten nochmals die Begriffe „Großartig“, „Beeindruckend“ und „Spannend“ durch den Raum.

>>Meine Damen und Herren, wir haben eine Vision, wir haben eine lauffähige und skalierbare Plattform, wir haben einen Algorithmus für persönliche Audio-Inhalte und wir haben Ihnen heute den technischen Proof of Concept geliefert.<< sagte Moritz. *>>Wir haben zudem einen enorm großen Markt, ein überzeugendes Geschäftsmodell mit zahlreichen elektronischen Mehrwerten und hybriden Einnahme-Möglichkeiten.<<* ergänzte Alexander.

In diesem Moment wurden die beeindruckenden Zahlen aus dem Businessplan auf den Video-Screen eingespielt. Zahlen, die jedes Investorenherz höherschlagen ließen, wenn man dieses bereits emotional geöffnet hatte. Und das hatte *AudioKing.com* mit der beeindruckenden Vorstellung bereits mehr als geschafft.

Beide Gründer kamen nun in der Mitte der Bühne zusammen und wurden flankiert durch *Jürgen Vogel* und *Armin Rohde*, die zwischenzeitlich aus dem Auto gestiegen waren und sich ihre falschen Haare vom Kopf und im Fall von „Bierchen" auch den falschen Schnauzer vom Gesicht gerissen hatten. Zusammen sprachen Alexander und Moritz die letzten Worte. *>>Wir können gemeinsam mit Ihnen zum Youtube, Google und Facebook der Audio-Welt werden. Werden Sie ein Teil von AudioKing.com<<*

Und damit verbeugten sich alle vier Protagonisten auf der Bühne. Der Pitch war vorbei und die Bühne wurde langsam wieder dunkel. Es blieb das pulsierende Logo des Startups auf dem Video-Screen, welches sich in der Symbolik eines Herzschlags aufpumpte und wieder zusammenzog. Das „große Kino“ für *AudioKing.com* war damit beendet... >>*Und so sehen wir betroffen - Den Vorhang zu und alle Fragen offen.*<< sagte Alexander in Richtung von *Jürgen Vogel* in Erinnerung an die berühmten Schlussworte von *Marcel Reich-Ranicki* aus dessen Sendung „*Das Literarische Quartett*“.

Es dauerte einen kleinen Moment, der beiden Gründern wie eine Ewigkeit vorkam. Aber dann brandete der Applaus auf für einen Pitch, wie ihn die *UDB* noch nie gesehen hatte und auch lange nicht mehr sehen würde, da im Anschluss die Regeln für den Aufwand einer Präsentation neu definiert wurden, um ein Wettrüsten zwischen den Studenten für ihren Auftritt bei nachfolgenden *Battle of Ideas* zu verhindern. Einige Investoren standen heute sogar auf.

Standing Ovations! Das hatte es noch nie gegeben! Offensichtlich gab es keine offenen Fragen mehr. Und selbst in der Chill-Area hielt es niemanden mehr auf den Plätzen und alle Studenten mussten neidlos anerkennen, dass dies nicht nur der außergewöhnlichste Pitch in der *UDB*-Geschichte war, sondern eben auch eine perfekte Show. Eigentlich konnte es keinen Zweifel mehr geben, wer hier und heute als Sieger aus dem Rennen ging. Oder doch?

Zumindest ein Business Angel im Saal äußerte sich hinter vorgehaltener Hand zu seinem Nachbarn skeptisch. >>*Viel Tam-Tam, wenig Fakten. Erinnert mich irgendwie an die Zeit der aufgeblasenen New Economy…*<<

Seed-Phase 16

Als sich das Team der *DIC* rund um Dr. Jörg Lehmann um 17:00 Uhr in ihren Besprechungsraum zurückzog, waren nicht nur die Mittagspause, sondern auch die Präsentationen des Nachmittags so ziemlich belanglos vorbeigegangen. Alle standen noch unter dem Eindruck von *AudioKing.com* und dem zugehörigen Pitch der beiden Gründer Alexander König und Moritz Hansen.

Schon direkt im Anschluss an deren Aufführung herrschte hektisches Treiben. Lehmann schickte Björn Rademacher direkt nach dem Pitch in ihren Besprechungsraum, um den dort schon vorbereiteten Businessplan von *AudioKing.com* während der Mittagspause zu studieren. Er konnte beobachten, dass es die anderen größeren VC-Gesellschaften ähnlich machten.

Als Rademacher ihm dann noch nach einer ersten Durchsicht signalisierte, dass dieses Ding eine „heiße Nummer" sei, klinkte sich der *DIC*-Analyst aus den weiteren Pitches des Nachmittags komplett aus und stieg tiefer in die Thematik ein, um für Lehmann auch direkt eine Frageliste für die Exploration ab 16:00 Uhr anzufertigen.

Diese begann pünktlich im zugehörigen Hörsaal für *AudioKing.com* und das Besucherinteresse zeigte, dass so ziemlich jedes Mitglied aus dem *UDB*-Investorenclub ein Investment in Erwägung zog. Es konnte also teuer werden, ausgerechnet hier sein Kapital zu platzieren. Hier wurden die Gründer entsprechend nochmals „gegrillt" und mit Fragen überhäuft.

Aber Alexander und Moritz konnten auf alle Hinweise und zum Teil auch durchaus kritische Anmerkungen gute Antworten geben. Während Alexander dabei alle Fragen zum Geschäftsmodell, den Einnahmen und Kosten sowie der Marktentwicklung als auch der Positionierung im Wettbewerb beantwortete, konzentrierte sich Moritz auf die Fragen rund um die Software, den Algorithmus und die technische Plattform. Alles Standard, alles Routine.

Außergewöhnlich war allerdings dann doch die Frage eine Business Angels aus Hamburg, den Lehmann noch nie beim *Battle of Ideas* gesehen hatte. Er stellte sich als Georg von Falkenhorst vor und fragte. >>*Was hat der heutige Einsatz von Jürgen Vogel und Armin Rohde das Unternehmen gekostet?*<< Eine einfache Frage, die es aber in sich hatte, denn zwischen den Zeilen wurde ein wichtiger Aspekt adressiert. Konnten die Gründer mit Geld umgehen und eine Verhältnismäßigkeit beim Einsatz der Mittel beachten?

Es war Alexander der antwortete. >>*Der Einsatz hat die Investoren nichts gekostet. Beide bekommen aus dem Anteilspool der Gründer jeweils 1,5% und stehen ab einem gewissen Unternehmenswert zudem auch weiterhin als Werbeträger zur Verfügung. Es liegt also an Ihnen, ob sich der Einsatz der beiden bekannten Charakterköpfe für uns, für Sie und für AudioKing.com gelohnt hat.*<<

Er erklärte ferner, dass der Kontakt über die junge Agentur *equitystar.com* zustande kam. Ebenfalls ein Startup von *UDB*-Studenten, die Prominente als Werbeträger gegen Anteile an jungen Unternehmen vermittelten und dafür eine Provision von ebenfalls 1%-Anteil bekamen. Viel besser konnte man eigentlich gar nicht antworten, denn damit machten die Gründer deutlich, dass sie nicht zu Lasten der Investoren, sondern auf ihre eigene Rechnung dieses Investment stemmten und damit offenbar selbst sehr von der eigenen Idee überzeugt waren. Damit war dann auch die Fragestunde zufriedenstellend abgeschlossen.

Und so saß nun das gesamte DIC-Team im Besprechungsraum und versuchte eine Investmentstrategie für die Abgabe eines oder mehrerer Letter of Intents um 18:00 Uhr zu finden. Neben Lehmann waren nun auch Björn Rademacher und Petra Trampke anwesend. Anne Westheim war in Berlin geblieben, aber per Conference-Call mit den Kollegen vor Ort verbunden. >>*Ich denke, dass wir über AudioKing.com ausführlich sprechen müssen. Aber gibt es auch noch andere Gründungsideen, die uns gut gefallen haben?*<< eröffnete Lehmann die Diskussion.

Als sich niemand meldete, nickte er Björn Rademacher zu, der mit seiner Analyse begann. >>*Der Businessplan ist sauber geschrieben und beinhaltet alle notwendigen Informationen. Er ist ambitioniert und verspricht eine Erfolgsstory, wie ich sie schon lange nicht mehr gesehen habe. Und genau da-*

rin liegt auch das größte Problem. Ich habe halt schon lange eine solche Erfolgsstory nicht mehr gesehen.<< Er machte eine kleine Pause, um die Worte wirken zu lassen und fuhr dann fort.

>>*Hinzu kommt, dass wir uns hier auf das Spielfeld der ganz großen Haifische begeben. Es ist zwar visionär, zum YouTube im Audio-Bereich zu werden, aber eben diese großen Player könnten AudioKing.com auch ganz leicht vom Markt beißen und verschlingen, um sich die Butter nicht vom Brot nehmen zu lassen.*<< meinte Björn.

Lehmann unterbrach ihn an dieser Stelle und meinte >>*Auf der anderen Seite könnten die aber das Startup auch kaufen, wenn es nur schnell genug wachsen und sich im Markt relevant positionieren könnte. Damit gäbe es eine Exit-Strategie, denn das Themenfeld ist für die Big-Player zu wichtig, um es gar nicht zu bearbeiten.*<<

Rademacher nickte seinem Kollegen zu. >>*Das steht auf der Haben-Seite und taktisch ist davon auszugehen, dass hier und heute ein beträchtliches Startkapital zusammenkommt, mit dem man schon mal einen größeren Haufen scheißen könnte.*<<

Er grinste in die Runde und schaute erwartungsvoll zu seiner Kollegin Petra Trampke. >>*Also mir gefällt das Team! Es ist in den Kompetenzen stark aufgestellt und kann auf allen Ebenen überzeugen. Ferner gefällt mir, dass die Plattform schon ziemlich reif programmiert wurde und hier keine große Zeit vergehen wird, um im Markt aktiv zu werden. Wir überspringen also eine Zeitphase und könnten direkt starten.*<< antwortete die Kollegen merklich begeistert und bediente zur Unterstützung dieser Einschätzung nochmals die App des jungen Startups.

>>*Und Zeit ist ja bekanntlich Geld und der wesentliche Faktor gerade im Internet-Business.*<< war aus dem Lautsprecher von Anne Westheim zu hören und die *DIC*-Partnerin ergänzte >>*Hinzu kommt, dass wir hier schon im Netz aber auch im Berliner Flurfunk mitbekommen, dass AudioKing.com offensichtlich die beste Performance im Pitch gezeigt hat. Die Gerüchte über die Geschäftsidee und die Perspektiven fangen an, sich zu überschlagen. Die Frage wäre also auch, ob wir es uns überhaupt leisten können, nicht zu investieren, wenn wir schon vor Ort sind und die Möglichkeit haben, in der ersten Runde dabei zu sein.*<<

Über diesen Punkt hatte Lehmann auch schon nachgedacht. Er schaute auf sein Handy und bemerkte mehrere Anrufversuche von Corinna Ohlsen, die natürlich versuchte, sämtliche ihrer Kontakte, die vor Ort waren zu erreichen, um mehr herauszufinden. Der letzte Versuch von ihr war eine SMS mit der Frage

„Werdet Ihr in AudioKing.com investieren?“

Er legte sein Handy ohne eine Antwort zu geben zur Seite. >>*Wenn das fliegt und wir sind nicht dabei, obwohl wir die Chance dazu hatten, dann werden uns das unsere Fondsinvestoren nie verzeihen.*<< grummelte Lehmann, dem erst jetzt richtig klar wurde, dass das *UDB*-Prinzip in diesem Fall zu einer Lock-in-Situation führen würde und sie investieren mussten. Die Frage war nur noch, wieviel Kapital sie geben würden oder mussten.

>>*Wir sind uns also alle einig, dass wir in AudioKing.com investieren wollen?*<< fragte er in die Runde und alle gaben ein klares >>*Ja*<< zurück. Er protokollierte dieses Ergebnis. >>*OK. Dann geht es nur noch um die Höhe. Wie machen es nach dem gleichen Prinzip, wie immer. Petra wird die Beträge nennen und wenn es die beiden Stopp-Meldungen aus dem anwesenden Partner-Kreis gibt, dann steht der Betrag fest. Einverstanden?*<< Wieder protokollierte er zufrieden die Zustimmungen seiner Kollegen im Protokoll.

Petra Trampke nannte die erste Zahl. Es war der Mindestbetrag von 100.000.- Euro. Ein kleines Lachen lockerte die angespannte Situation auf. Aber nicht lange, denn bis 1 Mio. Euro war kein Stopp-Zeichen zu hören. Soweit waren sie noch nie gegangen und zumindest bei Björn Rademacher bildeten sich die ersten Schweißperlen auf der Stirn. Bei 1,3 Mio. Euro kam das erste >>*Stopp*<< von Anne aus dem Lautsprecher. Die genannten Zahlen wuchsen weiter und weiter…

Alle schauten im Raum zu Jörg Lehmann, der die Arme verschränkt und die Augen geschlossen hatte. Aus Berlin wurde die Frage gestellt >>*Bist Du sicher?*<< Jörg nickte mehr zu sich selbst, als Anne eine richtige Antwort zu geben und die genannten Beträge wuchsen weiter. Als dann das zweite >>*Stopp*<< von ihm kam, waren sie bei 1,7 Mio. Euro gelandet. Stille erfüllte den Raum und man hätte sprichwörtlich die Stecknadel fallen hören.

Petra hauchte nur ein einfaches >>*Wow*<< und Björn nickte nur andächtig. Auch aus Berlin war über den Lautsprecher nur ein lautes Ausatmen mit der Andeutung eines Pfeifens durch die Zähne zu hören. Ohne weitere Diskussionen trug Lehmann die Zahl und den Startup-Namen auf den LOI-Bogen, schob diesen in den Umschlag und versiegelte ihn. Dann schaute er auf die Uhr.

Es war 17:48 Uhr. Er stand wortlos auf, verließ den Besprechungsraum und machte sich auf den Weg zum Büro des Rektors. Viel Zeit für die Abgabe war nicht mehr und entsprechend musste er sich beeilen. Auf seinem Handy tippte er im Laufen eine Antwort an Corinna Ohlsen. Sie lautete:

„Ja"

Seed-Phase 17

Als um 18:00 Uhr wie immer pünktlich auf die Sekunde die Abgabe der LOIs vor dem Geschäftszimmer des Rektors beendet war, wurde unmittelbar danach die Urne in das Büro von Prof. Dr. Andreas Baumann getragen. Das fünfköpfige Gremium war schon dort und das Öffnen der Umschläge begann um exakt 18:05 Uhr.

Es war das erste Mal, dass Baumann bei dieser Zeremonie nervös war, denn es zeichnete sich ein Ergebnis ab, mit dem auch die *UDB* massiv unter Druck geraten würde. Denn wenn sich die Gerüchte rund um die Investments in *AudioKing.com* bewahrheiten sollten, dann würde sich eine Erwartungshaltung aufbauen, die bei einem Scheitern des Startups die Wogen der Enttäuschung auch über der Entrepreneurship-Hochschule zusammenbrechen ließen. Schließlich hatten sie die Mega-Show der beiden Gründer zugelassen. Ein Fehler, wie Baumann sich jetzt selbst eingestehen musste.

Er fummelte nervös an seinen Manschettenknöpfen herum. >>*Manchmal war es eben besser, bescheiden aufzutreten und den Investorenclub nicht zu überfordern.*<< dachte er noch, als der erste Umschlag geöffnet und nach Durchsicht der anderen Teilnehmer ihm gereicht wurde. >>*Die Digital Investment Company aus Berlin investiert 1,7 Mio. Euro in AudioKing.com!*<< verkündete er und ein erstes Flüstern durchbrach die Stille des Raumes.

Die Zahl wurde ins Auswertungsprogramm eingetragen und der nächste Umschlag wurde geöffnet. Baumann konnte jetzt nur noch hoffen, dass diese Geschichte gut ausgehen würde und wenn nicht, dann später die Gründe für das Scheitern einmal klar außerhalb der *UDB* liegen würden. Und so gab er sich dem Schicksal hin und dieses sprach eine eindeutige und unmissverständliche Botschaft.

The Winner is... *AudioKing.com*!

Und das mit deutlichem Abstand. Insgesamt wurden 16 Umschläge geöffnet, in denen sich dieser Startup-Name wiederfand. Die einzelnen Kapitalzusagen gingen von 300.000.- Euro von einem Business Angel bis hin zu sagenhaften 2,7 Mio. Euro eines russischen Investors in der Spitze. Insgesamt kamen unglaubliche 20,5 Mio. Euro zusammen. Ein absoluter Rekord! Noch nie hatte ein *UDB*-Startup über 10 Mio. Euro einsammeln können und *AudioKing.com* pulverisierte diese magische Grenze gleich um das Zweifache.

Das bedeutete aber auch, dass dieses Startup schon zu Beginn mit einem Gesamtwert von rund 68,33 Mio. Euro bewertet wurde. Prof. Baumann wurde zum ersten Mal in seinem Leben bleich im Gesicht als er auf den Ergebnismonitor der Auswertungssoftware schaute und blickte sich nach der Verkündigung unsicher in seinem Gremium um.

Die Meinungen in der Runde waren mehr als geteilt und der Präsident der *UDB* hörte von >>*Das geht gar nicht!*<< und >>*Wie wollen wir das denn kommunizieren?*<< bis hin zu >>*Endlich mal ein Big-Thing aus Deutschland!*<< und >>*Das ist absolute Champions League zum richtigen Zeitpunkt!*<< so ziemlich das gesamte Spektrum.

Als die erste Diskussion abebbte meldete sich eine Stimme zu Wort, die sich bis dahin aus den Gesprächen weitgehend herausgehalten hatte. >>*Das wird national und auch international für Aufsehen sorgen und eine ganz neue Dimension für die Startup-Szene in unserem Land und auch die UDB bedeuten. Hoffentlich verschlucken wir uns nicht daran!*<< meinte Prof. Zenker, der diesmal als Vertreter der Hochschullehrer am Tisch saß.

Baumann spielte erneut an seinen Manschettenknöpfen herum. Beim Poker wäre das ein eindeutiger „Tell" gewesen, der als erkennbare Änderung des Verhaltens eines Spielers seinen Gegnern die Rückschlüsse auf die Bewertung seiner Karten erlaubte. Und sein Blatt zu *AudioKing.com* war eindeutig überreizt. Und so machte Baumann das, was viele schlechte Poker-Spieler in einer solchen Situation machten. Sie legten die Karten nicht ab, sondern setzten weiter stur auf Sieg.

Entsprechend reagierte er mit einer Gegenfrage. >>*So oder so, kommen wir aus der Nummer nicht mehr heraus und uns bleibt nichts mehr anderes übrig, als das Ergebnis zu verkünden. Oder wollen wir etwa ein wenig schummeln?*<< Darauf konnte natürlich kein Wiederspruch kommen und so hatte er das Gremium rhetorisch kalt gestellt.

Noch halbwegs zufrieden schaute er in die Runde stellte auf dieser Basis unmissverständlich fest >>*Na also, dann wollen wir mal und wir setzen kommunikativ auf Sieg und nehmen das Risiko. Schließlich sind auch wir Entrepreneure!*<< Das Gremium stand mit diesem Schlusswort des Rektors auf und machte sich auf den Weg in den großen Hörsaal, wo schon alle Teilnehmer gespannt auf das Ergebnis warteten.

Seed-Phase 18

Alle waren versammelt. Die Gründer, die Investoren, die Professoren und alle Studenten, die als Betreuer noch einen Platz im größten Hörsaal der *UDB* gefunden hatten. Es war 19:10 Uhr geworden und damit lag man erstmalig 10 Minuten hinter dem Zeitplan, was für den straff organisierten *Battle of Ideas* durchaus ungewöhnlich war. Alle wussten, was das zu bedeuten hatte. Das Ergebnis war alles andere als Standard.

Die Bühne war voll mit allen Gründern, die an diesem Tag präsentiert hatten. Sie standen in den jeweiligen Teams und in der Reihenfolge zusammen, in der sie den Pitch durchgeführt hatten. Anders als bei anderen Preisverleihungen, wurden nicht die einzelnen Plätze offen im Auditorium verkündet, sondern nur der Sieger ausgerufen. Direkt nach den zugehörigen Feierlichkeiten bekamen dann alle Startups auf der Bühne einen Umschlag überreicht, in denen die individuellen Ergebnisse abzulesen waren. Darin verzeichnet waren die Investoren, die eine Beteiligung für das betreffende Startup abgegeben hatten mit dem zugehörigen Betrag und dem Gesamtergebnis einschließlich einer ersten Beteiligungs- und Bewertungsübersicht.

Zeitgleich konnten auch die Betreuer einen solchen Umschlag für die Investoren abholen und ihnen diese überreichen. Hierin war dann die Liste ihrer eingegangenen Investments mit der jeweils zugehörigen Anteilshöhe für das einzelne Startup verzeichnet. Auch abzulesen war, welche anderen Investoren sich ebenfalls für das betreffende Gründerteam entschieden hatten. Dabei wurde auch ersichtlich, wer als größter Investor automatisch auch zum Sprecher und Organisator des Investorenpools und damit zum ersten Ansprechpartner für die Gründer im Hinblick auf das Beteiligungsmanagement wurde. Es war also der Augenblick der Entscheidungen!

Prof. Baumann betrat die Bühne und nahm das Mikrofon von den beiden Moderatoren in Empfang. Nachdem er sich bei allen Mitwirkenden bedankt hatte, war der große Moment gekommen. >>*Meine sehr geehrten Damen und Herren!*<< begann der Rektor den entscheidenden Satz. >>*Die Mitglieder aus unserem Investorenkreis haben sich über die Abgabe ihrer LOIs entschieden und damit das „UDB-Startup of the Year" gewählt. Es ist...*<<

In dieser obligatorischen Pause war die Zeit für große und weniger große Gesten gekommen. Alexander König legte den Kopf in den Nacken und schloss die Augen. Moritz Hansen beugte sich nach unten und stützte sich mit den Händen auf den Knien ab. Prof. Dr. Nikolas Krüger drückte sich seine beiden Daumen mehr für sich selbst als für die Startups so stark, dass es fast schon schmerzte.

Dr. Jörg Lehmann stand ohne das er es merkte auf und verschränkte die Arme hinter dem Kopf. Georg von Falkenhorst kaute ebenso an seinen Nägeln wie Emma Bartel, die sich in der Chill-Area eingefunden hatte und gebannt auf die Übertragung der Ereignisse auf dem großen Monitor starrte. In Berlin rückte Anne Westheim näher an den Lautsprecher heran, um die Audio-Übertragung von Björn Rademacher besser verstehen zu können, der sein Handy auf laut geschaltet hatte, während Petra Trampke sich fertig für Notizen zum Ergebnis machte.

Last but not least saßen in der Hauptstadt ein paar Straßen vom *DIC*-Büro entfernt Fynn Schneider und Meike Klausen bereit vor den Bildschirmen, um auf Hinweis von Corinna Ohlsen die Nachrichten und Berichten zum strahlenden Sieger für *startup.news* zu verfassen. Sie brauchte nur den Namen per SMS und ein paar Hinweise zu dem Geschäftsmodell des diesjährigen Gewinners.

Alles wartete auf den Schlussteil des Satzes von Prof. Baumann. Und der gab dem Schicksal seinen Lauf und verkündete
>>*Es ist... AudioKing.com*<<

Was nun passierte, war hollywoodreif. Unter dem lauten und euphorischen Jubel des Auditoriums, der auch in der Chill-Area widerhallte und sich dort verstärkte, knallten die Konfetti-Kanonen und überzogen die ganze Bühne mit einem Schwall an goldenen Glitzerpapierchen, die langsam zu Boden flatterten. Gleichzeitig ertönte noch lauter der Song „Simply the Best“ von *Tina Turner* aus den Lautsprechern und Alexander König fing an unter lautem Gebrüll auf der Bühne an zu springen wie ein Flummi. Moritz Hansen hatte

Mühe, ihn für eine Umarmung wieder einzufangen. Die digitalen Drähte glühten und die Nachricht zum Sieger-Startup schossen nur so durch die Social-Media-Netzwerke.

„Der *Battle of Ideas* ist entschieden! Es ist AudioKing.com #*UDB* #StartupoftheYear" oder „#AudioKing.com ist der Sieger! Glückwünsch und alles Gute... #Zukunft #*UDB*" war dort zu lesen und auch die ersten Gratulanten der anderen Teams kamen auf der Bühne auf die beiden zu. Im Auditorium gratulierten sich die Team-Mitglieder der *DIC* gegenseitig, nachdem Jörg Lehmann seine Arme mit einem lauten >>*Yes!*<< in die Höhe gestreckt hatte.

Nachdem sich die erste Aufregung etwas gelegt hatte, holte sich der Rektor die beiden Gründer der siegreichen Plattform an seine Seite und erbat sich einen weiteren Moment der Ruhe. Dieser stellte sich erst mit einer deutlichen Verzögerung ein. Zu groß war die Euphorie im Hörsaal womit für den Kenner schon abzulesen war, dass sehr viele auf dieses Pferd gesetzt hatten.

>>*Herzlichen Glückwünsch an Euch beide!*<< begann Prof. Baumann, nachdem die Musik verstummte und sich das Auditorium gesammelt hatte. >>*Ich habe schon viel erlebt und gesehen an der UDB, aber einen solchen grandiosen Pitch noch nicht. Da war nicht nur sagenhaft, das war auch valleyhaft!*<< sagte er mit einer Anspielung an das große Vorbild aus den USA.

Erneut gab es großen Applaus.

Der *UDB*-Präsident wartete diesen kurz ab, um dann eine Frage zu stellen, die zwar an die beiden Gründer gerichtet war, aber rhetorisch natürlich auch das ganze Publikum mit adressierte. >>*Jetzt seid ihr bestimmt daran interessiert, was am Ende unter dem Strich für Euch an Kapital zum Start von AudioKing.com zusammengekommen ist. Und ich denke, dass wird als Ergebnis auch die Investoren hier im Raum vielleicht neugierig machen, oder?*<<

Er schaute bedeutungsvoll in den Raum und holte sich seine Lacher und die zugehörige Zustimmung ab. >>*Na dann, möchte ich Euch auch dieses Ergebnis nicht vorenthalten.*<< Normalerweise genoss er diesen Moment besonders, aber heute schlich sich doch ein gewisses Unbehagen ein. Er wusste, dass das, was er gleich verkünden würde, hohe Wellen schlagen würde. Er holte kurz Luft und verkündete dann laut >>*Freut Euch über ein Startkapital von 20,5 Mio. Euro!*<<

Jetzt gab es kein Halten mehr. Die Höhe des Investments schlug ein wie eine Bombe. Der Hörsaal kochte über mit Reaktionen. Es war eine Mischung aus Jubel und ungläubigem Staunen. Viele schauten sich im Auditorium fragend an. Das war der Moment aus dem die Träume aber auch Albträume heraus geboren wurden.

20,5 Mio. Euro! Das war absoluter Rekord! Das war sensationell! Das war spektakulär! Nicht nur für die *UDB*, sondern für die Startup-Szene in Deutschland insgesamt! Denn natürlich berechneten viele im Raum und in den digitalen Nachrichtenkanälen sofort, was dies bedeutete. Die Investoren hatten mit ihren Summen und der Limitation auf den 30%-Pool das Unternehmen zu einer Startbewertung von ca. 68 Mio. Euro getrieben.

Das war eine der höchsten Bewertungen, die je ein Startup in „good old Germany" in dieser frühen Phase hatte erzielen können. Etwas Vergleichbares gab es auch aus der Erinnerung der meisten Anwesenden kaum. Nicht einmal zu Zeiten der New Economy, nicht zu einem so frühen Zeitpunkt, wo gerade einmal ein Businessplan und ein Prototyp vorhanden war.

Entsprechend gespalten waren die Kommentare im Netz. „Eine 68 Mio.-Bewertung für einen Businessplan? Seid ihr verrückt? Ist es schon wieder soweit? #neweconomy #startup #blase" oder „So wird Big-Money zum Bye-Bye-Money! Unverantwortlich! Lachhaft! #AudioKing.com" aber auch „Ja! Endlich mal Unicorn-Denken in Deutschland. Mutig und notwendig! #AudioKing.com #*UDB*" oder ein „Wer digitale Weltmarktführer will, muss auch das Geld dafür auf den Tisch legen! Klasse! #AudioKing.com #Glückwunsch" war zu lesen.

Auch die Kommentare unter dem schnellen ersten Artikel bei *startup.news* überschlugen sich, wobei hier vielmehr zum Geschäftsmodell spekuliert wurde. Was schon durchgesickert war, bezog sich auf die Themen *Audio-Facebook*, *YouTube-Klon*, *Social-Media-Radio*. Das reichte aber, um die verschiedenen Varianten durchzuspielen.

Natürlich berechneten auch die Gründer im Kopf, was das Ergebnis für sie bedeutete. Ihre 56% nach Abzug der Anteile für *Jürgen Vogel* und *Armin Rohde* sowie der Agentur hatten einen Wert von rund 38 Mio. Euro. Sie waren quasi über Tag zu Multi-Millionären geworden. Zumindest auf dem Papier.

Das galt auch für Prof. Krüger, der von den 5%-Professorenanteilen als Erstbetreuer den Löwenanteil von 3,5% bekam. Dies entsprach einem Wert von immerhin rund 2,4 Mio. Euro und natürlich die Aussicht auf eine Verlängerung seiner Stelle an der *UDB*.

Längere Gesichter gab es auf der anderen Seite natürlich bei den Investoren, die sich nach der ersten Euphorie daran erinnerten, dass ihr Kapital insgesamt ja auf den 30%-Pool gedeckelt war. Entsprechend zittrig öffnete Jörg Lehmann den ihm zwischenzeitlich von den Betreuern überreichten Umschlag. Er nahm den darin aufgeführten *DIC*-Anteil bestenfalls zur Kenntnis und zeigte anschließend das Blatt Papier seinen Kollegen.

Nur 2,48% sprangen am Ende für sie heraus. Es war der kleinste Anteil, den sie je in einer ersten Runde für eine Beteiligung bekommen hatten. Gleichzeitig hatte Lehmann das meiste Geld dafür ausgegeben. >>*Wie soll ich das Anne in Berlin erklären?*<< dachte er noch, als er eine Hand auf seiner Schulter spürte.

Es war der Vertreter der russischen Investorenfirma, die den größten Betrag investiert hatte. Er stellte sich als Oleg Rulenkow vor und übergab ihm seine Karte. >>*Wir möchten die DIC beauftragen, unsere Rolle als Pool-Führer der Investoren bei AudioKing.com zu übernehmen. Aus dem schönen aber entfernten Moskow heraus wird eine intensive Betreuung vor Ort für uns ein wenig schwierig und die Anzahl an Investment-Managern bei uns, die ein wenig Deutsch können, ist sehr überschaubar. Interesse?*<< sagte er in halbwegs guten Englisch. Lehmann nickte erleichtert, da er nun noch unverhofft einen Bonus für die *DIC* mit nach Hause nehmen konnte.

Richtig sauer war dagegen Georg von Falkenhorst, der für seine 300.000.- Euro nur einen Anteil von 0,44% an *AudioKing.com* bekam und wild mit dem Zettel aus dem Umschlag winkend auf Prof. Baumann zukam. Er war deutlich über sein Limit gegangen und war mit deutlich weniger herausgekommen als die betreuenden Professoren der *UDB*, beziehungsweise der Hochschule selbst. Jetzt wollte er den Rektor diesbezüglich zur Rede stellen. >>*So wenig Anteile für so viel Geld? Ist das ihr Ernst? Dafür hätte ich andere Startups komplett kaufen können!*<<

Doch der reagierte gelassen, da er schon mit solchen Vorwürfen gerechnet hatte. >>*Mein lieber Herr von Falkenhorst, nun beruhigen Sie sich bitte und denken Sie nach. Am Ende haben auch Sie lieber wenige Anteile an einem Startup das funktioniert, als viele Anteile an einem Startup das nicht funktioniert, oder?*<< sagte er und ließ den Business Angel aus Hamburg stehen, um sich den vielen Presseanfragen zu widmen.

Von alldem bekamen Alexander König und Moritz Hansen nichts mit. Sie wurden innerhalb des Studentenkreises rumgereicht und mit Glückwünschen überhäuft. Selbst Prof. Krüger ließ es sich aber nicht nehmen, die beiden zu umarmen. >>*A new Star is born!*<< hatte er ihnen noch zugerufen, bevor die beiden Gründer von ihren Kommilitonen weiter in die Chill-Area mitgenommen wurden. Es war Tradition, dass das siegreiche Team dort mit einer gestifteten Champagner-Flasche ihrer Vorgänger, den Korken an die Decke knallen ließen, um sich so gleich dort mit ihren Unterschriften zu verewigen.

>>*Die Seed-Phase ist damit vorbei! Ab heute sind wir ein richtiges Startup!*<< rief Alexander seinem Mitgründer zu und setzte die Flasche an, um einen ersten Schluck zu nehmen. Moritz nickte und wusste, dass sie bei der Summe und der Bewertung nun schnell erwachsen werden mussten. Er umarmte Emma, die sich an seine Seite vorgekämpft hatte und rief das langgezogene „*Let's get ready to rumble!*" um den Beginn des anstehenden Boxkampfes zu verkünden. Der „*Battle of Ideas*" war vorbei, aber der „*Battle of the Market*" hatte gerade erst begonnen.

Startup-Phase 1

Genauso schnell wie sich der Campus nach dem ersten Umtrunk in der Chill-Area leerte, füllte sich das *Elektron*, denn der Club war traditionell der Ort der Battle-Party, wo sich die aktiven Teilnehmer, die Helfer und Betreuer aber auch die Administration der *UDB* trafen, um den Tag und das Ereignis zu reflektieren und gebührend zu verabschieden. Und diese Party war legendär.

Jeder wollte dabei sein, denn jeder wusste, dass an diesem Tag die Startups der Zukunft geboren wurden. Das galt für Berater, Investoren, regionale Wirtschaftsförderer, Inkubator-Manager, Büroraum-Vermieter, Vertreter von Politik und Presse und natürlich auch die sonstigen üblichen Speichellecker.

Und genau die durften an diesem Abend nicht dabei sein. Es war ein internes Fest der Hochschule, um sich selbst zu feiern. Nur die aktuellen und ehemaligen Studenten sowie die Professoren und Assistenten der *UDB*, die in den *Battle of Ideas* eingebunden waren, wurden zugelassen. Und dennoch schafften es natürlich immer wieder auch externe Gäste, sich auf die Insider-Liste zu schmuggeln oder von einem der Protagonisten eine der wenigen offiziellen Family & Friends-Karten zu ergattern.

Es war zu einem ehrgeizigen aber eben auch unbedingt notwendigen Unterfangen geworden, auf dieser Party „sehen und gesehen“ zu werden und natürlich wurden hier auch die ersten Beziehungen zu den Battle-Siegern geknüpft. Damit wurde aus dem Digital Business dann doch wieder ein reales Business...

Entsprechend wurde aufgefahren, denn der Club erstrahlte an diesem Tag komplett in Gold und Glitzer. Die Einrichtung im Lounge-Bereich war ausgeräumt und die Wände und alle Verkleidungselemente an der Bar wurden auf diese Farbe getrimmt und mit Strass überzogen, so dass der ganze Raum zu funkeln schien. Auf jedem der neu eingeräumten und mit goldenen Hussen überzogenen und natürlich vorreservierten Stehtischen stand ein Startup-Gedeck, welches aus einem vergoldenden Eiskübel mit einer edlen Champagner- und einer noch edleren Wodka-Flasche mit Totenkopf-Emblem bestand.

Der Champagner von *Armand de Brignac* war selbstverständlich die *Brut Gold*-Ausführung. Einkaufspreis rund 270 Euro, der heute Abend aber für den Faktor 3 über den Ladentisch ging. Kein Problem für die *UDB*-Studenten, denn die Getränke wurden von dem *UDB*-Alumni-Verein quasi als Generationsverpflichtung gesponsert. Und das war auch der Grund bzw. eine willkommene Entschuldigung, warum die Professoren der Hochschule mit einem guten Gewissen zugreifen konnten.

Auch das Personal trug goldene T-Shirts und die ganze Decke war mit goldenen Luftballons bedeckt. Nur die schweren Jungs von der Security waren im üblichen schwarz mit passenden Bomberjacken gekleidet und mussten am Eingang die anströmende Meute kontrollieren und es kam nicht selten vor, dass hier in der Vergangenheit auch schon mal der eine oder andere B- bis Tripple-Z-Promi abgewiesen wurde, der meinte einfach so eingelassen zu werden.

Auch wenn das an anderen Tagen vielleicht klappte, so galt das eben nicht für heute Abend. Und so war es ein gefundenes Fressen für die Boulevard-Zeitung *EXPRESS* als vor zwei Jahren der frisch gewählte Bürgermeister der Landeshauptstadt seinen spontanen aber leider auch nicht abgestimmten Antrittsbesuch in der hippen Startup-Gemeinde machen wollte und am Eingang zunächst abgewiesen wurde.

Heute Abend war halt „großes Tennis" angesagt und mit *Sam Grade* wurde einer der bekanntesten Internet-DJs eingeflogen, der insbesondere mit seiner *Notenstunde* und legendären Bootlegs von bekannten deutschen Pop-Titeln in der Online-Gemeinde sehr geschätzt wurde. Eigentlich hatte er schon aufgehört und sein Alter Ego sterben lassen, aber für diese Party machte er eine Ausnahme und so stand er in seinem Marken-T-Shirt mit der an diesem Tag ebenfalls goldenen Aufschrift „Du tanzt mich mal!" im Glaskubus „Rooftop" hinter den digitalen Plattentellern und heizte die Startup-People der Party-Gemeinde so richtig an. Und natürlich begann sein Mix für den heutigen Abend mit dem Signature-Titel „Gold" der

80er-Kultband *Spandau Ballet* in der bassorientierten Version des *Paul Oakenfold Club Mix*.

Wer die ganze Inszenierung nicht kannte und auch nicht unbedingt ein Fan der Startup-Szene war, der konnte schnell einen befremdlichen Eindruck gewinnen und nicht wenige Kritiker dieser *UDB*-Veranstaltung wurden an die wilden Zeiten des Neuen Marktes erinnert, als die fragwürdige Ausgabenmoral die notwendige Einnahmendisziplin überlagerte und zum Platzen der ersten Startup-Blase mit vielen Enttäuschungen führte.

Das war auch der Grund, warum die offizielle Ausrichtung dieser *UDB*-Party in die Hände des *UDB*-Alumniverein gelegt wurde, damit sich die Hochschule zumindest ein wenig dahinter verstecken und von den teilweisen immer wieder hochkommenden Momenten der Exzesse distanzieren konnte. Und so ein Moment war jetzt gekommen, denn es erfolgte der Einzug der *Battle*-Sieger, es erfolgte die Präsentation der *Audiokings*...

Auch dieses Ritual erfolgte nach bekannten Spielregeln, denn das siegreiche Startup-Team erschien nicht nur einfach, sondern wurde entsprechen über einen Promoter angekündigt und zu den Klängen von „*We are the Champions*“ der Rockgruppe *Queen* sprichwörtlich auf Händen bzw. Schultern hineingetragen. Und so brach ein Jubelsturm auf Alexander König und Moritz Hansen ein, als sie um Punkt 24:00 Uhr von ihren Kommilitonen in das *Elektron* hineingetragen wurden. Das Bild erinnerte durchaus an die vielfach im Fernsehen festgehaltenen Feiern einer Meisterschaft im Fußball, Rugby oder American Football, wo die wichtigsten Spieler oftmals eine ähnliche Symbolik auf dem Spielfeld oder anschließend in der Kabine genießen durften.

Die rhythmischen Rufe >>*20 Mio. – 20 Mio.*<< gingen über in ein >>*Kings, Kings, Kings*<< und jeder Party-Gast wollte von den beiden AudioKings mit einem „High-Five" abgeklatscht werden. Während Moritz Hansen gegeben diesen überzogenen Huldigungen einen sichtlich unbehaglichen Eindruck hinterließ und sich hilfesuchend nach Emma Bartel umschaute, genoss Alexander König das Bad in der Menge mehr als sichtlich.

Der zukünftige CEO von *AudioKing.com* ließ sich dabei nicht nur zum bekannten Victory-Zeichen hinreißen, welches aber spätestens seit dem Skandal rund um den Abschied von *Josef Ackermann* bei der *Deutschen Bank* einen gewissen Beigeschmack hatte, sondern nahm auch wie selbstverständlich die goldene Magnum-Flasche aus der Champagne und spritze den Inhalt unter lautem Gejohle der Menge durch den Raum.

Dabei blieb er leider etwas zu Lange an dem verführerischen Blick einer jungen Frau hängen, was dazu führte, dass deren tief aufgeknöpfte weiße Hemdbluse über den Champagner etwas zu feucht wurde, wodurch der ebenfalls weiße Spitzen-BH nun deutlich sichtbar hervortrat. Klingt billig, war aber aufregend, denn diese Unterwäsche gehörte der attraktiven Anna-Maria Abrams...

Anna-Maria war 24, hatte lange blonde Haare, die sich offen getragen und leicht gewellt um ihre Schultern schmiegten. Sie war nach allgemein anerkannten Merkmalen eindeutig als „schön" zu bezeichnen: Ein symmetrisches Gesicht welches dem Kindchen-Schema entsprach mit großen und in ihrem Fall passend zur Haarfarbe runden braunen Augen, einer kleinen Nase, vollen roten Lippen und einem kleinen Kinn mit rundlichen Wangen. Da sie zudem groß und sehr schlank war, konnte man sie durchaus in die Kategorie Model packen und sie stand nicht zufällig dort.

Sie hatte gerade ihr Studium der Medien- und Kommunikationswissenschaften an der Universität Köln beendet und war mit 24 Jahren nun auf der Suche nach ihrem ersten Job. Dabei hatte Sie schon immer ein Auge auf die Startup-Szene geworfen und auch ihre Masterarbeit zum Thema „*Ein wirkungsvolles Preannouncement als Marketing-Instrument für junge Unternehmen*" bewusst in diesem Bereich platziert. Sie erklärte darin, dass eine gezielte Vorankündigung einen enormen Aufmerksamkeitseffekt führen konnte, wenn ein Unternehmen oder eine Einzelperson etwas entweder vor dem Zeitpunkt ankündigt, zu dem sie es tun, oder vor dem Zeitpunkt, zu dem sie es normalerweise ankündigen würden. Dafür hatte sie am Ende eine 1,3 bekommen und insgesamt das Studium mit Prädikat abgeschlossen, was aber nur höchst selten von ihrer attraktiven Erscheinung ablenken konnte.

Entsprechend hasste sie es, darauf reduziert zu werden, fand aber auch schnell heraus, wie sie dies zu ihrem Vorteil nutzen konnte. Sie war entsprechend kein Kind von Traurigkeit und durchaus berechnend nach Düsseldorf gereist, da die Universität Köln meilenweit davon entfernt war, eine Gründer-Hochschule gerade für Start-ups der Digitalen Wirtschaft zu sein. Die Karte zu der Party hatte sie von einer Freundin übernommen, die an der *UDB* studierte aber leider krank geworden war. Ihr Glück, dachte sie und machte sich entsprechend für diese Chance zurecht.

Und so trug Anna-Maria eine dunkelbraune Hose in gepflegter Optik für den anspruchsvollen City- und Business-Style. Modisch elegant im Look verleihen die Bügelfalten ihrer schmalen Beinform eine besonders aparte Note, während die kleinen seitlichen Saumschlitze eine Prise Lässigkeit ins Spiel brachten. Oben trug sie die bis eben noch trockene weiße Hemdbluse, die eigentlich bis zur Höhe ihrer Brüste aufgeknöpft, nur eine vage Andeutung als eine feuchte Offenbarung sein sollte.

Aber nun stand sie so da und während andere Damen sich jetzt schnell auf die Toilette zum Frischmachen zurückzogen, blieb sie cool stehen und meinte >>*Ich bin gespannt, wie Du das nun wieder gutmachen willst?*<< Dieser freche Kommentar brachte Alexander zunächst aus dem Konzept. Er war in vielerlei Hinsicht beeindruckt von Anna-Maria und brachte zunächst erst einmal nur ein einfaches >>*Sorry!*<< heraus.

Nach einem Moment der Unsicherheit hatte er sich aber wieder gefangen und gab zurück >>*Ganz einfach! Ich werde den Rest aus der Flasche nur mit Dir trinken.*<< und griff nach zwei nahestehenden Gläsern. Man sagt, dass sich schon im ersten Dialog zeigt, wer die kommunikative Oberhand im nachfolgenden Gespräch haben würde. Bewusst mit einem Augenaufschlag haute er deswegen auf die Kacke.

>>*Ich heiße Alexander König und bin hier heute der King*<< sagte er und reichte ihr gönnerhaft ein Glas mit Champagner. Er wurde aber direkt gekontert und eingenordet >>*Und ich bin Anna-Maria und stehe hier mit einer nassen Bluse. Kein Meisterstück eines Königs...*<< sagte sie mit bewusst dunklerer Stimme und imitierte dabei seinen Augenaufschlag. Nach einer kurzen Pause lachten beide los und das Eis war gebrochen. >>*Auf einen schönen Abend!*<< sagte Alexander und die Gläser klirrten aneinander.

Unbeeindruckt von der mit Champagner-durchtränkten Bluse unterhielten sich die Beiden und tauschten die ersten Informationen nach dem Motto „Wer bist Du und was machst Du“ aus. Und natürlich erzählte Alex von seinem Tag und seinem Startup und was er mit *AudioKing.com* vorhatte. Und natürlich erzählte Anna-Maria von ihrem Traum als PR-Managerin bei einem ambitionierten Startup zu arbeiten. Immer wieder unterbrochen von Gratulanten und Kontaktanfragen sog sie deshalb alle Informationen zu *AudioKing.com* auf, fasste einen Plan und fand sich zu späteren Stunde mit Alexander auf der Tanzfläche vom „Rooftop“ wieder, wo *Sam Grade* die Stimmung mit seinem Dance-Mix am Kochen hielt.

Dort trafen Sie auch Moritz und Emma und man stellte sich gegenseitig vor und die beiden Gründer umarmten sich nochmals im Angesicht ihres heutigen Erfolges. Der Alkohol floss weiterhin in Strömen und wie in den letzten Jahren auch, drohte die Party aus dem Ruder zu laufen. Dies konnte und wurde jedoch von der Security rigoros unterbunden, in dem sie die ausfallend werdenden Gäste konsequent nach Draußen beförderte. Es wurden sogar Wetten abgeschlossen, wie viele es jedes Jahr traf und unter zehn solcher Exits war es keine gute Party.

Die Professoren Baumann und Krüger standen ein wenig abseits, beobachteten die Szenerie, sprachen natürlich mit vielen ehemaligen Absolventen und diskutierten mit ihnen auch das *Battle*-Ergebnis. Insbesondere Baumann hatte als Rektor der Hochschule dabei durchaus die eine oder andere Sorgenfalte entgegennehmen müssen. Wird das gut gehen?

Er drehte sich mit Blick auf die beiden Gründer von *AudioKing.com* zu seinem Kollegen Krüger >>*Pass auf, Nikolas, und nimm Deinen Betreuungsauftrag für die Beiden sehr ernst, damit das nicht gegen die*

Wand fährt.<< Krüger nickte mit einem Lächeln so beiläufig, dass der Rektor noch etwas deutlicher wurde >>*Ich werde Dich ganz persönlich dafür verantwortlich machen, wenn das schief geht!*<<

Damit ließ er Krüger verdutz stehen und machte sich auf den Heimweg. Der leerte irritiert sein Glas und schenkte sich selbst nach. Und mit einem Blick auf sein Handy mit den ersten Reaktionen der Netzgemeinde bei *Twitter* & Co. im Hinblick auf das *Battle*-Ergebnis wusste er, was sein Rektor meinte und leerte auch dieses Glas schwitzend in einem Zug.

Von alledem bekamen Alexander und Moritz nichts mit. Sie waren mit ihren Eroberungen auf der Tanzfläche und insbesondere beim zukünftigen CEO von *AudioKing.com* ging es dabei immer heißer zu. Immer enger wurde der Körperkontakt zwischen ihm und Anna-Maria und sie gab sich zunehmend dem Tanz und den Berührungen von Alex hin. Sie nahm dabei ihre Schultern zurück, so dass ihre Brüste noch besser zur Geltung kamen und die Feuchtigkeit des Champagners war inzwischen dem Tanzschweiß mit dem gleichen Ergebnis gewichen. Und immer wenn sie sich in langsamen und kreisenden Bewegungen rückwärts an Alex schmiegte, dann fühlte sie, dass auch ihm nicht kalt wurde.

Und als er seine Hände von hinten über ihre Schultern zusammenführte und sie umarmte meinte sie eher beiläufig >>*Eine schöne Uhr trägst Du da.*<< Worauf er flüsternd in ihr Ohr erwiderte

>>*Ja, und sie zeigt mir alles an. Zum Beispiel, dass Du keine Unterwäsche trägst.*<< Den Dialog erahnend entgegnete Anna-Maria >>*Aber ich trage doch Unterwäsche, wie Du ja selbst schon mit der Champanger-Flasche rausgefunden hast.*<< Alexander klopfte auf die Uhr und antwortete mit einem Lächeln. >>*Geht das Ding schon wieder eine Stunde vor…*<< Und damit drehte er sie um und küsste sie leidenschaftlich. Nach ein paar Minuten nahm sie ihn bei der Hand, um in Richtung Ausgang und der weiteren Nacht entgegen zu gehen.

Am nächsten Morgen, im Übergang zur Mittagszeit wachte Anna-Maria neben Alexander in dessen Wohnung auf. Sie hatten nach allen Regeln der Kunst miteinander geschlafen. Nicht selten stahl man sich nach so einer Nacht am frühen Morgen aus dem Zimmer. Aber Anna-Maria hatte ja einen Plan, den sie unabhängig von ihren Gefühlen noch verfolgte und so machte sie erst einmal einen Kaffee und brachte diesen zurück ins Bett, wo auch Alexander inzwischen wach geworden war. Mit einem Kuss hauchte Sie ihm ins Ohr >>*Als PR-Managerin mit einem 1%-Anteil bei AudioKing.com darfst Du bis zum Börsengang jede Woche mindestens einmal so mit mir schlafen. Und? Was meinst Du? Haben wir einen Deal?*<<

Alexander setzte sich auf und entgegnete >>*Bist Du verrückt? Das sind voraussichtlich 40 Mio. Euro! So gut kann kein Sex sein und ich denke, dass die Stelle als PR-Managerin dafür auch vollkommen ausreicht.*<< Er schaute sie fragend an. >>*Deal?*<<

Sie überlegte kurz. Ihre Finger wanderten von seinem Kinn, über seinen Hals und die Brust von Alex hinab bis zu seinem Bauchnabel, in dem sie spielerisch anfing zu kreisen. >>*Plant ihr ein allgemeines ESOP-Modell für die Mitarbeiterbeteiligung?*<<

Die Abkürzung ESOP stand für *Employee Stock Ownership Plan*, der die Möglichkeit regelte, dass auch Mitarbeiter an einem Startup-Unternehmen beteiligt werden und somit an den späteren Ausschüttungen im Zuge eines Börsengangs oder Verkaufs des Startups profitieren konnten. >>*Ja, aber ich kann Dir heute noch nicht sagen, wie das konkret aussehen wird und deswegen musst Du Deine Entscheidung heute unabhängig davon treffen.*<< meinte Alexander, der das Fingerspiel von Anna-Maria in seinem Bauchnabel sichtlich genoss.

Die junge Absolventin wollte ursprünglich ja eigentlich nur den Job und der alleinige Anteil war nur der nette Versuch eines kleinen Extras. Und über ein ESOP-Modell war dieses Extra ja auch noch nicht ausgeschlossen. Außerdem war die Nacht wirklich gut gewesen und wer weiß, was noch daraus werden konnte. Jedenfalls merkte sie, wie die sprichwörtlich nackte Verhandlung auch einen gewissen Reiz hatte. Offensichtlich für Beide...

Deswegen antwortete sie >>*Deal!*<< und nach einer kurzen gegenseitigen Bestätigung über die Aufnahmefunktion ihrer Handys schmiegte sie sich quasi als Anzahlung auf die gemeinsame Zukunft erneut an ihn.

Startup-Phase 2

Als sich Alexander König später mit Moritz Hansen in der Chill-Area an der *UDB* traf, war dieser zusammen mit Emma Bartel dort. Sie hatten ebenfalls eine aufregende Liebesnacht verbracht, wenn auch vielleicht nicht ganz so spektakulär wie die erotischen Turnübungen im Hause König.

Mit einem „High-Five“ und einer herzlichen Umarmung begrüßten sich die beiden Gründer und Helden der Stunde. Die Chill-Area war am heutigen Samstag nur spärlich besucht. Die gesamte Hochschule und die vielen beteiligten Personen wollte und musste sich erst einmal vom *Battle of Ideas* erholen, der genau deswegen auch bewusst immer auf den letzten Freitag eines Semesters für die zugehörige Studienkohorte gelegt wurde.

Gemeinsam reflektierten sie den gestrigen Tag und durchlebten noch einmal die zugehörigen Geschichten und Eindrücken zu ihrem Auftritt, dem Auftritt von *AudioKing.com*. Erschöpft, aber glücklich lagen die beiden Gründer anschließend nebeneinander auf dem zentralen Sofa der Chill-Area. Beiden war die Müdigkeit noch sichtbar anzusehen. Beide hatten es heute nach dem Aufstehen maximal in eine Jeans und ein T-Shirt geschafft, wobei das für Moritz normal, für Alexander jedoch schon eher ungewöhnlich war. Beide schwiegen einen Augenblick.

>>*Ich glaube, an der Stelle ist es Zeit für einen Death Wish Coffee*<< sagte Emma und machte sich auf den Weg hinter ihre Theke, um nur kurze Zeit später mit dem starken Gebräu wieder zurückzukommen und die beiden Wachmacher vor die beiden Jungs zu stellen. Die nahmen dankbar einen kräftigen Schluck.

Mit einem >>*Und was machen wir jetzt?*<< beendete Moritz den Moment der Stille, um zu den nun anstehenden Aufgaben überzuleiten, wobei er sich gar nicht sicher war, wie es jetzt eigentlich weitergehen sollte. An dieser Stelle zog sich Emma charmant mit einem Kuss auf seine Wange erneut wieder zurück hinter die Theke und meinte im Abgang noch etwas süffisant >>*Dann lass ich die beiden Zuckerbergs mal alleine.*<<

Die beiden Gründer sahen ihr kurz nach, bevor Alexander antwortet >>*Jetzt machen wir das Company Building.*<< und zog sein Handy aus der Tasche. Schnell war eine *Wunderlist* für beide erstellt. *Wunderlist* ist ein kostenloser Online-Dienst zur Verwaltung von Aufgaben und Notizen, der bei Startups sehr beliebt war. Der Dienst ging im November 2010 online und ist inzwischen in über 20 Sprachen verfügbar.

>>*Orientieren wir uns zunächst an dem notwendigen Setup der Company und dann an den gelernten Erfolgsfaktoren.*<< sagte Alex und begann die Aufgaben in die jeweiligen Listen einzutragen. Das Setup beinhaltete alle Aufgaben, die durchgeführt werden mussten, um das Startup

überhaupt zum Unternehmen werden zu lassen. Dazu gehörte die formale Gründung, alle zugehörigen Gesellschafts- und Beteiligungsverträge, der Firmensitz, die Anmeldung bei Behörden und natürlich dem Finanzamt sowie die Einrichtung von Bankverbindungen und das erste Setup an Kommunikationsmitteln wie Webseite, E-Mail-Accounts usw.

>>*Was in Estland nur 24 Stunden dauert, wird hier leider ein paar Wochen in Anspruch nehmen. Der digitalen Servicewüste bei deutschen Behörden sei Dank.*<< meinte Alex und verzog sein Gesicht. >>*Aber immerhin können wir bei den ganzen Verträgen und Dokumenten auf den Service der UDB zurückgreifen.*<< sagte Moritz.

Damit hatte er Recht, denn die Hochschule hatte rund um die Gründung seiner Startups einen eingespielten Prozess etabliert, der die Jungunternehmer weitgehend von allen bürokratischen Prozessen entlastete.

Dazu gehörte der Einbezug der mit der Hochschule verbundenen und international tätigen *Kanzlei Hartmann & Partner* mit ihren Rechtsanwälten, Notaren und Steuerberatern sowie ein mit allen Investoren vorab abgestimmter Standard-Beteiligungs- und Gesellschaftsvertrag, der unmittelbar mit den Ergebnissen aus dem *Battle of Ideas* gefüllt wurde. Auch die ersten Verträge für die Gründer als Geschäftsführer waren vorgefertigt. *Start-You-Up-Service* nannte man das und damit sollte gewährleistet werden, dass sich die Gründer direkt auf die Produktentwicklung mit zugehöriger Markteinführung konzentrieren konnten.

Alle notwendigen Genehmigungen lagen dafür entweder schon vor oder wurden über eine Vertretungsregel über die Kanzlei organisiert. Diese rief mit Nachweis eines Geschäftskontos auch die ersten Gelder der Investoren ab, wobei die erste Hälfte sofort und die zweite Hälfte nach sechs Monaten überwiesen werden musste. Entsprechend fand auch die erste persönliche Gesellschafterversammlung erst nach dieser Setup-Zeit statt.

Bis dahin erfolgten alle eventuell schon zustimmungspflichtigen Geschäfte über Vorrats- oder Umlaufbeschlüsse. Dabei galt jedoch die Grundregel, dass die Gründer in dieser Anlaufphase nicht mehr als 10% des Beteiligungskapitals ausgeben dürfen, was im Fall von *AudioKing.com* aber eben auch schon rund 2 Mio. Euro waren. Alle diesbezüglichen organisatorischen Setup-Aufgaben wurden Alexander als CEO, alle technischen Setup-Aufgaben dagegen Moritz als CTO zugeteilt.

>>*Bleiben noch die ersten Aktivitäten, welche unsere operativen Erfolgsfaktoren adressieren.*<< leitete Alexander die zweite Gruppe an Aktivitäten ein und blätterte in seinen Vorlesungsunterlagen. >>*Da wäre zunächst der „Baustein Management", der insbesondere uns Gründerpersonen in den Mittelpunkt stellt und besagt, dass der Erfolg des Startups insbesondere durch unsere Persönlichkeit, Fähigkeit und Motivation bestimmt wird.*<<

Moritz schaute ihn und dann sich selbst an und gab nur ein kurzes >>*Check*<< als Bestätigung der Eigenprüfung zurück. >>*Nicht so schnell!*<< brummte Alex zurück >>*Auch wenn ich natürlich grundsätzlich bei Dir bin, so muss man doch auch feststellen, dass wir keinen Finanzexperten als Chief Financial Officer und damit CFO an Board haben. Auch einen Experten, der sich insbesondere mit der auditiven Medienbranche auskennt, haben wir nicht dabei.*<<

Man einigte sich darauf, dass man diesbezüglich zwar noch nicht komplett aber zum Start mit Konzentration auf das technische Produkt, das zugehörige Plattform-Management und das notwendige Community-Marketing zunächst ausreichend aufgestellt war. Alle anderen Personalfragen für die Startup-Leitung wurden somit vertagt.

>>*Der nächste „Baustein Produkt" betrifft die digitale Leistung- bzw. Angebotskonfiguration unseres Startups. Da geht es natürlich um unsere App, die zugehörige Plattform und alle technischen Features und Funktionalitäten von AudioKing.com.*<< fuhr Alexander fort und mit einem Blick auf Moritz grinste er ein >>*Na da verlasse ich mich aber mal ganz auf Dich!*<< und ordnete diese Punkte der Liste seines Kommilitonen zu.

>>*Kein Problem. Aber ich werde natürlich ein Entwicklerteam brauchen, mit dem ich den aktuellen Prototyp weiterentwickeln kann. Der ist zwar lauffähig, aber für den ganz großen Online-Start werden wir noch eine Menge coden müssen.*<< gab Moritz zurück, der sich auf diese Aufgabe natürlich besonders freute.

>>*Mir vollkommen egal, wie Du es machst, aber das Ding muss ohne Abstürze laufen und den von uns angekündigten elektronischen Mehrwert gegenüber dem Kunden, sprich Teilnehmer und Nutzer rüberbringen.*<< meinte Alexander und wandte sich dem nächsten Erfolgsfaktor zu.

>>*Beim „Baustein Prozesse" geht es insbesondere darum, das kritische Stadium informeller und unkontrollierter Aktivitäten innerhalb eines jungen Unternehmens frühzeitig zu verlassen. Dies gilt vor allem für die Arbeits-, Finanz- und Organisationsprozesse als solides operatives Fundament eines jeden Unternehmens. Dies bedeutet im Wesentlichen, dass Kernprozesse des Unternehmens stabil etabliert werden und mit der Aufbauorganisation harmonisieren sollen.*<< sagte Alexander und schaute sich immer noch müde um.

Nun grinste Moritz zurück >>*Und da verlasse ich mich dann vollkommen auf Dich.*<< Alex machte das „Daumen-hoch"-Zeichen, war sich aber innerlich im Klaren darüber, dass er auf diese Themen eigentlich keine besonders große Lust hatte. Er verkaufte lieber eine Story draußen an der Marktfront, als sich nach innen um den reibungsfreien Ablauf von Prozessen zu kümmern. Aber klar, dass diese Themen zunächst auf seine Liste gepackt wurden.

Genauso wie der „Baustein Finanzen", denn solange es keinen CFO gab, musste der CEO fast schon traditionell dieses Thema mitübernehmen. Dabei waren die geduldigen Excel-Tabellen aus dem Businessplan nicht das Problem, aber die konsequente Cash-Flow-Orientierung, die damit verbundene Liquiditätsplanung und das knallharte Controlling schon eher. >*Alles kein Problem, solange er immer nur dafür sorgte, dass die nächste Beteiligungsrunde funktionierte und immer wieder frisches Geld von den Venture Capital-Gebern ins Unternehmen kam.*< dachte Alexander mehr als er es aussprach und notierte auch diese Punkte auf seine Liste. Und das war aus seiner Sicht eher eine Frage der richtigen KPIs und dem zugehörigen Story-Telling. Womit noch ein letzter Baustein übrig blieb.

>>*Wie gehen wir last but not least mit dem „Baustein Marktzugang" um?*<< wollte Moritz wissen. Hier ging es nicht nur darum den Markteintritt zu gewährleisten und ein Produkt bzw. eine Marke zu etablieren, sondern vor allem die Kunden zu erreichen und deren Bedürfnisse zu befriedigen.

>>*Das wird mein wesentliches Spielfeld als CEO werden und ich werde mir hier eine marktgerechten Preis-, Produkt-, Vertriebs- und Kommunikationspolitik überlegen.*<< gab Alexander zurück. >>*Wir hatten ja schon über unser Geschäftsmodell und -konzept im Zuge des Businessplans gesprochen. Nun gilt es, dass auch mit Leben zu erfüllen.*<< fuhr er fort und nahm noch einen kräftigen Schluck vom *Death Wish Coffee.*

Eher beifällig fügte er danach hinzu >>*Und ich habe mir hierfür auch schon eine Unterstützung angeheuert.*<< Moritz schaute ihn fragend an. >>*Sie heißt Anna-Maria Abrams und Du hast Sie gestern Abend kennengelernt.*<< erklärte Alexander. Mit einem leichten Schmunzeln antwortet Moritz >>*Ich wusste, dass Du schnell bist. Aber so schnell? Wegen mir OK, wenn Sie was drauf hat, uns wirklich weiterhelfen kann und Du mir umgekehrt nicht in die Auswahl meiner Coder reinredest.*<<

Alexander nickte, wollte sich aber auch einem falschen Eindruck für seine Auswahl dann doch erwehren und erklärte seinem Kollegen die fachliche Qualifikation der PR- und Kommunikationsspezialistin aus Köln. >>*Und wir werden jemanden brauchen, der uns die Meute da Draußen koordiniert und bearbeitet. Ich bin mir nicht sicher, ob Du schon mal ins Netz oder Deine Mails geschaut hast, aber die Kommentare und Anfragen überschlagen sich. Ich habe mehr als 200 Kontaktanfragen und 100 Mails von Leuten, die entweder uns was verkaufen oder bei uns arbeiten oder investieren wollen. Hinzukommen die ganzen Pressefuzzis, die wissen wollen, was wir eigentlich machen und die ersten Interviews zum Battle-Event und AudioKing.com haben wollen.*<<

Die weiteren für ihn persönlichen Vorzüge von Anna-Maria verschwieg er natürlich. Und da musste er innerlich doch ein wenig schmunzeln, denn die gemeinsame Nacht hatte durchaus auch bei ihm einiges an Gefühlen hinterlassen und damit hatte er überhaupt nicht gerechnet. Diese konnte er aber jetzt noch nicht richtig einordnen und wollte es zu diesem frühen Zeitpunkt auch nicht.

Er wollte erst mal abwarten, wie sich das entwickelt. Beruflich, wie auch privat… Aber das Berufliche sollte dabei erst einmal im Mittelpunkt stehen und deswegen hatte er sich im Hinblick auf die „Meute da Draußen“ mit ihr abgestimmt.

Und auf Anraten von Anna-Maria hatte er zunächst nicht auf die zahlreichen Anfragen reagiert und Niemanden zurückgerufen, obwohl es ihm gerade bei der Presse schon extrem in den Fingern gejuckt hatte. Aber sie erklärte ihm ziemlich nachvollziehbar, dass es eben nur einmal die Chance gibt, zu einem großen Geheimnis zu werden und dass über die Zurückhaltung das zukünftige Interesse nicht zurückgehen, sondern im Gegenteil, dieses noch viel größer werden würde.

>>*Vielleicht ist die erste Mitarbeiterin bei AudioKing.com trotz des sicherlich besonderen Auswahlprozesses gar keine schlechte Wahl.*<< stimmte Moritz mit einem Augenzwinkern dieser Strategie zu. Er war sowieso kein großer Freund der Öffentlichkeit, denn er wusste, dass diese in erster Linie einen besonderen Druck bedeutete.

>>*Anna-Maria arbeitet gerade einen Kommunikationsplan aus, wie wir ab Morgen auf die Anfragen reagieren. Heute am Samstag stand sowieso erst einmal die allgemeine Berichterstattung zum UDB-Battle im Mittelpunkt. Dafür hatte die Hochschule die allgemeinen Pressemeldungen verfasst.*<< meinte Alexander und gähnte ausgiebig bevor er fortfuhr.

>>*Am Sonntag können wir dann die Medien abarbeiten und dann gehört der Montag und Dienstag uns.*<< berichtet Alexander und er freute sich auf das was kommen würde. Denn diese Aufmerksamkeit hatte er sich verdient…

Startup-Phase 3

Über die erwartete Aufmerksamkeit konnte sich Alexander König am Montag wahrlich nicht beklagen. Anna-Maria Abrams hatte ganze Arbeit geleistet und ihm auf Basis der weitergeleiteten Anfragen am Sonntag einen Pressetag par excellence organisiert. Quasi im 30-Minuten-Takt hatte sie ihm Interviews, Statements, Podcasts und zwei Fototermine vorbereitet und dabei auch immer wieder darauf geachtet, dass er unterschiedliche Nuance für die einzelnen Medienvertreter verpackte, so dass alle einen exklusiven Eindruck bekamen. >>*Das erhöht die Wahrscheinlichkeit nicht nur für die Berichterstattung, sondern auch für eine optimale Platzierung in den jeweiligen Medien.*<< hatte Anna-Maria gesagt.

Zudem setze Sie die Erkenntnisse aus ihrer Masterarbeit konsequent um und trichterte Alexander immer wieder ein, dass er nicht den ganzen Umfang und Funktionalität des Geschäftsmodells von *AudioKing.com* preisgeben sollte. Sie wusste, dass es ihrem neuen Freund diesbezüglich in seiner Euphorie bremsen musste.

>>*Am Anfang ein wenig allgemeiner und oberflächlicher bleiben, mit analogen Bildern von bereits bekannten Internet-Plattformen arbeiten, die die Menschen kennen und darüber hinaus die Spannung erhalten für die nächste PR-Welle, wo wir das Konkrete hinterherschieben.*<< briefte die neue PR-Managerin ihren CEO. Und der hielt sich an die Vorgaben.

Für die nationalen Print-Medien konzentrierte er sich auf die Erzählungen zum *Battle*-Event mit dem wirksamen Hinweis, dass *AudioKing.com* das *YouTube* für die Ohren werden wolle und damit zu der führenden auditiven Plattform für Podcasts. Auf Nachfragen nach dem weiterführenden Geschäftsmodell antwortete er geheimnisvoll >>*Lassen Sie sich überraschen. Wir werden Sie zum Online-Start einladen.*<< Und damit bereitete er schon jetzt den nächsten PR-Big-Bang vor und sammelte dafür die Medienvertreter ein, um diese dann rechtzeitig wieder zu aktivieren.

Im Leben eines jeden Startups gab es nämlich nur wenige Big-Bang-Momente für die Öffentlichkeit, die für die Presse wirklich interessant waren. Dazu zählten die Geburt bzw. der Start des Unternehmens, die erste Finanzierung, der Online-Start, die erste Million an Kunden, Teilnehmer und/oder Umsatz, die Bewertung als Milliarden-Unicorn über eine weitere Finanzierungsrunde und dann bestenfalls als Krönung noch der Börsengang.

Da der Start im Falle von *AudioKing.com* mit der ersten Finanzierung aus dem *Battle of Ideas* zusammenfiel, war eben der Online-Start das nächste große Ding. Deswegen bekamen die Online-Medien jetzt die Geschichte rund um die Erstfinanzierung und Bewertung erzählt. Nicht ohne darauf hinzuweisen, dass die Investmentstory und -aussicht natürlich für die Zukunft noch einiges mehr versprach. Bedenken, dass die hohe Investmentsumme am Anfang auch zur Last werde könnte wischte er mit einem einfachen Hinweis auf ein gewünschtes „Luxusproblem“ vom Tisch.

Für die lokalen Medien standen natürlich die beiden Gründerpersonen und die *UDB* sowie die Frage nach dem zukünftigen Standort des gehypten Startups im Mittelpunkt. In diesem Zusammenhang hatte sich auch schon die Wirtschaftsförderung der Landeshauptstadt gemeldet, die bei der Suche nach passenden Büroräumen behilflich sein wollte. Die wollte unbedingt verhindern, dass *AudioKing.com* dem Ruf nach Berlin erlag und dorthin seinen Firmensitz verlegte, wie es schon einige Startups in der Vergangenheit getan haben. >>*In Düsseldorf geboren, in Düsseldorf gewachsen und in Düsseldorf erfolgreich geworden. Wir wollen Ihnen helfen, dass diese Geschichte geschrieben und AudioKing.com zu einem zweiten Trivago für unsere Rheinmetropole wird.*<< hatte es der Leiter der Wirtschaftsförderung geschrieben.

Der Hinweis auf *Trivago* kam dabei nicht von ungefähr. Das bekannte Startup mit seiner Hotel-Metasuche wurde von *Rolf Schrömgens*, *Stephan Stubner* und *Peter Vinnemeier* im Juni 2005 in Düsseldorf-Flingern gegründet. Laut Eintrag bei *Wikipedia* kündigte das Unternehmen im November 2016 den Börsengang an der US-amerikanischen Technologiebörse *NASDAQ* an. Zu diesem Zeitpunkt hatte das Unternehmen mit über 1000 Mitarbeitern in den ersten neun Monaten des Geschäftsjahres schon 435 Millionen Dollar Umsatz gemacht.

Erste Einschätzungen zur Bewertung lagen im Bereich von 5 Milliarden Dollar. Ebenfalls kündigte das Unternehmen im Jahr 2016 den Neubau des *Trivago-Campus* in Düsseldorf an. Letzterer wurde im Juni 2018 fertiggestellt und bildet heute die globale Unternehmenszentrale, an der über 1.200 Menschen aus mehr als 50 Nationen arbeiten.

Und so eine Erfolgsgeschichte sollte auch *AudioKing.com* für Düsseldorf schreiben. >>*Da müsst ihr aber schon mehr bieten als die reine Vermittlung von Büroräumen. Das ist sowas von 1999.*<< grinste Alexander beim Lesen der Mail in sich hinein. Er hatte kurz zuvor eine SMS-Nachricht von dem neuen Oberbürgermeister aus Köln bekommen, der direkt ein komplettes Onboarding-Paket angeboten hatte mit einem Loftgebäude in der Schanzenstraße in Köln-Mülheim mit direktem Anschluss an das dortige Mediengründerzentrum NRW und das mietfrei und komplett ausgestattet für das erste Jahr.

„Das wird auch ein spannender Battle ;-) LG Alex“

hatte er in diesem Zusammenhang in die AK-Gruppe bei *Slack* geschrieben, wo er Anna-Maria und Moritz über diese Angebote informierte. *Slack* war ein webbasierter Instant-Messanger-Dienst zur Kommunikation innerhalb von Arbeitsgruppen, die ebenso wie die *Wunderlist*-App gerade bei Startups und ihren Gründern sehr beliebt war.

Innerlich war er in Gedanken aber schon an „seinem Standort“, den er sich immer für sein Startup erträumt hatte. >>*Für AudioKing.com mit ihm als König gab es nur eine Adresse und das war natürlich die Königsallee in Düsseldorf.*<< dachte Alex und fügte in einer innerlichen Notiz hinzu >>*Für die AudioKings nur das Beste, aber dafür muss die Wirtschaftsförderung finanziell bei der Unterstützung auch noch ein wenig bluten.*<< und da war das Angebot aus Köln der perfekte Anreiz, um die bekannte Rivalität zwischen den beiden Städten am Rhein zu nutzen.

>>*Alaaf gegen Helau funktioniert immer!*<< freute sich Alex und machte sich auf den Weg zur *UDB*, wo am Montag traditionell das Debriefing zum *Battle of Ideas* mit den Professoren und dem Geschäftsführer der *Kanzlei Hartmann & Partner* stattfand.

Startup-Phase 4

Auch in Berlin fanden an diesem Montag zwei Meetings als Debriefing vom *Battle of Ideas* statt. Das eine in den Redaktionsräumen von *startup.news*, wo Corinna Ohlsen die Klickzahlen vom Wochenende studierte. Sie trug heute ein dunkelblaues Kleid aus italienischer Stretch-Schurwolle mit V-Ausschnitt, welches ihre Figur betonte. Die ellbogenlangen Ärmel gaben ihr trotz dem klaren Business-Look auch die Freiheit beim Arbeiten für das Tippen an der Tastatur.

Es war natürlich überhaupt keine Überraschung, dass das große Interview mit Alexander König rund um den Sensationssieg von *AudioKing*.com, welches noch am Sonntagnachmittag online gestellt wurde, die meiste Beachtung fand. Aber das die Zugriffszahlen so explodiert waren, erstaunte sie dann doch. Kein anderer Artikel wurde in den letzten 6 Monaten in den ersten Stunden so häufig geklickt, geliked, geteilt und kontrovers diskutiert.

Mit einem >>*Was geht denn da ab?*<< gesellte sich Fynn Schneider zu ihr an die Besprechungstheke, nicht ohne sich vorher am Kaffee-Automaten bedient zu haben. Er war wie immer deutlich sportlicher unterwegs mit Jeans und T-Shirt und trug heute zudem eine Baseball-Cap von seinem Lieblingsclub *Hertha BSC*. Ein sicheres Zeichen dafür, dass dieser am Wochenende gewonnen hatte. >>*Die Zugriffszahlen sind nicht wie sonst nach 3 Stunden gesunken, sondern im Gegenteil, der Artikel geht auch heute noch ab wie ein Zäpfchen.*<< freute sich Fynn, der das Interview gemeinsam mit Corinna geführt und in schriftliche Form gebracht hatte.

Aus dem Hintergrund klatschte Meike Klausen mit den Händen und äffte wild mit den Händen in die Luft fuchtelnd anschließend die „Applaus, Applaus, Applaus"-Geste von *Kermit dem Frosch* aus der *Muppet-Show* mit einem Augenzwinkern nach. Auch ihr Latte Macchiato floss dampfend in ein Glas und der zugehörige Duft verbreitete sich im Raum. >>*Aber Neid beiseite, es ist ein starkes Interview zum richtigen Zeitpunkt zu einer spannenden Startup-Idee und hat deswegen vollkommen zurecht diese Aufmerksamkeit bekommen.*<< unterdrückte sie den Gegenkommentar von Fynn direkt im Keim und klopfte ihm anerkennend auf die Schulter.

Corinna nahm den Ball auf >>*Ich fand es im Hinblick auf den richtigen Zeitpunkt schon erstaunlich, wie gut die schon für eine Berichterstattung aufgestellt waren. Da wurde gut und gezielt über verschiedene Medien das richtige Story-Telling gestreut. Wie hieß nochmals unser PR-Kontakt, der das organisiert hat?*<< Fynn schaute in seine Unterlagen und antwortete >>*Anna-Maria Abrams*<< und fügte hinzu >>*Eigentlich ein Rookie direkt von der Hochschule aber offenbar ein Talent. Zudem sehr nett, direkt und offen. Mit der kann man arbeiten.*<<

Meike krempelte sich die Ärmel von ihrem mit zahlreichen kleinen roten und blauen Blumen bedruckten Freizeitkleid hoch, welches sie mit den passenden schwarzen Stiefeletten kombiniert hatte. Es war der typische H&M-Style, mit dem sie öfter und gerne im Büro auftauchte, da er maximal unkompliziert war und man sich immer irgendwie angezogen fühlte. Sie nahm einen Schluck von ihrem Latte Macchiato und meinte >>*OK, jetzt haben wir im ersten Schuss diesen AudioKing-Jungen über ein Goodwill-Eröffnungsinterview hochleben lassen, wie alle anderen auch. Und jetzt? Wie geht es weiter? Fragen wir jetzt mal kritisch nach, ob die Idee und das Geschäftsmodell überhaupt fliegen kann? Dazu kam ja ziemlich wenig im Interview.*<<

Corinna antwortete >>*Das kommt darauf an, wie wir uns jetzt weiter positionieren wollen. Wir können das Startup redaktionell distanziert und kritisch begleiten oder wir versuchen einmal unsere Idee von einer offenen, nicht kommentierenden Dokumentation zum Leben und vielleicht auch Sterben eines Startup-Sterns als Mehrteiler umzusetzen. Ihr erinnert Euch an unser letztes Meeting dazu an gleicher Stelle.*<< Sie schaute in die Runde.

Fynn rückte seine Baseball-Cap zurecht und hatte direkt eine klare Meinung, die er sofort zur Kenntnis brachte >>*AudioKing.com ist schon jetzt ein Phänomen. So etwas gab es schon lange nicht mehr im deutschen Markt. So einen Start hatte bislang kein Battle-Sieger der UDB.*<< und er fügte nach einer kleinen Pause hinzu >>*Und die anderen Battle-Sieger waren im Durschnitt ziemlich erfolgreich und ein paar haben sogar richtig an die Spitze geschafft.*<<

Auch er trank einen Schluck Kaffee und fuhr fort >>*Es werden also alle Medien so oder so darüber berichten und wenn wir hier auch nur unseren normalen Stiefel durchziehen, dann differenzieren wir uns auch nicht. Wenn wir aber die Chance bekommen würden, unsere Idee der Doku umzusetzen, dann...*<< er nahm die Hände explosionsartig in die Luft >>*Bum – dann haben wir exklusiven Content um den uns alle beneiden werden. Mit allen Chancen für weitere Medienformate wie Podcasts, Videocasts und sogar ein Buch könnten wir später daraus machen.*<<

Er schaute Corinna erwartungsvoll an. Doch es war Meike, die zuerst antwortete >>*Ich will ja Deine Pulitzer-Preis-Phantasie nicht stö-*

ren, aber so etwas haben wir noch nie gemacht und wir wissen nicht, wie das interpretiert werden könnte.<< Der Pulitzer-Preis ist ein US-amerikanischer Journalisten- und Medienpreis, der dort ebenso berühmt und begehrt ist, wie der Oscar in der Filmindustrie. >>*Wir sollten nicht den Eindruck hinterlassen, dass wir die Haus-und Hofberichterstattung für das Königshaus der AudioKings machen.*<<

Mit einem Schmunzeln über das gezielte Wortspiel von Meike war nun Corinna als redaktioneller aber eben auch wirtschaftlicher Kopf von *startup.news* gefragt. Und sie musste beide Perspektiven abwägen. So eine Dokumentation öffnet natürlich auch neue Chancen für ein diesbezügliches Sponsoring und Anzeigenvermarktung. Schließlich musste auch die Redaktion mit allen Mitarbeitern am Ende des Tages bezahlt werden. Auf der anderen Seite stand die Integrität des Journalismus, an die sie glaubte und der sie sich verpflichtet sah.

Aber vielleicht war das ja nicht unbedingt eine „Entweder-oder-Entscheidung“ sondern eine „Und-Möglichkeit“ und so beschloss sie das Wagnis einzugehen >>*Wir berichten täglich über Innovativität. Es wird Zeit auch selbst mal neue Wege zu gehen und deswegen sollten wir es versuchen. Wir müssen uns dazu aber erst einmal persönlich mit Alexander König treffen, um zu besprechen wie das aussehen könnte. Danach entscheiden wir, ob wir das wirklich durchziehen.*<< Fynn schlug mit der Faust freudestrahlend auf den Tisch.

>>*Achtung!*<< rief Corinna und legte dem Kollegen beruhigend die Hand auf den Arm. >>*Natürlich wirst Du die Doku machen, aber ich möchte, dass Meike alle Inhalte einem kritischen redaktionellen Review unterzieht. Quasi als Dein schlechtes Gewissen, wenn die journalistische Distanz verloren gehen sollte.*<< Und mit einem Blick zu Meike ergänzte sie >>*Ich erwarte trotzdem Teamplay und die finale Freigabe erfolgt immer durch mich. OK?*<< Beide Redaktionsmitglieder nickten und Fynn wurde beauftragt, den diesbezüglichen Kontakt zu Anna-Maria Abrams aufzunehmen und ein Treffen zu organisieren.

Corinna Ohlsen wollte in diesem Zusammenhang ein anderes Kooperationsgespräch führen. Sie brauchte für eine wirklich sensationelle Dokumentation noch einen weiteren Verbündeten aus dem inneren Kreis des Startups und dachte dabei an Dr. Jörg Lehmann von *DIC*, mit dem sie schon rund um den *Battle of Ideas* im SMS-Kontakt stand und zu dem sie schon länger einen guten Draht hatte.

Zu etwa der gleichen Zeit trafen sich ein paar Straßen weiter auch die *Battle*-Protagonisten der *Digital Investment Company*, um die Ergebnisse aus ihrer Investment-Entscheidung in *AudioKing.com* zu reflektieren. Björn Rademacher verteilte im *Konfi 1* das Presse-Clipping und stellte fest >>*So ein Presse-Echo hatten wir noch nie und in mindestens 80% der Berichte werden auch wir als größter deutscher Investor genannt. Das hat direkt zu weiteren Anfragen geführt und auch unsere Deal-Pipeline füllt sich wieder mit guten Startup-Kontakten. Wahnsinn!*<<

Anne Westheim, wie so oft im dunklen Business-Kostüm mit weißer Bluse erschienen, blätterte durch die Bericht und gab zu Bedenken >>*Ungeachtet der guten Presse haben wir das Investment aber nicht wegen der Aufmerksamkeit sondern in erster Linie wegen der Deal-Aussichten gemacht, richtig?*<< Sie schaute sich fragend um und fixierte insbesondere ihren Partner Dr. Jörg Lehmann, der vor Ort in Düsseldorf die finale Entscheidung getroffen hatte.

Der gab ruhig zurück >>*Absolut! Für eine reine PR-Aktion wäre es auch ein wenig zu teuer gewesen.*<< Er hatte sich dem Anlass angemessen in einen hellgrauen Business-Anzug geworfen, der mit einem leichten Karomuster den englischen Stil imitierte. Dieser Stil wurde durch das weiße Manschetten-Hemd und mit dem weißen Einstecktuch noch unterstrichen. Die edlen braunen Schnürschuhe und der farblich dazu passende Gürtel signalisierten frühmorgendlichen Tatendrang. Er legte ebenfalls die Mappe auf den Tisch und ergänzte >>*Aber das nehmen wir jetzt einmal positiv mit. Und natürlich ist ganz klar: Jetzt geht es darum, dieses Startup und damit auch unser Investment zum Erfolg zu führen.*<<

Anne atmete schwer >>*Das ist auch dringend notwendig, denn jetzt haben wir nicht mehr viele Patronen in unserem Fondsgürtel mit denen wir große Schüsse abgeben können. Schließlich müssen wir auch bei AudioKing.com sicherlich noch durch mehrere Finanzierungsrunden. Und um da nicht signifikant verwässert zu werden müssen wir immer wieder mit Kapital mitgehen.*<<

Jörg ahnte, dass Anne gerade den alleinigen Druck an ihn verteilen wollte und konterte >>*Große Chancen sind nun auch einmal mit großem Risiko verbunden, aber wir stehen jetzt am Anfang und können Alle...*<< wobei er das Wort „Alle" bewusst betonte >>*...dazu beitragen, dass AudioKing.com für DIC zum Erfolg wird. Schließlich war es am Ende des Tages eine gemeinsame Entscheidung.*<< Damit machte er unmissverständlich deutlich, dass das gesamte Team hier in einem Boot saß. >>*Und wir haben hierfür mehr Fäden in der Hand, als ihr meint.*<< Er ließ diese Worte kurz wirken.

>>*Wie meinst Du das?*<< fragte Anne nach einer kurzen Pause, nachdem sie auch die fragenden Augen von Björn Rademacher und Petra Trampke bemerkte, die offensichtlich diese Bemerkung genauso wenig einordnen konnten, wie sie. Jörg genoss einen kleinen Moment diese besondere Aufmerksamkeit und gab dann zurück >>*Der größte Investor RuInvest hat uns direkt nach der Bekanntgabe beauftragt, den Investorenpool bei AudioKing.com anzuführen und zu managen. Natürlich mit einem zugehörigen Management-Fee.*<<

Petra klopfte obligatorisch mehrfach hintereinander auf den Tisch als Zeichen der Anerkennung und Björn machte direkt mit und gab zurück >>*Dann können wir das Thema ja quasi von der Spitze spielen. Cool.*<< Anne machte bei dem Spielchen nicht mit und wollte vielmehr wissen >>*OK und wir gleisen wir das jetzt auf?*<< Als Antwort wurde Björn zum leitenden Investment Manager für *AudioKing.com* bestimmt und Jörg natürlich zum leitenden Investment Partner, der federführend eng an dem Thema dranbleiben sollte.

Die erste Aufgabe für *DIC*: Organisation des Investorenpools für das erste Treffen der Gesellschafter in sechs Monaten bei *Audio King.com*, wo auch immer der erste Firmensitz sein würde. >>*Vielleicht können wir die direkt oder etwas später nach Berlin lotsen. Das wäre natürlich optimal.*<< meinte Jörg noch beiläufig, als das Meeting damit beendet war und sich die Runde nach dem noch üblichen Smalltalk zum Abschluss auflöste.

In Hamburg war es weniger ein Meeting als ein kleines Schaulaufen von Georg von Falkenhorst in seinem *Übersee-Club*. Der weiße erhabene Bau des *Amsinck*-Hauses am Neuen Jungfernstieg glänzte im Sonnenlicht, was die goldgelben Ummauerungen der Fenster im ersten und zweiten Stock nur noch besser zur Geltung brachte. Wie immer wurde er am Eingang des vom Altonaer Architekten *Franz Gustav Forsmann* entworfenen Gebäudes vom Concierge persönlich empfangen und mit Namen begrüßt. Er mochte diesen Service des im Nadelstreifenanzug mit Weste und großem goldenen Namensschild passend gekleideten Empfangschefs, der ihm nicht nur die Tür öffnete sondern sich anschließend auch um seinen Mantel kümmerte.

Er hatte sich dem Anlass entsprechend schick gemacht und passend zu einem weißen Hemd, welches er natürlich mit seinen

Wappen-Manschetten und einer stilvollen grauen Krawatte trug, den dunkelblauen 3-Knopf-Tweedanzug von *Moon* mit Weste angezogen. Das traditionsreiche Unternehmen *Abraham Moon Mill* wurde 1837 in Großbritannien gegründet und gehört heute zu den letzten noch verbliebenden Wollfabriken im Königreich. Es stand so wie er selbst für Stil, Tradition aber eben auch Innovation im Design mit dem man schon äußerlich ein Statement setzen konnte. Und genau das wollte er heute gegenüber den anderen Club-Mitgliedern machen. Ein Statement setzen…

Sein Weg führte in entsprechend unmittelbar in „Die Halle". Edles Mobiliar, epochale kassettenartige Stuckdecken, dominante Kronleuchter und die in der gleichen basaltgrauen Farbe wie die schweren Fenstervorhänge abgesetzten Säulen, umschmeichelten die einzelnen Sitzgruppen und gaben der Szenerie die beabsichtigte Würde. Die Halle sollte laut Webseite des Clubs „ein in sich ruhender Ort der inneren oder äußeren Versammlung" sein, wo sich Mitglieder zum Aperitif vor dem Mittagessen trafen und wo alle großen nationalen Zeitungen zur Lektüre auslagen, um in den Ledersesseln bei einem zwanglosen Gespräch diskutiert zu werden.

Natürlich war hier auch das Hamburger Abendblatt zu finden, wo heute auf einer halben Seite über *AudioKing.com* berichtet wurde. Und natürlich aus einem guten Grund, denn er war der gute Grund – er, Georg von Falkenhorst. Er war der Hamburger Business

Angel, der als einziges Nordlicht in dieses vielversprechende Startup investiert hat. Deswegen war auch sein Statement für den Artikel beim Redakteur ganz besonders gefragt und er nutze die Chance, um gleich ein ganzes Interview daraus zu machen. Denn er war dabei. Er war quasi der „*Peter Thiel bei AudioKing.com*“ und er war davon überzeugt, dass Deutschland mit diesem Startup endlich auch mal ein eigenes *Facebook* bekommen würde. Und fügte in Gedanken hinzu >>*Und welches seine Investoren genau so reich machten sollte.*<< Denn mehr noch als um Deutschland, ging es ihm diesmal um sich selbst.

Er genoss sichtlich die Aufmerksamkeit anderer Mitglieder, die sich diesmal weniger aus Mitleid, sondern mehr aus Neugier in kontinuierlichen Abständen zu ihm gesellten, um Hintergründe zu erfahren. Und er bediente diese Neugier nur allzu gerne und es war ihm egal, wie oft er seine Geschichte dafür wiederholen musste.

Als er erst am späten Nachmittag den *Übersee-Club* wieder verließ, war er endlich wieder in der eigenen Wahrnehmung zu einem erfolgreichen Hamburger Kaufmann geworden. Er hatte sein Statement in Wort und Auftreten abgegeben. Dabei verschwendete er natürlich überhaupt keinen Gedanken daran, dass es auch schiefgehen konnte. >>*Weil es nicht schiefgehen darf...*<< dachte Georg und zwangsläufig kam ihm kurz wieder sein Bankberater in den Sinn.

Aber mit einer kurzen Gedanken-SMS an ihn, wischte er diesen Gedanken auch schnell wieder beiseite. Diesmal sollte es anders sein. Diesmal musste es anders sein. Er wollte diesmal nichts verlieren, sondern nur gewinnen...

Startup-Phase 5

Als Alexander König eine Woche später durch die leeren Räumlichkeiten streifte, um zu klären, ob diese als Firmensitz für *AudioKing.com* in Frage kommen würden, musste er innerlich schmunzeln. Er war angekommen! Angekommen an der Königsallee und es sollte seine Allee werden, die Allee von Alexander König, die Allee der AudioKings. Vor seinem geistigen Auge setzte sich schon der zugehörige Adresskopf zusammen:

AudioKing.com GmbH
Alexander König – CEO
Königsallee 11-12
40212 Düsseldorf

>>*Weltklasse!*<< dachte Alexander, als er in seinem CEO-Outfit mit dem zuständigen Makler im Beisein des Geschäftsführers der Düsseldorfer Wirtschaftsförderung durch die Dachetage eines legendären Gebäudes streifte. Er schaute sich erwartungsvoll in den Räumlichkeiten um.

Die nackten Daten waren vielversprechend: 1.324 m^2, Baujahr 2005, renoviert und modernisiert, öffenbare Fenster, vorhanden Kabelführung, eingerichtete Teeküche und kleine Kantine, ein Personen-/Lastenaufzug, Umluftkühlung, Sonnenschutz und einem zentralen Empfang. Nur der Teppichboden musste noch gegen edles Industrieparkett ausgetauscht werden.

Und natürlich musste auch noch eine Internet-Standleitung mit 10 Gigabit für den enormen Traffic auf der Plattform gelegt werden. Quasi eine Grundvoraussetzung für ein Internet-Startup mit einem so datenorientierten Geschäftsmodell wie *AudioKing.com*. Eine Standleitung ist eine symmetrische Internetverbindung hauptsächlich für Firmenkunden, d. h. identischer Up- und Downstream, mit garantierter Bandbreite. Diese Garantie war der Unterschied zu den normalen DSL-Leitungen für Privatkunden.

>>*Nicht ganz einfach, aber machbar.*<< hatte der Makler zu den technischen Ansprüchen gesagt und machte sich eine Notiz in das Exposé, welches er mitgebracht hatte. Viel wichtiger fand Alexander aber die Tatsache, dass sie sich in einem Gebäude mit einem besonderen Namen befanden. Einem Namen, der per se ein glanzvolles Renommee mit einer spannenden Geschichte ausstrahlte. Ein legendärer Name, der auch über Düsseldorf hinaus eine Strahlkraft hatte und dessen Geschichte nun Alexander König mit seinem Startup weiterschreiben wollte. Er lautete *Breidenbacher Hof.*

Das Gesamtobjekt *Breidenbacher Hof* an der Königsallee in Düsseldorf umfasste neben dem Luxushotel auch noch 18 private Residenzen, Büroräume auf 4.000m^2 sowie eine edle Ladenzeile mit mehreren namhaften Boutiquen, wie *Escada*, *Calvin Klein*, *Marco Polo* und *Hugo Boss*. Auf der Webseite des Maklers war zudem zu lesen:

> *Das Hotel- und Bürogebäude Breidenbacher Hof bietet mit seiner einmaligen Arbeitsatmosphäre in der Wirtschaftsmetropole Düsseldorf ein sehr hochwertiges Geschäftsumfeld. In unmittelbarer Nähe befinden sich zahlreiche Einkaufsmöglichkeiten sowie eine Auswahl an verschiedenen Restaurants.*

>>*Welcher Mitarbeiter möchte hier nicht gerne arbeiten.*<< dachte Alexander, der natürlich wusste, das der Kampf um gute Köpfe gerade in der Digitalbranche auch darüber entschieden wurde, welches attraktive Arbeitsumfeld man diesen knappen Fachkräften in einer exponierten Lage bieten konnte.

Auch wenn das Hauen und Stechen um Coder, Data Analysten, Content Manager, Customer-Experience-Designer usw. in NRW im Gegensatz zum Hotspot Berlin im Wettbewerb zu den vielen anderen hippen Startups vor Ort nicht ganz so hart war, so musste man trotzdem dafür sorgen, dass die digitalen Köpfe überhaupt ins Rheinland kamen und auch blieben.

Da war es auch von Vorteil, wenn man die vielversprechenden Kandidaten im Zuge des Vorstellungsgespräches auch mal direkt eine Nacht im Luxushotel im eigenen Haus einquartieren konnte. Das galt natürlich auch für die Inverstoren, Business-Partner und weitere Gäste der Firma.

>>*Und, wie gefällt es Ihnen?*<< fragte der Makler, doch Alexander war in Gedanken und zudem über sein Handy in die *Wikipedia*-Seite zum Hotel vertieft, welches in Bedeutung und Würde mit dem *Adlon* in Berlin gleichzusetzen war, jedoch zu seiner Überraschung schon wesentlich früher entstand.

Denn schon 1806, und damit rund hundert Jahre früher als *Lorenz Adlon* in der Hauptstadt, ersteigerte *Wilhelm Breidenbach*, der zuvor in der Altstadt eine Gaststätte betrieben hatte, das Grundstück, um ein Grand Hotel zu errichten. Von 1808 bis 1812 entstand ein erster klassizistischer Bau nach den Plänen des Architekten *Adolph von Vagedes*. Der *Breidenbacher Hof* wurde zu einer der besten Adressen der Stadt, da das Hotel zwischen dem neuen Bahnhof an der Königsallee und den Posthaltereien in der Altstadt lag. Und so nächtigten Könige und Königinnen, Adelige, Politiker und Künstler im *Breidenbacher Hof*.

>>*Eine Adresse für Könige.*<< dachte Alexander laut. >>*Wie passend ist das den bitte für AudioKing.com*<< Der Makler nickte und wusste, dass sich sein Kunde mit dieser Bemerkung innerlich schon entschieden hatte und merkte an >>*Kleiner Funfact am Rande... Im Alter von 16 Jahren begann Udo Lindenberg eine Lehre im Breidenbacher Hof.*

Die endete aber vorzeitig mit einer fristlosen Kündigung.<< Der Geschäftsführer der Wirtschaftsförderung bemerkte trocken >>*Ist aus heutiger Sicht wohl besser für ihn gewesen.*<< und der Makler ergänzte lachend >>*Und aus damaliger Sicht wohl auch für die Hotelgäste!*<<

Alexander zog den Geschäftsführer nach diesem Wortwechsel mit einer Kopfbewegung etwas abseits zu sich >>*Und es geht klar, dass Sie die Einrichtungskosten sowie die Miete für das erste Jahr übernehmen und wir dann erst ab dem zweiten Jahr die Kosten übernehmen?*<<

Der Mann von der Wirtschaftsförderung nickte und meinte in dem Wissen über das ihm zwischenzeitlich zugespielte Angebot der Konkurrenz aus Köln >>*Fragen Sie mich bitte nicht wie das geht, denn das wollen Sie nicht wissen. Aber es ist klar, dass wir Ihr Unternehmen in Düsseldorf sehen wollen und bereit sind, uns dafür bis zum Anschlag zu strecken.*<<

Alexander wusste natürlich wie das Angebot aus der Domstadt an das Büro des Oberbürgermeisters der Landeshauptstadt durchgesteckt und dann offensichtlich mit der passenden Anweisung an die Wirtschaftsförderung weitergeleitet wurde. Offenbar hatte dieser „taktische Move“ die beabsichtigte Wirkung nicht verfehlt.

>>*Machen Sie das Büro für uns klar.*<< antwortete er und reichte ihm symbolisch die Hand. Der schlug freudig ein und meinte mit einem zufriedenen Lächeln >>*Willkommen in der Königsallee, Herr König!*<< und informierte den Makler mit einer Daumen-Hoch-Geste über den Abschluss.

Startup-Phase 6

Moritz Hansen und Anna-Maria Abrams lasen etwa zur gleichen Zeit die Nachricht von Alexander in der *Slack*-App mit der Mitteilung zu dem neuen Büro für *AudioKing.com.* Nur Sekunden später war es Anna-Maria, die direkt ein

„Surprise, Surprise ;-) Da scheint der Köder aus Köln aber gewirkt zu haben. Glückwunsch!“

zurückschrieb auch wenn sie es als Kölnerin die Entscheidung ein wenig bedauerte.

Moritz beschränkte sich auf das Icon mit den klatschenden Händen, denn er war in der Chill-Area an der *UDB* gerade im Stress. Er führte gerade die ersten Gespräche mit den erfreulich vielen Bewerbern für die zahlreich ausgeschriebenen Stellen in seiner Entwicklungs- und Programmierabteilung. Er hatte sich diesbezüglich zunächst nämlich schon ein wenig Sorgen gemacht.

Unter der markanten Überschrift „*Programmierer werden von Unternehmen dringender gesucht als Kapital*“ hatte er gerade erst in der *t3n*, einem der führenden Magazine für die Digitalisierung gelesen, dass es immer schwieriger wurde, das sprichwörtliche „Mitarbeitergold“ zu bekommen, nach dem gerade alle Unternehmen suchten: Coder! Das waren die Personen, die über ein Computerprogramm eine Webseite oder App überhaupt erst entwarfen und den zugehörigen Code schrieben und testeten.

Im Gegensatz zu vielen anderen suchenden Unternehmen hatte die weitreichende Berichterstattung zum *Battle*-Sieg aber dafür gesorgt, dass *AudioKing.com* zahlreiche Initiativ-Bewerbungen bekommen hatte, was Moritz schon einmal beruhigte. Zudem hatte die einfache Nachricht >>*Coder-Kings gesucht!*<< auf dem *UDB-Newsboard* dafür gesorgt, dass sich zahlreiche Informatik-Kommilitonen der Hochschule gemeldet hatten, die nur zu gerne beim *Battle*-Gewinner arbeiten wollten. Denn hier gab es die Aussicht auf ein relevantes Versprechen: Es lautete Erfolg.

>>*Wahnsinn!*<< sagte Moritz zu Emma, die ihm gerade mit einem verliebten Lächeln einen weiteren Kaffee brachte. >>*Alle wollen ein Teil von AudioKing.com werden und eine großartige Geschichte mitschreiben.*<< und zeigte damit auf sein T-Shirt mit dem Schriftzug des Startups, welches er schon beim *Battle of Ideas* getragen hatte. Gleichzeitig deutete er auf die zahlreichen Bewerbungsmappen der Kandidaten, die vor ihm ausgebreitet auf dem Tisch lagen.

Emma wollte ihn in seiner Euphorie natürlich nicht bremsen, gab aber in ihrer ausgeglichenen Art zu bedenken >>*Mo, bitte denke auch daran, dass die alle auch mit sehr hohen Erwartungen zu Euch kommen.*<< Sie wandte sich seinem Rücken zu und legte ihm die Hände auf die Schultern, um ihm ein wenig die Schulterpartei zu massieren und fuhr fort >>*Denk an unser Gespräch zum Bauplan fürs Leben. Träume, Geld und Karriere können zu einer gefährlichen Mischung werden, wenn es mal nicht so gut laufen sollte.*<<

Als sie merkte, dass seine Muskeln doch sehr verspannt waren, massierte sie etwas intensiver weiter und ergänzte >>*Ihr seid in der Presse extrem hochgejubelt worden. Aber es wird nur eine Frage der Zeit sein, bis das in Druck und Stress umschlagen wird, wenn ihr diese Erwartungen nicht schnell genug erfüllen könnt. Achte deswegen darauf, dass es auch Menschen sind und nicht nur Söldner, um die man sich dann auch entsprechend kümmern muss.*<<

Moritz nahm ihre Hand, streichelte sie und gab mit einem Lächeln zurück >>*Ach Emma, Du wärst die perfekte Feelgood-Managerin für uns.*<< Sie lachte. Was sie in diesem Moment aber nicht wusste war die Tatsache, dass es so etwas bei einem Startup tatsächlich gab. Ziel und Aufgabe dieser Funktion war es, eine bestmögliche Arbeitsatmosphäre zu schaffen, in der sich alle Mitarbeiter wohl fühlen und zufrieden mit ihrem Job sind.

Das sollte dazu führen, dass sie gerne, motiviert und natürlich auch möglichst lange und viel unabhängig vom Arbeitsvertrag für das Startup arbeiteten. Ganz uneigennützig waren die zugehörigen Maßnahmen wie Stress- und Zeitmanagement sowie Persönlichkeitsentwicklung bis hin zu Ernährung und Fitness mit zugehörigen Events und Team-Building-Maßnahmen also nicht.

>>Nur einen Tischkicker, eine Tischtennisplatte und einen Kühlschrank mit kostenlosen Getränken für die Mitarbeiter ins Büro zu stellen, reicht heute dafür nicht mehr aus. Das ist nur Standard. Es kann, es muss mehr sein.<< schloss Moritz seine Erklärung zu dieser Aufgabe gegenüber Emma ab.

Er schaute erwartungsvoll in ihre Augen. Sie wusste noch nicht ganz, worauf er hinauswollte. Also legte Moritz nach *>>Wir brauchen eine 1A-Arbeitsatmosphäre, einen besonderen und kreativen Audio King-Spirit. Und ich kann mir niemanden besser vorstellen, dafür zu sorgen, als Dich!<<* Emma lachte und glaubte an einen Scherz *>>Ich?<<* gab sie entsprechend erstaunt zurück.

>>Ja, Du!<< antwortete Moritz und ergänzte *>>Wenn Du dich schon um meine Work-Life-Balance kümmerst, warum nicht auch direkt um die der Mitarbeiter bei AudioKing? Und als schöner Nebeneffekt wären wir täglich zusammen und nicht nur nach der Arbeit.<<*

Emma wusste, dass die Zeit nach der Arbeit in den nächsten Wochen und Monaten sehr knapp ausfallen würde. Es war zu erwarten, dass sie sich kaum sehen würden. Ihr gefiel daher der Gedanke, über diese Aufgabe mehr gemeinsame Zeit verbringen zu können und im Prinzip war sie über ihren Job an der Theke der Chill-Area an der UDB ja quasi schon eine Feelgood-Managerin für die Studenten. *>>Was wird Alexander dazu sagen, wenn Du Deiner Freundin einen Job in seinem Startup verschaffst?<<* gab sie zu bedenken.

Moritz antwortete prompt >>*Also erstens ist es unser gemeinsames Startup und zweitens hat er mit Anna-Maria ja auch seine Freundin eingestellt. Er hat das offiziell zwar noch nicht zugegeben und Sie als solche vorgestellt, aber ich fresse eine Platine, wenn es nicht so ist.*<<

Trotzdem wollte Emma, dass er erst einmal das Vorhaben mit seinem Mitgründer besprach, was Moritz versprach. >>*Aber Du würdest das doch machen, oder?*<< Emma antworte mit einem Lächeln und einem Kuss und machte sich wieder auf den Weg hinter die Theke. >>*Das werte ich als ein Ja*<< rief ihr Moritz hinterher und wendete sich dem nächsten Bewerber zu.

Er brauchte die gesamte Bandbreite von Web-Entwicklern, Datenbankspezialisten und natürlich App-Programmierern. Besonders begehrt und wertvoll waren dabei natürlich die Full-Stack-Webentwickler für Java. Diese eierlegenden Wollmilchsäue konnten nicht nur Backend- sondern auch Frontend-Systeme programmieren. Aber auch allgemeine Systemadministratoren, Software-Entwickler, Software-Architekten und Cloud-Spezialisten standen auf seinem Wunschzettel.

Er studierte die Bewerbungsunterlagen und sortierte diese nach seinen Anforderungskriterien auf verschiedene Stapel. Da im Mittelpunkt von *AudioKing.com* jedoch die mobile App stand, brauchte er im wichtigsten Bereich Programmierer für *Android* und *iOS*, die bestenfalls schon Erfahrungen in der nativen App-Entwicklung und für mobile Cross-Platform-Anwendungen hatten. Die zugehörigen Stichwörter waren *Xamarin*, *Cordova*, *Ionic* und Responsive-Design. Wenn dann noch Kenntnisse in den Bereichen Code-Verwaltung (TFS), Test Driven Development, Automatisierung von Build-Prozess und dem Deployment von Applikationen hinzukamen, dann war der Kandidat praktisch schon eingestellt.

Durchschnittlich 55.000.- Euro brutto im Jahr konnten halbwegs gute Programmierer heutzutage verlangen. Tendenz stark steigend. Sie waren begehrt, knapp und konnten sich die Jobs fast schon nach Belieben aussuchen. Und sie wussten natürlich um ihren Wert. Dennoch wollten diese Informatiker auch noch etwas Anderes. Sie wollten die Welt mit einem Code verändern und *AudioKing.com* versprach eine aussichtsreiche Möglichkeit dazu.

Es war genau dieser Anreiz, der auch erfahrene Programmierer nochmals zu dem Startup trieben, welches die Schlagzeilen der letzten Wochen in der Berichterstattung zur Gründerszene beherrschte. Und zusammen mit dem geplanten ESOP-Programm konnte man das vielleicht etwas geringere Einstiegsgehalt mit einer attraktiven Option auf eine Beteiligung der Mitarbeiter als Equity-Kicker für eine spätere Ausschüttung ausgleichen.

Unabhängig von den aufgabenbezogenen und finanziellen Rahmenbedingungen waren Coder aber ein spezieller Schlag von Menschen. Moritz hatte Alexander seine Auswahlkriterien diesbezüglich im Vorfeld erklärt. >>*Sie sollten gern Rätsel lösen, denn in der Programmierung geht es um Versuch und Irrtum. Das Suchen nach der richtigen Lösung mit einer hohen Frustrationstoleranz steht im Mittelpunkt, denn Codes sind nie von Anfang an fehlerfrei.*<<

Weitere Kriterien neben dieser Problemlösungskompetenz war die Bereitschaft mit anderen Entwicklern am gleichen Programm zu arbeiten und damit seine Codes zu teilen. Offenheit und Flexibilität sind dafür im Team unabdingbar, um gemeinsam am Ball zu bleiben und gemeinsam die Ziele zu erreichen. >>*Und sie brauchen natürlich disziplinertes Sitzfleisch.*<< stellte Moritz gegenüber seinem Mitgründer fest.

Die Stunden vor Tastatur und Bildschirm können endlos werden und das braucht Konzentration und Selbstdisziplin, um auch in einem übermüdeten Zustand noch logisch denken zu können. Programmieren wirkt oft chaotisch, doch die innere Logik eines Systems und der Programmiersprache muss gewährleistet bleiben, sonst führt das Ergebnis nur zu Abstürzen. Die zugehörigen Bugs sind als Code-Fehler eben nur mit Logik zu entdecken und zu beseitigen. Und das war nicht immer spaßig…

Das Alles hatte Moritz im Hinterkopf als er die zahlreichen Gespräche an diesem Tag führte und mit der Zeit setze sich sein Team immer weiter mit den passenden neuen Kollegen zusammen. Er konnte es sich sogar leisten einige abzulehnen. Gleichzeitig sagte er auch einigen Kandidaten ohne Gespräch und damit „blind“ zu, weil die Qualifikation schon auf dem Papier so gut war, dass er sie haben musste. Als er am Ende des Tages alle Gespräche und Bewerber reflektierte und für Alexander zusammenschrieb, hatte er nicht weniger als zwanzig Entwickler in den verschiedenen relevanten Bereichen für *AudioKing.com* rekrutieren und schon mit den ersten Aufgaben losschicken können.

Er addierte ferner die zugehörigen Gehaltsforderungen bzw. die diesbezüglich schon getroffenen Vereinbarungen und pfiff leise durch die Zähne. 1,3 Mio. Euro brutto pro Jahr wird alleine sein Team an Kapital binden. Damit lag er über dem Durchschnitt der anvisierten 55.000.- Euro brutto pro Kopf. Aber er war von der Brauchbarkeit der Leute überzeugt, die dann eben etwas mehr auch in der Verfügbarkeit kostete.

>>*Coder-Qualität hat halt ihren Preis.*<< dachte er. Dass er damit natürlich auch schon jetzt deutlich über dem Businessplan lag, war ihm ebenfalls bewusst. Aber der war ja auch noch aus der Zeit vor dem *Battle* und somit von einer viel geringeren Investitionssumme ausgegangen.

Alex hatte schon kurz nach dem Sieg gesagt, dass sie jetzt mit mehr Geld natürlich auch mehr Möglichkeiten hatten. Und schließlich werden auch die Investoren damit höhere Ansprüche formulieren. Entsprechend mussten sie sich aufstellen.

>>*Na ja, habe ich gemacht…*<< überlegte Moritz und versendete den Bericht per E-Mail an seinen Kollegen. Anschließend verließ er gemeinsam mit Emma die Chill-Area.

Startup-Phase 7

Am nächsten Tag waren Alexander König und Anna-Maria Abrams in Köln unterwegs. Er hatte bei ihr übernachtet, denn sie waren gemeinsam am Abend zuvor bei einem Konzert der Gruppe *Deichkind* in der *Lanxess Arena* gewesen. Die bekannte Hamburger Hip-Hop- und Electropunk-Formation war für ihre kreativen Bühnenshows bekannt und geradezu legendär waren ihre dabei immer wieder zum Einsatz kommenden Hüte in Form eines Tetraeders, die über die Jahre zum Erkennungszeichen der Band geworden waren.

Das Konzert war ausverkauft, hatte über drei Stunden gedauert und war trotz dieser Länge großartig gewesen. Alexander las beim gemeinsamen Frühstück seiner „PR-Frau" die zugehörige Kritik aus dem *Kölner Stadtanzeiger* vor:

> *Deichkind ist Ironie und Anarchie, manchmal mit der Brechstange wie bei „Bück dich hoch", manchmal subtiler wie bei „Like mich", dann wieder subversiv mit „Hört ihr die Signale".*

Anna-Maria war kurz irritiert, als Alex sie beim Titel „*Bück dich hoch*“ kurz und mit einem fast schon unverschämten Grinsen anschaute. Doch sie antwortete auf diese Anspielung nur trocken mit einem weiteren *Deichkind*-Titel aus der Kritik, wobei sie diesen im Gegensatz zum Redakteur vollständig zitierte und zurückgab >>*Like mich am Arsch.*<<

Da nun beide in ein Lachen übergingen war klar, dass man sich hier inzwischen auf Augenhöhe begegnete. Das galt beruflich wie privat, den Anna-Maria machte einen guten Job und hatte ihre Feuertaufe mit der Koordination und der Strategie für die erste Berichterstattung nach dem *Battle*-Sieg mehr als bestanden. Auch im Bett lief es für beide weiterhin gut und man hatte den Übergang vom ersten harten Sex zu einer ernsthaften Beziehung geschafft, die beiden Spaß machte.

>>*Wann kommen unsere Gesprächspartner?*<< wollte Alex im Anschluss wissen. >>*In etwa einer halben Stunde.*<< antwortete Anna-Maria. Angekündigt hatten sich Corinna Ohlsen und Fynn Schneider von *startup.news*, die extra aus Berlin für dieses Meeting anreisten. >>*Du kennst Sie vom ersten Interview an dem Sonntag nach dem Battle-Sieg. Nach meinem Clipping-Daten, war es der Online-Artikel mit der höchsten Reichweite für AudioKing.com*<< meine die PR-Expertin.

Das Meeting fand als verlängertes Frühstück im bekannten Insider-Kaffee „*Off the Records*“, unweit vom *Dumont Carré* in der

Kölner Innenstadt statt. Anna-Maria, die sich stilvoll in ein rotes Business-Set mit einem zweireihigen Blazer mit passender Hose und hochhackigen Schuhen geworfen hatte, kannte das Kaffee gut.

Das „*Off the Records*" war die Anlaufstelle für Presse und PR-Vertreter in der Domstadt geworden, wo man sich vertrauensvoll die neusten Geschichten erzählen oder sich locker über die nächsten Vorhaben austauschen konnte. Und zwar ohne das sie direkt am nächsten Morgen in den Medien standen.

Das Insider-Kaffee war also zunächst neutrales Gebiet und an diese Regel mussten sich alle Gäste halten, sonst drohte ein Lokalverbot. Das galt auch für das bekannte monatliche Insider-Event „*Boulevard de Cologne*", bei dem sich regelmäßig einmal im Monat die Vertreter von Medien, Politik, Sport und Gesellschaft zu einer lockeren After-Work-Party mit vertraulichen Gesprächen trafen.

Dafür war auch die Einrichtung ausgelegt. Während an der einen Seite offene Tischkombinationen zum Verweilen einluden, standen an der anderen Seite mehrere Gesprächskabinen vom Typ „*Alcove Cabin*" für vertrauliche Gespräche bereit. Entworfen von den Designern *Ronan & Erwan Bouroullec* boten diese einen allseitig geschlossenen Rückzugsraum mit jeweils einem Eingang zum Mittelgang.

Aufgrund der hochgezogenen und geschlossenen sowie gepolsterten Umrandung bot jede Box vier bis sechs Personen eine optimale optische und akustische Abschirmung. Im Innenraum war die Box zudem ein vollwertiger Arbeitsraum mit zwei sich gegenüberliegenden gepolsterten Sitzflächen, einem Tisch mit Stromanschluss und einer passenden Beleuchtung. Anna-Maria hatte eine solche Box reserviert und freute sich auf das anstehende Gespräch.

Auch Alexander war neugierig auf die Doku-Idee, die er über Anna-Maria zu dem Treffen mit *startup.news* zugeworfen bekommen hatte. Er schaute sich um. Er hatte das Gefühl in einer Mischung von Kaffee und Newsroom zu sitzen. Auf der einen Seite das industrielle Kaffee-Ambiente mit freigelegten Stahlträgern, Ziegelwänden und einer Fensterfront im Fabrikstil und handpolierten Holzelementen. Auf der anderen Seite die Besprechungsboxen über denen sich moderne Laufbänder mit aktuellen News und Börsenwerten langsam über die gesamte Wandbreite von links nach rechts bewegten.

Hinzu kamen Monitore, auf denen entweder der Nachrichtensender *n-tv* lief oder aber eine Ansicht von aktuellen Twitter-Nachrichten angezeigt wurden, in die ein „#offtherecords“ integriert war. Das verbindende Element zwischen beiden Welten waren die spannenden schwarz-weiß Fotografien hinter Acrylglas von bekannten Presse-Fotografen aus allen Epochen der Kölner Zeitungsgeschichte.

Als Corinna Ohlsen und Fynn Schneider eintrafen, gab es zunächst einmal ein höfliches Abtasten beider Seiten mit gegenseitigen

Vorstellungen. Nachdem diese Phase abgeschlossen und die zweite Kaffee-Runde serviert worden war, erklärte Fynn die Idee der Weekly-Startup-Doku.

>>*Wir wollen mal das Startup-Leben aus einer ganz anderen Perspektive zeigen und gleichzeitig die Geschichte von AudioKing.com dokumentieren.*<< meinte der Redakteur. Er berichtete in allen redaktionellen Einzelheiten, um das Bild einer ganz großen Story zu zeichnen. >>*Das Startup-Leben, wie es ist. Hautnah, ungeschminkt und echt.*<< beendete er seine Ausführungen. Alexander und Anna-Maria hörten aufmerksam zu, während Corinna die Reaktionen in ihren Gesichtern interpretierte. Es folgte das übliche erste Fragen-Antworten-Spiel.

Als etwas später alle Fragen beantwortet waren und somit die Vorstellungen seitens des *startup.news*-Redakteurs auf dem Tisch lagen und er nochmals die Signale „Einzigartig“ und „Innovativ“ platziert hatte, begann die abschließende Verhandlung.

Alexander fand die Idee grundsätzlich spannend, wollte aber No-Go-Themen und zugehörige Tabu-Bereiche definiert wissen wie zum Beispiel die Gespräche mit den Investoren und allgemein alle nicht-offiziellen Geschäftszahlen und -entwicklungen.

Anna-Maria ergänzte den Wunsch um generelle inhaltliche Abstimmung der Themen im Hinblick auf die gesamte PR-Strategie und formulierte ein zugehöriges Veto-Recht im Hinblick auf die Veröffentlichung. Sie wollte damit die Zügel in der Hand behalten.

Corinna lächelte >>*Das geht natürlich nicht.*<< und ergänzte >>*Ich verstehe natürlich den Wunsch nach gesteuerter PR-Kommunikation, aber wir können und dürfen eben kein verlängerter Arm von AudioKing.com sein. Das untergräbt die Glaubwürdigkeit aller Beteiligten und die Spannung im Hinblick auf die Ehrlichkeit der Dokumentation.*<<

Fynn wusste, dass dies der große Knackpunkt für das Projekt werden würde. Konnte man als Journalist zum Insider des Startups werden und gleichzeitig die notwendige Distanz für die Berichterstattung bewahren? >>*Es ist am Ende des Tages eine Frage des Vertrauens. Nicht mehr, aber eben auch nicht weniger.*<< versuchte er die entstandenen Pause zu überbrücken. Er schaute in die Runde und bot einen Kompromiss an. >>*Wir dürfen zunächst vollkommen frei außerhalb der No-Go-Themen berichten und nach jedem Bericht steht es AudioKing.com frei, die Zusammenarbeit zu beenden.*<< Was meint Ihr?

Anna-Maria schaute Alexander an. Ihr Blick schien zu verraten, dass sie sich weiterhin nicht uneingeschränkt wohlfühlte. Die Versuchung für den CEO war allerdings zu hoch und er meinte. >>*OK, aber wir bekommen nach dem möglichen Abbruch im Streitfall noch das Recht für einen Artikel mit unserer Sicht der Dinge als Gegendarstellung an gleicher Stelle auf Eurer Plattform.*<<

Fynn knetete sich unter dem Tisch nervös die Hände und schaute zu Corinna in der Hoffnung, dass sie diesen Zwangscontent schlucken würde. Sie gehörte nicht zu den Journalisten, die sich gerne etwas vorschreiben lassen, aber sie wusste auch, dass ein Kompromiss eben kein Wunschkonzert ist. Sie antwortete überraschender Weise nicht direkt, sondern mit einer Gegenfrage. >>*Was treibt Dich persönlich an, Alex? Was willst Du erreichen?*<<

Alexander runzelte die Stirn und schaute kurz an Corinna vorbei auf das Laufband mit den aktuellen Digitalnews. Dort stand die Schlagzeile „*Der französische Präsident Macron will Digitalsteuer für Internet-Konzerne*" und gab mit einer hinweisenden Kopfbewegung zurück >>*Was treibt ihn an?*<< Corinna versuchte ihn zu provozieren und meinte >>*Eitelkeit und Narzissmus?*<<

Alexander überlegte. Er schaute der Chefredakteurin direkt in die Augen und antwortete >>*So wie Du es sagt, klingt es typisch deutsch und damit negativ. Im Studium habe ich einen spannenden Artikel lesen dürfen mit dem Titel „Task Conflict, Narcissism and Entrepreneurial Capability in Teams Planning a Business" und dort weisen die Forscher nach, dass Narzissmus nicht unbedingt ein Nachteil für Startup-Gründer bzw. das Gründer-Team sein muss.*<<

Er zog sein Hemd mit einem kurzen Ziehen an der Manschette unter dem Ärmel zurecht und ergänzte >>*Ein Startup muss im Markt auch ankommen und diesbezüglich präsentiert werden. Die diesbezügliche Kommunikationsfähigkeit hängt auch mit den Persönlichkeitsmerkmalen der Gründer selbst zusammen. Eine Rampensau an der Spitze ist dafür sicherlich förderlicher als ein Mauerblümchen.*<<

Er schaute erst nochmals zum Nachrichtensender und dann in die Runde, ob seine Zuhörer im noch folgen konnten und fuhr dann fort >>*Die Rampensau hat per Definition eine gewisse Portion von Selbstbewusstsein und Narzissmus im Blut. Aber das muss an der Stelle eben nicht immer negativ sein. Im Hinblick auf die besondere Startup-Situation kann es sogar positive Effekte haben, solange es keine interne Konkurrenz im Gründerteam gibt.*<<

Corinna und Fynn schauten sich fragend an. Alexander bemerkte diesen Blick und legte mit einem Lächeln nach >>*Natürlich darf es die Rampensau aber auch nicht übertreiben, jedoch ist zu wenig Selbstbewusstsein eben auch nicht gut. Ein klassischer U-Kurven-Effekt*<<

Anna-Maria nahm den Ball auf, um das Gespräch wieder ins Praxisleben zurückzuholen >>*Na, da haben wir ja Glück, dass es erstens keine andere narzisstische Rampensau bei AudioKing.com gibt und zweitens Du es nicht übertreiben wirst.*<< und mit einer gespielten vorgehaltenen Handbewegung ergänzte sie gegenüber Corinna und Fynn >>*Dafür werde ich dann wohl sorgen müssen.*<< Beide mussten lächeln. Doch Alex, der unweigerlich auch lächelte, wollte noch eine Extrarunde in diesem Thema drehen.

>>*Ich orientiere mich an meinem Triple-B-Ansatz.*<< Er malte drei große „B“ in Luft. Nach einem Schluck aus seiner Cappuccino-Tasse, um die Spannung rhetorisch zu steigern fuhr er fort >>*Ich möchte mich beweisen, um etwas bewegen was bedeutsam ist.*<<

Bei jedem „B"-Wort zählte er mit seinen Fingern als optische Unterstützung bis drei. Er schaute anschließend in die Runde und ergänzte >>*Mir ist dabei bewusst, dass viele dies mit Egoismus und Narzissmus übersetzen. Aber ich werde dafür sorgen, dass alle direkt oder indirekt an Audio-King.com beteiligten Menschen und hoffentlich auch der digitale Standort Deutschland davon auch profitieren werden.*<<

Und mit einem Hinweis auf das Laufband mit der Macron-Schlagzeile meinte er noch >>*Im Übrigen gilt: Wer nichts fordert, kriegt auch nichts! Und ich werde viel fordern! Von meinem Team, den Investoren aber am Meisten eben von mir selbst! Und das unterscheidet den reinen Narzissten von einem Macher.*<<

Corinna hätte mit so einer persönlichen Antwort nicht unbedingt gerechnet und meinte >>*Also tragen wir alle eine hohe Verantwortung für dieses Experiment. Wir sind uns also einig?*<< Sie schaute insbesondere Alex intensiv an. Der fragte zurück >>*Sind wir das im Hinblick auf die besprochenen Rahmenbedingungen?*<< Corinna hielt dem Blick stand und nickte >>*Sind wir.*<< Damit löste sich die Spannung, die sich in den letzten Minuten aufgebaut hatte.

Es wurde vereinbart, dass Fynn zusammen mit Anna-Maria das Doku-Projekt umsetzen und steuern sollten. >>*Dann werde ich mal in Düsseldorf nach einem Zimmer suchen.*<< meinte Fynn zu Anna-Maria. Die PR-Leiterin streckte dem Redakteur symbolisch die Hand aus und verkündete ein >>*Willkommen an Board!*<<

Startup-Phase 8

Einige Wochen später parkte Alexander König seinen *Porsche* in der Garage vom *Breidenbacher Hof*. Es war 05:15 Uhr und draußen kündigte sich der Sonnenaufgang erst noch an. Er hatte sich den *911 Carrera* in schwarz mit 385 PS und Sportsitzen als Leasing-Fahrzeug auf Kosten der Firma gegönnt. Der Neupreis lag bei rund 110.000.- Euro mit entsprechender Leasing-Rate.

Eigentlich nicht der passende Einstieg in das normalerweise karge Startup-Leben und auf den ersten Blick nicht eben ein bescheidenes Signal. Doch Alexander wollte hoch hinaus und das galt auch für *AudioKing.com* und alle damit verbundenen Träume. Und dafür wollte er nicht nur großkotzig vorfahren, sondern auch mit entsprechendem Einsatz liefern.

Mit harter Arbeit die Spitze des Startups repräsentieren und den unbedingten Willen zum Erfolg vorleben – das hatte Alexander sich vorgenommen. Er wollte nichts von seinen Mitarbeitern verlangen, was er nicht auch von sich selbst verlangte. Und so riss er sich sprichwörtlich den Arsch auf. Er war in der Regel der Erste im Büro und ging auch meist als Letzter. Er war ein Vorbild für den eigenen Einsatz und die teamseitige Organisation von *AudioKing.com* und jedem, der ihn kennenlernte und erlebte, wurde schnell klar, dass Alexander König wirklich etwas bewegen wollte. Er brannte für sein

Startup und motivierte alle Mitarbeiter es ihm gleich zu tun. Und deswegen war aus seiner Sicht der *Porsche* kein Statussymbol, sondern auf den zweiten Blick eine Arbeitsentschädigung.

Im Ergebnis lief die Company schon in dieser frühen Phase auf Hochtouren. Das Büro war eingerichtet, das Team mit inzwischen schon 34 Mitarbeitern war an Bord und arbeitete mit vollem Einsatz. Die Strukturen und Aufgaben waren klar verteilt, die finale Programmierung der App und der Plattform ging voran und die erste Marketing-Kampagne sowie das Content-Management für die ersten Beta-Nutzer wurden intensiv bearbeitet.

Kurz: Die Vorbereitungen auf den großen Online-Start liefen nach Plan und wenn Alexander etwas mochte, dann war es genau das. Es war das interne Ziel, den Investoren schon zum ersten Gesellschaftertreffen ein nahezu fertiges Produkt für den Betatest zu präsentieren und damit die schon hohen Ausgaben bis zu diesem Zeitpunkt zu rechtfertigen.

Dieser Betatest sollte zeigen, wie *AudioKing.com* mit vorher registrierten und ausgewählten Nutzern unter möglichst realen Anwendungssituationen funktionieren würde. Zu diesem Zeitpunkt sollte das System schon sehr zuverlässig laufen, denn die Neugier des Marktes war schon jetzt riesengroß und die Erwartungen aufgrund der Gründungsgeschichte natürlich auch. Und ein verpatzter Start mit Abstürzen des Systems führte trotz Betastatus schnell zu schlechten Bewertungen und damit zu einer Hypothek für den offiziellen Release. Einer geringen 2-3 Sternebewertung läuft man praktisch fast immer hinterher.

>>*Ohne Test geht es halt nicht. Wir können viel an Last künstlich simulieren, aber das ersetzt nun einmal nicht die menschliche Nutzung.*<< hatte Moritz gesagt. Es würde also der erste Lackmus-Test für *Audio King.com* werden und entsprechend musste man sich vorbereiten.

Der CEO hatte heute einen reinen Büro-Tag vor sich und war entsprechend leger gekleidet in Jeans und T-Shirt mit dem Logo von *AudioKing.com* und dem neuen Slogan „*Bei uns gibt es was auf die Ohren!*“. Er drückte um 05:25 Uhr den Knopf für die oberste Etage der auch für Besucher nicht zu verfehlen war, denn der gesamte Fahrstuhl war für das aufstrebende Startup gebrandet worden.

An den Wänden waren die lebensgroßen Konterfeis der Gründer und Mitarbeiter per Folie angebracht worden, die ein Schild mit der Aufschrift „*Wir sind die AudioKings*…“ in den Händen hielten. Und der neue Slogan war natürlich auch hier zu finden und zwar in Form eines Pfeilsymbols, der auf den richtigen Knopf hinführte.

Alex checkte während der Fahrt schnell seine E-Mails und überflog die Eintragungen in die *Slack*-App und scrollte zudem lässig durch die zahlreich unbeantworteten Anrufe. Er trug dabei die neuen *AirPods Pro* im Ohr und hörte die ersten Muster-Podcasts von *AudioKing.com*, die ihm Moritz aufgespielt hatte. Als er den Aufzug verließ und die große Eingangstür aus Glas mit seinem digitalen Chip-Schlüssel öffnete und das Licht anmachte, lag es erwartungsvoll vor ihm: Sein Königreich – das Headoffice von *AudioKing.com* im hippen Startup-New-Work-Style.

Die Einrichtung erinnerte an eine Mischung aus einem Ikea-Showroom und einen hippen Co-Working-Space. Rund um den in der Mitte des Raums positionierten Besprechungskubus aus Glas, fanden sich sowohl Sitzecken mit breiten bunten Sofas und Sesseln als auch lange Holztische mit entsprechenden Anschlüssen für die Strom- und Netzverbindung. Feste Arbeitsplätze gab es nicht. Klassische Desktop-Rechner auch nicht. Mobil mit Laptop konnte sich jeder Mitarbeiter frei im Raum bewegen. Wenn man ungestört sein wollte oder ein wichtiges Telefonat hatte, konnte sich in eine der drei schalldichten Telefonkabinen zurückziehen.

Neben verschiedenen Team-Stationen mit kleinen runden Arbeitstischen und Bistro-Stühlen konnte man an verschiedenen Stellen Hängesessel, eine Schaukel und ein Liegenetz beobachten, um seinen kreativen Gedanken freien Lauf zu lassen. Groß, weit, offen und flexibel war diese Büro. Nicht ohne Grund, denn wissenschaftliche Studie besagen, dass Mitarbeiter am innovativsten und produktivsten sind, wenn sie beim Arbeiten immer mal wieder die Art der Umgebung wechseln konnten. Daneben gab es aber auch Treffpunkte, wo sich die Mitarbeiter einfach nur austauschten und Zeit für die Entspannung fanden. Dazu gehörte eine größere Kaffeebar und natürlich der obligatorische Tischkicker im etwas separierten Eingangsbereich. Um die zugehörigen Geräuschpegel zu dämpfen, waren fast überall Deckensegel gespannt worden, die den Schall schluckten.

Die Wände waren in lebendigen warmen Farben gestrichen und mit Regalen dekoriert, die zudem teilweise freistehend auch als Raumteiler genutzt wurden. In den Regalen und auch an anderen Stellen fanden sich zahlreiche „Stehrumchen", die den Gedankengang des Betrachter anregen sollten. Dazu gehörten unter anderem ein alter Plattenspieler, Mini-Büsten von berühmten Physikern, Holzspielzeug, Porzellan-Gebilde und 3D-Schriftblöcke mit den AudioKing-Buchstaben.

Sehr beliebt waren die beiden *Eames-Lounge-Chairs*, wo der eine oder andere Programmierer auch gerne mal nach einer Code-Session kurz einnickte. Zahlreiche Grünpflanzen in verschiedenen Größen jedoch fast immer mit großen Blättern rundeten das Gesamtbild harmonisch ab.

Ein Highlight im wahrsten Sinne des Wortes war die abgehängte Decke im Glaskubus, der für die größeren Team-Meetings und für Besprechungen mit Gästen genutzt wurde. Hier war ein leuchtendes LED-Display als Prototyp aus dem „*LightFushionLab*" des Fraunhofer-Instituts integriert. Dieses Display projizierte weiße Wolken, die über einen blauen Himmel ziehen über den Konferenztisch. So hatte man den Eindruck, unter freiem Himmel zu konferieren. Dadurch wurden die Meetings effektiver und effizienter.

Jeden Abend muss der jeweils genutzte Arbeitsplatz blitzeblank geräumt werden, denn man wusste nicht genau, wer am nächsten Tag dort sitzen würde. So verschwand das Chaos im Büro und damit einer der häufigsten Gründe zum Prokrastinieren. Alle Unterlagen waren sowieso meist in der Cloud.

Insgesamt waren die Umgebung, die Arbeitsprozesse und Kommunikationskultur cool und hip. Das durfte allerdings nicht darüber hinwegtäuschen, dass hier neben dem „Play Hard" eben auch das „Work Hard" bedient werden musste. Zu diesem Zweck waren an einer Wand drei große Monitore angebracht. >>*Die Wand der Wahrheit.*<< hatte es Alexander König bei einer seiner ersten Mitarbeiteransprachen genannt.

Auf dem ersten Monitor waren die zentralen KPIs des Geschäftsmodells abgebildet. Hierzu gehörten insbesondere die Downloadzahlen der AudioKing-App und die zugehörige Conversion Rate. Diese definierte sich im Fall von *AudioKing.com* als Umwandlung eines eingeworbenen Interessenten und dessen Download der App in einen registrierten Nutzer der sich ein Profil innerhalb der App anlegte.

Da Alexander aus dem Studium jedoch wusste, dass laut der Akzeptanztheorie für innovative Nutzungsgüter und -systeme diese

Umwandlung noch nicht hinreichend für den Erfolg seiner Internet-Plattform war, ergänzte er diesen Anmeldeakt um die Angaben zur durchschnittlichen Nutzungshäufigkeit und -intensität der Nutzer.

Dieser Nutzungsakt war entsprechend gekennzeichnet durch die Zahl der eingestellten Audiofiles, die Häufigkeit der gehörten Audiofiles, das Verhältnis zwischen aktiven Nutzern für die Content-Produktion im Gegensatz zu den passiven Nutzern der Content-Konsumtion sowie die durchschnittliche Verweildauer der Nutzer in der App bzw. auf der Plattform als Kontaktzeit für Werbung.

Alle Zahlen gab es live eingespielt, kumuliert zu einem Wochen- und einem Monatswert und mit roten oder grünen Farbfeldern versehen für die Darstellung der Entwicklung im Vergleich zum vorangegangenen Zeitraum.

Auf dem zweiten Monitor waren alle Performance-Zahlen aus den Social Media-Netzwerken angezeigt. Die Follower bei Instagram, Twitter, Facebook & Co. sowie die zugehörigen Bewertungen und Einschätzungen der Nutzer über die verschiedenen Plattformen. Hinzu kam die Anzahl der Erwähnungen und der Backlinks sowie die Reichweite der eigenen Social Media-Aktivitäten, die über einen komplexen Rechenvorgang kalkuliert wurde, bei dem die Anzahl der Follower, die Shares und die Seitenaufrufe mit dem Nettozuwachs der Follower-Anzahl im Lauf der Zeit einflossen. Daneben wurden noch die Anzahl der Kommentare, Fremd-Postings und Retweets quantitativ und qualitativ ausgewertet. Insgesamt ein umfassendes Controlling-System für das Social Media-Listening.

Auf dem dritten Monitor wurde nur eine große Zahl angezeigt. Es war der Countdown bis zu einem großen Ziel für das gesamte *AudioKing*-Team. Aktuell waren es die verbleibenden Tage bis zum offiziellen Online-Start. Alexander betrachtete die Anzeige. „Noch 42 Tage bis AK-Day" stand dort und er musste schmunzeln, denn die Zahl 42 war laut dem Roman „*Per Anhalter durch die Galaxis*" von *Douglas Adams* die Antwort auf die Frage nach dem Leben, dem Universum und dem ganzen Rest. Und in seinem Fall wird er in 42 Tagen die Antwort bekommen, wie *AudioKing.com* in dem Markt starten würde. Er tippte eine 42 mit einem Smiley in sein Handy und schickte die Nachricht an Moritz.

>>*Das wird der Running-Gag des Tages für das gesamte Team.*<< sprach er leise vor sich hin und nahm sich vor, alle Mitarbeiter heute mit einem „Happy-42" zu begrüßen. Und dafür gab es ausreichend Gelegenheit, denn sowohl das Team-Meeting mit Moritz und seiner IT-Abteilung als auch das Treffen mit seinem Content- und Marketing- Team stand auf dem Programm. Und in diesem Moment kam auch schon die Antwort seines Mitgründers zurück. Es war ein Selfie und es zeigte ihn im Aufzug auf dem Weg ins Büro mit einem knallroten T-Shirt auf dem eine große weiße 42 und dem passenden Schriftzug „*Don't Panic*" zu sehen war.

Startup-Phase 9

Das Büro von *AudioKing.com* füllte sich langsam aber stetig. Es gab keine Stechuhr. Vor 10:00 Uhr begann kein Meeting, so hatte jeder Mitarbeiter die Möglichkeit, seinen Arbeitsweg stressfrei außerhalb der Rushhour zu gestalten. Wie in jedem Startup wurde eher nach hinten heraus länger gearbeitet und der Übergang von beruflicher in private Zeit war an dieser Stelle fließend.

Emma schlenderte mit Ihrem Kaffee durch das Büro. Die Feelgood-Mangerin war zusammen mit Moritz schon früh da gewesen und sie nutze die Zeit, um die Einrichtung zu kontrollieren und die ersten Gespräche mit den ankommenden Mitarbeitern zu führen. Dabei checkte sie die Verfügbarkeit von Getränken und die Funktionsfähigkeit der Kaffeestation sowie die Snack-Versorgung im Thekenbereich.

Dort gab es mehrere Getränkekühlschränke aus denen man sich frei bedienen konnte. Von *Club Mate* bis *Bionade* und *Fritz Cola* gab es so ziemlich alle üblichen Startup-Getränke. Hinzu kamen zwei große Wasserspender und die erste Tee-Station von *KarmaTea* in NRW, einem jungen Unternehmen aus Berlin unter Beteiligung von einem Kommilitonen der *UDB*. Dieser Tee bestand aus 100% fair gehandelte Bio-Rohstoffe! Kein Zucker, keine Konservierungs- oder Zusatzstoffe dafür aber mit Hibiskus, Mate, Minze und Rooibos.

Für die Kaffee-Junkies, und die waren in der Überzahl, wurden zwei *Magister Espresso Vollautomaten* vom Typ *Relax R100* angeboten. Über ein 7"-Touch-Screen-Display konnte man bis zu 12 verschiedene Kaffee-Spezialitäten auswählen, die sich dann automatisch in die jeweilige Tasse oder Glas ergossen. Egal ob Espresso, Cappuccino, Latte Macchiato oder der immer beliebter werdende Flat White – die *Magister*-Maschine lieferte es über integrierte Mahlwerke und mehrere Bohnenbehälter.

Natürlich waren Siebträgermaschinen bei den Kaffee-Trinkern beliebter, jedoch waren die in der Handhabung im Büro bei vielen Mitarbeiter einfach zu unpraktisch. Das machte nur Sinn, wenn es einen Barista gab, der sich um die Handhabung der Maschine kümmerte und Emma machte von Anfang an klar, dass sie als Feelgood-Manager nicht wieder nur einen Thekenengel sein werde.

Sie verstand sich als gute Seele der Company, die von Organisation bis Kummerkasten für alle zwischenmenschlichen Themen zuständig war. Heute stand die wöchentliche Feedback-Runde für die Arbeitsprozesse an und so klapperte sie die einzelnen Arbeitsstationen ab, um gemeinsam mit den Kollegen ständig nach Verbesserungen zu suchen.

Moritz sah ihr mit Bewunderung zu. Es war kein Problem gewesen, Alexander von dieser Funktion zu überzeugen und zusammen mit der Anna-Maria-Personalie stand es nun 1:1 was die persönlichen

Assistenten anging. Wobei zumindest Emma so persönlich gar nicht zuzuordnen war, denn sie war sprichwörtlich für alle *AudioKing*-Mitarbeiter da. Und es war gut, wenn diese eine Ansprechpartnerin hatten, die zwar nicht direkt zur Geschäftsleitung gehörte, aber offenbar einen guten und direkten Draht dorthin hatte.

Als Feedback gab es täglich von Emma an Alex und Moritz eine Zahl auf der Feelgood-Skala von eins bis zehn, wobei zehn die beste Wertung war. Ferner gab es ein wöchentliches Memo mit einigen Ausführungen zur Stimmung in der Belegschaft. Immer in den Kommentaren anonym zur Quelle und das war auch in alle Richtungen zugesichert und vereinbart. Im Moment lag das Ergebnis auf der Feelgood-Skala bei neun mit dem Hinweis auf den positiven Stress und der zugehörigen Belastung für den anstehenden Online-Start der *AudioKing.com*-App.

Moritz ging mit diesem Feedback zusammen mit Alex um 11:00 Uhr in die IT-Besprechung. Hier wurde der aktuelle Stand der Entwicklung rund um die App und die zugehörige Plattform besprochen. Nachdem alle Head-Coder zu ihren Bereichen berichtet hatten, fasste Moritz die Ergebnisse zusammen.

>>*Das neue Design ist umgesetzt, die Anmeldung über die verschiedenen Social-Media-Accounts oder per E-Mail funktioniert ebenso wie die Profil-Verwaltung über die App oder die Web-Plattform.*<< Er schaute in seine Notizen und fuhr fort >>*Die Anbindung der Datenbanken im Back-Office*

ist stabil und die Upload-Funktionen für die Audiofiles funktioniert. Auch die Aufnahmefunktion direkt aus der App heraus ist in der Ergonomie nochmals intuitiver geworden.<< Mit einem Blick zu Alex ergänzte er >>*Was an dieser Stelle noch nicht geht, ist die Bearbeitung der Audiofiles mit einem integrierten Schnittprogramm. Das kriegen wir zum Online-Start nicht hin.*<< Er wusste, dass Alex dies nicht besonders toll fand und entsprechend war dessen Kommentar.

>>*Das bedeutet, dass die Live-Aufnahme sitzen muss und es keine Korrektur-Möglichkeit gibt. Richtig?*<< meinte der CEO. >>*Richtig!*<< antwortete Moritz. >>*Wer seinen Audioclip professionell bearbeiten möchte, der muss das zunächst über eines der zahlreichen Programme außerhalb der AudioKing-App machen und dann über die Web-Plattform hochladen.*<< gab der CTO als Erklärung hinzu.

Moritz berichtete ferner über die Funktionalitäten der Playlist und die Anbindung der Musik-Portale sowie die zentrale Landing-Page für die Auswahl bzw. Präsentation der verschiedenen Audio-King-Channels. >>*Da haben wir auch schon eine Suchfunktion und die Zauberstab-Funktion für die automatische Auswahl integriert. Am Anfang funktioniert der Zauberstab auf Basis der Profilangaben, später dann auf Basis der Nutzerspuren und Hörinteressen.*<< meinte einer der anwesenden Coder.

>>*Und je mehr Channels ausgewählt bzw. durch den Nutzer gefolgt werden, umso besser werden die Vorschläge in den einzelnen Kategorien.*<< ergänzte Moritz seinen Kollegen aus dem IT-Team.

>>*Was funktioniert noch nicht?*<< wollte Alex wissen. Einen kurzen Moment war es ruhig im Glaskubus, in dem das Meeting stattfand und Moritz betrachtete kurz die Animation der vorbeiziehenden Wolken an der Decke. Es war für ihn immer wieder erstaunlich, wie realitätsnah diese Animation wirkte.

>>*Wir haben noch Probleme mit der Weiterempfehlungsfunktion für einzelne Audiofiles in den sozialen Netzwerken. Ohne Probleme kann man schon den gesamten Channel weiterempfehlen, aber noch nicht das einzelne Audiofile.*<< meinte Moritz nach einer kleinen Weile, ergänzte aber schnell >>*Aber das kriegen wir für den Online-Start noch hin.*<<

Er berichtete ferner von dem gesamten Content-Management-System für die Profile und Audiofiles, die hochgeladen wurden und verwies auf die Steuerungssysteme für die verschiedenen Lasten, die durch Up- und Downloads zu erwarten seien. >>*Was ebenfalls am Anfang nicht gehen wird, ist die automatische Analyse im Hinblick auf die einzelnen Audio-Inhalte. Wir haben die KI, die jeden Audiofiles automatisch nach kritischen Schlüsselbegriffen durchsuchen sollte aufgrund der Komplexität nach hinten gestellt.*<< sagte Moritz.

Alexander hob die Augenbrauen. Er wusste, dass dies eine mögliche Achillessehne sein konnte, denn trotz der AGBs mit einem Ausschluss von diskriminierenden, sexistischen und extremistischen Inhalten, war damit zu rechnen, dass es solche geben würde. >>*Wie gehen wir damit um?*<< wollte er wissen.

>>*Wir haben einen Melde-Knopf integriert, mit dem man unangemessene Inhalte anzeigen kann. Die laufen dann bei uns im Content-Management-System mit einer Warnung auf und wir müssen uns das dann leider noch persönlich über einen Mitarbeiter anhören und entscheiden, ob es drinbleiben kann oder nicht.*<< gab Moritz zurück und meinte, das dies natürlich mit hohem Aufwand verbunden, aber wohl am Anfang nicht anders möglich sei. Zumindest rechtlich war man damit auf der sicheren Seite, da man als Plattform erst nach einer solchen Anzeige bzw. Meldung in der rechtlichen Verantwortung stand, die Inhalte zu überprüfen. Bis dahin waren die Nutzer selbst für die Inhalte und Auswirkungen in der Haftung.

Es war vor diesem Hintergrund sehr teuer gewesen, die unglaublich umfangreichen AGBs und sonstigen rechtlichen Angaben zu Datenschutz usw. für *AudioKing.com* anfertigen zu lassen und man hatte hier auf eine internationale Kanzlei zurückgreifen müssen, die auch für *YouTube* und andere Content-Plattformen tätig gewesen ist und auch die globalen Anforderungen im Auge hatte. Denn schließlich konnten die Inhalte von überall auf der ganzen Welt eingestellt und abgehört werden.

>>*Was für ein Aufwand! Dabei lag die durchschnittliche Zustimmungszeit der Nutzer für AGBs & Co. bei 1,2 Sekunden.*<< dachte Alexander. >>*Aber die rechtliche Absicherung für den Problemfall hat uns 3 Wochen und viel Geld gekostet.*<< murmelte er zu sich selbst. Überhaupt

waren die Kosten für die rechtliche und steuerliche Betreuung, inklusive der weltweiten Markeneintragung, ein deutlich höherer Faktor gewesen als ursprünglich angenommen.

>>*Und dann haben wir noch das Thema Datensicherheit und Datenschutz.*<< sagte Moritz und riss damit Alex aus den Gedanken. Er listete die umfangreichen Maßnahmen auf, die zu treffen waren: Identifizierung der „schützenswerten Informationen"; regelmäßiges Einspielen von Patches, um Sicherheitslücken zu schließen; automatische Aktualisierung von Viren- und Firewall-Schutzprogrammen; regelmäßige Auswertung sämtlicher Logfiles im Hinblick auf externe Angriffe; Monitoring der Server in Echtzeit; Verschlüsselung von Daten, client- und serverseitig sowie bei der Übermittlung und die Einsetzung eines Datenschutzbeauftragten mit allen zugehörigen Maßnahmen, die die neue Datenschutzgrundverordnung vorsah.

>>*Wenn ich den Aufwand der DSGVO vorher hätte abschätzen können, dann hätten wir AudioKing.com in den USA gegründet.*<< meinte Alex und warf seinen Stift auf den Notizblock, den er vor sich liegen hatte. >>*Dann hätten wir uns im Hinblick auf europäische User auch daran halten müssen. Wir wären glaube ich nur im Hinblick auf die Datennutzung deutlich flexibler gewesen.*<< antwortete Moritz und lenkte die Aufmerksamkeit wieder auf das Thema Datensicherheit.

>>*Hier haben wir das primäre Ziel, Daten jeglicher Art gegen Manipulation, Verlust, Klau und andere Bedrohungen zu sichern.*<< meinte der

CTO und alle waren sich natürlich einig, dass man die Schlagzeile „*Passwortklau bei AudioKing.com*“ überhaupt nicht brauchen konnte und auch haben wollte.

>>*Wie lautet nun das Fazit? Wo stehen wir?*<< wollte Alexander mit einem Blick auf die Uhr wissen. Moritz fasste das Ergebnis zusammen. >>*Wir werden einen sauberen Start zum geplanten Zeitpunkt mit allen wesentlichen Funktionalitäten haben. Dabei liegt der Fokus auf Lauffähigkeit, fehlerfreien Prozessen und Funktionen, Sicherheit und dem Nutzungserlebnis für die Teilnehmer.*<< und er ergänzte >>*Alle Zugänge zur App für die Nutzer und ihre Audiofiles werden ebenso funktionieren wie die Schnittstellen zu Spotify & Co und die interne und externe Steuerung der Playlist. Egal, ob Du die Tasten vom Multifunktionslenkrad im Auto oder den Alexa-Skill für die Sprachsteuerung nutzen möchtest.*<<

Um das Bild rund zu machen verwies Moritz aber auch auf die noch offenen Punkte. >>*In den weiteren Updates, aber eben nicht zum Start, werden wir die integrierte Audioschnitt-Bearbeitung, die KI-Empfehlungs- und -überwachungsroutine sowie die komplette 1:1-Kommunikation zwischen den Teilnehmern nachziehen.*<< Moritz bemerkte den kritischen Blick von Alex und relativierte schnell >>*Keine Angst, dass Community-Management mit der Anzeige der Zuhörer als Follower und die eigenen Favoriten, denen man selbst folgt, wird funktionieren. Aber eben noch nicht das Senden von privaten Nachrichten oder die Kommentierung von den Channels bzw. den einzelnen Audiofiles.*<<

Nach den Updates wurde dann noch von Moritz der Ausblick auf das nächste größere Release gegeben. >>*Nachdem dann die AK-Versionen 1.1 bis 1.x durch sind, kommt mit der Version AK 2.0 dann die große Einführung sämtlicher Vermarktungsfunktionen wie die Bewerbung von einzelnen Channels oder einzelnen Audiofiles mit den zugehörigen Abrechnungs- und Zahlungsfunktionalitäten. Auch die Einspielung von allgemeiner Werbung mit allen zugehörigen Mediendaten wird dann möglich sein.*<<

Alexander nickte. Er wusste, dass das eigentliche Business-Schicksal erst an dieser Stelle für *AudioKing.com* entschieden wurde. Bis dahin musste man erst die doppelte kritische Masse aufbauen und sehr viele Nutzer mit sehr viel Traffic generieren. Erst wenn man das erreicht hatte, dann wurde die Plattform der für die werbetreibende Industrie und die Nutzer selbst, die Audio-Influencer werden und dafür ihren Channel promoten wollten, interessant.

Das waren aber alles schon Themen für das Treffen mit seiner Marketing-Abteilung am Nachmittag. Mit einem >>*Gute Arbeit! Ich danke dem gesamten Team und in 42 Tagen wissen wir, ob sich der ganze Aufwand gelohnt hat.*<< beendete Alexander das IT-Meeting und mit einem obligatorischen Abklatschen alle Teilnehmer verließ den Glaskubus.

Moritz fügte anschließend noch für seine IT-Leute motivierend hinzu >>*Auf geht es, Leute! Der Supercomputer bei Douglas Adams hatte einige Millionen Jahre an Rechenzeit für die vage Antwort. Wir haben nur noch 42 Tage für unsere Antwort auf den Sinn von AudioKing.com und unsere Antwort für den Markt muss konkreter sein. Let´s Rock 'n' Code!*<< Und mit einem rhythmischen Klatschen im Stil vom *Queen*-Klassiker „*We will rock you*“ verließ auch die IT-Gang für alle anderen Mitarbeiter sichtbar und hörbar den Glaskubus.

Fynn Schneider lächelte und machte sich Notizen.

Startup-Phase 10

Als Alexander zusammen mit Anna-Maria gemeinsam vom Mittagessen zurück ins Büro kamen, wartete das Marketing-Team schon voller Erwartung im Glaskubus. Sie waren im *Bazzar Caffé* direkt im Wilhelm-Marx-Haus um die Ecke gewesen. Seit 1996 war dieser Coffee-Shop schon zwischen Königsallee und der Düsseldorfer Altstadt angesiedelt, als es den Kult um diese Art von Läden noch gar nicht gab. Ursprünglich als traditionelle italienische Bar nur mit Stehtischen konzipiert, war das *Bazzar* heute eine sehr gemütliche Location mit Bänken und Stühlen aus eigener Produktion, die neuerdings auch eine Dependance am Düsseldorfer Flughafen hatte.

Zum Einsatz kam nur der Kaffee aus der eigenen Rösterei, die 2014 in einem klassischen Industriegebäude im Neusser Hafen eröffnete und mit deren Erzeugnisse nicht nur die Gastronomie im ganzen Land beliefert, sondern eben auch die Kaffeemaschinen bei *AudioKing.com* bestückt wurde. Man kannte sich also und Alexander war hier Stammgast und unterhielt sich öfter auch mit dem Inhaber über Dies und Das. Insbesondere für ein spätes Frühstück, wenn er frühmorgens die ersten Arbeitsaufgaben im Büro abgeräumt hatte, lies er sich hier gegen 11:00 Uhr statt Mittagessen zu Nahrungsaufnahme mit Croissant und Rührei blicken.

Er liebte dabei die besondere Atmosphäre, denn neben der gefälligen Einrichtung gab es eine Ausstellung an edlen Espresso-Maschinen zum Kauf und natürlich auch ein Angebot der verschiedenen Kaffee-Bohnen-Mischungen von *Bazzar* zum Mitnehmen. Ferner betrachtete er immer wieder gerne die zahlreichen alten Werbeschilder aus Metall mit einer Emaille-Beschichtung zu verschiedenen, längst vergangenen Kaffee-Unternehmen, die an den Wänden und insbesondere an der zentralen Säule vor der Bar angebracht waren.

Ein Highlight für den Sommer war zudem der Außenbereich, wo man unter großen Sonnenschirmen auf den Musikbrunnen und die umrandeten Bäume im Innenhof des *Wilhelm-Marx-Haus* blicken konnte. Insbesondere der Musikbrunnen des Berliner Bildhauer *Joachim Schmettau* hatte es Alexander angetan. Rund um den rötlichen Granit mit Bronzeplastiken werden Mitglieder eines Orchesters teils real und teils symbolisch dargestellt. Hoch oben wurde das Gesamtbild durch eine goldene Dirigent-Figur abgerundet.

Um Abzuschalten zog er sich gerne an diesen Ort zurück, lauschte dem fließenden Wasser und summte manchmal dazu leise die Europa-Hymne „*Freude, schöner Götterfunken*“ von Ludwig van Beethoven. Warum ausgerechnet dieses Lied, wusste er auch nicht. Es war ein Ohrwurm seit er sich mit der Liedzeile „*Tochter aus Elisium*“ beschäftigt hatte.

Das dahinterstehende „*Elysion*“ ist in der griechischen Mythologie jene „Insel der Seligen“ auf der die Helden entrückt werden, die von den Göttern geliebt wurden oder denen sie Unsterblichkeit schenkten. Und da er selbst gerne zum Helden werden wollte, fühlte er sich mit diesem Begriff als Lebensziel und damit auch dem Gedicht „*An die Freude*“ von *Friedrich Schiller*, welches dann von *Beethoven* vertont wurde, irgendwie verbunden.

Es war daher auch kein Zufall, dass er den Begriff „*Elysion*“ auch als Passwort für seinen Rechner nutze. Heute war der Musikbrunnen jedoch nur eine Begleiterscheinung für ein schnelles Mittagessen mit Anna-Maria und da sich die Zubereitung Ihrer beiden Espressi mit anschließender Rechnung mal wieder verzögerte, kamen die beiden etwas zu spät wieder zurück ins Büro.

Mit einem >>*Sorry für die Verspätung!*<< eröffnete Alexander das Meeting der Marketing-Gang, die sich so intern in Anlehnung an die IT-Kollegen nannte. Auch hier berichteten die verschiedenen Mitglieder über den Stand der Dinge. Es gab hier zu Beginn insbesondere zwei Aufgaben, die sich an der doppelten kritischen Masse orientierten. Zum einen mussten genug Teilnehmer gewonnen werden, die über eigene Channels auch entsprechende Audiofiles einstellten. Diese wurden intern „Producer" genannt.

>>*Hier haben wir einige bekannte YouTuber und Instagram-Influencer angesprochen, die auch bei uns aktiv werden sollen.*<< berichtete der zuständige Mitarbeiter. >>*Problem ist, dass die meistens schon Geld haben wollen und zwar als Upfront-Payment und nicht erst später auf Basis von unserem Geschäftsmodell.*<< ergänzte er.

Der Hinweis auf das Geschäftsmodell war entscheidend. Bislang hatte man sich dazu in der Öffentlichkeit ja weitgehend zurückgehalten. Es hatte sich zwischenzeitlich auch schon wieder weiterentwickelt im Gegensatz zum Pitch beim *UDB-Battle*. Ein Geschäftsmodell beschreibt laut Definition die Funktionsweise eines Unternehmens und wie es Gewinne erwirtschaftet.

Im Falle von *AudioKing.com* ging man noch einen Schritt weiter und wollte von Anfang an ein Community-Geschäftsmodell aufsetzen, bei dem transparent der wirtschaftliche Gesamtnutzen und die damit zusammenhängende Gewinnverwendung deutlich wurde.

Es sollte eine Online-Renaissance des alten Genossenschaftsmodells von *Friedrich Wilhelm Heinrich Raiffeisen* werden, ohne allerdings einen Zusammenschluss oder Verband von Personen in einem gemeinschaftlichen wirtschaftlichen Geschäftsbetrieb mit der zugehörigen gesellschaftlichen Beteiligungsebene zu adressieren. Sie nannten es bei *AudioKing.com* das *Cooperative Business Community-Model* oder kurz das *CBC-Model.*

Dieses Geschäftsmodell sah vor, dass 50% der Gewinne bei *AudioKing.com* verblieben. Die zweiten 50% wurden als Anreiz an die Producer und somit die Content-Produzenten von Audiofiles ausgeschüttet. Damit sollte die Attraktivität der Plattform von Anfang an transparent für die Producer dargestellt werden, denn nur über attraktive Inhalte konnte Trafik erzeugt und dieser dann vermarktet werden.

Das galt auch für die Channel-Präsentationswerbung und da zudem vorgesehen war, dass die Nutzer die Werbung innerhalb von *AudioKing.com* gegen eine Gebühr auch gänzlich abschalten konnten, wollte man hier mit einem Gewinnpool arbeiten und nicht mit Channel-bezogenen Abrechnungs- bzw. Vergütungsmodellen. Es sollte halt eine überzeugende und gerechte Vermarktungs- und Gewinngemeinschaft entstehen.

Das dazu die verschiedenen Producer in unterschiedlichem Maße beitragen würden, war im Hinblick auf Quantität und Qualität natürlich auch zu erwarten und deswegen gab es hier nochmals eine Aufteilung der 50%. Die Hälfte also insgesamt 25% wurden nach der Anzahl der eingestellten Audiofiles ausgeschüttet. Die andere Hälfte und damit ebenfalls 25% vom Ganzen für die konkreten Abrufzahlen der einzelnen Audiofiles. Das ganze immer in Relation zu der Deckelung auf die jeweiligen Gesamtausschüttungen.

Man konnte also seinen Anteil an dieser Ausschüttung steigern in dem man entweder viele Audiofiles einstellte und damit besonders aktiv war oder eben mit wenigen Audiofiles, die aber sehr oft gehört wurden. Die Berechnung der Ausschüttungen erfolgte quartalsweise. Mit diesem Model sollte sichergestellt werden, dass alle ein Interesse daran hatten, dass *AudioKing.com* viel genutzt wurde.

Und damit war man auf der zweiten Seite, denn zum anderen brauchte man natürlich so viele Teilnehmer wie möglich, die sich die Audiofiles auch anhörten und die zugehörigen Channels abonnierten und somit den Traffic erzeugten. Diese Gruppe wurde intern „Consumer“ genannt.

>>*Hier haben wir eine umfangreiche Marketing-Kampagne über alle Kanäle erstellt, die hauptsächlich unsere Marke, unseren Claim und das neue individuelle Hörerlebnis in den Mittelpunkt stellt.*<< berichtete der hierfür zuständige Mitarbeiter und legte die Ausdrucke der zugehörigen Werbemittel wie Online-Banner, *Google*-Keyword-Strategie, *Facebook*- und *Instagram*-Anzeigen sowie die Entwürfe einer Print-Kampagne auf den Tisch. Im Mittelpunkt standen hierbei natürlich *Jürgen Vogel* und *Armin Rohde* mit ihren Figuren aus dem Film „*Kleine Haie*“. Die beiden Schauspieler passten weiterhin perfekt zu der Kampagne.

>>*Wir steuern das aber bitte über die verschiedenen Plattformen und Zielseiten aus, die wir für unsere Zielgruppen identifiziert haben und passen das sehr schnell im Hinblick auf die Klickzahlen an.*“ meinte Alexander, der auch die zugehörigen Kosten im Kopf hatte und gab diesbezüglich als Vorgabe aus >>*Alles was unter 3% Conversion Rate und zudem außerhalb des angepeilten Kostenkorridors in den ersten vier Wochen liegt, fliegt sofort wieder raus und danach alles, was unter 5% in den weiteren 8 Wochen liegt.*<<

Eigentlich wollte er von Beginn an nur Cost-per-Click-Werbung schalten, aber um am Anfang auch Reichweite für die Marke zu erzeugen, hatte man auch Werbeformen auf Zielseiten platziert, die auf TKP-Basis abgerechnet wurden. Der Unterschied war elementar.

Je öfter die Anzeige bei einem Cost-per-Click angeklickt wird, desto mehr muss für die Schaltung der Anzeige gezahlt werden. Um unkontrollierte Ausgaben zu vermeiden, wird in der Regel ein maximales Budget für die Anzeige veranschlagt, das z. B. innerhalb eines Monats nicht überschritten werden darf. So wird der Click-Fraud zwar nicht vermieden, aber die Kosten bleiben kalkulierbar.

Als Click-Fraud werden die Versuche der Konkurrenz bezeichnet, durch Anklicken der Anzeigen die Kosten für die Anzeigenschaltung in die Höhe zu treiben und der Konkurrenz damit zu schaden. Im Hinblick auf die Conversion Rate konnte man dann relativ gut ausrechnen, was einen ein neuer Nutzer gekostet hat und ob man damit im kalkulierten Kostenkorridor blieb.

Beim TKP, also dem Tausender-Kontaktpreis wurde wie der Name schon vermuten lässt, pro tausend Besucher der Webseite auf der das Banner geschaltet ist und damit für die Einblendungen abgerechnet und zwar unabhängig davon, ob das Banner anklickt wurde oder nicht. Über die entsprechenden Klicks konnte man aber auch hier die Conversion Rate und die zugehörigen Kosten pro eingeworbenen Nutzer einfach berechnen.

>>*Ich bitte hier um ein klares Monitoring und eine schnelle Anpassung unserer Marketing-Strategie. Das große Ziel ist am Anfang so viele Downloads unserer App mit zugehörigen Anmeldungen und damit Ergebnisquantität wie möglich zu generieren. Danach schauen wir uns auch die Nutzungsintensität der eingeworbenen Nutzer und damit die Ergebnisqualität über die verschiedenen Werbemittel an. OK?*<< appellierte Alexander an die Marketing-Gang. Alle anwesenden Mitarbeiter nickten.

>>*Über die Consumer-Seite mache ich mir offen gesagt weniger Sorgen als über die Producer-Seite.*<< meinte Anna-Maria und lenkte die Aufmerksamkeit wieder zurück auf den bislang überschaubaren Erfolg bei der *YouTuber*-Akquise. Alexander wusste, dass sie Recht hatte. *AudioKing.com* konnte sich gerade am Anfang nicht nur darauf verlassen, dass die Consumer auch automatisch zu Producern werden. Sie brauchten ein gewisses Set an wirkungsvollen *AudioKings*, die von Anfang an tolle Channels anboten, denn dass waren die Domino-Kunden für die Plattform.

Aus der Vorlesung wusste er, dass im Henne-Ei-Konflikt die Seite eines Marktplatz-Systems mit doppelter kritischer Masse zuerst hochgezogen werden musste, die zuerst sichtbar wurde. Und das waren im Fall von *AudioKing.com* die Content-Producer, denn ohne die konnten die Consumer zwar ihre Musik und bereits bekannten Podcast einspielen aber eben keine neuen originären Channels anderer *AudioKing*-Nutzer abonnieren und sich deren zugehörige Audiofiles anhören. Deswegen mussten schon zum Start eine gewisse Anzahl von Producern vorhanden sein.

>>*Irgendwelche Vorschläge?*<< fragte Alex die Marketing-Gang und schaute in die Runde.

>>*Wir sollten natürlich Channel von Jürgen Vogel und Armin Rohde anbieten können…*<< kam von rechts und von links wurde ergänzt >>*… und natürlich könnten wir über verschiedene Agenturen weitere Promis anfragen.*<< Eine weitere Idee kam aus einer anderen Ecke. >>*Wir sollten die Top-100 aus den Podcast-Rankings anschreiben, die nicht aus dem Radio-Bereich kommen, damit sie ihre Audiofiles auch bei uns einstellen.*<<

Ein spannender Einwurf war auch >>*Jeder AudioKing-Mitarbeiter muss natürlich auch einen Channel anbieten, bei dem er privat über sein Interessensgebiet talkt.*<< und >>*Wir sollten auch die Studenten der UDB ansprechen.*<< sowie >>*Wie wäre es mit einem kleinen Call for Content als Wettbewerb auf unserer Facebook-Seite, wo man sich darum bewerben kann, um zu den ersten Producern zu gehören?*<<

Ein anderer Aspekt kam in diesem Zusammenhang aber auch auf. >>*Wir brauchen ein paar Standard-Channels für Nachrichten, Wetter uns so… Denn wenn wir wirklich eine Alternative zum linearen Radio sein wollen, dann brauchen wir hier diese auditiven Klassiker.*<< meinte ein weiterer Mitarbeiter.

Es wurde vereinbart hierfür eigene *AudioKing*-Channel aufzusetzen und sich gegebenenfalls den dafür notwendigen Content von *dpa* und anderen Providern einzukaufen, was natürlich weitere Kosten verursachen würde. Und wenn man schon dabei war, dann durfte natürlich ein *AudioKing*-Company-Channel und ein King-of-*AudioKing*-Channel als persönlicher CEO-Podcast von Alexander König nicht fehlen. Alle Vorschläge kamen auf die To-Do-Liste.

Alexander freute sich über das Engagement und sagte anerkennend >>*Herzlichen Dank für die spannenden Vorschläge. Da gibt es jetzt kein Entweder-oder- sondern wir prüfen alle Ideen auf eine Und-Option.*<<

Er gab in diesem Zuge das Ziel von 100 Channels zum Start mit durchschnittlich 3 Audiofiles aus und beauftragte die entsprechenden Ideengeber mit der Umsetzung der Vorschläge in Absprache mit Anna-Maria einer eventuellen Freigabe der zugehörigen Kosten. Kurz bevor er das Meeting schließen wollte, kam ihm noch ein Gedanke.

>>*Und vielleicht könnte ja auch startup.news mit einem eigenen Channel von Anfang an dabei sein.*<< Er schaute mit einem schelmischen

Blick rüber zu Fynn Schneider, der wie immer fast unsichtbar im Hintergrund blieb und sich Notizen machte.

Startup-Phase 11

Es war spät geworden, als Alexander mit Anna-Maria und Moritz mit Emma im *Elektron* auftauchten. Sie hatten zunächst noch die *Happy Hour* mit den Mitarbeitern im Büro verbracht. Das war die Zeit im Übergang von Arbeit zu Freizeit, wo man sich an der Kaffeebar im Eingangsbereich traf, ein kühles Getränk zu sich nahm und die eine oder andere Runde am Tischkicker verbrachte.

Im Prinzip war dies eine tägliche kleine interne After-Job-Party, wo man sich noch zwanglos über die Ereignisse des Tages austauschen konnte und wo *crooze.fm* etwas lauter aufgedreht wurde. Ein wichtiges Element, um den Tagesstress abzubauen.

Aber auch das eine oder andere Fußballspiel der Champions League wurde hier auf dem großen TV-Screen, der tagsüber als Welcome-Panel genutzt wurde, zusammen angeschaut, wobei der Anteil der Jungs zu diesen Anlässen deutlich höher war. Nach der *Happy Hour* gingen einige Programmierer nochmals zurück an die Rechner, während sich die Anderen auf den Heimweg machten oder noch in ein Restaurant oder einen Club gingen.

Die vier besetzten die Lounge-Ecke im *Elektron* und orderten ein Startup-Gedeck. Während die Mädels sich kurz verabschiedeten, um sich frisch zu machen, wandte sich Alexander an Moritz. >>*Kann es sein, dass wir nur mit einem B-System an den Start gehen werden? Ich habe da so ein ungutes Gefühl, dass wir den Nutzern am Anfang nicht alles bieten können, was wir uns vorgenommen haben.*<<

Moritz war irritiert und auch ein wenig beleidigt und reagierte entsprechend forsch. >>*Hallo? Wir werden mit allen Features starten, die wir brauchen.*<< Er nahm einen Schluck von seinem Wodka Tonic und setze erneut an. >>*Und diese Features werden funktionieren! Ihr BWLer meint immer, dass die Programmierung kein Problem und nur eine Frage des Einsatzes der Coder ist und deswegen alles so einfach zum Blinken gebracht werden kann.*<< Moritz fuchtelte mit seinen Händen durch die Luft, um seinen Unmut Ausdruck zu verleihen.

Alexander merkte, dass er seinen Mitgründer offenbar auf dem falschen Fuß erwischt hatte und ruderte beschwichtigend zurück. >>*Immer langsam, so war es ja nicht gemeint. Sorry, aber ich will ja nur das Beste für die Company und stelle nur fest, dass nicht alles zum Online-Start fertig wird.*<< wobei er jedoch den direkten Blickkontakt mit Moritz vermied und auf den Tisch vor sich schaute.

>>*Alex, das will ich doch auch und glaube mir, ich habe selbst die höchsten Ansprüche an die App und die Plattform.*<< gab Moritz zurück, der sich von dem ersten Vorwurf etwas erholt hatte. >>*Aber ich muss*

da in der Entwicklung die Reißleine ziehen, denn durch Deinen festen Termin für den Online-Start muss ich schauen, was bis dahin möglich ist.<<

In diesem Moment kamen Anna-Maria und Emma vom gemeinsamen Gang in die Keramikabteilung zurück. Die beiden spürten sofort, dass es etwas dicke Luft zwischen den Beiden gab und so fragte Emma >>*Was ist denn hier los? Ich nehme hier kein Feelgood im Raum war.*<<

Moritz antwortete >>*Alex meint, dass wir in der IT zu wenig leisten und nicht alle Features für AudioKing zum Start fertig haben werden.*<< Alle Blicke richteten sich auf den CEO, der nun seinerseits auf diese Anprangerung etwas ungehalten reagierte. >>*Wir haben uns weit aus dem Fenster gelehnt und die Erwartungshaltung ist enorm. Ich will nur vermeiden, dass wir hier den Markt enttäuschen und unsere Performance nicht auf die Straße bringen.*<<

Jetzt schaltete sich Anna-Maria in das Gespräch ein >>*Das stimmt, aber ich denke, dass es PR-technisch schlimmer wäre, wenn wir kurz nach dem Online-Start einen Systemcrash hätten.*<< Moritz nahm den Ball gerne auf >>*So ist das! Wir sollten lieber mit den Features starten, die sicher laufen und zudem das Pareto-Prinzip berücksichtigen.*<<

Das Pareto-Prinzip oder auch 80/20-Regel genannt, besagt, dass 80% der Ergebnisse mit 20% des Gesamtaufwandes erreicht werden. Die verbleibenden 20% der Ergebnisse erfordern mit 80 % des Gesamtaufwandes die quantitativ meiste Arbeit. >>*Gegeben der*

Zeit bis zum Online-Start konzentrieren wir uns auf die Kernfeatures und stellen die 80% sicher.<< und mit einem Blick auf Alex ergänzte er >>*Und diese 80% werden alles bieten, um einen super Aufschlag für AudioKing.com zu ermöglichen.*<<

>>*Hinzu kommt, dass die IT-Gang bei guter Stimmung nach meiner Beobachtung wirklich erkennbar bis zum Anschlag arbeitet. Mehr geht nicht. Außer mit mehr Leuten oder mehr Zeit.*<< meinte Emma. >>*Beides haben wir im Moment aber leider nicht zur Verfügung. Wir müssen jetzt mit dem leben, was wir haben.*<< gab Alexander zurück, der es überhaupt nicht mochte, wenn ihm der Thekenengel ohne diesbezügliche Ausbildung oder Erfahrung etwas erklärte.

An dieser Stelle schaltete sich Anna-Maria erneut ein. >>*Jetzt kommen wir Alle mal wieder runter! Es war ein langer Tag und wir Alle sind etwas nervös und 42 Tage sind auch nicht mehr lange. Wir werden die 80% gut verkaufen und ich werde zu den kommenden 20% ein spannendes Preannouncement in die Kommunikation einbauen.*<<

Alexander nahm den Ball auf und wollte die Situation nun auch wieder neutralisieren. >>*Ja, danke und Sorry nochmal an Moritz. Es war weniger als Vorwurf, sondern mehr als Sorge gedacht. Alle machen einen guten Job und schon das Basispaket wird zum Start sicherlich klasse werden.*<<

Sein Mitgründer war dankbar für diesen Hinweis in der Runde und stimmte nun seinerseits in die positive Tonalität ein >>*Ich weiß, dass Du nur das Beste willst und wir hören mit dem Online-Start ja nicht auf, sondern werden uns nahtlos an weitere Features machen. Versprochen!*<< und mit einem Lächeln ergänzte er >>*Und mal sehen, ob Dein Scotty nicht doch noch was Unerwartetes zum Online-Start hinbekommt.*<<

Damit nahm er sein Wodka-Glas in die Hand und hielt es mit einem >>*Auf AudioKing.com!*<< zum Anstoßen in die Mitte. >>*Auf AudioKing.com!*<< riefen die Anderen erleichtert und das Klirren der Gläser erfüllte die Lounge-Ecke.

Fynn Schneider beobachtete die Szene unbemerkt aus einer anderen Ecke vom *Elektron* und machte sich Notizen. Die ersten beiden Artikel der Dokumentation zu der Startup-Geschichte rund um *AudioKing.com* waren bei *startup.news* schon erschienen und hatten eine große Aufmerksamkeit erzeugt. Und die Ereignisse versprachen weiter spannend zu bleiben...

Startup-Phase 12

Alles war vorbereitet. Der Tag der ersten Gesellschafterversammlung der *AudioKing.com* GmbH war gekommen. Alexander hatte alle Investoren für dieses Datum formal eingeladen, welches so ziemlich genau den Ablauf der ersten sechs Monate nach der Gründung markierte. Und es war noch genau eine Woche bis zum Online-Start. „Noch 6 Tage" war entsprechend auf dem Monitor an der „*Wand der Wahr-*

heit" zu lesen. Die Spannung stieg also in allen Bereichen und er war neugierig, wie die erste Gesellschafterversammlung verlaufen würde.

Angekündigt hatten sich Dr. Jörg Lehmann und Björn Rademacher von der *DIC* aus Berlin, die im Vorfeld alle Investoren in den Stimmrechten gepoolt und eine entsprechende Vertretungsvollmacht zugesendet hatten. Allerdings nur fast alle Investoren, denn ein Business Angel hatte hartnäckig dieses Angebot ausgeschlagen und wollte persönlich erscheinen und mitreden. Es war Georg von Falkenhorst, der entsprechend aus Hamburg mit dem ICE und einem Platz in der ersten Klasse überraschenderweise pünktlich anreiste.

Für alle drei anreisenden Gesellschafter wurde je ein Deluxe Zimmer im 5-Sterne-Hotel vom *Breidenbacher Hof* mit Frühstück gebucht. Die Anreise erfolgte am Tag zuvor, weil es am Vorabend ein erstes informelles Abendessen zum Kennenlernen geben sollte. >>*Um eine lockere Stimmung zu erzeugen.*<< meinte Alex zu Moritz.

Die eigentliche Gesellschafterversammlung sollte dann pünktlich um 10:00 Uhr mit einem Rundgang im Office von *Audio King.com* starten und dann in einem Meeting-Raum vom *Breidenbacher Hof* fortgesetzt werden, da man an dieser Stelle den eigenen Glaskubus im Büro dann doch nicht für so geeignet hielt. Schließlich ging es hier auch um vertrauliche Inhalte und Zahlen, die dann eben nicht für jeden Mitarbeiter beobachtbar sein sollten. Transparenz war gut, aber Kontrolle von sensiblen Informationen war besser.

Das Abendessen fand im Restaurant „*Im Schiffchen*" statt. Das elegante Restaurant im Barock-Backsteinhaus war eine Institution in Düsseldorf und *Jean-Claude Bourgueil* servierte hier schon seit 1977 eine französische und internationale Gourmetküche auf höchstem Niveau mit *Michelin*-Stern. Speziell für das Treffen wurde ein Tisch am Rand gebucht, wo man nicht so im Fokus stand und sich durchaus vertraulich austauschen konnte.

Dem Lokal angemessen hatte sich sogar Moritz ausnahmsweise einmal wie Alexander in einen Anzug mit Hemd aber ohne Krawatte geworfen. *Business Casual* nannte man das und die VC-Vertreter aus Berlin schlossen sich diesem Look problemlos an. Es war aber klar erkennbar, dass Moritz sich in diesem Outfit nicht besonders wohl fühlte. Nur Georg von Falkenhorst stach etwas hervor, der mit Krawatte, Weste, Manschetten-Hemd und Einstecktuch die übliche hanseatische Förmlichkeit eines Hamburger Kaufmanns demonstrierte.

Alexander und Moritz nutzen die Gelegenheit, um sich nochmals vorab ausführlich vorzustellen und die Geschichte rund um die Entstehung der Idee zu *AudioKing.com* zu erzählen. Natürlich war auch der Sieg beim *Battle of Ideas* nochmals ein intensives Gesprächsthema. Daneben genoss man das hervorragende Menü. Nach dem Oblaten-Bruch mit Leberpastete und der leichten Sauerkrautsuppe mit Edelfischen und Krustentieren wurde ein Leipziger Allerlei nach

Niederschriften von Heinrich Heine präsentiert. Über eine Filet Mignon vom Rehbockrücken à la Baden-Baden endete man bei Kürbis, Spekulatiussand und Beerenauslesecoulis.

Ohne den konkreten Zahlen und Ergebnissen vorzugreifen berichteten die beiden Gründer natürlich auch schon über den Aufbau der Company bis zum heutigen Stand. Alexander war dabei so schlau gewesen, den Vertretern von *DIC* schon innerhalb der ersten sechs Monate unaufgefordert regelmäßige Berichte zukommen zulassen, um den Leadinvestor auf dem Laufenden zu halten.

Auch wenn dies nicht vereinbart war, so schätzte Jörg Lehmann diese proaktive Investorenkommunikation und übersendete ebenfalls vorab schon ein vorgefertigtes KPI-Tableau für die ab nun festgelegten Berichte.

Alexander konnte somit schon im Vorfeld dieses ersten Gesellschaftertreffens die diesbezüglichen Zahlen aufarbeiten und die morgige Präsentation darauf anpassen. Hier schien man mit *DIC* auf einer Wellenlänge zu liegen. Alex wusste, dass eine diesbezügliche Zufriedenheit in Kombination mit der richtigen Entwicklung eine positive Grundlage für weitere Investitionsentscheidungen in den noch folgenden Finanzierungsrunden sein würde.

Diese Wellenlänge konnte er in Bezug auf Georg von Falkenhorst dagegen überhaupt nicht erkennen. Nicht nur, dass er bei jeder sich bietender Gelegenheit die üblichen Geschichten eines älteren

Herrn als Lebenserfahrungsbericht zum Besten gab, er fragte auch immer wieder nach den Kosten der bisherigen Aktivitäten.

>>*Muss es wirklich ein Büro an der Königsallee sein?*<< oder >>*Müssen es wirklich schon so viele Mitarbeiter am Anfang sein?*<< oder >>*Muss das Marketing-Budget wirklich zum Start schon so hoch sein?*<< waren nur einige Anmerkungen, die der Business Angel über die verschiedenen Ausführungen zurückgab. Und überhaupt >>*Musste es ein so teures Hotel und Abendessen auf Kosten der Firma sein?*<< mahnte er im Zuge des Dessert an.

>>*Na ja, die Hotelkosten können Sie ja gerne selbst zahlen und wenn Sie uns alle heute Abend zum Essen einladen wollen, dann sagen wir sicherlich auch nicht Nein.*<< meinte Alexander etwas süffisant zurück und blickte mit einem Augenaufschlag zu Jörg Lehmann um ihm klar zu signalisieren, dass der Business Angel ihm schon jetzt mehr als eindeutig auf die Nerven ging.

Georg von Falkenhorst wollte gerade auf diese aus seiner Sicht unverschämte Bemerkung erbost reagieren, als ihm Jörg Lehmann beim diesbezüglichen Luftholen in die Parade fiel und meinte >>*Vielleicht schauen wir uns erst einmal morgen gemeinsam den gesamten Stand der Dinge an und schauen, ob die bisherigen Ausgaben nicht gut investiertes Geld waren und dann sehen wir weiter. OK?*<<

Und mit einem Blick auf die Rechnung, die inzwischen gereicht worden ist, ergänzte er >>*Und diese Ausgabe heute Abend über-*

nehmen wir von der DIC als Dankeschön für die bisher geleistete Arbeit.<< womit er die Situation spürbar entspannte. >>*Und das nächste Mal gehen wir dann in die Düsseldorfer Altstadt und essen eine rheinländische Fleischspezialität.*<< ergänzte Björn Rademacher.

Damit verließ die Gruppe das Restaurant und bestieg das vorbestellte Großraum-Taxi, welches sie zurück zum *Breidenbacher Hof* fuhr, in dem heute auch Alex und Moritz zur Sicherheit übernachteten. Es sollte eine kurze Nacht werden, denn auch wenn alle Unterlagen vorbereitet war, so wollte man an diesem Tag zeitig im Office sein und nochmals den Ablauf als Trockenübung durchgehen.

Und so standen die beiden Gründer an diesem Tag gemeinsam um 09:45 Uhr am Eingang zum Office von *AudioKing.com*, um die Investoren für den Rundgang zu empfangen. Sie hatten dabei wieder die T-Shirts mit dem Logo ihres Startups angezogen. Wie übrigens alle Mitarbeiter an diesem Tag, die sich ebenfalls auf den Rundgang vorbereiteten.

So gab es für die einzelnen Abteilungen bzw. Arbeitsgruppen kleine Stationen, wo die Mitarbeiter an Flipcharts den aktuellen Stand ihrer Arbeit präsentieren wollten. Insgesamt waren zwei Stunden für den Rundgang und die Vorstellung der wesentlichen Kollegen vorgesehen. Nach einem kleinen Fingerfood-Buffet ging es dann weiter mit der Gesellschafterversammlung in dem Meeting-Raum des Hotels, wofür weitere zwei Stunden angesetzt waren.

Ab 15:00 Uhr wurde dann noch auf Wunsch eine kleine Stadtführung angeboten, an die sich der individuelle Transfer der Investoren zum Flughafen oder dem Hauptbahnhof für die Rückreise anschloss. Soweit zumindest der Plan.

So ziemlich pünktlich um 10:00 Uhr öffnete sich der Fahrstuhl und Georg von Falkenhorst betrat den Eingangsbereich von *AudioKing.com.* Er war exakt gleich gekleidet, wie am Abend zuvor und hatte offensichtlich nur die Unterwäsche und das Hemd gewechselt. Zumindest hoffte das Alexander, als er den Hamburger Business Angel begrüßte und direkt zur Kaffeetheke führte und dort an Emma für die Erstversorgung übergab.

Mit dem nächsten Fahrstuhl kamen dann die beiden *DIC*-Vertreter, die ebenfalls von Alexander begrüßt und anschließend an die Kaffeetheke zu Herrn von Falkenhorst geführt wurden. Nachdem alle Investoren das gewünschte Heißgetränk bekommen hatte, begann der Rundgang.

Zunächst gab Alexander einen Überblick über das Büro, die verschiedenen Bereiche, den Glaskubus, die Telefonkabinen, die Monitorwand und den Thekenbereich. Er erklärte auch die Einrichtung und die Arbeitskultur, die damit verbunden war. Während Jörg Lehmann und Björn Rademacher ein solches Konzept natürlich auch schon aus der Startup-Szene in der Hauptstadt kannten, fanden sie es hier jedoch erstaunlich gut umgesetzt.

>>*Das ist ja besser als in Berlin-Mitte!*<< flachste Björn, während die Miene von Georg von Falkenhorst eindeutig verriet, dass er mit diesem neumodischen Quatsch so gar nichts anfangen konnte. >>*Ich hoffe, hier wird am Ende nicht nur gewohnt, sondern auch gearbeitet.*<< murmelte er vor sich hin und schüttelte passend dazu den Kopf.

Die erste Station war danach die IT-Gang, die ein Handy-Display über eine Verbindung auf einen großen Monitor projizierte, damit alle etwas sehen konnten, und sodann Schritt für Schritt den Aufbau und die Funktionalitäten von *AudioKing.com* im Live-Modus präsentierte.

Moritz beantwortete im Anschluss alle Fragen der Investoren und gab auch einen Ausblick auf die weitere Entwicklung der Programmierung. >>*Wir sind seit einer Woche im Betatest und versuchen aktuell so viele Fehler wie möglich zu provozieren und anschließend über unser Ticket-System zu beseitigen.*<< Er zeigte auf den Monitor, der nun das Back-Office-System für die noch offenen Bugs zeigte.

Bugs waren Programm- oder Softwarefehler bzw. Software-Anomalie die zu einem Fehlverhalten von Computerprogrammen bis hin zu kompletten Systemabstürzen führten. >>*Das sind aber noch ganz schön viele.*<< meinte Georg von Falkenhorst mit einem Blick auf die lange Liste.

>>*Das ist in diesem Stadium vollkommen normal und richtig kritisch sind auch nur die Bugs mit einem roten Punkt in der letzten Spalte. Da muss*

man noch mal an den eigentlichen Quellcode ran. Aber das kriegen wir bis zum Start hin.<< antwortete Moritz.

Alex nahm diesen Hinweis seines Mitgründers zum Anlass zu erklären, dass man sich deswegen auch gegen einen Open-Betatest entschieden hatte und die Phase eher als Closed-Betatest mit Studenten der *UDB* organisierte. >>*Schließlich wollen wir ja nicht die echten Nutzer schon jetzt verschrecken und den negativen Flurfunk im Netz aktivieren.*<< bemerkte der CEO mit einem Lächeln.

>>*Insgesamt haben wir das Design und die Ergonomie im Gegensatz zum Prototyp, den wir im Battle of Ideas eingesetzt haben, wesentlich verbessert.*<< fasste Moritz die Präsentation der IT-Gang zusammen und machte zudem deutlich >>*Alle Funktionen von damals und ein paar neue Features wurden zudem technisch so angepasst, dass sie der Skalierung unter der hoffentlich einsetzenden enormen Last der angepeilten Millionen von Nutzern standhalten.*<<

Alexander bemerkte die Unsicherheit bei dem hanseatischen Investor und erklärte ihm, dass man unter der Skalierbarkeit allgemein die Fähigkeit eines Systems, Netzwerks oder Prozesses zur Größenveränderung als Basis für das damit verbundene Wachstum des zugehörigen Geschäftsmodells verstand.

Ungeachtet dessen ergänzte Moritz noch den Hinweis, dass >>*zudem eine komplette Integration von App und Web-Plattform erfolgte, wobei es letztere ja beim Battle noch gar nicht gab.*<< Und mit einem nochmaligen Wink auf die Bug-Liste versprach er >>*Wir gehen in sechs Tagen mit einem System live, was funktionieren wird. Versprochen!*<< Die gesamte IT-Gang nickte und klatschte euphorisch in die Hände.

Nach den kurzen Stationen für die eigene Content-Produktion, dem Kundenservice, dem Datenschutz und den Zentralfunktionen der Organisation wie Personal und Buchhaltung, war *last but not least* die Marketing-Gang dran. Hier präsentierte man über Mockups die umfangreiche Marketing-Kampagne zum Start von *AudioKing.com* sowie alle dafür angefertigten Werbemittel, um die Consumer anzulocken.

>>*Sichtbarkeit, Relevanz und Performance stehen dabei im Mittelpunkt der Aktivitäten und die sollen zu möglichst vielen App-Downloads führen.*<< berichtet Alexander und erklärte in diesem Zuge auch die Wort- und Bildbotschaften und wie die Ergebnisse der Zielgruppen-Analyse damit in Einklang gebracht wurden.

Auch das eCustomer-Relationship-Management wurde kurz noch erklärt und wie man mit den Anreiz-Beitrags-Maßnahmen die Aktivität der Nutzer auf der Plattform so hoch wie möglich halten wollte. >>*Denn es ist ja vollkommen klar, dass die Kundengewinnung die eine Seite, die Kundenbindung aber die andere Seite der Marketing-Medaille ist.*<< bemerkte Alexander.

Ebenso wurde die Vertriebsstrategie zur Gewinnung von Producern erläutert, wobei die verschiedenen Mitarbeiter ihre Umsetzung und Erfolge bei der Einwerbung präsentierten. Im Ergebnis hatte man das ausgegebene Ziel von 100 Channels mit entsprechenden Audiofiles zum Start von *AudioKing.com* erreicht.

Abschließend berichtete noch Anna-Maria, wie der Online-Start aus PR-Sicht vorbereitet und mit verschiedenen Aussendungen an die Medien begleitet werden sollte. Dabei hatte man sich schon im Vorfeld feste Zusagen über eine Berichterstattung mit Hilfe von exklusiven Interviews von Alex und Moritz eingeholt. >>*Wir rechnen insgesamt mit über 500.000 Kontakten über die verschiedenen Berichte in den Medien.*<< schloss sie ihren Bericht.

>>*Das ist Alles sehr eindrucksvoll, aber das beste Marketing wird nichts nützen, wenn der Mehrwert für den User in der tatsächlichen Nutzung nicht hoch genug ist.*<< Diese Bemerkung kam ausnahmsweise nicht von Georg von Falkenhorst sondern diesmal von Jörg Lehmann. >>*Richtig. Und das ist für uns Alle der Blick in die Glaskugel und erst in sechs Tagen werden wir einen ersten Hinweis dafür bekommen.*<< stimmte Alexander zu.

Der CEO machte eine kleine Pause und bemerkte dann noch etwas flapsig >>*Aber so ist nun einmal das Startup-Business.*<< In der Tonalität ein Fehler, wie er schnell feststellen musste. Denn dieser saloppe Spruch rief jetzt natürlich doch noch einmal Georg von Falkenhorst auf den Plan. >>*Nur das dafür nicht ihr Geld verbrannt wird, sondern unseres und ich würde mir hier etwas mehr Respekt wünschen.*<<

Damit war der Rundgang beendet und man ging in die Mittagspause. Fynn Schneider schaute in seine Notizen und angesichts der letzten Bemerkung bedauerte er es, dass er bei der nun folgenden Gesellschafterversammlung nicht mehr dabei sein durfte.

Startup-Phase 13

Das Mittagessen verlief unspektakulär. Man hatte den Vorschlag vom gestrigen Abendessen aufgenommen und war in die nahe Düsseldorfer Altstadt gelaufen, um bodenständige Rheinlandkost zu sich zu nehmen. Jetzt war man im eleganten Besprechungsraum im *Breidenbacher Hof* und Alexander eröffnete nicht ohne erkennbaren Stolz die erste Gesellschafterversammlung der *AudioKing.com* GmbH im Beisein eines Vertreters der *Kanzlei Hartmann & Partner.*

Dieser juristische Experte stand standardmäßig bei der ersten Sitzung als Berater und Ansprechpartner für Satzungs- und Vertragsfragen im Rahmen des *Start-You-Up-Service* der *UDB* zunächst kostenlos zur Verfügung. Danach musste man für weitere Sitzungen eine Pauschale buchen.

Nach der kurzen Begrüßung und der formalen Klärung der ordnungsgemäßen Einladung wurde die Beschlussfähigkeit festgestellt und die Protokoll-Frage geklärt. Dafür wurde, mit einer zusätzlichen Vertraulichkeitserklärung ausgestattet, Anna-Maria als Gast zu der Sitzung zugelassen.

Alle Teilnehmer hatten ein großes *iPad Pro* aufgestellt vor sich auf dem Tisch vorgefunden, auf dem sowohl die *Powerpoint*-Präsentation von Alexander, die *Excel*-Kalkulation zum Businessplan als auch die App von *AudioKing.com* im *TestFlight*-Modus aufgespielt war. Mit *TestFlight* konnten Beta-Versionen von Apps für *iOS* schnell und einfach unter realen Bedingungen getestet werden, ohne dass sie schon offiziell im App-Store zur Verfügung standen.

Alexander präsentierte nochmals den Stand der Dinge im Überblick und gab dann an Moritz weiter, der einen geführten Selbstversuch aller Teilnehmer durch die *AudioKing*-App bei *TestFlight* moderierte. Nachdem er den Investoren dann einige Zeit zum Ausprobieren eingeräumt hatte, schaute er erwartungsvoll in deren Gesichter der anwesenden Teilnehmer.

Es war Björn Rademacher, der als jüngster Vertreter dieses Kreises einen ersten Kommentar abgab. >>*Das ist Megacool, macht Spaß und funktioniert!*<< Er hatte sich direkt mit seinem *Spotify*-Account verbunden und in wenigen Sekunden eine eigene Playlist aus seiner Musik und den vorgeschlagenen Channels zusammengestellt.

Auch Dr. Jörg Lehmann war begeistert. >>*Die App hat für die kurze Zeit seit dem Battle schon einen herausragenden Reife und einen klaren Sprung nach vorne gemacht. Sehr stark!*<< Er fand auch zunehmend Gefallen an dem Use Case und damit dem Verhalten des Systems aus Anwendersicht im Hinblick auf die Eröffnung eines eigenen Channels. Und so schaute er zufrieden auf den *DIC*-Channel, den er in wenigen Minuten mit Profilbild, Teaser-Text und Hintergrundbild eingerichtet hatte. >>*Hier werden wir in Zukunft spannende Interviews mit den Gründern unserer Portfolio-Unternehmen anbieten.*<< sagte er und bat Björn darum, dass zu organisieren.

>>*Ich denke, dass es kein Problem sein sollte, wenn wir da heute nach der Sitzung mit dem Gründer von AudioKing.com direkt mal anfangen.*<< meinte Anna-Maria mit einem Lächeln und tippte Björn Rademacher einladend an die Schulter. Der nickte und fand auf seinem Handy eine SMS über die ihm Jörg Lehmann schon die Zugangsdaten für den *DIC*-Channel zugesendet hatte.

>>*Kriegen wir hin und natürlich sollten auch wir von Anfang an dabei sein. Kann man dann eigentlich die Audiofiles auch auf der eigenen Webseite einbetten? So wie die Videos aus YouTube?*<< fragte Björn zurück. Aber statt Anna-Maria antwortet Moritz >>*Am Anfang leider noch nicht, aber diese Funktion ist für die Version 1.3 geplant.*<<

Nachdem dieser Teil der Präsentation abgeschlossen war, leitete Alexander die Aufmerksamkeit zum nächsten Tagesordnungspunkt. Er wollte dabei die gute Stimmung über das Produkt nutzen, um zu den nackten Zahlen überzuleiten, bei denen zu diesem Zeitpunkt natürlich nur die Ausgaben als Kosten im Mittelpunkt standen.

Er erläuterte vor diesem Hintergrund die Kosten von Personal, die Ausgaben für Organisation und Ausstattung, die Aufwendungen in der Technik und natürlich die nicht unerheblichen Kosten für das Marketing und den Content-Zukauf. Er stellte die Zahlen dabei in das Verhältnis zum ursprünglichen Businessplan und erklärte die zum Teil erheblichen Abweichungen.

Auch wenn er versuchte den Deal mit der Wirtschaftsförderung Düsseldorf im Hinblick auf die Bürokosten noch positiv anzumerken, so stand unter dem Strich schon nach sechs Monaten ein tatsächlicher und ein allokierter Kostenblock von 4,5 Mio. Euro einer Einnahme von 0,0 Mio. Euro gegenüber. >>*Feuer frei!*<< dachte Alexander und schaute zu den Gesellschaftern.

Es folgte ein kurzer Moment der Ruhe im Raum. Es war natürlich Georg von Falkenhorst der hierauf zuerst reagierte. >>*Ich stelle fest, dass diese Kosten höher sind als erwartet und auch über der erlaubten Ausgabevereinbarung von 10% der Investmentsumme in den ersten sechs Monaten liegt.*<< Er suchte die entsprechende Passage in den Gesellschafterverträgen, die er in einem klassischen Ordner ausgedruckt mitgebracht hatte und schaute zudem bestätigend zu dem Vertreter der *Kanzlei Hartmann & Partner*. Der antwortete ruhig >>*Um dies festzustellen, müssten wir zunächst einmal definieren, welche Kosten tatsächlich innerhalb der ersten sechs Monate abgeflossen sind und welche nur als Verpflichtung für den Zeitraum danach eingegangen wurden.*<<

Alexander wollte hier direkt mit offenen Karten spielen. >>*Unabhängig von dieser rechtlichen Zuordnung gehe ich davon aus, dass wir über der Vereinbarung liegen. Das aber mit gutem Grund.*<< Er schaute in die Runde, die ihm nun die volle Aufmerksamkeit schenkte. >>*Wir liegen in der Entwicklung deutlich vor dem Zeitplan und gehen fast vier Monate früher an den Markt als ursprünglich geplant.*<< Er nippte an seinem Wasser. >>*Zudem haben wir die viel größere Investmentsumme im Zuge des Battle-Sieg als Aufforderung interpretiert, das Vorhaben größer zu denken.*<< Und damit verknüpfte er die Darstellung mit der Erklärung der neuen ambitionierteren Planung, die auch auf der Einnahmenseite zu schnelleren und höheren Ergebnissen führen sollte.

Alexander fuhr fort >>*Es ist vollkommen klar, dass wir mit dem Erwartungsschub aufgrund des Battle-Ergebnisses umgehen müssen und wir uns zudem schnell auf Imitatoren als Wettbewerber einstellen müssen, die ähnliche Ideen anbieten werden.*<< Er schaute insbesondere zu den *DIC*-Vertretern und meinte erklärend >>*Wir gehen hier von einem Winner-takes-all-Markt aus und da zählen neben den Skalen- und Netzwerkeffekten insbesondere die 3R.*<<

Und damit teile er einen Artikel von *Jan Vollmer* aus dem *t3n*-Magazin an die Anwesenden aus. Darin wurde erklärt, dass insbesondere Reichweite, Relevanz und Reaktion von Bedeutung waren, um eine starke Wettbewerbsposition im Internet aufzubauen. >>*Entscheidend wird also sein, wie schnell wir über die Nutzerzahlen eine signifikante*

Reichweite und über die Nutzungsintensität eine Relevanz beim Nutzer für AudioKing.com aufbauen können und wie stark und flexibel wir auf andere Audio-Angebote und Wettbewerber sowie die Nutzerwünsche reagieren können.<< fasste Alexander die Quintessenz des Artikel für das eigene Startup zusammen.

Er straffte den Rücken und meinte >>*Wir haben nur einmal die Chance für den ersten Aufschlag als Pionier und die sollten wir nutzen. Und Ja, das ist kapitalintensiv aber hier müssen wir das Momentum aus dem Kapital für den Battle-Sieg nutzen.*<< Leidenschaftlich fügte der CEO hinzu >>*Lassen Sie uns AudioKing.com groß denken und groß machen!*<<

Alexander hatte zwar an dieser Stelle keinen Applaus erwartet, aber zumindest eine positive Anerkennung seines Engagements, seiner Zielsetzung und eine diesbezügliche Unterstützung seitens der Gesellschafter. Stattdessen kam jedoch als Reaktion ein trockener und ernüchternder Hinweis von Georg von Falkenhorst.

>>*Ein Verstoß gegen die Vereinbarung bleibt ein Verstoß gegen die Vereinbarung und ich bitte diesen Verstoß hiermit offiziell zu Protokoll zu nehmen. Zumal ihn der CEO auch zugegeben hat.*<< meinte der Hamburger Business Angel und schaute damit auffordernd zu Anna-Maria als Protokollantin, die jedoch unsicher zögerte und sich umsah.

Es war erneut Jörg Lehmann der hilfreich zur Seite sprang. >>*Ist das wirklich nötig? Ich würde es motivierender für das Team finden, wenn wir hier per Gesellschafterbeschluss die Mehrausgaben auf Basis des neuen Busi-*

nessplans billigen.<< Er schaute erwartungsvoll zu dem Hanseaten und als der sich dazu nicht äußerte, ergänzte er >>*Gleichzeitig können wir den Deckel für die zustimmungspflichtigen Kosten in den zweiten sechs Monaten um 20% enger ziehen.*<< und schob noch ein >>*und inhaltlich hat Alexander im Übrigen auch Recht mit seinen Ausführungen...*<<

>>*Ich glaube nicht, dass wir so mit dem Geld bis zum Break-even kommen und deswegen bin ich nicht einverstanden und bestehe auf der Protokollnotiz.*<< antwortete Georg von Falkenhorst entschlossen.

>>*Das werden wir auch nicht, aber nur mit erstklassigen Ergebnissen, einem zugehörigen Proof-of-Concept und der Absehbarkeit einer Skalierbarkeit aufgrund einer dann erst vorliegenden Datenlage, werden wir in den nächsten Finanzierungsrunden eine höhere Bewertung bekommen.*<< versuchte Lehmann dem Business Angel das Investmentspiel zu erklären.

Doch der dachte in diesem Zuge nur an die weitere Verwässerung seiner Anteile, denn er hatte nicht mehr die finanzielle Substanz um in den weiteren Runden mitgehen zu können, um seine Anteilshöhe zu halten. >>*Ich kenne Startups, die brauchten kein weiteres Kapital über eine solch hohe Startsumme hinaus, um erfolgreich zu sein.*<< gab von Falkenhorst knurrig zurück.

>>*Die Frage ist nur, wie sich da Erfolg definiert.*<< erwiderte diesmal Björn Rademacher und ergänzte energisch >>*Wie setzen hier doch Alle nicht auf eine solide Rendite aus dem laufenden Geschäft, sondern haben den ganz großen Exit mit einem Multiple von 20+ als gemeinsames Ziel, oder?*<<

Alexander nickte als Bestätigung deutlich in die Runde und auch Moritz zeigte als Unterstützung eine klare Daumen-hoch-Geste.

Der Anwalt von *Hartmann & Partner* machte daraufhin einen konstruktiven Vorschlag. >>*Ich schlage vor, dass wir zur Sicherheit für alle Beteiligten tatsächlich einen Beschluss zu Billigung der höheren Ausgaben fassen und als Begründung somit gleichzeitig die nachvollziehbare Überziehung der erlaubten Kosten im Protokolltext hinterlegen.*<<

Jörg Lehmann stimmte für die *DIC* und in Vertretung auch für alle anderen durch sie gepoolten Investoren dafür. Georg von Falkenhorst stimmte dagegen, was aber im Hinblick auf seine Anteilshöhe in der Gruppe der Investoren und überhaupt angesichts der gesamten Anteilsverteilung inklusive den beiden Gründern überhaupt keine Auswirkung hatte. Es war reine Frackigkeit. Aber zumindest war damit das Thema vom Tisch.

Der Rest der Sitzung verlief vergleichsweise schnell und endete mit einer Einladung von Alexander für die Startknopf-Party in sechs Tagen, wenn die App von *AudioKing.com* in den Stores zum Download live ging. Jörg Lehmann und Björn Rademacher sagten direkt zu, Georg von Falkenhorst wegen einem anderen Termin nicht, was jedoch allgemein als Erleichterung für die *AudioKing*-Truppe wahrgenommen wurde.

Zum Abschluss gab es noch eine kleine Geschenketüte mit einem T-Shirt, einem Mousepad, einem Kugelschreiber und einem

USB-Stick - allesamt natürlich mit dem *AudioKing.com*-Logo versehen. Auf den noch möglichen Stadtrundgang wurde im Hinblick auf die Bording-Zeit am Flughafen und den ICE nach Hamburg verzichtet.

Und so packten alle Beteiligten ihre Sachen zusammen und begaben sich zu den gerufenen Taxis, nicht ohne sich jedoch vorher nochmals zu verabschieden und sich viel Glück für den Online-Start zu wünschen. Dabei nahm Alexander den Partner von DIC nochmals kurz zur Seite, um sich zu bedanken und eine Bitte zu äußern. >>*Bitte halten Sie uns den Hamburger Adel vom Hals. Da kommt keine Freude und Motivation rüber.*<<

Jörg Lehmann wusste was er meinte, wollte aber die Rechtmäßigkeit der Ausgabendisziplin auch nicht vollkommen unter den Tisch fallen lassen und antwortete entsprechend >>*Das wird kein Problem, wenn das Geschäftsmodell fliegt.*<< und er schob noch einen Ratschlag durch das offene Fenster des Taxis zum Abschied hinterher >>*Achtet einfach allgemein auch ein wenig auf Eure Burn-Rate! Alles Gute und bis nächste Woche...*<<

Alexander schaute dem abfahrenden Taxi hinterher. Der Hinweis war eindeutig. Es war alles gut, solange er lieferte. Die Burn-Rate bezeichnete nämlich die Geschwindigkeit, mit der die finanziellen bzw. liquiden Mittel eines Unternehmens vollständig aufgebraucht wurden. Und er musste dafür sorgen, dass rechtzeitig immer wieder neues Venture Capital auf Basis von einem skalierbaren Geschäftsmodell mit Big-Bang-Potenzial reinkam. Die Story und die Entwicklung von *AudioKing.com* mussten dafür stimmen, was den Druck nicht gerade von seinen Schultern nahm. Das Gegenteil war der Fall und der Online-Start würde der erste Lackmustest werden.

Startup-Phase 14

>>*5,4,3,2,1... Online!*<< Unter lautem Jubel war es soweit. Alexander und Moritz hatten gemeinsam einen symbolischen roten Knopf auf dem großen mittleren Monitor der „*Wand der Wahrheit*“ gedrückt. Links und rechts daneben war der Hinweis „Noch 0 Tage bis zum Online-Start“ auf den Bildschirmen zu lesen. Es war exakt 11:11 Uhr an diesem besonderen Tag für *AudioKing.com*, einer im Rheinland durch den Karneval eindeutig markierten Uhrzeit. Und man war diesbezüglich genauso in Feierlaune, als mit diesem Knopfdruck die Webseite live ging und zudem die App des Startups in allen Stores ab sofort zum Download zur Verfügung stand. Letzteres konnte man eigentlich nicht so genau steuern, aber gegen Aufpreis eben doch.

Das Büro der *AudioKings* war gegeben dem Anlass brechend voll. Neben den Mitarbeitern, die bei „Online“ zahlreiche Konfetti-Kanonen abgefeuert hatten und rhythmisch zu dem laut abgespielten *Scorpins*-Song „Rock You Like A Hurricane“ ausgelassen sprangen und sangen, waren natürlich auch zahlreiche Gäste zu diesem besonderen Termin eingeladen.

Dazu gehörten natürlich Prof. Dr. Andreas Baumann als Rektor der *UDB* und Prof. Dr. Nikolas Krüger als Mentor des *Battle*-Siegers. Auch Dr. Jörg Lehmann und Björn Rademacher von der *DIC* als Leading-Investor standen in der ersten Reihe des Spektakels, die wie angekündigt erneut aus Berlin angereist waren.

Zur besonderen Freude des gesamten Startup-Teams waren auch die beiden Filmstars *Jürgen Vogel* und *Armin Rohde* erneut nach Düsseldorf gekommen, was natürlich zu zahlreichen Selfies und Autogrammen führte. Nicht nur als Mini-Gesellschafter sondern auch als zentrale Werbefiguren hatten die beiden inzwischen richtig Spaß an dem jungen Team gefunden und natürlich waren ihre beiden Channels schon im *AudioKing*-Ranking ganz weit vorne.

Aber auch ausgewählte Pressevertreter und die politische Prominenz waren vor Ort. Aufgrund der inzwischen schon fast zum Startup-Kult gewordenen Dokumentation „*The Unicorn-Challenge: Hinter den Kulissen von AudioKing.com*“ - bei *startup.news* waren selbstverständlich auch Corinna Ohlsen und Fynn Schneider dabei. Die inzwischen publizierten rund 20 Berichte von Fynn hatten die Klickzahlen auf der Plattform in eine neue Dimension gehoben und sogar ein Fernsehsender hatte angefragt, ob es nicht möglich sein, daraus eine Reality-Show zu machen.

Der Oberbürgermeister von Düsseldorf mit den Vertretern der Wirtschaftsförderung, der Wirtschaftsminister von NRW sowie die für Digitalisierung zuständigen Fraktionssprecher der demokratischen Parteien im Landtag waren ebenfalls anwesend und versuchten gegenüber der örtlichen Presse die Lorbeeren für dieses Ereignis unter dem Motto „*Düsseldorf ist für Startups das neue Berlin*" oder „*Startup-Hotspot: NRW schlägt Berlin*" für sich zu reklamieren.

>>*Billige Standortpolitik und in der Gesamtbetrachtung auch noch falsch.*<< dachte Anna-Maria, die jedoch akzeptierte, dass dies nun einmal dazugehörte.

Alexander und Moritz nahmen in diesem Umfeld die zahlreichen Glückwünsche und Schulterklopfer entgegen. Die Gläser klirrten und der Schampus floss in Strömen. Das zugehörige Catering kam aus dem *Elektron* und natürlich war der komplette Club am Abend für die geschlossene Gesellschaft von *AudioKing.com* reserviert.

Die Unmengen an goldenen Luftballons die mit Helium gefüllt die gesamte Decke im Office des Startups bedeckten, gaben darauf schon einen eindeutigen Hinweis. Alle Anwesenden lachten und es war sichtlich erkennbar, wie die Arbeitsbelastung und die zugehörige Anspannung von dem gesamten Team abfiel. Das Startup hatte es geschafft, es war Online...

Aber genau das war auch der nächste Spannungsbogen, der sich nun sehr schnell aufbaute. Das Startup war Online! Und das bedeutete, dass nun alle Vorbereitungen, alle Ankündigungen, alle Tests, alle Features und alle Überlegungen zur Attraktivität der Idee von *AudioKing.com* abgelöst wurden durch die harte Realität des Marktes.

Funktionierte das System? Gab es genug Downloads? Wie intensiv wurde die App genutzt? Wie viele Channels wurden aufgebaut? Wie viel Musik und Content wurden abgespielt? Fragen über Fragen, die nun, 30 Minuten nach dem Start in den Mittelpunkt rückten. Alle Fragen verdichteten sich zu einer bestimmten Kernfrage: Kam *AudioKing.com* positiv im Markt an?

Moritz hatte sich mit seinem Kernteam aus der IT dafür schon längst etwas zurückgezogen und kontrollierte die Lauffähigkeit des Systems und der Plattform. Er verfolgte auch die Live-Zugriffe auf seinem Monitor, um die ersten KPIs zu verfolgen. Seine größte Angst war es, dass vor der versammelten Mannschaft das System unter der Last des Live-Betriebs zusammenbrechen würde. Er hatte zu diesem Szenario in den letzten beiden Nächten vor dem Online-Start regelrechte Albträume gehabt und Emma hatte ihn mehrfach aktiv wecken müssen, um ihn aus diesen raus zu holen.

Die Belastung für alle Beteiligten war enorm und das sahen viele Außenstehende natürlich nicht. Das Startup-Leben war eben alles andere als ein Zuckerschlecken. Es war eine enorme Belastung für Körper und Geist. Und die inzwischen ersten Berichte zu einem

Burnout-Phänomen in der Startup-Szene kratzten sicherlich nur an der Oberfläche. Nach außen hin musste alles *Cool & Easy* sein. Immer positiv, immer erfolgreich, immer wachstumsgetrieben... Hinter den Kulissen sah es anders aus. Druck, Stress, Angst, Belastung und ein ständiges Auf und Ab zwischen Hoffen und Bangen. Das war der Alltag eines Startups und nicht wenige kamen damit nicht zurecht und gaben auf.

Das war sicherlich auch der gesamten Erwartungshaltung in der Öffentlichkeit geschuldet. Deutschland lag im Hinblick auf innovative junge Online-Startups mit daraus entstandenen digitalen Weltmarktführern weit abgeschlagen hinter den USA und zunehmend auch hinter den aufkommenden digitalen Wettbewerbern aus Asien. Die Industrienation Deutschland hatte es versäumt auch zur wirtschaftlichen Digitalnation zu werden und lief nun verzweifelt hinterher. Zu wenig Gründungsneigung, zu wenig Gründerausbildung, zu wenig Startups, zu wenig Risikokapital, zu wenig Wachstumschancen, zu wenig Exit-Chancen und zu wenig Anerkennung für die Gründer, die sich mühsam bei schlechten Rahmenbedingungen auf den Weg machten.

Es war halt in allen Belangen eins: Zu wenig! Deutschland war laut einem Zitat des Vorsitzenden des Beirats Junge Digitale Wirtschaft im Bundeswirtschaftsministeriums im Moment „nur eine kleine digitale Stecknadel im internationalen Online-Heuhaufen!

Irgendwie vorhanden, aber schwer zu finden." Sicherlich eine provokante Aussage, aber irgendwie auch zutreffend. In der Top-Liga der börsennotierten Digitalunternehmen von *Google*, *Facebook* & Co. gab es keinen deutschen Vertreter.

Und auch bei den derzeit circa 450 weltweiten Unicorns in der Nachwuchsliga sah es nicht besser aus. Unter den besten fünfzehn in dieser Kategorie von Startups, die mindestens einen Wert von 1 Mrd. Dollar hatten, stammen allein elf aus den USA und drei aus China. Dazwischen drängelt sich noch eines aus Singapore. Aus Deutschland kamen nur zwölf Unternehmen und davon waren auch nur die Hälfte reine Online-Startups, also „Pure Digital Player" mit einem reinen digitalen Geschäftsmodell auf Basis eines elektronischen Mehrwertes.

Insgesamt kein gutes Bild und es wurde auch nicht unbedingt leichter, gegen die digitalen Platzhirsche wie zum Beispiel *Amazon* im B2C- und *Alibaba* im B2B-Bereich anzukommen, die zudem neben der Datenmacht auch die Kapitalmacht hatten, um eventuell aufstrebende Konkurrenz einfach aufzukaufen. Welche Gründer mit zugehörigen Investoren könnten schon der Verlockung eines sehr hohen Millionen- oder sogar Milliarden-Angebotes für eine Übernahme widerstehen?

Entsprechend versuchte man in der Not und als offensichtliche Bankrotterklärung an die eigene digitale Wettbewerbsstärke gerade in Europa über die Politik eine Verteidigungsstrategie gegen die vermeintlich bösen Internet-Giganten aus den USA aufzubauen. Entsprechende Verbote, Regularien, Verordnungen und Zerschlagungsdrohungen wurden öffentlichkeitswirksam hochgezogen, die in den meisten Fällen jedoch als Nebeneffekt die zusätzliche Behinderung der eigenen Startup-Entwicklung zur Folge hatte.

An eine eigene Angriffsstrategie zur Stärkung und Koordination der europäischen Startup-Szene dachte kaum einer. Noch hatte man in Europa und Deutschland offenbar durch die Digitalisierung in den klassischen Wirtschaftssektoren mehr zu verlieren als im digitalen Digitalsektor zu gewinnen. Die Trägheit durch Wohlstand und Besitztum eines realen „made in Germany" tat ein Übriges und so suchte man den dringend notwendigen Ehrgeiz die Entwicklung einer Digitalnation in Politik, Wirtschaft und Gesellschaft meist vergeblich.

Diesen Ehrgeiz hatte Alexander König, keine Frage. Sein Traum war es mit *AudioKing.com* ein „Unicorn" aus Deutschland heraus aufzubauen, es an die Börse zu bringen und es zu einem weltweiten digitalen Medienunternehmen wachsen zu lassen, das in einem Atemzug mit *Facebook* genannt werden würde. Sollten doch die anderen mit einem „Zebra" zufrieden sein. Dieser Begriff hatte sich gerade erst entwickelt, um Startups zu beschreiben, die sich nicht dem Diktat des überschnellen Wachstums und dem Exit-Druck von Investoren unterwerfen wollten, sondern eher eine gesunde Profitabilität mit zugehöriger Nachhaltigkeit bevorzugten.

Auslöser für diese Zebra-Bewegung war ein Artikel von *Astrid Scholz*, *Mara Zepeda*, *Jennifer Brandel* und *Aniyia Williams* mit dem Titel „*Zebras reparieren, was Einhörner kaputtmachen*" in dem die Autorinnen Qualität vor Quantität für das Wachstum von Startups propagierten. In der dadurch ausgelösten Diskussion wurde jedoch die Wirksamkeit von Zebras für den Aufbau eines starken und robusten digitalen Ecosystems auf Basis der Netzwerktheorie in Frage gestellt. Belastbare Studien gab es aber hierzu nicht.

Alexander hatte hierzu eine klare Meinung. >>*Zebras sind nicht schlecht, aber Unicorns sind besser!*<< Entsprechend waren seine Ziele und Pläne für *AudioKing.com*.

Ob diese sich erfüllen sollten, war in nicht unerheblichen Maße auch davon abhängig, ob der Online-Start gelang. Und so schaute er zunehmend nervös zu Moritz, der gerade die ersten Zahlen sammelte. Es war geplant, diese nach einer Stunde an die „*Wand der Wahrheit*" zu projizieren. Alexander schaute nervös auf seine Uhr. Noch 10 Minuten.

Die gute Nachricht bisher war die Tatsache, dass das System offensichtlich stabil funktionierte, nicht in der Performance in die Knie ging oder sogar abstürzte. Er fragte sich, ob das damit zusammenhing, dass im positiven Fall das System wirklich für den enormen

Ansturm gerüstet war oder im negativen Fall dieser einfach ausblieb und deswegen keine Abstürze provoziert wurden. Er konnte aus der Miene von Moritz dazu noch nichts ablesen. Noch 5 Minuten...

Moritz dagegen interessierte sich weniger für die Zahlen als für die wenigen Bugs, die jetzt durch den Live-Betrieb doch noch erkennbar wurden. Er dirigierte seine IT-Gang und gab Anweisungen zur schnellen Behebung. Er war in seiner „Zone“, starrte gebannt auf seinen Bildschirm, navigierte durch die endlosen Zeilen an Codes und nahm kaum noch etwas war.

Inzwischen zogen sich auch einige Content-Manager aus der feiernden Menge zurück, da sie entsprechende Meldungen für Support-Anfragen auf ihre Handys als Warnsignale bekommen hatten. Zahlreiche Gäste fingen zudem an, die ersten Meldungen bei *Twitter* und *Facebook* zum Online-Start von *AudioKing.com* zu verfolgen.

Alexander wurde immer nervöser und der Druck war kaum noch auszuhalten. Es rauschte zunehmend in seinen Ohren und die gesamte Szenerie verschwamm ein wenig vor seinen Augen. Er wollte zu diesem Anlass auf „dicke Hose“ machen, jetzt rutsche ihm zunehmen das Herz in die selbige. Noch 3 Minuten...

Anna-Maria merkte als Erste, dass mit Alexander etwas nicht stimmte und lief zu ihm. Gerade noch rechtzeitig konnte sie ihn abstützen als ihm die Knie so weich zu werden drohten, dass er hinfiel. Auch Björn Rademacher bemerkte die offensichtliche Schwäche des

CEOs und kam schnell mit einem Glas Wasser unterstützend zur Hilfe und hakte sich ebenfalls unter die Arme von Alexander ein, um seinen Fall zu unterbinden. Es war eine fast schon groteske Situation, die jedoch kaum ein anderer der Anwesenden mitbekam, denn alle Augen wandten sich in diesem Moment den Monitoren zu, auf denen die ersten Ergebnisse gleich sichtbar wurden. Noch 1 Minute...

Es wurde nun ruhig im Raum und man hätte sprichwörtlich eine Stecknadel fallen hören. Was für ein Kontrast im Gegensatz zu der bis zu diesem Zeitpunkt ausgelassenen Feier. Auch Alex hob den Kopf und gab sich seinem Schicksal hin und murmelte nur noch eine lose Abfolge von >>*Bitte, Bitte, Bitte...*<< Sein oder Nichtsein, das war jetzt hier die Frage oder um es moderner auszudrücken kam jetzt der Zeitpunkt, wo der Frosch ins Wasser hüpfte. Es war die Frage nach „Top“ oder „Flop“. Und die Antwort hieß...

Die Monitore erwachten zum Leben und die ersten KPIs wurden angezeigt. In den ersten 60 Minuten seit dem Online-Start wurde die App sagenhafte 9.000 Mal installiert und schoss damit direkt auf Platz 1 der Download-Charts in Deutschland für kostenlose Apps im *Apple*-Store. Hochgerechnet auf die ersten 24 Stunden würde man damit auf über 200.000 Downloads und für das erste Jahr auf über 78 Mio. Downloads kommen. Auch wenn das nicht zu erwarten war, denn dieser einmalige Effekt der Erstveröffentlichung konnte nicht einfach als Multiplikationsfaktor über die Zeit genommen werden, so war diese installierte Basis ein unfassbar guter Start. Einer der Besten, die eine deutsche App je gesehen hatte.

Zum Vergleich: *Spotify* hatte in 2018 insgesamt noch 4,4 Mio. Downloads bei inzwischen aber insgesamt über 100 Mio. Kunden seit Gründung 2006. Damals hatte man rund sechs Monate gebraucht, um eine Millionen Downloads zu erreichen. *AudioKing.com* würde das nach dem aktuellen Stand und einer zugehörigen Prognose unter Berücksichtigung der Dämpfung des ersten Aufmerksamkeitsstaus schon nach drei Monaten schaffen. Das wären dann ungefähr 11.000 Downloads pro Tag. Die ersten 9.000 Downloads heute in der ersten Stunde lagen somit weit über den Erwartungen.

Hinzu kam, dass der Anteil der aktiven Nutzer, die nicht nur die App installiert, sondern diese auch in der ersten Stunde schon intensiv ausprobiert hatten, bei fantastischen 78% lagen. Gemessen wurde das über die Anlegung eines Accounts und dem aktiven Hören einer ersten zusammengestellten Playlist.

Zudem waren die ersten 900 aktiven Channels durch die Nutzer angelegt worden, bei denen mindestens ein Audiofile eingestellt wurde. Damit lag das Verhältnis zwischen der Consumer- und der Producer-Gruppe bei etwa 10 zu 1. Zusammen mit den im Vorfeld selbst aufgebauten 100 Channels hatte *AudioKing.com* somit schon 1.000 Channel mit insgesamt fast 1.500 Audiofiles als Content im Angebot. Und es wurden sekündlich mehr.

Auch das erste Ranking der erfolgreichsten Channel wurde direkt mitgeliefert. Auf Platz 1 der *BestKings*-Charts lag mit rund 4.800 Abonnenten der Channel von *Jürgen Vogel.* Knapp dahinter mit rund 4.600 Abonnenten lag *Armin Rohde*, was im Hinblick auf den Einsatz der beiden Werbefiguren für *AudioKing.com* nicht weiter verwunderlich war. Auf den Plätzen 3 bis 10 tummelten sich dann einige bekannte *YouTuber*, die sich doch noch gegen einen finanziellen Anreiz zum Start aktivieren ließen und ihre Video-Gemeinde offensichtlich erfolgreich auch auf die Audio-Plattform zogen.

Danach tauchten aber neben den offiziellen *AudioKing*-Channels auch schon die ersten neuen Profile auf, bei denen es sich offenbar um eine neue Generation von Audio-Influencer handelte, die ihre Chance auf dieser neuen Plattform nutzen wollten, um sich frühzeitig zu positionieren. Und damit war die Antwort da und sie hieß... Top!

Es folgte der zweite unbeschreibliche Jubel an diesem Tag. Das Team flippte sprichwörtlich aus und der Champagner spritzte jetzt hemmungslos über die Menge. Auch für Alexander gab es kein Halten mehr, aber anders als gedacht. Er musste sich setzen und zwar sofort. Direkt da wo er war, ließ er sich geführt von Anna-Maria und Björn einfach auf den Boden vor den Monitoren nieder.

Alexander schlug unten angekommen die Hände vor das Gesicht und fing hemmungslos an zu Weinen. Es rauschte immer noch in seinen Ohren und die ganze Anspannung der letzten Tage, Wochen und Monate wichen einer totalen Erschöpfung. Er versuchte zwischendurch immer wieder auf die Monitore zu schauen, nur um sicher zu gehen, dass keine Fehler angezeigt wurden.

Aber alle KPIs waren weiterhin mit der Farbe „Grün“ unterlegt und der Download-Zähler drehte sich immer weiter nach oben. Er schüttelte nur mit dem Kopf und murmelte diesmal ein >>*Danke, Danke, Danke...*<< vor sich hin, während er von Anna-Maria von hinten innig umarmt wurde und Björn ihm anerkennend auf die Schulter klopfte.

Er kam erst wieder ein wenig zu sich, als sich Moritz zu ihm durchgekämpft hatte und ihn mit einer stürmischen Umarmung zuerst weg von Anna-Maria und dann ihn vollkommen zu Boden riss. Jetzt lagen die beiden Gründer gemeinsam der Länge nach da und auch Moritz hatte Tränen in den Augen. CEO und CTO beglückwünschten und herzten sich gegenseitig zu diesem Traumstart und tauschten die ersten Eindrücke aus.

>>*Ganz ehrlich? Ich hatte nur mit 1.000, wenn es gut läuft mit 2.000 Downloads gerechnet.*<< schrie Moritz seinen Mitgründer an, um im allgemeinen Jubel zu ihm durchzukommen. Der schrie zurück >>*Und ich hatte am Ende mit gar nichts mehr gerechnet. Was für eine geile Kiste! Läuft das System, Scotty?*<< Alexander war immer noch unsicher, ob alles real war. Doch Moritz beruhigte ihn mit einem >>*Das System läuft, Captain!*<< und damit half er seinem CEO wieder auf die Beine.

Damit wurde der nun auch wieder für alle Anwesenden sichtbar und wie schon damals bei der Siegesfeier nach dem *Battle of Ideas* wurden wieder die Sprechchöre mit >>*Kings, Kings, Kings*<< laut, als sich Alexander und Moritz zu Recht nun von den Mitarbeitern feiern ließen. Und alle Anwesenden wollten nun natürlich auch persönlich gratulieren und taten es auch in den unterschiedlichen Varianten. Anna-Maria und Emma jeweils mit einem Kuss für ihren Partner, womit auch dieses offene Geheimnis nun als Versteckspiel offiziell beendet wurde. Die Mitarbeiter mit herzlichen Umarmungen und dem üblichen Abklatschen. Die Professoren der *UDB* und die noch anwesenden Politiker mit einem klassischen Händedruck und die Vertreter der Presse mit vorgehaltenen Aufnahmegeräten für die ersten Stellungnahmen.

Dr. Jörg Lehmann und Corinna Ohlsen standen ein wenig abseits des Trubels und beobachteten die Szenerie. >>*Herzlichen Glückwunsch. Da scheint ihr ja nun ein gutes Pferd im Rennen zu haben.*<< meinte die Chefredakteurin von *startup.news* und prostete dem *DIC*-Partner zu. Der bedankte sich, gab aber auch gelassen zurück >>*Zumindest sind wir heute gut aus der Startbox gekommen. Aber das eigentliche Rennen liegt ja noch vor uns und wir müssen am Ende auch als Sieger durch das Ziel kommen.*<< Corinna schätze diese ruhige Art, die so angenehm konträr war zu dem oftmals überzogenen Euphorie-Gequatsche anderer Investoren in Berlin.

>>*Darf ich das zitieren?*<< fragte sie. >>*Natürlich.*<< gab Jörg knapp zurück, der sich aber innerlich deutlich mehr freute, als er nach außen hin zugab. *AudioKing.com* konnte zu dem Knaller im ansonsten eher mauen *DIC*-Portfolio werden und alles andere herausreißen, wenn man es eben schaffte, dieses Startup zum Exit-Ziel zu bringen. Und er hatte sich fest vorgenommen, alles dafür zu tun, dass dies gelingen würde. So eine Chance bekam man nicht oft und er wusste, dass auch insbesondere Anne Westheim dieses Ziel unbedingt erreichen wollte und entsprechend den Start von *AudioKing.com* im Berliner Büro und über die sozialen Netzwerke intensiv mitverfolgte. Und das offenbar ebenfalls mit Erleichterung, wie ihre Nachricht über WhatsApp verriet:

„*Super Start, tolle Zahlen, gutes Feedback im Web. Glückwunsch!*"

In diesem Moment gesellte sich Björn Rademacher zu ihnen und berichtete von den ersten Reaktionen der Netzgemeinde auf diesen heiß erwarteten Start des *Battle*-Siegers. >>*Gegeben der enormen Erwartungen an AudioKing.com muss man sagen, dass es bislang überwiegend positive Rückmeldungen gibt.*<< Er listete einige Beispiele von Kommentaren und Tweets auf, die diese Einschätzung unterstützten. >>*Natürlich gibt es auch die üblichen Nörgler und Neider. Aber die gibt es ja gerade in Deutschland immer.*<< und auch hierfür zeigte er den beiden einige Beispiele insbesondere aus dem Nachrichtendienst *Twitter*.

Positiv fand Björn abschließend aber insbesondere, dass die neuen Producer direkt nach dem Start ihre Channel und Audiofiles in den sozialen Netzwerken zahlreich teilten und somit *AudioKing.com* weiter bekannt machten. >>*Das ist ein gutes Zeichen für die Akzeptanz in der Zielgruppe und das zählt mehr als die Kommentare der vermeintlichen Experten zu Sinn und Unsinn der neuen Medienplattform.*<< Mit dieser Einschätzung beendete er sein kurzes Briefing und ging wieder zurück zu der feiernden Menge.

Anna-Maria hatte dort Alexander und Moritz zwischenzeitlich aufgefordert ein paar Worte an das Team und die Gäste zu richten. Die beiden Gründer stiegen jeweils auf einen Stuhl und deuteten mit Gesten an, dass sie dafür um Ruhe baten. Es dauerte eine ganze Weile, bis sie diese bekamen und aufgrund verschiedener Zurufe brandete der Applaus zunächst immer wieder auf. Dann aber war es soweit und Alexander ergriff das Wort.

>>*Das ist ein großer Tag für AudioKing.com und ich bin sehr stolz, dass wir es gemeinsam geschafft haben, diesen Tag zu einem Erfolg zu machen. Ihr seid ein geiles Team und ich kann gar nicht oft genug DANKE sagen!*<< Erneut brach Jubel und Applaus aus und erneut dauerte es eine ganze Weile, bis die „*Kings, Kings, Kings*-Rufe“ verstummten. Dann war Moritz an der Reihe, der jedoch zugegeben kein guter Redner war, aber durch seine ehrliche Art überzeugte. Er schaute in die freudigen Gesichter, holte tief Luft und begann seine Ansprache.

>>*Heute wurde für mich ein großer Traum wahr. Als ich mit dem Coden anfing, da wollte ich immer alleine etwas programmieren, was gut genug war, um den ersten Platz im App-Store zu erreichen.*<< Er schaute zu seiner IT-Gang und zeigte mit ausgestrecktem Arm auf die Kollegen und rief >>*Heute stelle ich fest, dass wir es gemeinsam geschafft haben und es sich im Team noch viel besser anfühlt, als ich es mir damals alleine ausgemalt hatte. Ich danke Euch!*<<

In den anschließenden Jubel hinein begann Alexander mit dem bekannten rhythmischen „*We will rock you*"-Klatschen bei dem natürlich sofort die gesamte IT-Gang mitmachte und sich nach und nach auch alle anderen Mitarbeiter und Gäste einsortierten, was mehrere Minuten in Anspruch nahm.

Und mit einem >>*Wir sehen uns heute Abend im Elektron!*<< beendete der CEO den offiziellen Teil des Start-Events von *Audio-King.com* und stieg zusammen mit seinem CTO wieder von den Stühlen, um sich den weiteren Umarmungen und Glückwünschen hinzugeben.

Fynn Schneider, der wie immer fast unsichtbar alles für seine Dokumentation notiert und mit den verschiedenen Protagonisten diesmal auch kleine Interviews geführt hatte, ging auf Corinna zu und hielt sein Handy hoch. Er hatte ein Live-Video von den beiden Dankesreden gemacht und auf die *Facebook*-Seite von *startup.news* gestellt. Dieses hatte schnell über 1.800 Zuschauer schon während der Aufnahme verzeichnet und der anschließende Post des Videos näherte sich nach wenigen Minuten gerade dem 5.000sten Aufruf. >>*Von wegen Reality-Show im TV. Das können wir auch!*<< meinte Fynn und grinste mit einem Augenzwinkern seine Chefin an.

Startup-Phase 15

Im *Elektron* war einmal mehr „Party“ angesagt. Man war an diesem Abend aber unter sich, was aufgrund des Wochentags auch für das Club-Management kein Problem war. Es war eine Feier von und für die Mitarbeiter von *AudioKing.com*, um den aufregenden Tag ausklingen zu lassen. Auch die externen Gäste waren nun nicht mehr dabei. Keine Investoren, keine Presse, keine Politik...

Alle Getränke und das Flying Buffet gingen auf die Company und Alexander und Moritz wollten sich damit einmal mehr bei ihrem Team bedanken. Es war fast so wie auf einer Wahlparty nach dem erstmaligen Einzug einer neuen Partei in den Bundestag. Ausgelassen wurde der eigene Erfolg gefeiert und neue Zukunftspläne geschmiedet.

Alexander schaute sehr glücklich und zufrieden, aber auch sehr müde in die Runde der feiernden Kollegen. Er wollte sich gar nicht ausmalen, wie die Stimmung hier gewesen wäre, wenn der Online-Start heute nicht so erfolgreich oder gar überhaupt nicht geklappt hätte. Aber wie sagte einst unser Rekordnationalspieler *Lothar Matthäus*, der Sprachakrobat unter den Fußballspielern schon so richtig: >>*Wäre, wäre – Fahrradkette!*<< wobei er im Eifer des Gefechtes „wäre" und „hätte" durcheinanderbrachte.

Moritz war noch deutlich wacher unterwegs, was aber sicherlich auch an den immer besser werdenden Zahlen lag unter denen sein System immer noch fehlerfrei funktionierte. Als sie aus dem Büro aufbrachen, hatten sie schon 14.000 Downloads und aktuell liefen sie auf die 16.000er-Marke zu. Damit waren wie erwartete zwar die durchschnittlichen Downloads pro Stunde zurückgegangen, aber absolut auf den Tag gesehen lag man weiterhin im Rekord-Bereich.

Im Hinblick auf die Nacht und den zugehörigen Traffic hatte der CTO vorsorglich aber trotzdem die gebuchten Server-Kapazitäten in der *AWS Cloud* von *Amazon* ausgeweitet. >>*Sicher ist sicher.*<< meinte er zu der Notbesetzung für die IT, die trotz der Feier für die ersten 48 Stunden nach dem Online-Start im Büro in mehreren Schichten organisiert verbleiben musste. Von dieser bekam er stündlich ein kleines Update zum Stand der Dinge und den Zugriffszahlen.

Auch Anna-Maria blickte zufrieden auf das permanent aktualisierte Media-Clipping zu den bereits gelaufenen Online-Berichten und den schon Vorabdruck verfügbaren Presseartikeln, die am nächsten Morgen erscheinen sollten. Auch das Social-Media-Listening und damit die Auswertungen der Kommentare, Tweets und Bewertungen im Netz war in der Summe in den ersten Stunden positiv geblieben. Im Durchschnitt hatte man über die verschiedenen Plattformen eine Nutzerbewertung von 4,1 Sternen erzielen können.

Nur im Hinblick auf Alexander machte sie sich Sorgen. Bis auf wenige Ausnahmen hatte kaum einer seinen kleinen Zusammenbruch im Büro kurz vor der Bekanntgabe der ersten Download-Zahlen mitbekommen. Auch wenn er sich zwischenzeitlich wieder erholt hatte, so beklagte er weiterhin das Rauschen in seinen Ohren, was auf einen ernstzunehmenden Hörsturz hinwies, der wohl behandelt werden musste.

Sie hatte ihm in diesem Zusammenhang nicht nur auf dem Weg zum *Elektron* in einer Apotheke einen Gehörschutz in Form von Ohrstöpseln besorgt, sondern für den nächsten Morgen auch schon einen Termin bei einem Arzt für eine Infusion gemacht. Auch wenn Alexander beide Maßnahmen für übertrieben hielt, so waren die Anweisungen von Anna-Maria diesbezüglich unmissverständlich und sie verpflichte sie ihren Partner per Versprechen für beide Maßnahmen. Alexander stimmte schließlich zu und entspannte sich auch dank des Alkohols zunehmend.

Es war ein schöner Abend geworden und das gesamte Team war durch die Ereignisse des Tages noch enger zusammengerückt und im ausgelassenen Partytrubel wurden beim Tanzen die Freundschaften zwischen den Kollegen weiter vertieft. Alles war gut, alles war OK...

Doch dann kam kurz vor 24:00 Uhr der Schock in Form einer SMS an Moritz. Absender war das IT-Notfallteam im Büro von *AudioKing.com* und die Nachricht ließ die Stimmung beim CTO einfrieren. Sein Kopf fing sich an zu drehen, als er die kurze Zeile wahrnahm und der Schweiß brach unmittelbar aus. Er las die Nachricht wieder und wieder und verstand die Welt nicht mehr. Sie lautete:

„Hilfe! Die Einbindung von Spotify funktioniert nicht mehr.“

Startup-Phase 16

Moritz machte sich sofort auf den Weg zurück ins Büro. In Abstimmung mit Anna-Maria, die das Eintreffen der offensichtlich schlechten Nachricht im Gesicht des CTO eher zufällig beobachtet hatte, verabredeten die beiden, diese Nachricht erst einmal nicht an das Team und Alexander zu kommunizieren. Zum einen wegen der Stimmung für das Team und zum anderen wegen der Gesundheit für den CEO. >>*Alles klar. Ich halte Dich auf dem Laufenden und vielleicht ist das auch schnell wieder behoben.*<< sagte Moritz zu ihr als er sich möglichst unbemerkt zusammen mit Emma aus dem *Elektron* verdrückte.

Als er durch die Eingangstür des Büros stürmte, rief er schon von weitem der Notbesetzung zu >>*Was ist los? Warum klappt das nicht mehr?*<< Er wusste natürlich wie wichtig diese Anbindung war. Es war ja gerade ein elektronischer Mehrwert, dass man seine eigene Musik über die API-Schnittstelle von *Spotify* auch bei *AudioKing.com* einbinden und zusammen mit dem Content der ausgewählten AK-Channels zu einer individuellen Playlist kombinieren konnte. Die Antwort der Notbesetzung kam prompt.

>>*Es liegt nicht an uns! Wirklich! Wie haben alles geprüft! Offensichtlich blockiert Spotify unsere Anfragen über die API-Schnittstelle.*<< meinte der zuständige IT-Kollege. Moritz prüfte das System und musste diese Einschätzung schnell bestätigen. Damit waren ihm zunächst die Hände gebunden und er fragte laut vor sich hin >>*Aber warum?*<< ohne jedoch eine Antwort zu haben.

Fragend schaute er in die Gesichter seiner IT-Kollegen. Aber auch die zuckten nur mit den Achseln. Viel wichtiger als die Frage nach dem Warum war auch die Frage >>*Und jetzt, was machen wir jetzt?*<< die ein Team-Mitglied formulierte.

Moritz war zunächst ratlos, aber es musste was passieren. Insbesondere weil der Kollege, der gerade die Was-jetzt-Frage formuliert hatte, ihm einen Tweet vom User *audiopendler* zeigte, in dem zu lesen war: „Was ist da los? Zieht #Spotify bei #AudioKing den Stecker? Nichts geht mehr. Kann meine Musik nicht mehr einbinden. #fail“

>>*War ja klar, dass das nicht unbemerkt bleibt.*<< rief Moritz in die Runde. Das Netz war diesbezüglich gnadenlos. Jeder Fehler, jedes falsche Wort wurde inzwischen auf die Goldwaage gelegt und mit mehr oder weniger gehässigen Kommentaren als Posting unter die Leute gebracht. Er schaute auf die Uhr. Es war inzwischen fast 01:00 Uhr nachts und trotzdem rief er Anna-Maria an.

Nachdem er ihr die Situation geschildert hatte, antwortete die PR-Leiterin >>*Ich habe Alex sofort nach der ersten Nachricht nach Hause und ins Bett gebracht. Er ist zum Glück direkt eingeschlafen.*<< Nach einer kurzen Pause ergänzte sie >>*Ich mache mich gleich auf den Weg zu Euch und bringe noch eine Social-Media-Kollegin mit, um die Kommentare zu beantworten.*<<

Moritz legte dankbar auf und nahm den Kaffee von Emma entgegen, den sie für das gesamte Team frisch aufgesetzt hatte. Der CTO nahm einen kräftigen Schluck und fragte verzweifelt in die Runde >>*Kennt jemand einen Kollegen bei Spotify?*<<

Zu seiner Überraschung meldete sich ein Kollege und meinte >>*Ich habe mal einen Developer von denen bei einer Conference in Stockholm kennengelernt.*<< Moritz wandte sich mit einem >>*Ruf ihn sofort an!*<< zu ihm und ignorierte dabei den anschließenden Hinweis auf die Uhrzeit und wies auch alle anderen anwesenden Team-Mitglieder an, sofort sämtliche Kontakte nach einem Zugang zu diesem Unternehmen durchzuforsten. Der Kollege wählte die Mobilnummer nach

Schweden. Es klingelte und klingelte und klingelte. Und dann wurde doch noch abgehoben...

>>*Hey Vidar, what's up? Here is Thomas Teichmann from Germany speaking... Yes, we meet each other at the conference in Stockholm last year. Sorry to call you so late, but we have a huge problem with your Spotify-API and we cannot wait until tomorrow.*<< Er erklärte seinem schwedischen Kollegen kurz die Zusammenhänge und bekam sehr schnell eine Erklärung, die er unmittelbar an wartenden Kollegen weitergab. >>*Er sagt, dass wir wahrscheinlich mit einer enormen Menge an Abfragen in zu kurzer Zeit den Sicherheitsmechanismus ausgelöst haben.*<< Und nach einer kurzen Pause fuhr er fort >>*Er sagt, dass dieser Sicherheitsmechanismus eingerichtet wurde, um DDos-Attacken zu verhindern.*<<

Die Abkürzung „DDoS“ stand dabei für „*Distributed Denial of Service*“. Hierbei wird ein Rechnersystem gezielt von einer Vielzahl anderer Computersysteme angegriffen, um mit einer Unmenge an Anfragen dessen Verfügbarkeit einzuschränken oder vollends außer Kraft zu setzen.

>>*Aber dafür sind wir doch trotz dem ganzen Traffic heute zum Start immer noch viel zu klein, oder?*<< meinte Moritz zu den anderen und schaute weiterhin fragend zu dem telefonierenden Kollegen. Doch der hörte weiterhin aufmerksam seinem schwedischen Kontakt zu und meinte zu ihm >>*Anywhere. We are no DDoS-Attack! Can you help us to put AudioKing to your Safelist?*<< Moritz klopfte nervös mit den

Fingern auf den Schreibtisch als der Kollege auflegte. >>*Was ist?*<< fragte er. >>*Er tut, was er kann und wird versuchen, einen Verantwortlichen zu erreichen. Schließlich ist bei denen jetzt auch schon mitten in der Nacht.*<< gab Thomas Teichmann zurück.

Anna-Maria war inzwischen im Büro angekommen und lies sich auf den aktuellen Stand der Dinge bringen. Im Schlepptau hatte sie eine junge Team-Kollegin, die als Spezialistin für die Shitstorm-Kommunikation angeheuert wurde und sich somit mit dem möglicherweise lawinenartigen Auftreten negativer Kritik auskannte. Nach einer ersten Analyse gab sie schon mal leichte Entwarnung, zumindest für den Moment. >>*Im Moment sehe ich nur einzelne Meldungen, die noch nicht besonders häufig geteilt werden.*<< und ergänzte >>*Das hängt natürlich auch mit der Tageszeit zusammen. Mitten in der Nacht bekommen das halt nicht Alle sofort mit.*<<

Anna-Maria nahm das zur Kenntnis, gab aber zu Bedenken >>*Das wird sich morgen früh schnell ändern und deswegen haben wir nicht viel Zeit.*<< Sie schaute ermahnend in die Runde und meinte weiter >>*Entweder wir lösen das Problem bis dahin, oder wir müssen uns eine aktive Kommunikation für diesen Ausfall der Spotify-Einbindung überlegen.*<< Damit zogen sich die beiden Frauen in ihren Arbeitsbereich zurück, um an einer entsprechenden Strategie zu arbeiten. Währenddessen konnten die Herren aus der IT-Gang nichts tun als nur abwarten und immer wieder die Systeme kontrollieren.

Eine solche Situation hasste Moritz wie die Pest. Nichts tun zu können, war für einen Coder wie ihn die Höchststrafe. Keine aktive Lösung zu finden war das eine, nur passiv zuzuschauen und abzuwarten, war das andere. Nachdem er wieder und wieder seine Runde im Büro gedreht hatte, legte er sich letztendlich doch auf eine Couch und starrte an die Decke. Er hörte noch mit einem Ohr die Worte >>*Wir setzten dann auf eine empathische, glaubwürdige und problemlösungsorientierte Kommunikation mit der Offenheit, dass bei einem Startup am Anfang halt auch mal was nicht klappen kann.*<< von Anna-Maria und döste dann unmittelbar ein.

Es war der bekannte Signalton einer eingehenden SMS auf dem Handy von Thomas Teichmann, der alle Anwesenden sofort aktivierte. Es war 2:53 Uhr und der Kollege aus Schweden hatte geantwortet. Er hielt dem hochgeschreckten Moritz sein Handy hin und der las die Meldung für alle Kollegen laut vor:

„*We fixed the problem and your domain is now on our safelist, but we have to talk about your business model. Our management will contact you soon. Good night!*“

Der Stein, der allen vom Herzen fiel, war sprichwörtlich zu hören und alle atmeten erst einmal richtig durch. >>*Bitte schreib zurück, dass wir uns sehr herzlich für die kurzfristige Hilfe zu später Stunde bedanken und uns sehr auf den weiteren Austausch freuen.*<< bat Moritz den

Kollegen und umarmte danach erst Emma, dann Anna-Maria und dann alle anderen anwesenden Kollegen. Anschließend wandte er sich nochmals an Thomas, der inzwischen die Nachricht abgesetzt hatte und sagte >>*Danke! Das war internationale Spitzenklasse und dafür werde ich persönlich einen Bonus für Dich in diesem Monat spendieren.*<<

Nachdem Moritz sich dann noch persönlich über das System vergewissert hatte, dass der Zugriff auf *Spotify* wieder funktionierte und man die wenigen Kommentare im Netz dazu nach allen Regeln der Shitstorm-Kunst beantwortet hatte, packten alle Mitarbeiter ihre Sachen zusammen und gingen endlich nach Hause. Nur der Notdienst musste weiterhin bleiben.

>>*Ich denke, dass wir diese erste Krise sehr gut gemeistert haben.*<< meinte Emma im Aufzug. >>*Stimmt, auch wenn wir natürlich etwas Glück mit dem Kontakt nach Schweden hatten. Aber die Mechanismen für einen solchen Fall haben funktioniert.*<< gab Anna-Maria zurück. Und mit einem Blick auf die Uhr ergänzte Moritz >>*Also ich funktioniere die nächsten Stunden nicht mehr...*<< und müde ergänzte er >>*...und ich möchte auch keinen von Euch morgen vor 12:00 Uhr im Office sehen.*<<

Alle nickten genau in dem Moment, als sich die Türen vom Fahrstuhl öffneten und sie in unterschiedliche Richtungen den *Breidenbacher Hof* verließen.

Startup-Phase 17

Parallel zu diesen Ereignissen in Düsseldorf hatte es in Schweden ein Telefonat zwischen Daniel Ek und Martin Lorentzon zu *Audio King.com* gegeben, denn auch dort funktionierten die Funktions- und Kommunikationsketten unabhängig von den Tages- und Nachtzeiten. Die beiden allgemein anerkannten und sympathischen Gründer hatten 2006 die *Spotify AB* mit Sitz in Stockholm gegründet.

Die *Spotify AB* war inzwischen ein Tochterunternehmen der *Spotify Limited* mit Sitz in London, die wiederum ein Tochterunternehmen der *Spotify Technology S.A.* in Luxemburg war. Natürlich hatte dieses Konstrukt steuerliche Gründe. In diesem Punkt unterschieden sich interessanterweise die hippen neuen Startups der digitalen Wirtschaft so gar nicht von den angestaubten alten Konzernen der klassischen Wirtschaft.

Spotify setzte sich als Name aus dem englischen „to spot“ und damit dem „entdecken“ und dem „to identify“ und damit dem „identifizieren“ zusammen. Die Plattform entwickelte sich schnell zu einem der führenden Musikstreamingdienste, wo der Nutzer neben Musik inzwischen auch Hörbücher, Podcasts und Videos abrufen konnte. In fast 80 verschiedenen Ländern war *Spotify* inzwischen verfügbar und machte 2019 auf Basis von 271 Millionen aktiven Nutzern, von denen 124 Millionen zahlende Abonnenten waren, einen

Gesamtumsatz von 6,764 Mrd. Euro. Trotz dieses enormen Erfolges waren Daniel Ek und Martin Lorentzon nach allgemeiner Einschätzung bodenständig geblieben.

Denn insgesamt war *Spotify* eins der wenigen digitalen Schwergewichte aus Europa die es 2018 sogar mit einem Börsengang erfolgreich an die *New York Stock Exchange* geschafft hatte. Da hätte man durchaus als Gründer abheben können. Bei den beiden Schweden war dies nicht erkennbar und man hatte auch weiterhin harte Arbeit vor sich. Zudem waren sich beiden nicht zu schade, ihre Erfahrung auf zahlreichen Startup-Konferenzen und -Kongressen auch an andere Gründer weiterzugeben.

Die beiden Gründer Daniel Ek und Martin Lorentzon galten somit gemeinhin als Helden der europäischen Startup-Szene, die sich auch weiterhin tapfer gegen die aufkommenden Angebote von *Amazon Music Unlimited*, *Apple Music* und *YouTube Music* der amerikanischen Online-Giganten wehrten.

>>*Was hältst Du von AudioKing.com?*<< fragte Daniel seinen Mitgründer und Partner. >>*Das ist eine spannende Umsetzung zu einer strategischen Überlegung, die wir auch schon mal hatten.*<< gab Martin zurück. >>*Du wirst Dich erinnern, dass wir im Zuge der Hinzunahme der Podcast-Schiene auch überlegt hatten, diesen Kanal für jedermann zu öffnen.*<<

Daniel lehnte sich in seinem Stuhl zurück, kratzte sich mit der freien Hand hinter dem Kopf und erinnerte sich. >>*Richtig, aber wir haben uns damals dagegen entschieden, weil wir den Zugriff auf die Qualität haben wollten. Deswegen haben wir nur Premium-Content von professionellen Podcast-Producern zugelassen.*<< Und er ergänzte >>*Ich glaube, dass das aus unserer Sicht und Marktposition sowie unserem Stellenwert die richtige Entscheidung war.*<<

Martin wechselte sein Handy von der einen in die andere Hand und unterstützte diese Einschätzung. >>*Es muss sich ja auch erst einmal zeigen, ob die Open-Content-Strategie von AudioKing.com überhaupt funktioniert.*<< Er gab aber auch zu bedenken, dass >>*die trotzdem jetzt eine offene Flanke von uns adressieren...*<< und ergänzte >>*... und gleichzeitig nutzen die unser Produkt und unsere API-Schnittstelle, um unsere Leistung über unsere Kunden auch bei sich einzubinden.*<<

An dieser Stelle kam auch Daniel ins Grübeln. Es dauerte eine Weile, bis er diesbezüglich anmerkte >>*Ziel dieser offenen Anbindung war das Andocken von Entwicklern, um mit deren Tools unser Ecosystem für die Nutzer zu erweitern.*<<

Martin erkannte sofort, was sein Mitgründer meinte. Er schnaufte in den Hörer und gab zurück. >>*Jetzt setzt aber jemand sein Geschäftsmodell als Meta-Maske auch auf unsere Struktur auf und das hatten wir ja in den AGBs zu unserer API-Schnittstelle eigentlich ausgeschlossen.*<<

>>*Wobei, wenn ich das richtig sehe, dann ist im Moment bei Audio King.com noch alles kostenlos und deswegen kann die kommerzielle Ebene erst für die Zukunft unterstellt werden.*<< meinte Daniel, der versuchte die

deutsche Webseite von *AudioKing.com* durch ein entsprechendes Programm übersetzten zu lassen.

>>*Aber da kannst Du doch die Uhr nach stellen. Und wenn die bis dahin richtig groß geworden sind, dann könnten wir sogar aus Sicht unserer Kunden als die bösen Wikinger dastehen, die diese Anbindung dann erst kappen.*<< gab Martin zu Bedenken.

>>*Na dann ist es jetzt vielleicht genau der richtige Zeitpunkt, wenn man sich mal frühzeitig kennenlernt und abklopft, wo die jeweilige Reise hingeht.*<< sagte Daniel und ergänzte >>*Vielleicht ergibt sich ja auch aus deren Sicht eine win-win-Situation im Rahmen einer fairen geschäftlichen Kooperation.*<< Martin unterstützte diesen Ansatz zumal er auch von Vidar Magnusson den Hinweis bekommen hatte, dass die Panik bei *Audio King.com* in Anbetracht der API-Sperre in dieser Nacht schon spürbar gewesen war.

Deswegen war es sicherlich sinnvoll, hilfreich und auch deutlich genug gewesen, dass man mit der Freigabe der API auch direkt den zeitnahen „Gesprächswunsch" verbunden hatte. Vidar sollte sich darum kümmern und innerhalb der nächsten zwei Wochen einen Termin dazu koordinieren. Und danach konnte man sich immer noch Gedanken über die Freund- oder Feind-Frage machen. Und damit beendeten die beiden *Spotify*-Gründer ihr Telefonat, nicht ohne sich zum Abschluss eine „god natt" zu wünschen.

Startup-Phase 18

Der nächste Tag begann schleppend. Nachdem alle Protagonisten erst einmal ausgeschlafen hatten, liefen die einzelnen Team-Mitglieder von *AudioKing.com* erst nach und nach wieder im Office ein. Alexander hatte sich wie versprochen einer Infusion unterzogen. Er war mit einem leichten Hörsturz noch relativ glimpflich davon gekommen, musste aber vom Arzt trotzdem mahnende Worte entgegennehmen. >>*Sehen Sie es als Warnschuss an. Stress sucht sich seinen Weg und auch wenn das Rauschen diesmal sehr wahrscheinlich wieder verschwinden wird, dann bedeutet das nicht, dass es beim nächsten Mal nicht vielleicht für immer bleibt.*<<

Auf dem anschließenden Weg ins Büro informierte ihn Anna-Maria über Geschehnisse der zurückliegenden Nacht. Alexander rieb sich über die Einstichstelle der Infusion und war dankbar, dass er diesen nächtlichen Wahnsinn nicht auch noch hatte mitmachen müssen und er war froh, dass dieses Problem auch schon ohne ihn gelöst wurde, zumindest vorläufig.

>>*Mach Dir keine Sorgen. Es hat am Ende alles funktioniert und es hat kaum jemand mitbekommen. Weder draußen, noch innerhalb der Company.*<< meinte Anna-Maria, die durchaus noch mit den dunklen Augenringen zu kämpfen hatte und heute diesbezüglich besonders tief in den Schminktopf hatte greifen müssen.

Auch Moritz und Emma hatten diesen Tag langsam begonnen und sich erst gegen 11:00 Uhr zum Frühstück im *Bazzar* eingefunden. Der CTO konnte inzwischen auch wieder entspannt lachen, denn er hatte bislang nicht nur keine weitere Warnmeldungen bekommen, sondern auch die Zahlen zur Entwicklung der Downloads sahen weiter gut aus. Der Notdienst war zwischenzeitlich abgelöst worden und man hatte sich verabredet, die „*Spotify*-Krise" so nüchtern wie möglich an den Rest des Teams zu kommunizieren, was auch entsprechend gelang.

Als Moritz und Emma dann etwa zeitgleich mit Alexander und Anna-Maria im Büro ankamen, hielt man Ihnen direkt die ersten Berichte mit genaueren Zahlen zu den ersten 24 Stunden nach dem Online-Start entgegen. Davon waren die wichtigsten Ergebnisse auch weiterhin an der „*Wand der Wahrheit*" zu sehen. Aktuell stand man bei rund 24.000 Downloads und fast 2.000 Channels. Auch alle anderen KPIs waren mit einer grünen Signalfarbe hinterlegt.

Damit lag man weiterhin weit über dem prognostizierten Korridor, auch wenn das Verhältnis zwischen der Producer- und der Consumer-Gruppe erkennbar gesunken war. Das lag aber sicherlich an dem Presseecho in den klassischen Medien, welches erst jetzt am Vormittag nach dem Online-Start so richtig zum Tragen kam. Und dieser nachgelagerte Effekt sorgten wie erwartet eher zu einem erkennbaren Schub bei den einfachen Nutzern auf der Consumer-Seite.

Hierzu passte auch das Update zum Media-Clipping, denn mit den Berichten in den verschiedenen Online- und jetzt auch insbesondere Offline-Medien, wurde eine enorme Reichweite und Aufmerksamkeit für das junge Startup generiert. >>*Soll noch einer sagen, die klassischen Medien seinen tot.*<< freute sich Anna-Maria ebenso über die gute Resonanz wie über die zahlreichen weiteren Interview-Anfragen, die sie inzwischen in ihrem elektronischen Postfach vorfand und nach Bedeutung der zugehörigen Medien sortierte.

So nutzten alle die ersten beiden Stunden, um sprichwörtlich aufzuräumen und sich neu zu sortieren. Alexander fing an, seine Telefonliste abzuarbeiten, Moritz machte seinen Routine-Check der Systeme im Front-End und Back-Office-Bereich, Anna-Maria ließ im Gespräch mit Fynn den Online-Start nochmals Revue passieren und Emma machte ihre Runde durch die einzelnen Arbeitsstationen und sprach mit den Mitarbeitern. Anschließend suchte sie Alexander für ein Feedback auf.

>>*Man merkt, dass die Kolleginnen und Kollegen heute etwas durchhängen.*<< fing Emma das Gespräch an. >>*Das liegt sicherlich zum einen an dem typischen Loch, in das man nach so einem Mega-Ereignis zwangläufig fällt.*<< Sie schaute zu Alexander, der den Ball aufnahm und postwendend fragte >>*Und zum anderen?*<< Die Feelgood-Managerin freute sich über den Ansatz eines Dialogs und fuhr fort. >>*Zum anderen fragen sich viele, wie es jetzt weitergeht. Was sind die nächsten Ziele?*<<

Alles hatte sich in den letzten Wochen auf den Online-Start konzentriert. Alles wurde auf diesen Punkt zugeschnitten, als ob damit das große Ziel schon erreicht wäre. >>*Liegt das nicht auf der Hand?*<< fragte Alexander etwas ungläubig zurück, der sich nicht vorstellen konnte, dass man hierzu große Worte verlieren musste. Doch Emma gab ruhig zurück >>*Natürlich können die Mitarbeiter ihre Arbeitspläne lesen, aber für den Kopf wäre es sicherlich eine gute Idee, wenn hier nochmals eine Ansage als Motivation für die nächste Phase machen würdest.*<<

Sie war sich nicht sicher, wie ein solcher Ratschlag von ihrer Seite an den CEO wirken würde. Insgesamt hatte sie das Gefühl, als ob Alexander in ihr nur das Anhängsel von Moritz sehen würde, die man halt aufgrund dieser persönlichen Beziehung mitschleppen musste. Und da man in Charakter und Weltanschauung zudem sehr unterschiedlich gepolt war, hatte sich zwischen ihnen nie ein Vertrauensverhältnis entwickelt. Von einer Freundschaft ganz zu schweigen.

>>*Bitte nicht falsch verstehen. Es geht nicht darum, dass Du keine guten und richtigen Ansagen machst.*<< meinte Emma ergänzend und schob hinterher >>*Es geht mir nur um den Zeitpunkt heute, jetzt und hier, damit die Mitarbeiter für sich einen gedanklichen Haken an die erste Phase setzen und sich der nächsten Phase zuwenden können.*<< Alexander schaute sie ruhig an und zu ihrer Überraschung sagte er nur >>*OK, let's go...*<< Und damit erhob er sich und ging zu der „*Wand der Wahrheit*" und trommelte die Mitarbeiter spontan zusammen.

>>*Alle mal herhören!*<< begann er seine Rede dynamisch, so wie man ihn kannte. >>*Wir haben gestern Großartiges geleistet. Wir haben einen erfolgreichen Online-Start hingelegt, wie er im Buche steht und ich bin stolz auf Euch und dieses Unternehmen.*<< Es folgte der erste große Applaus, bei dem Alex selbst in Richtung der Mitarbeiter mitklatschte.

>>*Aber es ist auch vollkommen klar, dass dies erst der Beginn einer tollen Reise war. Einer Reise, die uns als Unicorn in die Champions League der Startups bringen soll.*<< Es folgte erneut ein großer Applaus mit Zustimmungsrufen für dieses Vorhaben. >>*Und es ist auch vollkommen klar, dass sich diese Reise lohnen muss. Für uns Alle muss am Ende der finanzielle Jackpot stehen, damit sich die harte Arbeit auch auszahlt.*<< Auch hier musste er nicht lange auf den Applaus warten, der diesmal natürlich noch etwas intensiver ausfiel.

>>*Damit uns das gelingt, müssen wir jetzt aber die Ärmel noch weiter hochkrempeln und beweisen, dass diese tolle Online-Start auch in einen nachhaltigen Erfolg umgemünzt werden kann.*<< Er nahm das zustimmende Nicken seiner Mitarbeiter entgegen und fuhr fort >>*Und das bedeutet ab sofort Wachstum, Wachstum und nochmals Wachstum…*<< und mit einem Fingerzeig auf die „*Wand der Wahrheit*" ergänzte er >>*…und unser Traum wird nur so gut sein, wie die Ergebnisse, die wir bringen werden.*<<

Mit einem Winken holte er an dieser Stelle seinen Mitgründer Moritz an seine Seite und appellierte an alle anwesenden Mitarbeiter >>*Wir brauchen eine konsequente technische Weiterentwicklung der App und der Plattform. Wir brauchen eine starke Zunahme der Nutzerzahlen für Producer und Consumer. Wir brauchen eine klare Steigerung der Nutzungsintensität, damit wir die Monetarisierung über die Einführung von unserem Geschäftsmodell hinbekommen.*<<

Er schaute mit einem festen und zugleich motivierenden Blick zu seinem CTO und rief anschließend aus >>*Das sind unsere neuen Ziele! Und ich frage Euch: Seit Ihr dabei?*<< Die gesamte *Audio-King.com*-Familie antwortete ihm mit einem lauten >>*Ja!*<<. Alexander reichte dieses Feedback in der Lautstärke jedoch nicht und fragte deswegen nochmals energischer in die Runde >>*Seit Ihr wirklich dabei?*<< Und jetzt bekam er das >>Jaaa!<< zurück, welches keinen Zweifel daran ließ, dass das Team geschlossen hinter ihm stand.

>>*Dann ist hiermit die Startup-Phase offiziell vorbei! Ab heute geht es um Wachstum und die Skalierung unseres Erfolgs!*<< und damit nickte er Moritz zu, der das Schlusswort haben sollte. Dieser rief das bekannte langgezogene „*Let's get ready to rumble!*" um den erneuten Beginn des nun anstehenden Boxkampfes zu verkünden. Und unter erneutem Applaus gingen alle Mitarbeiter zurück an ihre Arbeitsplätze.

Alexander drückte Moritz an seine Brust und schubste dann auch ihn freundschaftlich zurück zu seiner IT-Gang. Mit einem knappen >>*Erledigt.*<< ging er anschließend an Emma vorbei, um sich wieder seinen Aufgaben zuzuwenden. Der „*Battle of the Market*" war noch nicht vorbei, er ging jetzt erst richtig weiter.

Expansion-Phase 1

Die nächsten Wochen verliefen im Vergleich zum Online-Start fast schon unspektakulär. *Business as usual* nannte man das wohl, wobei es das bei einem Startup eigentlich nicht gab. Moritz arbeitete mit seiner IT-Gang fieberhaft an den weiteren Entwicklungen und Features für die App und die zugehörige Plattform. Anna-Maria versuchte zusammen mit der Marketing-Gang die Spannung und das allgemeine Interesse an *AudioKing.com* über den fulminanten Start hinaus für die Presse hoch zu halten. Das war gar nicht so einfach, denn über neue spannende Startups berichteten die Medien gerne, über den langweiligen Alltag danach jedoch nicht.

Dabei stand bis zum nächsten Online-Release der neuen technischen Features und Funktionalitäten insbesondere der Content und die Channels im Mittelpunkt. Täglich wurde geschaut, ob es spannende neue Themen oder bekannte Producer auf der Plattform gab, die man in den kommunikativen Fokus rücken konnte. Auf dieser Basis versuchte man ein aktives Story-Telling nach dem Motto „Hast Du schon auf *AudioKing.com* gehört, dass…?“, um die Attraktivität für neue Teilnehmer zu erhöhen.

Auf dieser Basis optimierte die Marketing-Gang auch ständig den Einsatz von Werbemitteln, das Bespielen der Content-Kooperationen und die Betreuung der Producer- und Consumer auf der Plattform sowie deren zahlreichen Anfragen. In dem ganzen Trubel versuchte zudem Emma immer wieder konsequent für den inneren Ausgleich aller Beteiligten mit Gesprächen und organisierten Teamevents zu sorgen. Sie war auch die Erfinderin des Refresh-Quarter, einer täglichen kollektiven Kaffeepause von einer Viertelstunde pro Team, bei dem über alles geredet werden durfte, nur nicht über die Arbeit. Damit sollte man den Kopf frei bekommen und die Gedanken erneuern.

Das gesamte zugehörige Projektmanagement funktionierte bei *AudioKing.com* in allen Bereichen nach agilen Managementmethoden und basierte insbesondere auf dem Scrum-Prinzip, welches ziemlich simpel war. Anstatt dezentral und hierarchisch lange und viel zu planen und das auch noch ellenlang zu dokumentieren, wird das Gesamtziel in kleinere Scrum-Zwischenziele unterteilt und für die Bearbeitung in Form von Scrum-Sprints in die Hände von einzelnen Projektteams gelegt. Diese Projektteams können dann selbstbestimmt und flexibel die Maßnahmen für die Zielerreichung der einzelnen Scrum-Sprints bestimmen.

Über den jeweiligen Zwischenstand informieren sich die Mitglieder in den Projektteams jeden Tag in einem Daily-Scrum, einer maximal 15-minütigen kleinen Besprechung. Daher auch der Name, denn Scrum kommt eigentlich aus dem Rugby-Sport, wo der Begriff einen dichten Haufen von Spielern bezeichnet, die sich um das Spiel gerät scharen. Hier war das Projekt das Spielgerät und die Spieler die Projektmitarbeiter.

Entscheidend dabei ist, dass jeder Projektmitarbeiter berichten muss, was er seit dem letzten Daily-Scrum gemacht hat, was er bis zum nächsten Daily-Scrum tun wird und was ihn bei seiner Arbeit behindert. Dabei haben alle das Sprint-Ziel im Blick und prüfen, ob und wie es noch erreicht werden kann. Dieses tägliche Treffen mit den aktiven Berichten eines jeden Teammitglieds war das eigentlich Neue an der Methode.

Mit Hilfe dieser Transparenz soll sich die Teammitglieder selbst, aber auch dem Scrum-Master täglich unmittelbar den Fortschritt, aber auch die Hindernisse oder Probleme für den weiteren Projektverlauf berichten. Der Scrum-Master muss als Moderator und Unterstützer des Scrum-Teams dann insbesondere die Hindernisse aufgreifen und helfen, dass diese beseitigt werden. In einem Sprint-Burndown-Chart wird abschließend sichtbar gemacht, wie das Projekt voranschreitet und wie sich alle Teammitglieder aktiv am Projektfortschritt beteiligen.

Durch dieses selbstbestimmte agile Projektmanagement soll es viel schneller zu Ergebnissen bei den einzelnen Teilzielen und damit im Hinblick auf das Gesamtziel kommen. Agiles Projektmanagement mit Scrum ist somit ein iterativer Prozess, der sich aus mehreren Sprints zusammensetzt, bis das gewünschte Produkt bzw. eine

Entwicklung fertiggestellt ist. Auch wenn böse Zungen behaupteten, dass Scrum nicht wirklich neu sei, so musste man feststellen, dass es funktionierte. Und nur das zählte!

So auch wieder an diesem Montag, an dem auch weiterhin alle KPIs für das Startup auf der „*Wand der Wahrheit*" positiv in der Farbe Grün angezeigt waren. Inzwischen stand man bei rund 50.000 Downloads. Davon waren immerhin rund 20% tägliche Consumer als Hörer der Audiofiles. Neben diesen Heavy-Nutzern gab es weitere 50%, die als wöchentliche Consumer die App in Gebrauch hatten. Weitere 20% nutzen *AudioKing.com* seltener als einmal die Woche und der Rest waren Karteileichen.

Auf der anderen Seite standen fast 4.000 Producer, die nun durchschnittlich 2,5 Audiofiles eingestellt hatten. Auch hier hatte man eine vergleichbare Verteilung bei der Aktivität. 15% stellten täglich ein neues Audiofile ein, 45% einmal pro Woche und weitere 20% waren offensichtlich auf monatlicher Basis unterwegs. Der Rest hatte über ein erstes Testfile hinaus keine weiteren Uploads vorgenommen. Die zugehörigen Rankings zeigten Gewinner und Verlierer bei den Channel-Abonnenten und die Hörerzahlen für einzelne Audiofiles.

Von all diesen Aktivitäten und Ergebnissen bekam Alexander König an diesem Tag nichts mit. Der CEO war unterwegs zu einem wichtigen Termin. Er saß seit 06:35 Uhr in einem *Airbus A320* der *Eurowings* auf dem Weg von Düsseldorf nach Stockholm, die nach

2 Stunden und 5 Minuten planmäßig auf dem Flughafen *Arlanda* der schwedischen Hauptstadt landen sollte. Mit ihm in der Maschine saß Dr. Jörg Lehmann von *DIC*, der schon am Vortag aus Berlin extra nach Düsseldorf gereist war, um diesen Termin gemeinsam mit Alexander vorzubereiten. Es war das angekündigte Treffen mit *Spotify*.

>>*Also, wie abgesprochen. Wir lassen die mal auf uns zukommen und schauen, wie das Gespräch verläuft. Dann reagieren wir. OK?*<< meinte Jörg Lehmann zu dem neben ihm sitzenden Alexander König. Beide hatten sich gegeben der zugedachten Rollen angezogen. Der junge Gründer kam bescheiden in Jeans und einem T-Shirt von *Audio-King.com* mit dazu passenden Sneakers daher. Sein Signal sollte sein, dass man noch klein und unbedeutend gegenüber dem großen *Spotify* und damit keine Bedrohung war.

Daneben trug Jörg Lehmann einen formalen grauen Business-Anzug mit offenem weißen Hemd und seinen obligatorischen Manschetten-Knöpfen. Feine hellbraune Budapester-Schuhe mit einem farblich dazu passenden Gürtel signalisierten einen dynamischen aber auch nicht schwachen Partner als Investor an der Seite des jungen vielversprechenden Startups. >>*Alles klar.*<< antwortete Alexander, der nochmals seine Präsentation auf dem Laptop durchging, die er komplett auf Englisch in den letzten Tagen angepasst hatte.

Nachdem sie planmäßig gelandet waren, bestiegen sie ein Taxi und ließen sich zu der angegebenen Adresse in der Innenstadt von Stockholm fahren. Wer nun gedacht hatte, dass hier dieses Weltunternehmen in einem modernen repräsentativen Campus *à la Google* residierte, der sah sich getäuscht. Das Bürogebäude mit dem Namen *Jarlahuset* in der *Birger Jarlsgatan* war mit der weißen Klinkerfassade in dem verschlafen wirkenden Stadtteil *Vasastaneher* eher unscheinbar. Nur das grüne *Spotify*-Logo am rechten Randeingang des Gebäudes verriet, dass hier eines der führenden Startups der Musikbranche beheimatet war.

Da Alexander und Jörg Lehmann noch ein wenig Zeit bis zu dem verabredeten Termin hatten, kehrten sie direkt neben dem Eingang von *Spotify* in Coffee Shop von *Joe & the Juice* ein. Hier gab es neben den üblichen Kaffee-Angeboten aber auch zahlreiche frische Fruchtsäfte. Alexander entschied sich für einen *Pick me up* auf Basis von Himbeeren, Banane und Apfel, während Jörg Lehmann einen *Iron Man* mit Kiwi, Erdbeeren und Apfel bestellte. Sie diskutierten noch über die aktuellen Zahlen, als es dann doch Zeit wurde, um zu ihrem Termin aufzubrechen, für den sie nur eine Tür weitergehen mussten.

Der Musikstreaming-Dienst belegte fast alle Etagen in dem Bürohaus, wobei der Empfang auf *Plan 04* und damit im ersten Stock zu finden war. Dort stand man vor einem modernen Desk aus dunklem Stein mit aufgesetzter Glasscheibe an dessen Rückseite ebenfalls das grüne Firmenlogo allerdings ohne Schriftzug platziert war. Davor gruppierte sich etwas abgesetzt auf einem grauen Teppich eine kleine Sitzgruppe mit weißem Drahtgestell für die wartenden Gäste. Der Eingangsbereich war unter anderem mit alten Schallplatten dekoriert, was Alexander König zu einem Lächeln brachte.

Normale Gäste mussten sich selbständig an einem Computer eintragen und angeben, mit welchem Mitarbeiter das Treffen stattfand. Dieser wurde dann per SMS für eine Abholung informiert. Aber die beiden heutigen Besucher von *AudioKing.com* waren keine normalen Gäste und trotzdem waren Alexander König und Jörg Lehmann überrascht, als sie von dem *Spotify*-Gründer Daniel Ek persönlich abgeholt und begrüßt wurden.

Nach einem kurzen Rundgang durch das Büro, in dem anstelle von Trennwänden unzählige gespannte Schnüre die einzelnen Arbeitsbereiche voneinander abtrennten, gelangten sie vorbei an dem mit den Portraits der Mitarbeiter dekorierten Treppenhaus, der Bühne für kleine Konzerte für Mitarbeiter und dem obligatorischen Spielraum mit Flipper, Kicker und Billard-Tisch zu dem eigentlichen Besprechungsraum.

Dieser war sprichwörtlich einzigartig. Er war von den Stockholmer Designern von *Storey Interior* gestaltet und wurde dominiert von einem großen lila Sofa aus Samtstoff mit knopfgesteppten Rückenlehnen als Tieflieger. Hinzu kamen zwei dunkle Samtsessel, dessen Lehnen an der Frontseite mit einer Nietenleiste besetzt waren.

In der Mitte standen Glastische mit goldenen Füßen über denen drei Hängelampen des Modells *Skopelos 3* in unterschiedlicher Höhe positioniert waren. Die Glühbirnen waren umgeben von goldenen geometrischen und mehrdimensionalen Lampenschirmen aus gelochtem Metall. Dazu passend korrespondierte der goldfarbene Teppich und als optischer Eyecatcher eine an der mit einer grünen Mandala-Tapete beklebten Wand angebrachte goldene Quaste, die an einem Haken scheinbar ohne Funktion herunterhang.

>>*Schöner Wohnen at it´s Best…*<< dachte Alexander, als er sich auf das lila Sofa setze, während Jörg Lehmann einen der Sessel bevorzugte, in dem man etwas aufrechter saß. Alex verband während dem ersten Small-Talk der anwesenden Gesprächspartner seinen Laptop mit dem TV-Bildschirm und rief seine Präsentation auf. Es war ein klassischer Pitch und Jörg Lehmann runzelte ein wenig die Stirn, weil ursprünglich eine allgemeine Vorstellung von *Audio King.com* geplant war, ohne dass das Business-Model und die zugehörigen Finanzen vorgestellt wurden.

Alexander berichtete leidenschaftlich über sein Startup und wie es sich entwickeln sollte. Es erinnerte ein wenig an den *Battle of Ideas*, nur ohne Bühne. Er beendete seine Ausführungen mit dem Übergang in die Diskussion, für die er ebenfalls den ersten Anstoß gab. >>*Ja, unsere Nutzer wollen ihr Spotify-Account auch bei uns einbinden und um ehrlich zu sein, setzen wir mit unserem Mehrwert damit auch auf euren*

Streamingdienst auf.<< Er schaute abwechselnd nickend zu den beiden *Spotify*-Gründern und fuhr fort >>*Aber die Musik steht im Gegensatz zu eurer Plattform bei uns nicht im Fokus. Wir konzentrieren uns auf den Content, der von den Nutzern eingestellt wird.*<<

Daniel Ek und Martin Lorentzon schauten sich gegenseitig an und waren gespannt, wie Alexander das meinte. Die Erklärung kam prompt. >>*Die Musik ist nur das notwendige Hilfsmittel, um die individuellen Radiosender in der gemeinsamen Content-Playlist zu erzeugen.*<< Und er ergänzte >>*Zudem haben wir keine Zulassungsbeschränkung für diesen Content, während ihr auf qualitative Podcasts setzt.*<<

Jörg Lehmann, der inzwischen ahnte, worauf Alexander hinauswollte und der diesen Move so früh im Programm gar nicht unattraktiv fand, meldete sich ergänzend zu Wort. >>*Deswegen sehe ich uns nicht als Konkurrenten, sondern wir wollen eher gegen Facebook und YouTube antreten und die zentrale Social-Network-Plattform auf Basis von auditiven Content werden.*<< Alexander nickte und nahm den Ball auf. >>*Richtig! Facebook mit Instagram für Text und Fotos, YouTube für Videos und Audio King.com für Audiofiles und Podcasts.*<<

Nachdem weitere Gedanken, Vorstellungen und Feinheiten in den beiden Geschäftsmodellen und Plattformen von *Spotify* und *AudioKing.com* ausgetauscht waren, setzte Alexander zum Finale an. >>*Das bedeutet, ich sitze hier nicht für ein von uns zu bezahlendes Lizenz- oder Schnittstellen-Modell, sondern für eine direkte Beteiligung von Spotify an*

AudioKing.com und damit unserem Startup.<< Er richtete sich auf, um seinen weiteren Worten noch ein besonderes Gewicht zu geben. >>*Ich sitze ferner hier, weil ich euch persönlich als Mentoren für AudioKing.com gewinnen will, die uns helfen, eine relevante Medienplattform aufzubauen.*<<

Er sah in den Augen der beiden *Spotify*-Gründer, dass sie offensichtlich Gefallen an der Idee bekamen. >>*Wie sieht das Angebot konkret aus?*<< wollte Daniel Ek wissen. Alexander schaute zu Jörg Lehmann und der machte nun seinerseits einen nicht ganz im Vorfeld abgestimmten Vorschlag. >>*Wir können uns einen Split vorstellen. Ihr investiert in der 2. Runde einen Betrag X, den Ihr selber festlegt. 50% davon zu der dann aktuellen Bewertung und 50% rückwirkend zu der Bewertung für die Investoren in der 1. Runde.*<<

Alexander verstand die Systematik sofort und ergänzte >>*Die rückwirkende Bewertung quasi als Dankeschön für die schnelle Hilfe beim Schnittstellen-Problem bei unserem Online-Start.*<< Nun meldete sich Martin Lorentzon zu Wort. >>*Aber neben der Beteiligungsmöglichkeit brauchen wir zumindest symbolisch auch einen Betrag für die laufende Nutzung unserer Schnittstelle, sonst werden wir unglaubwürdig gegenüber den anderen anfragenden Unternehmen.*<< Und mit einem Lächeln ergänzte er >>*Und schließlich können wir nicht immer in alle diese Unternehmen investieren.*<<

>>*Das verstehe ich und bitte macht einen Vorschlag, wie überhaupt die Details insgesamt aussehen könnten. Zusammen mit Jörg Lehmann findet Ihr dann sicherlich eine Lösung.*<< gab Alexander zurück. Er war sichtlich

zufrieden über den Verlauf des Gesprächs und fühlte sich in seiner Taktik bestätigt. Nachdem er gestern die Szenarien für möglichst wenig Cash-out zur Nutzung der Spotify-Schnittstelle mit Jörg Lehmann diskutiert hatte, war ihm quasi über Nacht die Eingebung mit der Beteiligung als Cash-in gekommen. Er fand für sich die zugehörige Idee einer europäischen Beteiligungsallianz als Schulterschluss zwischen *Spotify* und *AudioKing.com* viel charmanter, als für eine Schnittstelle zu bezahlen.

>>*Am Ende des Tages werden wir uns als Plattformen ergänzen und somit eine win-win-Situation erzeugen. Ihr mit Musik und Podcasts der Profis und wir mit Podcasts von Profis und eben auch Amateuren mit der Einbindung eurer Musik.*<< sagte Alexander in die Gruppe. Und auch Daniel Ek war jetzt sehr angetan von dem gemeinsam aufgebauten Szenario und meinte ergänzend >>*…und wenn sich die Dinge positiv entwickeln, dann partizipieren wir Alle an dem Erfolg.*<< Er reichte Alexander wie zur Bestätigung die Hand. Der nahm sie gerne an, schüttelte sie und antwortete. >>*Einem großen digitalen Erfolg…*<< und schob mit Begeisterung hinterher >>*…made in Europe!*<<

Als Alexander König und Jörg Lehmann am Abend gemeinsam in der Maschine von *Eurowings* auf dem Rückflug nach Düsseldorf saßen, waren beide sehr zufrieden mit dem Ausgang. >>*Auch wenn ich es eigentlich gar nicht mag, wenn ein Mitspieler ohne Abstimmung seine Taktik ändert, so spricht das Ergebnis für sich.*<< meinte Jörg Lehmann zu dem jungen Gründer. Der schaute ihn an und hob beschwichtigend die Hände. >>*Sorry, aber ich hatte echt kurzfristig diese Eingebung und immerhin zwei Präsentationen vorbereitet. Eine als Plan A wie abgestimmt für die geplante Kooperation und eben eine als Plan B mit einem Pitch für die neue Beteiligungsperspektive.*<< Der *DIC*-Vertreter schaute ihn fragend an >>*Und wann hast Du Dich für welche Variante entschieden?*<< wollte Jörg Lehmann wissen.

Alexander grinste zurück. >>*Erst beim Anschluss meines Laptops im Besprechungsraum, als ich die goldene Quaste an der Wand sah. Ich wollte spontan dran ziehen und mal schauen, was passiert.*<< Er vollzog eine ziehende Geste in der Luft und meinte >>*Und das habe ich mir dann auch bei der Auswahl der Präsentation gedacht. Also habe ich mich spontan für Plan B entschieden, um zu schauen, was passiert.*<<

Expansion-Phase 2

Ein paar Monate später fand die 15. internationale *Mobi.dig Conference* in Berlin statt. Die Zusammensetzung der Begriffe *Mobile* und *Digital* war schon der Hinweis, dass es hier um alle Themen rund um den Einsatz von digitalen Applikationen im Mobilfunk-Bereich ging. Gestartet war die Veranstaltung 2004 als ganz kleines Entwicklertreffen im Anschluss an den ersten Freiluft-Versuch einer mobilen App auf

UMTS-Basis parallel zur *Kieler Woche*, dem weltgrößten Segelereignis. Entsprechend war auch ein Walfisch als maritimes Erkennungssymbol im Logo der Veranstaltung verewigt, welches die sprachliche Nähe zu dem Roman Moby-Dick zum Ausdruck brachte.

Damals hatte ein Forscher- und Entwicklungsteam vom neuen *Multimedia-Campus Kiel* lange vor *Apple* zusammen mit *Motorola* und der *Telekom* die allererste mobile App programmiert und in einem Feldversuch mit echten Nutzern live getestet. Dazu wurden extra entlang der Kiellinie die ersten UMTS-Masten aufgestellt und rund 500 der ersten UMTS-fähigen Handys an die Besucher kostenlos zum Test verteilt, auf der die App implementiert war.

Die App bot dem Nutzer einen umfangreichen multimedialen Service zu den Segelergebnissen, den Sehenswürdigkeiten vor Ort und den zahlreichen Events rund um die Kieler Woche inklusive GPRS-Navigation und Touch-Display. Der Look und der Aufbau der App kam schon damals erstaunlich nah an den späteren Standard heran. Selbst *Apple* hatte zum 10-jährigen Jubiläum dieses Ereignisses in einem Pressebeitrag anerkannt, dass man damals diesen Test intensiv beobachtet hatte.

Eine kleine Entwicklerkonferenz war die *Mobi.dig* zwischenzeitlich schon lange nicht mehr. Bei der nun stattfindenden Ausgabe tummelt sich über 7.000 Besucher und rund 300 Aussteller in den Messehallen der Hauptstadt. Im Mittelpunkt stand ein umfangreiches

Bühnenprogramm mit Speakern, Unternehmensvertretern und Start-ups auf dem Programm, bei dem aktuelle Trends im App-Bereich diskutiert wurden. Und natürlich durfte diesmal *AudioKing.com* nicht fehlen.

Das „Startup der Stunde“ war sowohl mit einem eigenen Stand, als auch mit einem eigenen kleinen mobilen Tonstudio vor Ort, in dem die Besucher und Podcast-Entwickler direkt ihre Audiofiles professionell aufzeichnen konnten, um sie anschließend in ihren Channel hochzuladen. Als besonderes Highlight hatte das Unternehmen einen Special Event-Slot auf der Hauptbühne gebucht, um mit einer Keynote auf die aktuellen Entwicklungen aufmerksam zu machen. Hinzu kam eine mit Spannung erwartete Podiumsdiskussion zwischen Alexander König und Manfred Schlehbusch, dem Intendanten des Nord-West-Rundfunks zur Zukunft der auditiven Medien.

Als Alexander vormittags nach einem kleinen Imagefilm zu *AudioKing.com* die Bühne für seine Keynote betrat, war der Raum brechend voll und Applaus brandete auf, denn in der App-Gemeinde hatte *AudioKing.com* inzwischen fast schon Kultstatus erreicht. Entsprechend der Teilnehmer war Alexander heute sehr sportlich gekleidet unterwegs und es kamen mal wieder Jeans, das T-Shirt mit dem Logo von *AudioKing.com* und seine weißen Sneakers zum Einsatz. Er bedankte sich für den herzlichen Empfang und begann seine Präsentation, in dem er die Entwicklung des Startups bis zum heutigen Tag und die aktuellen Zahlen präsentierte. Und die waren einmal mehr beeindruckend.

>>*Ich bin stolz mitteilen zu dürfen, dass wir inzwischen bei über 700.000 Downloads liegen.*<< Er hob gegen Ende des Satzes die Stimme, um den Applaus zu provozieren, den er auch bekam. >>*Dahinter verbergen sich mehr als 100.000 tägliche und mehr als 350.000 wöchentliche Hörer, die im Durchschnitt mindestens eine Stunde unsere Medienplattform nutzen.*<< Wieder bekam er den beabsichtigte Applaus. >>*Über 20.000 Channels mit mehr als 60.000 Audiofiles stehen diesen Hörern inzwischen zur Verfügung.*<< Erneut gab es Applaus.

Alexander war in seinem Element und zog als Rampensau alle Register. Er ging auf der Bühne auf uns ab und unterstrich seine Aussagen mit dazu passenden Gesten. Er berichtete zudem über die neuen technischen Features, die man mit dem letzten großen Update eingeführt hatte und gab den einen geheimnisvollen Ausblick, was noch kommen könnte. Er zog ferner eine erste Bilanz zu der Einführung der Monetarisierung des Geschäftsmodells.

>>*Wir bieten unseren Nutzern zwei Modelle an. Eins kostenlos aber mit Werbung und eins ohne Werbung aber dann gegen Bezahlung einer monatlichen Nutzungsgebühr in Höhe von 4,95 Euro.*<< Er berichtete, dass sich schon über 50.000 Nutzer für die Bezahlvariante ohne Werbung entschieden haben. >>*Für die andere Modellvariante haben wir schon über 200*

nationale und regionale Werbetreibende gewinnen können, die auch bei uns ihre Audiospots schalten.<< In diesem Zuge versprach er, dass es bei maximal 5 Minuten Werbung pro Stunde zeitlich verteilt in den einzelnen Playlists bleiben sollte.

Er gab zudem einen Ausblick über die verschiedenen Möglichkeiten die der einzelne Channel-Producer hatte, um sich in den Rankings und Empfehlungen werblich zu platzieren und somit weitere Abonnenten zu gewinnen. >>*Auch hier sehen wir eine klare Tendenz nach oben bei der Buchung der entsprechenden Möglichkeiten.*<< wobei er an dieser Stelle konkrete Zahlen nicht nannte. Jeder konnte sich ausrechnen, dass die insgesamt mit den Aussagen verbundenen Einnahmen die prognostizierten Kosten noch nicht decken würden. Das war aber zu diesem Zeitpunkt noch nicht der entscheidende Punkt.

An dieser Stelle und zu dieser Entwicklungsphase standen weiterhin die 3R-Faktoren von Reichweite, Relevanz und Reaktion im Mittelpunkt. Entsprechend signalisierte Alexander >>*Wir wollen weiter wachsen, wachsen, wachsen. AudioKing.com ist auf dem besten Weg zu einer der führenden Medienpattformen zu werden.*<< gab er stolz zu Protokoll. >>*Zugegeben, wir sind noch auf dem Weg, haben aber das Ziel fest im Blick und der Proof of Concept ist da. Und den wollen wir jetzt skalieren.*<<

Er kam zum Ende seines Auftritts und hatte sich noch ein ganz besonderes Highlight für die anwesende Gründer- und Investorenszene für den Schluss aufgespart. Er machte eine längere Pause und legte den Zeigefinger auf den Mund. Der ganze Raum wurde ruhig und war gespannt, was jetzt kommen würde.

>>*Es ist mir eine große Freude mitzuteilen, dass wir in der letzten Woche eine weitere Finanzierungsrunde in Höhe von 50 Mio. Euro haben abschließen können.*<< Applaus, Jubelrufe und anerkennende Pfiffe rauschten durch die Halle und die ersten Mitteilungen zu dieser News wurden in die Handys getippt, um sie auf Twitter & Co. abzusetzen. >>*Damit hat AudioKing.com nun eine Post-Money-Bewertung von 340 Mio. Euro.*<< rief Alexander in den immer noch anhaltenden Applaus hinterher.

Definitorisch diente die Post-Money-Bewertung dazu, Klarheit über den Wert eines Startup zu schaffen, nachdem ein Investor oder mehrere Investoren in einer Finanzierungsrunde sein oder ihr Kapital eingebracht hatten. Dazu wird im Prinzip das verhandelte Resultat der Pre-Money-Bewertung und das neue Investment addiert. Als Ergebnis erhält man die Post-Money-Bewertung und die stellte nun im Fall von *AudioKing.com* schon das Fünffache von dem Ergebnis der Startbewertung aus dem *Battle of Ideas* dar.

>>*Das ist noch nicht Alles!*<< rief Alexander weiter in den Saal. >>*Denn neben den bereits vorhandenen und einigen neuen Investoren haben wir zwei ganz besondere Kapitalgeber gefunden, die an uns glauben.*<< Und an dieser Stelle wurde das Licht in der Halle nochmals etwas abgedunkelt und ein weiteres Video erschien auf dem großen Leinwand.

>>*Hey, we are Daniel Ek und Martin Lorentzon from Spotify…*<< der Rest ging in dem allgemeinen Jubel und Trubel unter, denn natürlich kannte jeder die beiden Gesichter, die nun über die Videobotschaft zu erkennen waren. Und damit hatte es Alexander mal wieder geschafft, einen ganz großen Auftritt hinzulegen und er verließ noch während der Videobotschaft mit einem Winken die Bühne.

Zeitgleich mit dem Ende dieser denkwürdigen Keynote ging ein Artikel bei *startup.news* online, wo man alle Details zu dem Deal nachlesen konnte. Entsprechend zeigte Fynn Schneider hinter der Bühne die Daumen-Hoch-Geste als er Alexander anerkennend auf die Schulter klopfte. Anna-Maria reichte ihm mit einer Umarmung eine Wasserflasche und gab ihm einen Überblick zu den ersten Reaktionen im Netz. Anschließend gab sie ihm noch die Unterlagen für die Vorbereitung auf die noch anstehende Podiumsdiskussion mit dem NWR-Intendanten.

Manfred Schlehbusch war Ende fünfzig und seit acht Jahren der Intendant einer der größten Rundfunkanstalten in Deutschland mit fast 14 Mio. Zuhörern täglich. Dagegen war *AudioKing.com* noch ein kleiner Fisch und das wusste Manfred, der auch gar keinen Zweifel daran aufkommen lassen wollte, dass er der Chef im Ring war. Er hatte einen Anzug mit einem weißen Hemd und einer roten Fliege an und strahlte die gutbürgerliche Art eines Bürokraten aus. Nachdem er auf die erste Frage mit einem >>*Zunächst einmal möchte ich festhalten, dass der NWR…*<< antwortete und damit die Stärke seines Senders demonstrierte, endete er mit dem Hinweis >>… *das natürlich auch der NWR moderner wird und auch wir die ersten Podcasts zu unseren Sendungen ins Netz gestellt haben.*<<

Als der Moderator wissen wollte, ob diese Podcasts auch bei *AudioKing.com* eingestellt wurden, gab es nur ein verächtliches >>*Natürlich nicht…*<< zurück und die Begründung schob er auch gleich hinterher >>*Warum sollten wir eine Plattform unterstützen, die es sich zum Ziel gemacht hat, das klassische Radio zu zerstören?*<< schnaufte er und schaute süffisant in das Publikum, welches ihm aber nicht die erhoffte zustimmende Reaktion schenkte. Entsprechend legte er nach >>*Der NWR steht für erstklassigen Content auf Basis eines qualitativen Journalismus. AudioKong.com steht für eine mehr oder weniger minderwertige Massenware.*<<

Der Moderator wandte sich entsprechend an Alexander und fragte ihn, ob er den NWR auf seiner Plattform vermissen würde. >>*Offen gesagt Nein, denn wir wollen nur Nutzer, die gerne bei uns sind, weil sie unser Plattform lieben und ihre Zeit gerne bei uns verbringen wollen. Und im Übrigen heißen wir AudioKing.com und Kong war der große Affe in einem Kinofilm.*<< und nachdem er die ersten Lacher dazu abgewartet hatte, ergänzte er zu dem Intendanten gewandt >>*Ich denke, dass der NWR tatsächlich Angst hat, das die angekündigte Zerstörung grundsätzlich funktionieren könnte.*<<

Als der Moderator hier natürlich nachfragte, wie er darauf kommen würde, legte Alexander los. >>*Die klassischen Medien leiden unter dem Internet und verlieren seit Jahren ihre Kunden. Erst waren es die Zeitungen, dann war es das Fernsehen und jetzt ist es eben das Radio.*<< Er vollzog eine kleine Pause und fuhr fort. >>*Linearität in der Mediennutzung gehört der Vergangenheit an. Es gibt auch keine Alleinherrschaft mehr von einzelnen Medienkanälen. Der Nutzer holt sich da seine Informationen, wo er möchte und wo er schnell und individuell versorgt wird. Content ist und bleibt im Netz der „King" und wir sind AudioKing.com und wollen dem Nutzer ein Angebot für ein individuelles Radio machen.*<<

Manfred Schlehbusch sah sich herausgefordert. >>*Sie machen kein Radio! Genauso wenig wie YouTube oder Netflix ein Fernsehprogramm macht. Denn dafür wären Redaktionen erforderlich, die den Zuschauer oder Zuhörer mit den Informationen versorgt, die er für eine gesellschaftliche Partizipation braucht. Alles andere ist Spielerei.*<<

Alexander antworte ruhig aber energisch >>*Ja, Ja und jetzt kommen Sie gleich wieder mit dem Informationsauftrag des öffentlich-rechtlichen Rundfunks. Nur wer sagt uns, dass die zugehörigen Strukturen und Ergebnisse wirklich die sind, die der Nutzer haben möchte?*<<

Es wurde ein munterer Schlagabtausch über die Veränderungen der Medienlandschaft, die Herausforderungen des Internets für die klassischen Medien und die veränderte Mediennutzung gerade bei der jungen Generation. Am Ende gab es die üblichen Abschluss-

Statements und Manfred Schlehbusch fing an. >>*Das Radio so wie es jetzt ist, gibt es schon seit über hundert Jahren und es wird es auch noch in weiteren hundert Jahren geben. Daran wird auch das Internet nichts ändern, was für uns nur ein weiterer Übertragungskanal ist.*<< Der höfliche Applaus hielt sich in Grenzen. Nun war Alexander an der Reihe.

>>*Ich glaube an Veränderung als Quelle der Erneuerung und Verbesserung und wir wollen das Radio neu erfinden und zu einem individuellen Erlebnis machen. Dabei kann man die alten Tugenden der Radiomacher durchaus mit den neuen Möglichkeiten der Internet-Technologie verbinden.*<< und mit einem Seitenblick auf den NWR-Intendanten schob er nach >>*Wenn man will. Und wenn man nicht will, dann kann man halt nur zuschauen, was das Internet mit einem macht. Passivität ist keine Option im digitalen Zeitalter. Wir wollen mit AudioKing.com aktiv herausfinden, wie die auditive Medienplattform der Zukunft aussieht und laden jeden herzlich ein, dabei mitzumachen.*<<

Sein Applaus war deutlich größer und somit konnte er bei dieser Podiumsdiskussion wohl auch einen Punktsieg erzielen. Allerdings hatte er bei dem Publikum der *Mobi.dig Conference* natürlich per se bessere Karten als der Mediendinosaurier vom NWR. Dennoch wollte er nicht den Fehler machen und den öffentlich-rechtlichen Rundfunk unterschätzen. Zudem hatten schon einige Radiosender angefangen, auch bei *AudioKing.com* ihre Channels aufzubauen und ihre Podcasts auch hier zu platzieren. Das Rennen um die Hörergunst war also noch komplett offen und zudem stand noch gar nicht fest, ob nicht beide auditive Medienformate nebeneinander existieren konnten.

>>*Vielleicht sind wir gar nicht die Zerstörung sondern die Rettung für das Radio.*<< meinte Alexander beim Verlassen der Bühne zu Manfred Schlehbusch und lud ihn zu einem Besuch nach Düsseldorf ein. Zu seiner Überraschung sagte der NWR-Intendant zu. >>*Niemand soll sagen, dass wir nicht offen sind für neue Dinge.*<< sagte er zu Alexander und schob leise hinter vorgehaltener Hand hinterher >>*Ihr müsst nur aufpassen, denn ich habe die ersten Hinweise, dass sich auch rechtsradikale und sexistische Inhalte auf eurer Plattform breit machen.*<< Damit erwischte er Alexander natürlich auf dem vollkommen falschen Fuß. Dem Intendanten entging diese Reaktion natürlich nicht.

>>*Ich wollte auf der Bühne fair bleiben und diesen Pfeil nicht öffentlich aus dem Köcher ziehen, aber dieses Problem solltet ihr schnell in den Griff bekommen, damit neue Dinge auch gute Dinge sind.*<< Damit ließ er Alexander stehen und zog davon. Der junge CEO stand irritiert einen Moment alleine hinter der Bühne. Bis jetzt war alles sehr gut gelaufen bei *AudioKing.com* und er sonnte sich im Licht der Aufmerksamkeit. Sollten jetzt die ersten Wolken aufziehen, die einen Schatten auf sein Startup werfen? Er tippte eine Nachricht in die interne AK-Gruppe bei *Slack*.

„Krisensitzung morgen um 09:00 Uhr im Büro.“

Expansion-Phase 3

>>*Was ist los?*<< wollte Moritz wissen, als er am nächsten Morgen um Punkt 09:00 Uhr den Glaskubus im Büro betrat. Alexander berichtete seinem Kollegen im Beisein von Anna-Maria von der Bemerkung, die er von dem NWR-Intendant am Tag zuvor entgegennehmen musste. >>*Wenn das stimmt und öffentlich gespielt wird, ist das natürlich ein PR-Thema, auf das wir vorbereitet sein sollten.*<< ergänzte Anna-Maria die Schilderung von Alexander gegenüber Moritz.

Der nickte und antwortete >>*Gut, ich meine wir hatten dieses Szenario ja schon ganz am Anfang mal durchgespielt und auch in den AGBs als Verbot bzw. Löschungsgrund von entsprechenden Inhalten behandelt.*<< er kaute kurz an einem Fingernagel und fuhr dann fort >>*Und leider war auch klar, dass das irgendwann einmal passieren würde, wenn auch noch nicht so schnell.*<< Alexander gab sich damit nicht zufrieden. >>*Die Frage ist jetzt, warum wir davon nicht mitbekommen haben und was wir dagegen tun können.*<< Moritz hatte sofort eine Erklärung.

>>*Zum einen, weil uns solche Fälle von den Nutzern noch nicht über die Meldemöglichkeit zugespielt wurden und zum anderen, weil wir noch keinen generellen Upload-Filter haben, der alle Audiofiles automatisch nach speziellen Begriffen durchsucht.*<< Als Upload-Filter wird eine serverseitige Software bezeichnet, welche Dateien beim Hochladen prüft, gegebenenfalls abweist, verändert oder sonstige Maßnahmen initiiert. Maschi-

nelle Datenverarbeitung soll dabei eine inhaltliche Prüfung durch Menschen ersetzen. >>*Sind wir nicht per Gesetz sowieso verpflichtet, einen solchen Upload-Filter einzusetzen, um generelle Lizenzverstöße gegen das Urheberrecht zu entdecken?*<< wollte Anna-Maria wissen.

>>*Ja und Nein*<< antwortete Moritz. Er erklärte kurz die aktuelle Regelung zur Richtlinie des Europäischen Parlaments und des Rates über das Urheberrecht im digitalen Binnenmarkt. >>*Danach müssen Plattformen und insbesondere soziale Netzwerke jeden Content, der von den Nutzern hochgeladen wird, vorab auf Lizenzverstöße überprüfen oder sich selbst im Vorfeld die Lizenzen bei den Urhebern beschafft haben.*<< Er schaute zu Alexander und ergänzte >>*Zur Ausgestaltung der EU-Richtlinie in nationale Gesetzestexte haben die Mitgliedsstaaten zwei Jahre Zeit und in dieser Phase befinden wir uns noch.*<< Es war wieder Anna-Maria, die wissen wollte, was das nun konkret bedeutete.

>>*Das bedeutet, dass wir in Deutschland noch keine konkrete Vorschrift zur Ausgestaltung dieser Richtlinie haben. Hinzu kommt, dass wir im Moment gar keine Kapazitäten hätten, um einen eigenen Upload-Filter zu entwickeln.*<< gab Moritz konzentriert zurück und ergänzte >>*Es soll zudem für Startups am Anfang einen gewissen Welpenschutz geben, wo man einen solchen Filter noch nicht vorweisen, sondern als Plattform-Betreiber nur bei einem aktiven Hinweis auf Verstöße mit einer Löschung des Inhalts reagieren muss.*<< Der CTO schaute in die Runde und hatte auch noch einen zusätzlichen Aspekt, den er anmerken wollte.

>>Je nachdem, wann die EU-Richtlinie auch für uns verbindlich wird, müssten wir dann wahrscheinlich zunächst einen lauffähigen Upload-Filter teuer bei jedem Upload zwischenschalten. Und die einzigen wirksamen Produkte in diesem Bereich kommen ausgerechnet von Google oder YouTube.<< Alexander schlug sich mit einer ungläubigen Geste die Hand an den Kopf und meinte *>>Damit würde man denen ja aber auch noch alle eigenen Daten frei Haus liefern und diesen beiden Netzgiganten zusätzlich einen enormen Datenpool in den Rachen schieben.<<*

Moritz nickte zustimmend. *>>Ja, ein echter Knieschuss der EU-Digitalpolitik. Die vergrößern so deren Datenmacht, die man eigentlich beschneiden wollte. Wahnsinn!<<* Und Alexander ergänzte mit einem ersten Blick auf seine Uhr *>>Hinzu kommt die ganze Frage nach einer damit verbundenen generellen Überwachung des Internets auf Basis dieser Upload-Filter und wer sich dazu einen wirtschaftlichen oder politischen Zugang verschafft. Prost Mahlzeit!<<*

Moritz musste wieder zustimmend nicken und erinnerte in diesem Zusammenhand an die zahlreichen Proteste, wo zum ersten Mal in Deutschland über hunderttausende Menschen für ein Digitalthema auf die Straße gingen, um gegen die EU-Richtlinie zur Upload-Filterung zu protestieren. *>>Leider ohne Erfolg!<<* meinte der CTO, der selbst regelmäßig an diesen Protesten teilgenommen hatte.

An dieser Stelle war es Anna-Maria, die zurück zum eigentlichen Thema kommen wollte und meinte *>>Also ich sehe die inhaltliche*

Prüfung nicht als notweniges Übel, sondern als unsere Pflicht an, um wirklich auch von uns unerwünschte rechtsradikale oder sexistische Inhalte gar nicht erst auf die Plattform zu lassen.<< Moritz war einverstanden mit dieser Interpretation und gab zurück >>*Absolut richtig, aber vielleicht muss man hier trennen zwischen der Grundsätzlichkeit der Inhalte, die wir nicht wollen und dem Detailwahnsinn einer Prüfung, ob bei einem Podcast ein lizenzpflichtiger Inhalt verwendet oder im Hintergrund vielleicht eine Musik zu hören ist, die rechtlich geschützt ist.*<<

Und damit wandte sich Moritz nochmals an Alexander und machte deutlich, >>*dass wir das systemseitig im Moment über eine vollkommende Kontrolle aller Audiofiles technisch nicht stemmen können.*<< Dem CEO wurde an dieser Stelle schlagartig bewusst, wo der wesentliche Unterschied zwischen einer offenen Audio-Plattform wie *Audio King.com* und einem in sich geschlossenen Radiosender wie dem NWR lag.

Im ersten Fall konnte jeder Nutzer seinen eigenen guten aber eben auch schlechten bis verbotenen Content direkt ohne Kontrolle und zudem mit einem anonymen Account einstellen. Im zweiten Fall konnten Redakteure und eine Sendeleitung den Content selbst gestalten und somit auch qualitativ kontrollieren. >>*Wir sind verdammt nochmal vollkommen abhängig von der Gutmütigkeit und Fairness unserer Nutzer gegenüber unserer Plattform.*<< resümierte Alexander und ihm wurde damit schlagartig bewusst, was Prof. Dr. Rüdiger Zenker mit dem

„sklavistischen Aspekt“ in seiner Vorlesung zur Plattform-Ökonomie meinte.

Auch Moritz erinnerte sich an die Worte ihres Professors der damals diesen Aspekt so beschrieb >>*Der Plattform-Betreiber ist vollkommen von der quantitativen und qualitativen Teilnahmebereitschaft der Plattform-Nutzer abhängig und erbringt unabhängig hiervon über die reine Bereitstellung des Plattform-Systems für den Content keine originäre Eigenleistung.*<< *AudioKing.com* war vor diesem Hintergrund quasi der „Sklave“ seiner Nutzer und musste nicht nur dafür sorgen, dass die zufrieden immer mehr Zeit auf der Plattform verbrachten, sondern eben auch durch problembehaftete Inhalte nicht verschreckt wurden.

>>*Jetzt verstehe ich auch, warum immer gesagt wird, dass Fake-News das größte Problem für Facebook sind.*<< murmelte Alexander vor sich hin und Anna-Maria konnte an dieser Stelle aus PR-Sicht die Erklärung hinterherschieben >>*Denn wenn alle Inhalte ein Fake wären und zudem nur noch Hass-Kommentare dominieren würden, dann würde Facebook an Attraktivität verlieren, die seriösen Nutzer würden abwandern und damit geht das Social für das Network verloren.*<< Alexander pfiff leise durch die Zähne und fand für sich eine abschließende Meinung.

>>*Am Anfang ist also für eine solche Plattform und seine Nutzer alles neu, toll und schön. Bis die bösen Jungs kommen und diese Plattform und seine Nutzer für eigene Zwecke missbrauchen, manipulieren und ausnutzen wollen.*<< Es folgte eine längere Zeit, wo es vollkommen ruhig im Raum wurde

und sich die drei abwechselnd ansahen. Es war Moritz, der als erster die Worte wiederfand und meinte >>*Vielleicht ist das auch der Grund, warum Spotify diesen Weg hin zu einer Öffnung des Systems bislang nicht vollzogen hat.*<<

>>*Da ist was dran.*<< musste Alexander eingestehen. >>*Und mit ihrem Investment bei uns können sie sich das jetzt in Ruhe anschauen, ob das klappt. Wenn Ja, dann sind sie dabei und wenn Nein, dann mussten sie dieses Experiment nicht bei sich selbst durchführen.*<< Anna-Maria wollte das so nicht alleine stehen lassen und war überzeugt, >>*dass Daniel und Martin auch Spaß an euch beiden und der Company haben. Sonst hätten sie nicht in dieser Höhe investiert.*<< Die beiden Gründer von *AudioKing.com* sahen das am Ende auch so und erkannten einfach auch zu viele Parallelen in den Persönlichkeiten und Unternehmensgeschichten, die sie mit den beiden Gründern von *Spotify* verband.

>>*OK, was bedeutet das jetzt Alles für uns? Was machen wir jetzt?*<< lenkte Anna-Maria das Gespräch zurück zum eigentlichen Kern. Moritz hatte dazu eine klare Meinung und meinte >>*Wir müssen alle Hebel in Bewegung setzen, dass wir Mechanismen abseits eines Upload-Filters etablieren, um die bösen Jungs nicht zur Entfaltung kommen zu lassen.*<<

Er erklärte anschließend seine technischen Sofort-Maßnahmen wie die aktive Suche nach verdächtigen Channel- und Account-Namen sowie einer Analyse der dahinterstehenden E-Mail-Adressen.

>>*Und dann wollen wir erst einmal sehen, was wir wirklich finden und ob wir den Hinweis von dem NWR-Intendanten bestätigen können.*<< Ferner wollte Moritz den Meldeknopf für anstößige Audiofiles prominenter gestalten und innerhalb der App platzieren.

Anna-Maria würde diesbezüglich das Team für die Bearbeitung der Meldungen innerhalb der Marketing-Gang verstärken und sensibilisieren. Gleichzeitig würde sie eine PR-Strategie entwerfen, für den Fall, dass solche ungewünschten Inhalte oder Missbräuche der Audio-Plattform öffentlich werden würden. Alexander hörte sich das Alles in Ruhe an, um anschließend nach seiner Meinung gefragt zu werden. Er gab eine überraschende Antwort.

>>*Wir müssen dieses Problem so lange unter dem öffentlichen Radar halten, bis wir die Exit-Story für unsere Investoren und uns selbst geschrieben und bei einer höchstmöglichen Bewertung maximale Kasse über einen Verkauf unserer Anteile gemacht haben.*<< sagte er und meinte es genau so, wie er es aussprach. Moritz war gegeben dieser Aussage geschockt und lief rot an und gab verärgert zurück >>*Das ist jetzt nicht Dein Ernst, oder? Es geht hier doch nicht nur ums Geld, sondern um unseren Traum ein tolles Unternehmen aufzubauen!*<<

Alexander schaute in ruhig an und antwortete ebenso ruhig. >>*Die Investoren haben uns nicht das Geld für ein tolles Unternehmen gegeben, sondern weil sie an uns verdienen wollen. Und wenn die verdienen wollen, dann will ich es auch.*<< Und bevor Moritz Luft holen konnte für eine Antwort schob er hinterher >>*Ich habe kein Interesse an einem Zebra, ich will ein Unicorn aufbauen, was viel Geld für alle Beteiligten abwirft und ich bin fest davon überzeugt, dass es den meisten Mitarbeitern in diesem Unternehmen im Hinblick auf das ESOP-Programm als ihre Mitarbeiterbeteiligung an diesem Erfolg ebenso geht.*<<

>>*Sprich da bitte nicht für meine IT-Gang. Wir wollen etwas Großes programmieren und eine Plattform aufbauen, die sich langfristig auf Augenhöhe zu den ganz großen Tech-Giganten positioniert.*<< schnaubte Moritz immer noch verärgert zurück und stand erregt auf. >>*Come on, Moritz. Wach auf! Du bist auch kein Code-Samariter. Wir sind angetreten, um Startup-Geschichte zu schreiben und Ja, dafür kann AudioKing.com gerne zu einem tollen Unternehmen werden, welches die nächsten einhundert Jahre eine schöne Rendite für die Aktionäre ausschüttet.*<< Auch Alexander war während seiner Antwort aufgestanden und hatte seine Stimme in der Lautstärke merklich angehoben.

>>*Aber auf dem Weg dorthin, will ich bei einen Börsengang den verdienten Lohn für unsere Arbeit in meiner und auch in Deiner Tasche sehen.*<< Der CEO wurde nun wieder etwas ruhiger und ging verbindlich auf seinen Mitgründer zu und sprach in nun direkt an. >>*Moritz, wir reißen uns hier täglich den Arsch auf in der Königsdisziplin des E-Business. Nichts ist schwerer, als eine funktionierende Plattform in Form eines E-Marketplace aufzubauen.*<< Er hatte seinen CTO nun erreicht und legte ihm beide Hände auf die Schulter und sprach leise weiter.

>>*Diese Chance haben wir wahrscheinlich nur einmal im Leben und die dürfen wir uns nicht von irgendwelchen Chaoten auf unserer Plattform oder von sonst Irgendjemandem kaputt machen lassen.*<<

Alexander ging noch näher an Moritz heran, so dass er seine nächsten Worte ihm ins Ohr flüstern konnte. >>*Ich werde das nicht zulassen, verstanden? Ich werde alles für den Erfolg von AudioKing.com tun und genau das erwarte ich auch von Dir!*<< Er zog sich ein wenig zurück. Moritz schaute ihn mit großen Augen an und gab leise eine angsterfüllte Antwort. >>*Aye, Aye, Captain… Ich habe verstanden… Aber ich muss das nicht gut finden… und tue es auch nicht!*<< Und damit machte er kehrt und verließ den Glaskubus.

Alexander schaute sich zu Anna-Maria um. Die blickte allerdings erschrocken an ihm vorbei. Nicht wegen der Szene, die sich gerade vor ihren Augen abspielt hatte, sondern weil sie Fynn Schneider außerhalb des Besprechungsraums sah, wie er sich wie immer Notizen machte.

Expansion-Phase 4

Als Fynn sich etwas später nicht ganz zufällig zu Anna-Maria gesellte, als die sich an der Kaffeebar einen Cappuccino holte, fragte der Redakteur betont beiläufig >>*Was war denn da eben los?*<<. Anna-Maria versuchte ebenso beiläufig zu antworten. >>*Was meint Du?*<< Fynn musste lächeln, spürte er doch genau, dass da was war und schließlich hatte er die Szene zwischen Alexander und Moritz im Gegensatz zu den anderen intensiv arbeitenden Mitarbeitern genau beobachtet.

>>*Na ja, eben das im Besprechungsraum. Es sah nach einem Streit aus zwischen den beiden Gründern. Um was ging es dabei?*<< Anna-Maria wusste, dass Fynn sie auf dieses Geschehen ansprechen würde und blieb cool. >>*Das war kein Streit, sondern eine intensive Diskussion zu den nächsten Features der App, die demnächst kommen sollen.*<< gab sie betont gelassen zurück. Der Redakteur gab sich damit nicht zufrieden und hakte nach. >>*Eine Diskussion? Von außen sah es eher wie eine handfeste Auseinandersetzung zwischen den Beiden aus.*<<

>>*Kann ich nicht bestätigen. Und ich war schließlich im Raum.*<< gab Anna-Maria immer noch ruhig zurück. Fynn erkannte die Ausweichstrategie und wollte die PR-Chefin weiter provozieren. >>*Also erstens denke ich, dass man wegen ein paar App-Features nicht so intensiv diskutiert.*<< wobei er beim Wort „diskutiert" mit den Fingern in der Luft die zugehörigen Anführungszeichen symbolisierte. >>*Und zweitens hat mir ein Mitarbeiter aus der IT-Gang kurz danach erzählt, dass Moritz eine Task Force für die systemseitige Suche nach problematischen Inhalten gebildet hat.*<< wobei er diesmal die symbolischen Anführungszeichen zu dem Wort „problematisch" machte. Er wendete sich damit ab, um ebenfalls einen Knopf der Kaffeemaschine zu drücken.

Anna-Maria schaute ihn während sein Kaffee in die Tasse lief lange an. Sie brauchte die Zeit, um zu überlegen, wie sie jetzt mit dem Redakteur umgehen sollte, der in diesem Fall nach ihrem Geschmack nun viel zu nah dran war an den Ereignissen. >>*Die Sache ist ganz einfach.*<< begann sie ihre Erklärung, nicht ohne sich vorher umzuschauen, ob andere Mitarbeiter in der Nähe waren. >>*Wir haben Hinweise bekommen, dass wie in jedem sozialen Netzwerk ein paar Nutzer meinen, unerwünschte und zudem verbotene Inhalte verbreiten zu können.*<<

Anna-Maria ließ die Worte ein wenig auf Fynn wirken und fuhr dann fort. >>*Alexander ist natürlich nicht begeistert und hat mit Moritz intensiv diskutiert, wie diese Inhalte auf die Plattform kommen konnten und wie man das in Zukunft technisch verhindern kann.*<< wobei sie das Wort „diskutiert“ bewusst nochmals betonte. >>*Wir wollen und haben ein tolles Produkt, welches wir uns von ein paar Idioten nicht kaputt machen lassen wollen.*<< Und nach einem Schluck aus ihrem Cappuccino ergänzte sie >>*So, jetzt weißt Du es, aber ich will davon nichts im nächsten Doku-Artikel lesen.*<< Fynn war irritiert wegen dieser Ansage.

>>*Wieso, das ist doch eine gute Geschichte? Ihr geht verantwortungsvoll mit einem Problem um und versucht es aktiv anzugehen.*<< meinte der Redakteur, der spürte, dass dies ein Wendepunkt in der Zusammenarbeit sein könnte. >>*Ganz einfach. Wir wollen nicht noch andere Spinner auf diese Idee bringen und zudem befinden wir uns gerade in zahlreichen Kooperationsgesprächen für professionelle Content-Producer. Die wollen wir nicht verschre-*

cken und weiterhin ein positives Umfeld bieten.<< sagte Anna-Maria und schaute erwartungsvoll mit einem >>*Das verstehst Du doch, oder?*<< zu Fynn zurück.

Jetzt war der Redakteur in einer Zwickmühle. Auf der einen Seite war eine freie Berichterstattung zugesagt worden. Auf der anderen Seite konnte die Zusammenarbeit von *AudioKing.com* nach einem unbequemen Artikel sofort beendet werden. >>*Ist das jetzt die gemeinsame Verantwortung, die wir damals im Off the Records vereinbart haben?*<< wollte Fynn wissen. >>*Ja, das ist sie.*<< gab Anna-Maria zurück und meinte ferner >>*Es ist Deine Entscheidung. Ich habe Dir offen gesagt, um was es ging, aber wenn Du das bringst, bist Du raus.*<< Der Redakteur lief rot an und war sauer wegen dieser offensichtlichen Erpressung.

Normalerweise hätte er direkt gesagt „Leck mich da, wo die Sonne nicht scheint“ und hätte die Ereignisse sofort in einen Artikel umgesetzt. Inklusive dem Erpressungsversuch. Normalerweise. Aber er musste auch abwägen, ob es ausgerechnet diese Story wert war, um mit einem zugehörigen Artikel die Doku zu begraben. Dafür würde noch zu viel passieren und die Klickzahlen für *startup.news* waren immer noch spektakulär für die *AudioKing.com*-Doku.

Noch nie konnte man so nah die Geschichte eines Startups verfolgen, welches auch noch versprach, zu einem ganz großen Wurf zu werden. Die Leser waren sprichwörtlich nah dran am Geschehen und da baute sich eine Fallstudie für Generationen von nachfolgenden Gründern auf. Es war aber nicht nur der redaktionelle Erfolg, der Fynn in den Kopf kam. Er musste sich zudem eingestehen, dass er sich inzwischen auch schon ein wenig selbst zum Team von *Audio King.com* zählte.

Er mochte die Mitarbeiter und das Gründerteam und fand zudem die Audio-Plattform auch aus redaktioneller Sicht einfach spannend. Nur damit verlor er unweigerlich die notwendige Distanz zum Thema und dem Startup. Konnte er überhaupt noch objektiv über die Story berichten? Auch wenn es bislang keine Beschwerden oder Kritik über die Art und Weise seiner Berichterstattung gegeben hatte, so fragte er sich das schon länger selbst. Er war hin- und hergerissen.

>>*Alles klar. Ich habe verstanden.*<< meinte er zu Anna-Maria, um erst einmal den Druck aus dem Kessel zu lassen. Aber er wusste, dass der Zeitpunkt kommen würde, wo er sich entscheiden müsste. War er ein unabhängiger Journalist oder ein Hofberichterstatter? Die Antwort wollte er im Moment nicht geben, aber er musste sich im Klaren werden, wie sie in den nächsten Wochen oder Monaten aussehen würde. Nachdem sich Anna-Maria von ihm entfernt hatte, schlug er sein Notizbuch auf und schrieb sich seine Gedanken auf.

Währenddessen ging die PR-Managerin zu Moritz. Sie hatte schon direkt nach der Besprechung den Kontakt zu Emma gesucht, um sie ins Bild zu setzen, was passiert war. Die beiden Frauen verabredeten, dass sie jeweils versöhnend auf ihre beiden Freunde einwirken wollten. Unabhängig davon, begab sich Anna-Maria direkt nach dem Gespräch mit Fynn zu dem CTO. Zum einen wollte sie sich erkundigen, ob er schon was mit seiner Task Force gefunden hatte. Zum anderen wollte sie ihn für weitere Fragen seitens des Redakteurs zu dem heutigen Vorfall sensibilisieren.

>>*Hey! Und, wie schaute es aus? Habt ihr schon was finden können?*<< Moritz schaute sich zu ihr um und meinte >>*Kann man wohl sagen, wobei es nicht so umfangreich ist, wie man hätte vermuten können.*<< Er berichtete von dem einen oder anderen Sex-Channel, der versuchte so eine Art verbalen Erotik-Kanal zu etablieren. In einem anderen Fall hatte jemand die Live-Mitschnitte aus Telefonsex-Hotlines in einem Kanal publiziert, um für dieses Angebot zu werben. In einem anderen Fall wurden Passagen aus dem Werk „Mein Kampf" von *Adolf Hitler* vorgelesen und mit rechtsradikaler Gesinnung interpretiert. In einem anderen Fall gab es einen Channel, der rechtsradikale Lieder im Angebot hatte.

>>*Haben wir alle ohne Kommentar rausgenommen und gelöscht und das ist auch über unsere AGBs vollkommen abgedeckt.*<< meinte Moritz abschließend. Insgesamt konnte er feststellen, dass diese wenigen Beispiele in der Flut an positiven Channels zu Mode, Schminktipps, Fußball, Comedy, Politik, Tieren und vielen anderen Themen noch überhaupt nicht aufgefallen sind. >>*Tatsächlich hatten wir eine aktive*

Meldung eines freischaffenden Musikautors, der in einem Audiofile seine Komposition erkannt haben will.<< Gegeben der Richtlinien bei *AudioKing.com* wurden in solchen Fällen die betroffenen Audiofiles zwar nicht gelöscht, aber zunächst in den Status „im Moment nicht verfügbar" gesetzt.

>>*Wir fordern dann beide Seiten auf, uns binnen 48 Stunden eine Stellungnahme mit entsprechenden Nachweisen für Behauptungen oder der rechtmäßigen Verwendung zu geben.*<< erklärte Moritz das Verfahren für Anna-Maria. Je nachdem wurde dann vom zuständigen Service-Mitarbeiter entschieden, ob das Audiofile wieder verfügbar oder final gelöscht wird. >>*Der Prozess hat sich in diesem ersten Fall bewährt und die Sache konnte geklärt werden.*<< Anna-Maria nickte anerkennend. Sie wollte aber auch nochmal den heutigen Disput mit Alexander ansprechen.

>>*Du, ich glaube der Alexander hat das vorhin nicht so gemeint. Er steht halt wahnsinnig unter Strom und die Erwartungshaltung der Investoren ist halt unglaublich hoch. Sei ihm bitte nicht allzu böse.*<< Moritz drehte seinen Bürostuhl zu ihr und meinte >>*Verstehe ich und es war schon immer klar, dass er den finanziellen Erfolg als wichtiger ansah, als ich.*<< Er beugte sich nach vorne, senkte seine Stimme und schaute Anna-Maria intensiv für seine nächsten Worte an.

>>*Dagegen habe ich auch nichts. Nur ich brauche diesen finanziellen Erfolg nicht um jeden Preis. Ich will nicht nur schnell mal hoch, sondern auch*

nachhaltig weit mit diesem Startup springen.<< sagte Moritz und Anna-Maria nickte, denn sie wusste, was und wie er es meinte. >>*Er meint es nur gut und will uns Allen, der Welt und vor allem sich selbst etwas beweisen.*<< gab Anna ruhig zurück.

Moritz schaute sich um und antwortete >>*Das weiß ich doch und er hat hier schon eine Menge erreicht. Jeder erkennt das an. Auch ich!*<< Er rückte noch etwas enger an Anna-Maria heran und meinte >>*Ich möchte dich nur herzlich bitten, mit mir gemeinsam darauf zu achten, dass er es nicht übertreibt und irgendeinen Blödsinn macht.*<< sagte Moritz und drückte dabei hoffnungsvoll die Hand der Kollegin.

Expansion-Phase 5

>>*5 Millionen Downloads!*<< rief Alexander aufgeregt den Mitarbeitern zu, als die entsprechende Zahl auf der „*Wand der Wahrheit*" erschien. Und einmal mehr kannte der Jubel keine Grenzen. Es war inzwischen zu einem Ritual geworden, dass sich das gesamte Team an dieser Stelle traf, um die nächste Millionen zu feiern. Und das jetzt schon zum fünften Mal in den letzten paar Monaten. Dabei waren es pro „*Mio-Event*" nicht nur immer mehr Nutzer für die Plattform, sondern auch immer mehr Teammitglieder geworden, denn ebenso wie die Zahlen wuchsen, kamen auch neue Mitarbeiter zu dem Startup.

Mittlerweile hatte *AudioKing.com* über 100 Mitarbeiter und eine weitere komplette Etage im *Breidenbacher Hof* angemietet. Trotzdem platzte man räumlich aus allen Nähten und es war nur noch eine Frage der Zeit, bis sich die Standortfrage neu stellte, denn die Expansionsmöglichkeit in diesem Gebäude war damit erschöpft. Damit stellten sich auch weitere Wachstumsschmerzen ein, denn mit immer mehr Mitarbeitern mussten auch mehr Organisationsebenen mit zugehörigen Prozessen eingezogen werden.

Einige der Kollegen der ersten Stunde beklagten sich gegenüber Emma in der Folge darüber, dass man den direkten Bezug zu Alexander und Moritz verloren hätte. Die Stimmung insgesamt war aufgrund der Erfolge zwar im Prinzip immer noch gut, aber der zunehmende Wandel vom Startup zu einem größeren Unternehmen war eben auch von einem Wechsel von „cool“ zu „normal“ in der Organisation geworden. Prof. Dr. Andreas Baumann hatte das an der *UDB* mal die Metamorphose eines Startups genannt.

Diese Metamorphose betraf alle 5 Erfolgsfaktoren eines digitalen Startups. Bei ersten Baustein „Management“ mussten die kreativen Gründer zu formalen Manager werden. Schon das war eine persönliche Herkulesaufgabe, denn die meisten Gründer haben zwar die kreative Schöpfungskraft für Innovationen, aber selten die Lust an einer effektiven und effizienten Unternehmensführung für größere Organisationen. Viele Startups scheiterten genau daran, weil die Charaktereigenschaften der Protagonisten zwischen diesen beiden Szenarien nicht kompatibel waren.

Beim zweiten Baustein „Produkt“ musste die erste Idee über ein zugehöriges Geschäftskonzept und -modell schnell zu einem laufenden und auch tragfähigen Geschäft entwickelt werden. Auf den Punkt gebracht bedeutet dies, dass das Startup irgendwann auch mal Geld verdienen sollte beziehungsweise muss. Investoren konnten zwar geduldig sein, solange die Wachstumsphantasie nicht verloren ging, aber der Zeitpunkt mit der Frage nach dem Funktionieren des Geschäftsmodells mit mehr Einnahmen als Ausgaben kommt unweigerlich. Er kam bei *Amazon* und *Facebook* ebenso wie er bei *Uber* und *Tesla* noch kommen wird.

Beim dritten Baustein „Prozesse“ ging es um den Wandel von dispositiven, flexiblen und spontanen Entscheidungen hin zu einer formalen Struktur mit klaren Regeln über Zuständigkeiten und Rechten für die Durchführung und Umsetzung von Entscheidungen. Keine noch so agile Unternehmensführung konnte verhindern, dass der formale Grad einer Organisation mit deren Wachstum schlicht und einfach stieg. Und deswegen konnte man nun einmal ein börsennotiertes Unternehmen nicht so führen und organisieren, wie ein kleines Startup.

Beim vierten Baustein „Marktzugang“ musste ein Startup aus der anfänglichen Isolation eines Alleingangs als Innovator zu einer etablierten Kooperation mit Verbündeten als Partner werden, um im Wettbewerb dauerhaft stabil bestehen zu können. Natürlich konnte man auch später noch als unternehmerischer Einzelkämpfer mit dem Kopf durch die Wand, aber innerhalb eines kooperativen Beziehungsgeflechtes konnten viele Dinge nun einmal leichter umgesetzt oder erreicht werden.

Für den fünften und letzten Baustein „Finanzen“ galt es zu erkennen, dass die Gründer als Inhaber über die jeweiligen Finanzierungsrunden immer mehr zu Gesellschaftern neben den Investoren wurden und über die zugehörige Verwässerung der eigenen Anteile nicht mehr die Mehrheit an dem eigenen Unternehmen besaßen. In diesem Zusammenhang fiel es vielen Gründern schwer die mehrheitliche Kontrolle über ihr Baby abzugeben.

Hinzu kam, dass die Anforderungen an die Finanzen und den zugehörigen Berichten wie Bilanzen und Investment Reports immer höher und spezieller wurden. Kaum ein Gründer konnte da irgendwann mit den Spezialisten aus der Hochfinanz noch mithalten. Entsprechend wurde die Funktion eines CFO, also eines *Chief Financial Officer* im Vorstand immer wichtiger, der selten in ausreichender Qualität direkt am Anfang in einem Gründerteam vertreten war.

Mit allen diesen Herausforderungen hatte auch *AudioKing.com* zu kämpfen und insbesondere Alexander musste in diesem Zuge deutlich mehr Aufgaben stemmen, als er ursprünglich hatte. Da ging es Moritz schon besser, denn das Aufgabenfeld eines CTO blieb weitgehend in sich geschlossen und wuchs nur in der Tiefe und Menge, nicht aber in der Breite über andere Funktionsaufgaben hinweg. Alexander war demgegenüber nicht nur CEO, sondern auch CFO sowie CMO also *Chief Marketing Officer* und inzwischen nun auch noch COO und damit *Chief Operating Officer*.

Zu den Aufgaben eines COO zählten die Leitung, Steuerung und Organisation der gesamten Betriebsprozesse und der betrieblichen Leistungen. Ein Spektrum was Alexander einfach nicht so gut beherrschte und er auch mehr oder wenig als langweilig empfand. Hinzu kam, dass er die Grenzen seines finanziellen Know-hows erreichte und hin und wieder die Zusammenhänge zwischen OPEX, EBITA, ROCE, FTE und OCF durcheinander brachte. Die KPIs für das digitale Geschäftsmodell waren klar. Die Bilanzkennzahlen mit allen Implikationen in der Tiefe waren da schon etwas Anderes.

Das alles kam jedoch noch nicht offenkundig zum Tragen. Im Mittelpunkt stand weiterhin das Wachstum auf der Marktseite und das war weiterhin atemberaubend. Mit inzwischen rund 1 Mio. täglichen und 2,5 Mio. wöchentlichen Hörern, hatte *AudioKing.com* eine erste überregionale relevante Reichweite bekommen, die es auch für Werbekunden immer spannender machte, auf dieser Plattform präsent zu sein. Entsprechend konnte ein stabiles Wachstum auch bei den zugehörigen Einnahmen beobachtet werden.

Auf der Consumer-Seite lief demnach alles nach Plan. Nur die Zahlen auf der Producer-Seite blieben hinter den Erwartungen zurück. Mit inzwischen zwar über 40.000 aktiven Channel blieb man im Wachstumsfaktor und der -relation deutlich unterhalb der Steigerung auf der Consumer-Seite.

Das galt auch für die Anzahl an Audiofiles, die im Moment auf die 150.000 Stück zuliefen. >>*Die Nutzer wollen also offensichtlich deutlich lieber etwas von anderen hören, als selbst ein Audiofile für andere zu produzieren.*<< fasste Alexander die Situation in einer der nachfolgenden Gesellschafterversammlungen zusammen, die regelmäßig einmal im Quartal stattfanden. >>*Ist das ein Problem?*<< fragte Georg von Falkenhorst, der wie immer an diesen Treffen teilnahm. >>*Ja und zwar in zweifacher Hinsicht.*<< antwortet Alexander und erklärte seine Einschätzung.

Er schilderte dafür zwei Szenarien. Das erste betraf die erstmaligen Nutzer von *Audioking.com*. >>*Die finden erst einmal ausreichend viele und ihnen noch unbekannte Audio-Inhalte. Da haben wir kein Problem.*<< analysierte der CEO. Das zweite Szenario betraf die wiederkehrenden Nutzer. >>*Die vielen dauerhaften Hörer wollen natürlich immer wieder neue Inhalte, die sie noch nicht kennen. Insbesondere in den Channels, die sie schon als „spannend" für sich abonniert haben.*<<

Er schaute in die Runde , wo neben dem Business Angel aus Hamburg natürlich auch Dr. Jörg Lehmann von der *DIC* und zudem auch noch zwei neue Vertreter von Venture Capital-Unternehmen an der Sitzung teilnahmen. Diese waren erst in der letzten Finanzierungsrunde neu dazugekommen und somit nicht im Pool der ursprünglichen Battle-Investoren organisiert. Entsprechend nahmen sie ihr Recht auf eine Eigenvertretung wahr.

Alexander informierte über diese Gesellschaftertreffen hinaus natürlich auch Daniel Ek von *Spotify* gesondert über *Skype*-Calls, bei denen er sich auch den einen oder anderen persönlichen Ratschlag von seinem schwedischen Kollegen für die weitere Entwicklung von *AudioKing.com* abholte. >>*Wir müssen also ständig nachlegen und neuen Audio-Content bieten. Zumal der auch relevant ist für die Möglichkeiten der Werbevermarktung.*<< setzte Alexander seine Ausführungen gegenüber den anwesenden Gesellschaftern fort.

Er berichtete in diesem Zusammenhang von einer bedauerlichen Konzentration auf nur etwa 2.000 Top-Channels, die genauso viele Zuhörer als Abonnenten auf sich vereinigten, wie der gesamte Rest. >>*Und die müssen wir immer wieder motivieren, denn nächsten Audiofile zu produzieren.*<< und er ergänzte im Hinblick auf die nicht unerhebliche Anzahl von führenden Audio-Influenzern, die aber eben auch beispielsweise auf Instagram bekannt waren, >>*dass es für die eben einfacher und schneller geht, ihre Fangemeinde mit einem Foto für Instagram zu erreichen, als ein guten Audio-Content für die gleiche Zielgruppe bei Audio King.com zu produzieren.*<<

Im Ergebnis stellte Alexander fest >>*Wir brauchen also noch mehr reine Audio-Influenzer, für die wir der erste Medienkanal für Content sind. Und das dauert etwas länger, als ursprünglich gedacht.*<< Er berichtete ferner, dass es überraschend deutlich mehr ältere Nutzer jenseits der 40 gab als ursprünglich angenommen und dafür die werblich besonders relevante Zielgruppe der unter 30-jährigen geringer als erwartet ausfiel. >>*Offensichtlich ist die Akzeptanz bei denen größer, die noch mit dem Radio groß geworden sind als bei denen, die schon YouTube als Jugendliche kannten.*<< und mit einem Schmunzeln ergänzte er >>*Das bedeutet aber nicht, dass bei uns nur Werbung für Kijimea Reizdarm läuft.*<<

Im Gegensatz zu allen anderen konnte Georg von Falkenhorst darüber nicht lachen. Wobei nicht klar war, ob er unter diesem gesundheitlichen Phänomen selbst litt oder er immer noch allgemein gereizt war, weil er die letzte Finanzierungsrunde nicht hatte mitgehen können. Die Kaptalsummen waren in diesem Zuge so groß geworden, dass er sich hat verwässern lassen müssen. Zwar waren nun seine Anteile absolut gesehen mehr wert, aber sie waren im relativen Verhältnis zu den anderen eben auch kleiner geworden.

Ein Schicksal, welches die *DIC* nicht teilte. Dr. Jörg Lehmann hatte in Absprache mit Anne Westheim beschlossen, konsequent weiter auf *AudioKing.com* zu setzen und den Einsatz zu erhöhen. Entsprechend schoss man nicht nur das Kapital nach, welches benötigt wurde, um die Anteile im Pool der Battle-Investoren zu halten, sondern war auch außerhalb dessen mit weiterem Kapital dabei, um zusätzliche Anteile zu erwerben. In Summe war die *DIC* nun insgesamt mit rund 5 Mio. Euro in diesem Startup investiert.

>>*Bedeutet unter dem Strich, dass es wie immer etwas länger und etwas teurer wird, um die Ziele zu erreichen. Was man ja auch in den aktuellen Zahlen nachlesen kann.*<< gab Jörg Lehmann in die Runde zurück, um wieder die Ernsthaftigkeit des Treffens in Erinnerung zu rufen. >>*Stimmt, aber prinzipiell funktioniert AudioKing.com und alle Zahlen gehen nach oben. Auch die Einnahmen.*<< gab Alexander zurück. Trotzdem musste er einräumen, dass die *Burn-Rate* deutlich höher war, als im Businessplan ursprünglich angenommen.

>>*Wir müssen jetzt schnell und konsequent weiterwachsen und dann werden auch die Einnahmen überproportional nach oben gehen.*<< versprach der Gründer in die Runde und ergänzte >>*Dafür brauchen wir nur noch etwas mehr Zeit. Aber auf Basis der bisherigen Ergebnisse ist das absehbar und wir arbeiten bislang hart und erfolgreich für dieses Ziel.*<< Er hatte eigentlich an dieser Stelle etwas Lob und Anerkennung erwartet. Stattdessen bemerkte Georg von Falkenhorst trocken >>*Wenn wir es bis dahin schaffen. Denn wenn ich die Zahlen hochrechne, dann geht uns bei gleichbleibender Entwicklung in ein paar Monaten wieder das Geld aus.*<<

>>*Wir sind aktuell für weitere 18 Monate bei allen Zielen voll durchfinanziert.*<< korrigierte Alexander, der sich einmal mehr von dem Business Angel genervt zeigte. Der spürte das, ließ sich jedoch nicht

beirren und meinte >>*Lieber Herr König, mir ist bewusst, dass Sie mich nicht mögen, aber vielleicht zeigen Sie ein wenig mehr Respekt vor meinen Hinweisen.*<< Er richtete sich und seine Krawatte und sagte ruhig >>*Alle wollen den Erfolg des Unternehmens und auch ich meine es nur gut mit Ihnen.*<<

Er blickte den Gründer intensiv an und fuhr fort >>*Aber die Arbeitsbelastung steht Ihnen ins Gesicht geschrieben und ich mache mir einfach Sorgen, dass Sie die Finanzen insbesondere bei den Kosten und Ausgaben nicht im Griff haben oder nicht im Griff haben wollen.*<< Er blickte zu den anderen Investoren und ergänzte >>*Ja, man kann sich über immer mehr Geld in ein Wachstum hinein finanzieren. Aber man sollte auch die Rentabilität im Auge haben und damit die Kosten für dieses Wachstum beachten.*<< Er schlug die ausgeteilte Unterlage auf und meinte >>*Wenn ich das richtig sehe, dann setzen wir für einen Euro auf der Einnahmenseite ganze 5 Euro auf der Kostenseite ein. Das kann auf Dauer nicht funktionieren.*<<

Alexander fühlte sich herausgefordert. >>*Das stimmt und deswegen soll, kann und wird es so nicht bleiben.*<< Und damit setzte er zu einer kleinen theoretischen Nachhilfestunde für den Investor aus Hamburg an. >>*Aber im Zuge der Plattform-Ökonomie wissen wir, dass erst über ein exponentielles Wachstum die Skalierungseffekte für die Gewinne erzielt werden. Und erst diese Effekte werden es uns später ermöglichen, die Kosten auf der Nutzerseite aufgrund der Look-in-Effekte zu reduzieren, während gleichzeitig die Einnahmen für uns als zentrale Audio-Plattform durch die Decke schie-*

ßen.<< Alexander hatte sich an das Flipchart gestellt und malte die zugehörigen Kurven auf.

>>*Bis dahin müssen wir kommen und alle anderen potenziellen Wettbewerber auf diesem Weg aus dem Feld schlagen. Und das kostet erst einmal viel Geld.*<< Und mit einem Blick auf die anderen Investoren ergänzte er >>*Gelingt es uns das aber, dann werden wir ein ebenso erfolgreiches Werbe- und Vermarktungsmodell haben wie Facebook und Instagram und zudem ein ebenso finanziell erfolgreiches Plattform-Ecosystem für alle Player im Audiobereich betreiben können wie es Amazon für den Handel macht.*<< Und an dieser Stelle wusste er, was diese Investoren hören wollten. >>*Und das bedeutet Big Money für uns Alle und dann werden wir über die Kosten von heute nur noch lachen.*<<

Jörg Lehmann hörte sich das in Ruhe an und meinte nur >>*Wie immer haben beide ein wenig Recht und man kann ja das eine tun, ohne das andere zu lassen. Und ein weinig Kostenkontrolle hat noch niemanden geschadet.*<< Georg von Falkenhorst nahm den Hinweis dankend auf und machte einen Vorschlag. >>*Wie wäre es, wenn wir weniger als Kontrolle sondern einfach als Entlastung für Alexander und Moritz einen weiteren Geschäftsführer als CFO bestellen?*<< Er wartete die erste Reaktion auf diesen Vorschlag ab, aber niemand wollte sich zunächst direkt äußern. Deswegen legte der Hanseat nach.

>>*Ich hätte da auch schon jemanden im Auge, der aus meiner Sicht sehr gut passen würde, weil er das Unternehmen von Anfang an gut kennt,*

ebenso jung ist wie die Gründer und auch über eine diesbezügliche Qualifikation aus dem Finanzwesen verfügt.<< Alle schaute gespannt zu dem Business Angel. >>*Wenn er jetzt sich selbst vorschlägt, dann kotze ich...*<< dachte Alexander, doch zu seiner und aller Überraschung wurde ein anderer Name genannt. >>*Ich schlage Björn Rademacher von der DIC vor.*<<

Alle Augen wanderten zu dem Business Analyst, der seinen Chef wie immer begleitet hatte und der nun in seinem Stuhl etwas zusammensank. >>*Das war nicht abgesprochen und von mir auch nicht initiiert.*<< sagte er zu Jörg Lehmann gewandt. >>*Das stimmt!*<< sprang ihm Georg von Falkenhorst direkt zur Seite. >>*Aber es ist für mich ein logischer Schluss aus seinen fachlich guten Vorbereitungen für den Investorenkreis, seinen klugen Kommentaren in den Diskussionen und seinem offensichtlich guten Draht zu den Gründern.*<<

>>*Ich denke, dass wir an dieser Stelle eine längere Pause machen sollten, um diesen Vorschlag bilateral mit den jeweils beteiligten Personen zu diskutieren.*<< meinte Jörg Lehmann.

Expansion-Phase 6

Das erste Gespräch in der anschließenden Pause fand natürlich zwischen Dr. Jörg Lehmann und Björn Rademacher statt. Die beiden DIC-Vertreter hatten sich in die Lobby vom Hotel im *Breidenbacher*

Hof gesetzt und ließen sich jeweils ein Club-Sandwich und eine Cola bringen. Es war dann Jörg Lehmann, der direkt nach dem ersten Bissen zum eigentlichen Thema überleitete. >>*Und, kannst Du Dir das vorstellen?*<< Björn hatte die Zwischenzeit genutzt, um sich selbst ein paar Gedanken zu machen. >>*Zunächst möchte ich nochmals ausdrücklich betonen, dass mich darum nicht aktiv bemüht oder mich gar beworben habe und ich mich zudem bei der DIC sehr wohl fühle.*<< gab der junge Business Analyst zurück.

Jörg Lehmann wusste das und beruhigte seinen Schützling diesbezüglich und meinte >>*Das weiß ich und ich schätze Deine Loyalität. Aber die Frage war, ob Du Dir das vorstellen kannst.*<< Björn biss in sein Sandwich. Jetzt war der Zeitpunkt gekommen, wo er Farbe bekennen musste. Er war sich jedoch nicht sicher, wie er seine Antwort formulieren, sie erklären sollte und deswegen gab er nur ein einfaches >>*Ja*<< zurück. Mit Spannung erwartete er nun die Gegenreaktion seines Vorgesetzten. Der schaute Ihn lange an und meinte zu seiner großen Erleichterung >>*Ich kann mir das auch gut vorstellen und außerdem finde ich die grundsätzliche Idee auch ganz charmant.*<<

>>*Ehrlich?*<< fragte Björn zurück. >>*Ja, ehrlich!*<< antwortete Jörg Lehmann ruhig. >>*Schau mal… der von Falkenhorst hat vollkommen recht und ich hätte ihm diesen klugen Move gar nicht zugetraut.*<< Auch er selbst hatte schon länger das Gefühl, dass *AudioKing.com* einen CFO brauchte. Nur hatte er dabei nicht an Björn gedacht.

Aber manchmal liegt das Gute ja so nah, dass man den Wald vor lauter Bäumen nicht sieht. Und ein CFO aus dem eigenen Stall, der alle Abläufe kannte und zu dem man einen perfekten Draht hatte, war eigentlich genial.

Hinzu kam, dass Björn Rademacher das notwendige finanztechnische Know-how hatte und es kam auch nicht selten vor, dass die VC-Mitarbeiter unterhalb der Partnerebene bei einem Startup aus dem eigenen Portfolio anheuerten. Und wenn man wie in diesem Fall das auch noch steuern konnte, dann musste man das so oder so in Erwägung ziehen. >>*AudioKing.com ist unser wichtigster Pfeil im Köcher. Wir müssen zusehen, dass das klappt und wenn wir das sogar noch direkter über einen eigenen CFO mitgestalten können, dann wäre das doch super.*<< meinte der *DIC*-Partner.

>>*Absolut. Aber bin ich schon soweit?*<< fragte Björn zurück. Jörg Lehmann wollte ehrlich sein. >>*Vielleicht kommt es einen Tick zu früh und etwas mehr Erfahrung wäre noch besser gewesen.*<< Er nippte an seiner Cola. >>*Aber mit mehr Erfahrung würdest Du auch etwas älter sein und dann vielleicht nicht mehr so gut zu Alexander und Moritz passen.*<<

Jörg Lehmann hatte schon mitbekommen, dass die drei jungen Leute gut miteinander harmonierten und auf einer Wellenlänge lagen. Und er konnte sich beim besten Willen nicht vorstellen, dass ein deutlich älterer Silver-CFO von den anderen beiden Gründern akzeptiert werden würde. Hinzu kam, dass sich Björn auch *DIC*-intern fast ausschließlich nur um *AudioKing.com* kümmerte und somit eh schon eine Sonderposition hatte.

>>*OK, wie kann das Ganze aussehen?*<< wollte Björn wissen, der mit so einem Wechsel noch keinerlei Erfahrung hatte. Insgeheim hatte er mal einen Gedanken daran verschwendet, zu einem CFO bei einem Startup zu werden, da es in absehbarer Zeit keine Partner-Perspektive bei der *DIC* gab. Dass es aber ausgerechnet *AudioKing.com* werden könnte, hatte er sich nicht ausgemalt. Das war eine riesen Chance für ihn, die aber gleichzeitig auch gut gespielt werden musste.

>>*Wir würden Dein Gehalt bei DIC weiterlaufen lassen und Audio King.com übernimmt nur den Aufschlag zu einem angemessenen CFO-Gehalt innerhalb des aktuellen Gehaltsgefüges von Alexander und Moritz.*<< erklärte Jörg Lehmann seine Vorstellung und ergänzte >>*Hinzu kommt natürlich eine Aktienoption mit einem fixen und einem variablen Anteil für die Einhaltung der Finanzziele.*<< Björn nickte zustimmend. Er wusste, dass insbesondere über das Gehaltssplitting die Tür zurück zu *DIC* offenblieb, wenn es aus irgendwelchen Gründen bei *AudioKing.com* nicht klappen sollte und meinte >>*Dann müssen nur noch Alex und Moritz zustimmen.*<<

Die beiden angesprochenen Gründer waren für die Pause wieder einmal ins *Bazzar Caffé* gegangen. Sie diskutierten die Option für die Hinzunahme von Björn als CFO bei *AudioKing.com* und fanden ebenfalls Gefallen an dieser Möglichkeit. >>*Er ist cool, nett und hat es aus meiner Sicht bei den Finanzen drauf.*<< meinte Moritz zu seinem Mitgründer.

Dass er dabei auch insbesondere an die dringend notwendige Entlastung für Alexander dachte, sprach er jedoch nicht offen aus. Er wollte schließlich nicht offen zum Ausdruck bringen, dass sein CEO überlastet sei, auch wenn er es so empfand. Aber eine solche Bemerkung wäre jetzt vielleicht kontraproduktiv gewesen. Aber zu seiner Überraschung war Alexander dieser Option auch sehr positiv zugeneigt.

>>*Ich fände es auch super, wenn Björn an Bord kommen würde.*<< meinte er und ergäntze >>*Er kann mir die gesamte Last im Hinblick auf die Finanzen abnehmen und sich dann perfekt mit den Investoren rumschlagen.*<< und dachte dabei grinsend insbesondere an Georg von Falkenhorst, was auch Moritz direkt so interpretierte. >>*Hinzu kommt, dass es viel besser als ich den Börsengang von AudioKing.com vorbereiten und begleiten kann.*<< Diese Bemerkung machte den CTO hellhörig und deswegen fragte er zurück >>*Börsengang? Wann? Wo? Wie?*<<

Alexander nippte an seinem Kaffee. Seine Antwort kam ruhig aber bestimmt. >>*Innerhalb der nächsten zwei bis drei Jahre. Vielleicht sogar früher.*<< Moritz machte ein ungläubiges Gesicht. >>*Wie stellst Du Dir das vor? Uns gibt es doch erst zwei Jahre!*<< Doch Alexander gab immer noch gelassen zurück >>*Das ist keine Frage des Alters, sondern der Positionierung am Markt.*<< und damit erklärte er seinem Mitgründer seine Strategie für die nächste Zeit und was er alles im Hinblick auf die damit verbundenen Ziele vorhatte.

Er plante innerhalb der nächsten Monate mit 40 Mio. Downloads und mehr als 15 Mio. regelmäßigen Hörern in Deutschland. Alle Funktionalitäten, Features und weitere Entwicklungen sollten dann für die App und die Web-Plattform umgesetzt sein. >>*Danach machen wir eine weitere Finanzierungrunde auf Basis einer Bewertung von rund 700 Mio. Euro und holen uns damit das Geld für die Internationalisierung.*<< Er zeigte Moritz die Länderkennungen auf einer Liste in seinem Handy.

Nach Deutschland standen dort Österreich, Schweiz, BeNeLux, Frankreich, Italien, Spanien und Skandinavien untereinander. >>*Das orientiert sich am Uppsala-Modell.*<< Moritz konnte sich nicht mehr genau daran erinnern und rief während Alexander kurz einen Anruf entgegennahm den entsprechenden Eintrag bei *Wikipedia* auf. Dort war folgende Erklärung zu lesen:

> *Das Uppsala-Modell ist eine Theorie, die beschreibt wie Unternehmen ihre Internationalisierungsaktivitäten schrittweise verstärken. Beim Uppsala-Modell wird dabei zwischen einem zeitlichen und örtlichen Muster unterschieden. Das zeitliche Muster beschreibt, dass Unternehmen zunächst im Heimatmarkt Erfahrungen sammeln und dann mit der Internationalisierung beginnen. Das örtliche Muster beschreibt, dass Unternehmen sich zuerst an*

Märkte heranwagen, die ihnen physisch am nächsten sind. Erst anschließend folgen kulturell oder geografisch entferntere Märkte.

>>*So weit, so gut.*<< dachte Moritz, dem das ganze Vorhaben trotzdem immer noch unwirklich vorkam.

>>*Das war Björn, der fragte, wo wir sind. Er kommt gleich zu uns.*<< informierte Alexander seinen Freund und Mitgründer und um die Sache abzuschließen fuhr er mit der Erklärung seiner Strategie fort. >>*Dann vielleicht noch eine Bridge-Finanzierung, die uns mit einer Milliarden-Bewertung zu einem Unicorn macht und dann holen wir uns über einen Börsengang den ganz großen Schluck aus der Pulle und greifen mit Audio King.com die USA und Asien an.*<< Zu diesem Zeitpunkt plante er mit europaweit 150 Mio. Downloads und mehr als 60 Mio. regelmäßigen Hörern.

Er erklärte das so ruhig und überzeugend, dass Moritz gar keine Gelegenheit hatte, sich aufzuregen. Entsprechend gab er nur ein knappes und erstauntes >>*Du spinnst!*<< zurück. Aber Alexander zeigte sich unbeeindruckt und antwortete mit einem Lächeln >>*Wir werden sehen.*<< und winkte damit dem ankommenden Björn zu, der gerade das *Bazzar Caffé* durch die Vordertür betrat.

>>*Na, das war ja eine Überraschung eben in der Sitzung.*<< eröffnete dieser direkt das Gespräch, noch während er die beiden *Audio King.com*-Gründer mit einem jugendlich-sportiven Bro-Handschlag begrüßte. >>*Das kann man wohl sagen. Aber um es kurz zu machen…*<<

gab Alexander zurück und wartete kurz, bis Björn sich hingesetzt hatte, um dann den Satz zu beenden >>*…aus unserer Sicht ein sehr positiver Vorschlag.*<< Auch Moritz wollte dieses Feedback bestätigen und meinte >>*Wir können uns das gut vorstellen und Du würdest unserem Team echt weiterhelfen.*<< Als auch noch Björn seinerseits bestätigte, dass er echt „Bock auf *AudioKing.com*" haben würde, war die Sache eigentlich schon gelaufen.

Er berichtete im Anschluss über den ersten Vorschlag von Jörg Lehmann und warb gegenüber den beiden Gründern für diese aus seiner Sicht „win-win-Konzept". Alexander konnte auf den ersten Blick auch keinen Nachteil erkennen, gab aber zu bedenken >>*Du musst Dir trotzdem klar darüber sein, dass Du mit dem Wechsel in erster Linie zu einem AudioKing wirst.*<< Er schaute mahnend zu Björn und ergänzte >>*Ich habe nämlich keine Lust auf ein U-Boot der DIC in der Geschäftsführung, die alle Interna sofort brühwarm weitergibt.*<< Björn nickte, denn diesen Interessenskonflikt hatte er auch schon gesehen.

>>*Da wir ferner dann zu Dritt in der Geschäftsführung sind, möchte ich eine Änderung im Gesellschaftervertrag im Hinblick auf die Abstimmungsverhältnisse.*<< sagte Alexander. Bislang konnten er und Moritz in den jeweiligen Zuständigkeiten bis zu einem gewissen Betrag alleine und darüber hinaus bis zu einer weiteren Kapitalgrenze nur gemeinsam ohne einen Gesellschafterbeschluss entscheiden. >>*Ich möchte hier sicherstellen, dass auch in der neuen Dreierkonstellation alle Entscheidungen nur*

mit mir als CEO gemeinsam getroffen werden können.<< Damit wollte er ausschließen, dass Moritz und Björn ihn im Zweifelsfall überstimmen und die weitere Zukunft von *AudioKing.com* ohne ihn aktiv gestalten oder ihn passiv blockieren konnten.

>>*Ich denke, dass ist fair.*<< meinte Moritz, für den sich dadurch nicht viel änderte, denn bislang musste er sich über die individuelle Grenze hinaus sowieso immer mit Alexander abstimmen. Und gemeinsam konnten sie Björn als neues Mitglied immer überstimmen und weiterhin ihr Ding machen. Und wenn er dann mal gemeinsam mit dem neuen CFO gegen eine Idee von Alexander war, dann konnten sie sich halt nicht durchsetzen. Aber auch das war schon so in der Zweierkonstellation, wobei dieser Fall noch nie vorgekommen war.

Für Björn sah die Sache schon etwas anders aus. Er würde sich nie gegen die beiden ursprünglichen Gründer bei Dingen durchsetzen können, die ihm nicht gefielen. Gleichzeitig konnte er eigene Vorhaben nur durchsetzen, wenn er mindestens Alexander an seiner Seite hätte. >>*Aber vielleicht ist das die Lösung für den möglichen Interessenskonflikt gegenüber der DIC.*<< dachte er, denn er konnte im Zweifel die Konsequenzen aus Entscheidungen, die er nicht gut fand, immer auf diese Abstimmungsregel schieben und ohne Probleme für das Protokoll offiziell dagegen stimmen. Deswegen stimmte auch er dem Wunsch von Alexander zu, ohne den es sowieso nicht gehen würde.

>>*Wir sind uns also einig?*<< fragte Alexander in die Runde. Die anderen beiden nickten. Damit war im Grunde die Sache entschieden, auch wenn der Teufel sicherlich noch in dem einen oder anderen Detail zu finden sein würde. Aber die Richtung war klar und damit konnte man nun gemeinsam zurück in die Gesellschafterversammlung gehen. *AudioKing.com* hatte einen ersten echten CFO.

Expansion-Phase 7

Die nächsten Monate waren bei *AudioKing.com* von einem „etablierten Wachstum" geprägt, wie es Alexander nannte. Alle Zahlen an der „*Wand der Wahrheit*" gingen weiter nach oben. Nicht ganz so schnell, wie sich der CEO in seiner Vision damals im Gespräch mit Moritz im *Bazzar Caffé* vorgestellt hatte, aber auch nicht so weit weg davon. Auch wenn man inzwischen einen stabilen Umsatz im zweistelligen Millionenbereich erwirtschaften konnte, so lagen die Kosten immer noch deutlich darüber. Aber immerhin, die Kurven näherten sich einander an.

Das war auch ein Verdienst vom neuen CFO, der sich nicht groß einarbeiten musste, sondern direkt losgelegt hatte, um die Finanzen besser zu koordinieren. Was auch immer Björn damit meinte, es wirkte bis zu einem gewissen Grad. Trotzdem musste man feststellen, dass die Company noch lange nicht profitabel war. Es war deswegen nicht verwunderlich, dass auch diesbezüglich die ersten Fragen in den klassischen Printmedien auftauchten.

„*Wann verdient AudioKing.com endlich Geld?*" oder „*Die Cash-Burn-Maschine von AudioKing.com*" waren nur zwei Schlagzeilen, die man in diesem Zusammenhang lesen konnte. Demgegenüber feierten die digitalen Fans der Audio-Szene ihre Plattform und auch die Anhänger der Startup-Szene waren immer noch begeistert im Hinblick auf die Entwicklung der Shooting-Stars. Und diese Entwicklung war immer noch signifikant.

In Deutschland war man längst mit knapp 30 Mio. Downloads und mehr als 10 Mio. regelmäßigen Hörern zu einer medialen Größe geworden. Österreich und die Schweiz hatte man aufgrund der nicht vorhandenen Sprachbarriere zudem früher hinzugenommen, als ursprünglich geplant. Alle technischen Features waren umgesetzt und das System von *AudioKing.com* lief so, wie man es ursprünglich vor dem Online-Start geplant hatte.

Einzig der Upload-Filter war aufgrund seiner technischen Komplexität noch nicht implementiert. Das führte leider dazu, dass man sich immer noch mit hohem Personaleinsatz um die aktive Suche nach verbotenem Inhalt und die doch inzwischen zahlreichen diesbezüglichen Meldungen kümmern musste. Das war und blieb eine Achillessehne von *AudioKing.com* und das konnte man auch aufgrund der ersten öffentlich gewordenen Fälle nicht mehr unter den Teppich kehren.

Aber im Gegensatz zu anderen sozialen Netzwerken ging das Unternehmen aktiv in der Öffentlichkeit damit um, distanzierte sich glaubwürdig von den diesbezüglichen Inhalten und rief die gesamte Netzgemeinde zu einem gemeinsamen Kampf gegen extremistischen und sexistischen Content im Internet auf. Anna-Maria stellte in diesem Zuge sogar einmal die immer noch agierende und inzwischen ausgebaute Task Force im Rahmen einer Werbekampagne in den Mittelpunkt. Ein geschickter Schachzug, wie Alexander fand.

Ebenso geschickt fand Alexander die Kampagne „*Ich bin ein AudioKing*“ in der die spannenden Personen hinter den Audio-Channels als Macher in den Mittelpunkt gerückt wurden. Mit dabei waren nicht nur bekannte Gesichter aus den realen und digitalen Medien, sondern beispielsweise auch die unbekannte Sigrid Reich, die aber einen erfolgreichen Channel „Liebeszeilen“ für romantische Literatur aufgebaut hatte.

Auch Franz Hüftmacher mit seinem inzwischen auch von der *DFL* sehr beachteten Channel „Stehkurve“ für die Fankultur in deutschen Fußballstadien war ebenso dabei, wie Frauke Silbermann und Silke Kollmeier, die in ihrem Channel „Alarm im Kinderzimmer“ sehr lustig über die Erlebnisse in der Erziehung ihrer Kinder sprachen. Die Kampagne war ein großer Erfolg und motivierte viele normale Menschen, sich als Audio-Producer mit einem eigenen Channel zu versuchen.

Dennoch war das Ungleichgewicht auf der Consumer- und Producer-Seite weiterhin ein großes Thema, welches auch in dem neuen Medienbeirat von *AudioKing.com*, der zwischenzeitlich gegründet wurde, intensiv diskutiert wurde. In diesem Medienbeirat saßen Vertreter von Radio, Fernsehen und Internet, die als Medienexperten mit ihrem Wissen das Startup beraten sollten. Auch der Intendant des *NWR* gehörte dazu, der seine Vorbehalte zwar nicht gänzlich abgebaut hatte, jedoch nach seinem zugesagten Besuch sich als so konstruktiv kritisch gezeigt hatte, dass Alexander darin einen echten Mehrwert für die weitere Entwicklung gesehen hatte.

Insofern hatte sich die Einrichtung dieses Beirats neben der Gesellschafterversammlung für *AudioKing.com* gelohnt. >>*Die eigenen Entscheidungen vor einem freiwillig institutionalisierten Beirat mit Fachwissen zu verantworten, kann für die Rationalität der Handelnden nur förderlich sein.*<< meinte auch Dr. Jörg Lehmann von der *DIC*. In der Gesellschafterversammlung wurde ja hauptsächlich auf das Geschäftsmodell und die resultierenden Zahlen geschaut. Die eigentlich auch notwendige eigene Medienkompetenz über Ausbildung oder Berufserfahrung war unter den Investoren aber nicht vertreten.

Alexander hatte den Beirat vor diesem Hintergrund sehr gut zusammengestellt. Neben dem *NWR*-Intendanten hatte er auch die

Geschäftsführerin eines privaten Fernsehsenders, einen hochrangigen Vertreter von *Google* in Deutschland, einen Vorstand eines bekannten Telekommunikationsunternehmens sowie die Geschäftsführerin einer der größten Online-Marketingagenturen gewinnen können. Daneben waren auch Prof. Dr. Nikolas Krüger und zwei weitere befreundete Startup-Gründer von der *UDB* dabei.

Eine spannende Mischung wie Alexander fand und aufgrund der unglaublich konstruktiven Diskussionen fühlte sich der Unternehmensgründer von diesem Gremium eher beraten als kontrolliert. Hinzu kamen die enormen Netzwerke der Beiratsmitglieder, die er schon gut hatte nutzen können. Das galt auch im Hinblick auf die Problematik des Ungleichgewichtes von Producer- und Consumer-Seite, welches in diesem Kreis natürlich auch intensiv diskutiert wurde. Prof. Krüger erklärte dabei nochmals kurz den theoretischen Hintergrund.

>>*Jeder zweiseitige Online-Marktplatz oder allgemein jede zweiseitige digitale Plattform mit einer Anbieter- und einer Nachfrager-Gruppe hat ein quantitatives und ein qualitatives Vermarktungsproblem.*<< begann er seine Ausführungen, ohne jedoch den Eindruck zu vermitteln, dass jetzt eine ganze Vorlesung folgte. >>*Da ist zum einen auf Basis des Chicken-and-Egg- bzw. Henne-Ei-Problems mit der resultierenden kritischen Masse das quantitative Gleichgewichtsproblem.*<< sagte er und beschrieb die zugehörigen Phänomene direkt mit Bezug zu *AudioKing.com.*

>>*Ist die Anzahl der Producer zu gering bzw. werden nicht ausreichend Audiofiles angeboten, so kommen keine Consumer auf den Marktplatz. Ist die Anzahl der Consumer bzw. die der angehörten Audiofiles zu gering, so kommen keine Producer auf die Plattform.*<< referierte der Professor und erklärte, dass dies dazu führen musste, dass der Plattform-Betreiber aus diesem gegenseitigen Abhängigkeitsverhältnis zunächst dafür sorgen musste, dass nicht nur ausreichend viele Nutzer auf der Plattform waren, sondern sich die beiden Seiten zunächst einmal rein quantitativ in etwa ausglichen.

>>*Wir nennen das den Gleichgewichtskorridor für zweiseitige Plattformen mit einer doppelten kritischen Masse.*<< meinte Prof. Krüger und legte ein Chart vor, auf dem man Wellenbewegungen einer Anbieter- und Nachfrager-Kurve in einem Menge/Zeit-Koordinatensystem ablesen konnte. Sie pendelten mal innerhalb und mal außerhalb einer schraffierten Fläche, die mit dem Begriff „Gleichgewichtskorridor“ als bestimmte Spanne bezeichnet war.

>>*Und hier die echten Kurven der Producer- und Consumer-Entwicklung bei AudioKing.com. Sie sehen, dass die Consumer-Linie den Gleichgewichtskorridor massiv nach oben zieht, jedoch die Producer-Linie immer stärker darunter zurückfällt.*<< sagte Moritz und präsentierte die zugehörigen Zahlen aus seinem System.

Fakt war, dass von Anfang an die beiden Kurven nie innerhalb des Gleichgewichtskorridors gelegen hatten. >>*Hinzu kommt zum anderen noch das qualitative Vermarktungsproblem.*<< setzte Prof. Krüger seine Analyse fort. >>*Die reine Anzahl der Teilnehmer auf der Producer- und Consumer-Seite sagt noch nichts über die Qualität der empfohlenen Channels und deren Audiofiles aus.*<<

Hiermit sprach er das Problem an, dass auch wenn *Audio King.com* ausreichend viele Producer und Consumer innerhalb des Gleichgewichtskorridors hätte, eine mangelnde Qualität der Audiofiles dafür sorgen würde, dass die Erfüllung der Wünsche im Hinblick auf den Hörgenuss nicht gegeben sein konnte. >>*Auch dafür sehen wir in den realen Zahlen bei AudioKing.com gewisse Anzeichen.*<< wie erneut Moritz bemerkte und dem Beirat dazu abermals einen Ausdruck aus seinem System vorlegte.

>>*Sie sehen eine hohe Konzentration bei den durchgespielten, also vollständig durchgehörten Audiofiles auf nur 20% der Channel.*<< Moritz machte eine kurze Pause und ergänzte >>*Das bedeutet hart ausgedrückt, dass 80% der Channel entweder nur Nischenhörer haben oder schlicht und einfach Schrott sind.*<< Jetzt war Alexander am Zug, der an dieser Stelle nicht zu viele negative Vibrationen aufkommen lassen wollte.

>>*Wir haben allerdings schon festgestellt, dass aufgrund der zeitlichen Limitation in der für den Consumer möglichen täglichen Mediennutzung das quantitative Problem gar nicht so groß ist und die zugehörige Auswahl an qualitativen Audiofiles bislang zumindest in der Basis gut genug für das Wachstum war und ist.*<< sagte er und er hatte auch theoretisch Recht damit.

Bei Marktplätzen für den Online-Handel mit Produkten oder Dienstleistungen erfolgte das Matching zwischen Angebot und Nachfrage ohne zeitliche Restriktion und oftmals als einzelne Transaktion. Menge und Qualität wurden hier direkt und zeitlich deutlich schneller koordiniert, als bei *AudioKing.com*, wo man sich die Audiofiles zumindest eine gewisse Zeit lang anhören musste, um zu entscheiden, ob man den Inhalt mochte.

Hinzu kam die Tatsache, dass mehrere Hörer zeitgleich ein einzelnes Audiofile konsumieren konnten, während der eine Gebrauchtwagen bei *AutoScout24* so vielleicht nur einmal vorhanden war. >>*Wir glauben daher, dass wir bei AudioKing.com einen viel größeren Split zwischen der Producer- und Consumer-Seite auch außerhalb des Gleichgewichtskorridor vertragen können als andere Marktplatzsysteme.*<< war Alexander überzeugt. Gleichzeitig räumte er aber ein, >>*dass wir umso mehr abhängig sind von der Qualität der Audiofiles und der diesbezüglichen quantitativen Begeisterung für die zugehörigen Channel.*<<

Es war der NWR-Intendant Manfred Schlehbusch, der sehr klug die Situation zusammenfasste. >>*Ihr braucht quasi eine gewisse Anzahl von qualitativen Channel als Mikro-Radiosendern, die zumindest in dieser Menge einen gewissen Schwellenwert für die Attraktivität des Gesamtsystems aus Sicht der Consumer überschreitet.*<< Alexander nickte und hätte es nicht besser ausdrücken können. >>*Und den bieten wir mit unserem System, der Möglichkeit der Einbindung von Musik, der Beteiligung an der Vermarktung sowie der Vernetzung mit den Channel-Abonnenten eine optimale Plattform für ihren ansonsten nur schwer zu etablierenden Broadcast.*<<

>>*Dann sollten wir das stärker in der Kommunikation nach vorne stellen und bewerben.*<< meinte die Chefin der Online-Marketingagentur und das war auch der Grundstein für die „Ich bin ein *Audio King*"-Kampagne gewesen, die genau an diesem Punkt erfolgreich ansetzte. Alexander wusste vor diesem Hintergrund die Expertise seines Beirats zu schätzen und formulierte diesbezüglich ein Statement zum Abschluss der Sitzung.

>>*Wir unterliegen natürlich auch den dargestellten theoretischen Konstrukten der Plattform-Ökonomie und sind doch etwas Besonderes. Wir müssen am Ende des Tages so etwas wie die qualitative Quantität in einem relativen Gleichgewicht zwischen Producer- und Consumer-Seite ermöglichen und konsequent nach oben ziehen. Dann haben wir gewonnen.*<< Er schaute erwartungsvoll in die Runde.

Es war Björn als CFO, der an der Stelle diese doch eher trockene Theoriesicht durch seine finanzorientierte Praxisbrille ergänzte >>*Übersetzt heißt das, wir wollen noch mehr und bessere Producer, damit wie über noch mehr Consumer noch mehr Geld verdienen können.*<< Jetzt lachten alle Teilnehmer und Alexander schmunzelte ein >>*Oder so…*<< hinterher und klopfte seinem Kollegen anerkennend auf die Schulter.

Expansion-Phase 8

Die *South by Southwest* oder kurz *SXSW* in Austin, Texas war einer der führenden Konferenzen für Musik, Film und interaktive Medien. Sie wurde begleitet von einem Festival sowie einer internationalen Fachausstellung und ging mittlerweile insgesamt über zehn Tage. Genug Zeit, damit sich die Digitalbranche intensiv austauschen konnte. Die *SXSW* war in diesem Zusammenhang zu einer Drehscheibe geworden, wo sich klassische und digitale Medienmacher aus der ganzen Welt trafen. Insbesondere für Startups aus Europa war diese Veranstaltung eine erste Möglichkeit, um die Fühler für den US-amerikanischen Markt auszustrecken.

AudioKing.com stand genau auf dieser Schwelle und war inzwischen auch dort bekannt. Die Finanzierungsrunde für die Internationalisierung in Europa hatte wie von Alexander prognostiziert auf Basis einer 700. Mio. Bewertung funktioniert. Man hatte in diesem Zuge weitere 150 Mio. Euro an Wachstumskapital erhalten. In der Folge wurde wie geplant die Plattform über die verschiedenen Sprachversionen, aber auch über kleine Bürostandorte in allen Kernländern des alten Kontinents in die jeweiligen Märkte eingeführt.

Dazu wurden in den einzelnen Ländern kleine Töchter-Unternehmen gegründet, die unter anderem in Paris, Rom, Madrid, Brüssel, Amsterdam und Stockholm angesiedelt wurden. Besonders schön fand es Alexander, dass die schwedische *AudioKing AB* in Stockholm direkt bei *Spotify* einziehen durfte, was die gute Zusammenarbeit zwischen den beiden Unternehmen weiter dokumentierte.

Auch beim Headoffice in Düsseldorf musste man inzwischen doch noch in ein weiteres Gebäude umziehen. Der *Breidenbacher Hof* war zu klein geworden und so beschloss man, dass die gesamte IT drei Häuser weiter in zwei eigene Büroetagen zog. Damit trennte man zwar die IT- von der Marketing-Gang, aber das war aufgrund der Platzverhältnisse nicht anderes möglich. Zum Glück erlaubte die kurze Distanz auch weiterhin den engen Kontakt zwischen den Abteilungen und die zugehörigen Meetings wurden bewusst mal hier und mal dort abgehalten.

Damit hatte man für die insgesamt nun 250 Mitarbeiter in einem zunehmend internationalen Team insgesamt eine Etage für Management, Verwaltung und Gäste unter dem Dach an der ursprünglichen Adresse im *Breidenbacher Hof* sowie darunter eine ganze Etage für die Marketing- und PR-Gang. Hinzu kamen nun zwei ganze Etagen für die IT-Gang am neuen Standort, was insbesondere Emma zu einem ständigen Ortswechsel zwang.

Um trotzdem die Zusammengehörigkeit zu demonstrieren hatte die Feelgood-Managerin die Idee, dass sich die räumlich getrennten Teams über eine Videoleinwand trotzdem immer noch live gegenseitig beobachten oder zuwinken konnten.

Über diese Entwicklung war auch Alexander zu einer gefragten Persönlichkeit für Medien, Wirtschaft und nicht zuletzt Politik geworden. Es saß nicht nur bereits in der einen oder anderen Talkshow, sondern war auch Mitglied im *Beirat für Junge Digitale Wirtschaft* im Bundeswirtschaftsministerium und im Kuratorium vom *Bundesverband Deutsche Startups e.V.* Und in diesem Zuge hatte er vom Bundeswirtschaftsminister auch das Angebot bekommen, mit ihm gemeinsam in die USA zur *SXSW* zu fliegen, um dort das „*German Haus*" zu eröffnen und gemeinsam an einer Podiumsdiskussion zum Thema „*Digital.made in Germany*" teilzunehmen.

Mit fast 90.000 Fachbesuchern aus über 80 Ländern und fast 600 Ausstellern konnte die *SXSW* in diesem Jahr erneut einen Zuwachs verzeichnen. Mit fast 900 Delegierten gab es zudem einen neuen deutschen Beteiligungsrekord, was hinter Kanada und Großbritannien den dritten Platz bei den Ländervertretungen bedeutete. Im „*German Haus*", dem Hauptquartier und Schaufenster der deutschen Kreativ-Szene wurden in diesem Jahr mehr als 10.000 Besucher erwartet. Eine perfekte Plattform auch für *AudioKing.com* und deswegen hatte Alexander die Einladung gerne angenommen.

Das „*German Haus*" war eigentlich der Musikclub *Barracuda* in der 7th Street, aber während der *SXSW* wurde der eben umfunktioniert zu der deutschen Party- und Event-Location, die neben dem funktionalen Stand im *Austin Convention Center* schon eher das hippe und coole Feeling auch der deutschen Kreativ- und Gründerszene symbolisieren sollte und auch konnte.

Von außen was das flache nur einstöckige Gebäude mit dem grau-bläulich angestrichenen Klinker mit seinen bunten Mosaik-Glasscheiben eher unscheinbar. Auch die vierspurige Straße mit dem unscheinbaren *Hilton Garden Inn* im Hintergrund und dem einfachen *Empire Comedy Club* gegenüber war keine Offenbarung. Aber insbesondere am Abend entwickelte sich hier eben eine kreative Musik- und Kultur-Szene, die bestens für den Zweck des „*German Haus*" geeignet war. Und insbesondere innen war es einfach cool.

Direkt nach dem Eingang fiel der Blick auf eine große Theke, die ebenso mit Holzpanelen verziert war, wie die Wände. Die hatten neben der üblichen Leuchtreklame von *Budweiser* und anderen Biermarken auch alte Holzkästen, billige Ölgemälde, Fotos und Eventplakate zu zukünftigen Musikevents als Dekoration. Direkt links standen zudem drei große Billardtische, über denen die passenden länglichen Hängelampen mit dem roten Werbeaufdruck von *Lone Star* ins Auge fielen. Ein am Übergang von der Zwischenwand zum Hauptraum und der zugehörigen Decke aufgegangener Ventilator verriet, dass es hier ziemlich heiß werden konnte.

In diesem großen Hauptraum war direkt gegenüber der Bar, über deren mit Spiegel versehenden Thekenrückwand ein ausgestopfter Tierkopf thronte, eine erste große Bühne positioniert. Diese hatte ein etwas höheres Podest, als die zweite Bühne, die sich links davon auf der Rückseite der Zwischenwand zum Billardbereich befand. So konnten an einem Abend gleich zwei Bands abwechselnd spielen, ohne auf- und abbauen zu müssen.

Die zahlreichen Boxen auf den Bühnen und unter der Decke hängend gaben zudem ebenso den klaren Hinweis auf eine Musikkneipe, wie die großen industriellen Abzugsanlagen, die für einen Luftumschlag bei einer vollen Zuhörerschaft sorgten. Hinzu kam ein Außenbereich im Hinterhof des Gebäudes, wo noch eine weitere Bühne für kleinere Open-Air-Konzerte aufgebaut war. Für schlechtes Wetter konnte zudem ein großes Zeltdach dreiecksförmig über den Außenbereich gespannt werden. Damit wurde auch klar, warum diese Location ausgerechnet in diesem Teil der Stadt lag, wo es eben keine Anwohner gab, die sich an der lauten Musik stören konnten.

Doch das Wetter war gut und deswegen fand die Podiumsdiskussion mit dem Bundeswirtschaftsminister und Alexander König auch in diesem Außenbereich statt. „Volles Haus im *German Haus*" war noch untertrieben, denn die Veranstaltung platze aus allen Nähten, wobei das insbesondere am angekündigten Auftritt des Gründers von *AudioKing.com* lag, denn von dieser Plattform hatte man natürlich auch schon längst in den USA mehr als Kenntnis genommen.

Man war hier sogar etwas verwundert, dass dieses innovative Audio-Social-Network mal nicht aus dem *Silicon Valley*, sondern aus dem ansonsten digital eher rückständigen *Good Old Europe* kam. Ebenso wundert war man sich, dass neben *Spotify* nun schon eine weitere Audio-Plattform aus Europa offensichtlich erfolgreich an den großen eigenen Tech-Giganten vorbei entstanden war. Entsprechend konnte sich Alexander bei der Podiumsdiskussion auch den einen oder anderen kleinen Seitenhieb nicht verkneifen.

>>*Ich dachte, die Copy-Paste-Klone entstehen nur in Europa, aber nun muss auch schon die USA zu solchen Mitteln greifen.*<< sagte er mit einem schmunzelnden Hinweis auf den einen oder anderen Versuch von anderen Startups, das Konzept von *AudioKing.com* als Kopie in den USA unabhängig von dem deutschen Vorbild aufzubauen. >>*Die sollten sich beeilen, denn wir werden bald auch hier unsere Zelte aufschlagen und in den Markt kommen.*<<

Und spätestens jetzt war der Bundeswirtschaftsminister vollkommen abgemeldet und belanglos, denn jetzt drehte sich alles nur noch um Alexander und seine Ankündigung. Die zugehörigen Meldungen schossen nur so durch die digitalen Netzwerke. Dort waren Kommentare wie „*AudioKing.com* kündigt auf #*SXSW* den Start seiner Radio-Plattform in den USA an. #AudioKing #*UDB* #StartupoftheYear“ oder „First they take Berlin, than they take Manhatten… #AudioKing wants to conquer the #USA“ mit einer Anspielung auf die umgekehrte Reihenfolge des Textes aus dem Lied von *Leonard Cohan* zu lesen. Und natürlich folgten zahlreiche Interviews.

Damit wurde das Thema auch zu dem Gesprächsstoff am folgenden Tag und sogar *TechCrunch*, die vielleicht bekannteste Plattform für Startup- und Technologie-News, widmete *AudioKing.com* vor diesem Hintergrund sogar einen ganzen Artikel, in dem sie das deutsche Startup mit Alexander als „*Digital Wunderking*" ausführlich vorstellten. Den Kommentar in der internen *Slack*-Gruppe

„*Du konntest es wohl mal wieder nicht lassen ;-) LG A-M*"

von seiner Freundin beantwortete er mit einem einfachen Shruggie-Emoji. Als Alexander anschließend zum deutschen Ausstellerstand auf der *Austin Convention Center* unterwegs war, hatte er eigentlich vor, sich im Anschluss an dessen Besuch selbst einmal in Ruhe auf der *SXSW* umzusehen. Aber es kam ganz anders. Er sollte später diesen Tag mit den aufregendsten Stunden in seinem bisherigen Startup-Leben in Erinnerung behalten.

Als er den Stand betrat, wurde er von der freundlichen Empfangsdame angesprochen. Diese gab ihm eine Visitenkarte von einem Herrn, der schon auf ihn warten würde. Da er keinen Termin vereinbart hatte, schaute er etwas ungläubig auf die Karte und sah zunächst nur dieses bekannte und zugleich faszinierende Logo. Es war das für die Digitalwelt magische weiße „f" auf blauem Grund. Es war das Logo von *Facebook*.

Die Visitenkarte gehörte zu Elroy Jackson, einem Senior Vice President aus der Corporate Division von *Facebook*, der damit ziemlich nah dran am Vorstand und *Mark Zuckerberg* angedockt sein sollte. Zumindest vermutete das Alexander als er ihm die Hand reichte. Elroy Jackson war Afroamerikaner und deutlich jünger als es sein Titel vermuten ließ und trotzdem mit Anzug und offenem weißen Hemd auch wieder nicht so hipp unterwegs, wie der Rest der Start-up-Szene, die in den Hallen umherlief.

>>*Das ist ja eine Überraschung.*<< meinte Alexander, als er die Hand von seinem Gesprächspartner zur Begrüßung drückte. Und weil er irgendwo gelesen hatte, dass man ein Gespräch mit einem amerikanischen Geschäftspartner immer mit einem Scherz beginnen sollte, fügte er noch ein lockeres >>*Was ist los? Möchte Zuckerberg uns etwa kaufen?*<< hinzu. Elroy lachte ebenso locker zurück und meinte nur >>*Und wenn es so wäre?*<<

Alexander konnte im Gesicht seines Gegenübers nicht erkennen, ob diese Bemerkung nur eine scherzhafte Replik oder schon eine erste strategische Frage war. Er beschloss daher zunächst nicht darauf einzugehen. Sie zogen sich in eine Besprechungsecke des deutschen Ausstellerstandes zurück und ließen sich mit Kaffee und guten deutschen *Bahlsen*-Butterkeksen versorgen. Elroy griff beherzt danach und meinte, dass er die lieben würde. >>*Wie viele Ecken hatten die nochmal?*<< wollte er wissen. >>*52 und sie werden Zähne genannt.*<<

gab Alexander zurück. Es folgte ein gegenseitiges Kennenlernen und der Austausch zu den jeweiligen Positionen in den eigenen Unternehmen sowie den ersten Eindrücken zur *SXSW*.

Nachdem diese Phase abgeschlossen schien, wollte Alexander etwas konkreter werden. >>*Warum sitzen wir hier zusammen? Doch sicherlich nicht nur wegen der guten deutschen Kekse.*<< Elroy lächelte und meinte >>*Reine Routine. Wir schauen uns grundsätzlich jedes Startup der Welt an, welches mehr als 20 Mio. aktive Nutzer hat.*<< Er brach einen Keks in zwei Hälfen und analysierte die Abbruchkante in dem er sie vor seinem Auge hin und her bewegte. >>*Dabei versuchen wir genau zu verstehen, wie dieses Startup funktioniert, aus welchen Bestandteilen es besteht und was wir daraus lernen können oder sogar müssen.*<<

>>*Und ob es Euch schmeckt oder nicht?*<< wollte Alexander etwas provokativ mit einem kleinen Hinweis auf die beiden Kekshälften wissen. Doch Elroy ließ sich überhaupt nicht aus der Ruhe bringen und gab nur ein >>*Oder wie wir es brechen können, wenn es sein muss.*<< und schob sich damit eine Kekshälfte mit einem Lächeln in den Mund und kaute es genüsslich zu Brei.

>>*Aber natürlich kann man auch überlegen, ob man nicht gemeinsam was noch viel besseres backen kann.*<< fuhr der Senior Vice President nach einer kleinen Pause fort. >>*Und Ja, manchmal kaufen wir auch die ganze Bäckerei, wenn wir richtig Geschmack daran gefunden haben.*<< Und damit schob er sich die zweite Kekshälfte in den Mund.

Alexander wusste, dass dies alles Taktik war und Elroy nur seiner Reaktion auf die verschiedenen Szenarien testen wollte. Ein wenig Angst machen und die Instrumente zeigen und dann die Möglichkeit für eine Kooperation ausloten oder sogar ein wenig Hoffnung auf den großen Check machen. Doch der CEO von *Audio King.com* fiel nicht darauf herein.

>>*Was meint denn der Meister Ihrer Backstube dazu?*<< gab er trocken zurück und spielte damit den Ball erst einmal gekonnt zurück. Auch um herauszufinden, welche Legitimation Elroy wirklich hatte. >>*Meister Mark hat durchaus Gefallen an Eurem Erzeugnis gefunden. Nur das ihr jetzt ohne ihn in seinem Heimatmarkt backen wollt, schmeckt ihm nicht so ganz.*<< antwortete der smarte Afroamerikaner und spülte seinen Kaffee in einem letzten großen Schluck hinunter und meinte >>*Sollen wir mal gemeinsam die Rezepte von unserem Facebook Live Audio und Eurem AudioKing.com nebeneinanderlegen und schauen was passiert?*<<

Alexander wusste, dass es damit auf das Ende des ersten Schlagabtausches zuging und das erste Abtasten gleich vorbei war. Es lag nun an ihm zu entscheiden, ob es bei diesem ersten Gespräch bleiben würde oder ob es weiterging. Es war noch keine direkte oder endgültige Freund- oder Feind-Entscheidung, aber es wurde nun ein erstes Signal von ihm erwartet. >>*Ich habe mir sagen lassen, dass die amerikanischen Cookies auch nicht schlecht sein sollen. Ich könnte mir schon vorstellen die einmal zu probieren.*<< Elroy nickte und verabschiedete sich.

Jetzt erst konnte Alexander seiner Aufregung freien Lauf lassen und atmete tief durch. Dadurch entspannte er sich ein wenig. Er tippte eine Nachricht in die interne *Slack*-Gruppe

„Facebook will mit uns Kekse backen."

Expansion-Phase 9

>>*Facebook will uns kaufen? Sofort machen!*<< rief Georg von Falkenhorst erregt in den Besprechungsraum, als sich die Gesellschafter ein paar Wochen später erneut turnusmäßig trafen. Alexander hatte gegeben der Tagesordnung wie immer zunächst über die allgemeine Entwicklung von *AudioKing.com* präsentiert. Allgemeines Fazit war ein stabiles, wenn auch nicht berauschendes Wachstum mit den bekannten Relationen und Problemen. Diesbezüglich wiederholten sich in den einzelnen Ländern die Erkenntnisse, die man auch schon im deutschen Heimatmarkt gemacht hatte.

Anschließend hatte Björn alle Finanzkennzahlen dazu wie immer professionell aufbereitet. >>*Unter dem Strich muss man feststellen, dass wir noch für weitere 18 Monate Geld haben, um den bisherigen Weg fortzusetzen.*<< Er schaute von seinem *iPad Pro* auf, über welches er die Präsentation abspielte. Dabei benutzte er sein *Pencil*, um interaktiv mit Kreisen die wichtigsten Zahlen optisch zu markieren und damit seinen Vortrag zu unterstützen.

Nach den üblichen Diskussionen ließ Alexander dann unter dem unscheinbaren Tagesordnungspunkt „Sonstiges“ die Katze aus dem Sack. Er berichtete von seinem Treffen mit dem *Facebook*-Repräsentanten im Zuge seines Besuchs der *SXSW*. Auf den Kommentar des Hamburger Business Angels gab er ein ruhiges >>*Immer langsam mit den Pferden… Es war nur eine erste Kontaktaufnahme und noch kein Angebot. Allerdings habe ich zwischenzeitlich eine Einladung ins Headquarter von Facebook für ein weiteres Meeting bekommen.*<<

Georg von Falkenhorst klatschte in die Hände und meinte >>*Das ist doch wunderbar! Dann hinfahren, verhandeln und den ganzen Laden so schnell und so teuer wie möglich verkaufen.*<< Er schaute dabei insbesondere zu den anderen Investoren am Tisch und wunderte sich, dass die so ruhig blieben. Da winkte zum ersten Mal ein wahrscheinlich finanziell sehr attraktives Ergebnis am Horizont und da musste man doch zuschlagen. Doch Alexander gab sich gelassen. >>*Wer sagt denn, dass dies unsere einzige Option ist?*<<

Der Hanseat schaute ihn fragend an und meinte etwas spöttisch >>*Welche andere Option soll es denn geben? Wir machen keinen Gewinn, haben eine Menge Geld verbrannt und eine Besserung ist auf absehbare Zeit nicht in Sicht. Wir haben eigentlich nichts!*<< Alexander musste lächeln, denn offenbar hatte der Hanseat immer noch nicht begriffen, um was es hier eigentlich ging. >>*Stimmt nicht! Wir haben sehr viel und zudem für die digitale Welt etwas sehr Wertvolles geschaffen.*<<

Und bevor er hierzu einen weiteren Kommentar von dem Business Angel zuließ, der schon Luft geholt hatte, schob er seine Erklärung zu dieser Meinung direkt hinterher. >>*Wir haben eine funktionierende Plattform, wir haben Millionen von aktiven Nutzern und wir haben vor allen Dingen deren Daten.*<< Diese Daten waren die eigentliche Währung im Internet. Und Alexander erinnerte sich an die Vorlesung von Prof. Zenker und ergänzte >>*Wer die Daten hat, hat auch die Macht. Und nur deshalb sind wir für Facebook interessant geworden.*<<

Er präsentierte an dieser Stelle ein neues Schaubild und übergab an Moritz. Der zeigte auf, über welchen Fundus an Daten sie zu den Nutzern von *AudioKing.com* mittlerweile verfügten. Es waren schon enorme Terabyte-Mengen an Informationen zu den soziodemografischen Merkmalen, den Vorlieben, den Bedürfnissen und dem Verhalten der Nutzer auf ihrer Plattform. >>*Damit können wir inzwischen nicht nur berechnen, was der Nutzer heute will, sondern wir können auch prognostizieren, was er in Zukunft haben möchte.*<< schloss Moritz seine Ausführungen und ließ noch das Stichwort „Predictive Analytics“ fallen.

Unter diesem Begriff werden Analysen verstanden, die auf Basis von Kundendaten aus dem Data-Mining-Prozess, mögliche Vorhersagen über das Kundenverhalten treffen. Dabei stellt sich insbesondere die Frage: „Was wird passieren und unter welchen Voraussetzungen“ wird dies geschehen. >>*Wir werden unseren Werbekunden diesbezüglich in wenigen Wochen zum ersten Mal ein Predictive Customer Relationship anbieten.*<< erklärte Alexander triumphierend. >>*Damit können die ihre Werbung nicht mehr nur an Zielgruppen, sondern an einzelne potentielle Kunden mit einer echten aktuellen Kaufabsicht ansteuern, die unser System prognostiziert hat.*<<

Er präsentierte das neue PCR-Werbemodell von *Audio King.com*, wobei PCR natürlich für *Predictive Customer Relationship* stand und zeigte auf, dass die Werbekunden in Zukunft umso mehr bezahlen mussten, je höher der PCR-Wahrscheinlichkeitswert für eine aktuelle Kaufabsicht bei einem Kundenpool war. >>*Das wird uns vollkommen neue Einnahmemöglichkeiten bieten und die Werbeindustrie wird uns die Bude einrennen.*<< Und er ergänzte mit einem Lächeln >>*Am besten wird es, wenn sich die Werbekunden für den Zugriff auf Kundenpools mit höheren PCR-Werte gegenseitig überbieten. Dann sind wir sowas von Google.*<<

Moritz zeigte eine Simulation dieses neues PCR-Werbemodells anhand von Echtzeitdaten und filterte als Beispiel eine einzige Zielperson heraus. >>*Dieser AudioKing-Nutzer wird mit einer Wahrscheinlichkeit von 93% innerhalb der nächsten 24 Stunden eine Waschmaschine kaufen.*<< Er drückte ein paar Tasten auf seinem Laptop. >>*Ich werde ihm nun eine gezielte Werbung dazu einspielen, die ihn auf eine von uns gestaltete Target-Seite mit nur einem einzigen TOP-Angebot für eine solche Waschma-*

schine führen wird.<< Er drehte den Bildschirm zu den anwesenden Gesellschafter um und meinte >>*Mal sehen, ob er anbeißt.*<<

Georg von Falkenhorst wollte sich diesem ganzen Schnickschnack nicht hingeben. >>*Können wir dieses digitale Angelspiel um Werbekunden bitte mal wieder beiseitelassen und zur Facebook-Option zurückkommen.*<< Und mit einem Blick zum Vertreter der *DIC* fragte er >>*Wie ist eigentlich Ihre Meinung dazu, Herr Dr. Lehmann?*<< Alle Augen richteten sich nun auf ihn, der sich bislang deutlich mit einer Kommentierung zurückgehalten hatte.

>>*Da schlagen jetzt durchaus zwei Herzen in meiner Brust.*<< gab er diplomatisch zurück. >>*Einerseits ist ein mögliches Kaufangebot von Facebook eine sehr große Chance für alle Investoren. Zuckerberg hat immerhin eine Milliarde Dollar für Instagram bezahlt.*<< Er zeichnete ein paar Symbole auf seinen Notizblock. >>*Jeder von uns kann sich ausrechnen, was das für seine Anteile bedeutet, wenn wir auch nur in die diese Nähe für AudioKing.com kommen würden. Durchaus ein Jackpot.*<< Georg von Falkenhorst rechnete kurz im Kopf und kam trotz seiner geringen Anteile auf einen signifikanten Millionen-Betrag.

>>*Andererseits hat AudioKing.com das Potenzial selbst zu einem Facebook zu werden und die haben im Moment einen Gesamtwert von mehr als 500 Milliarden Dollar.*<< Er zeichnete wieder ein paar Symbole auf seinen Notizblock. >>*Das wäre dann auch für unsere Anteile nochmals ein Vielfaches mehr. Ein Mega-Jackpot sozusagen.*<< Und damit diskutierten

sie die Perspektiven und die Fragen: Konnte man zu früh oder eben auch zu spät verkaufen? Was war ein richtiger Zeitpunkt?

In diesem Zusammenhang war es Georg von Falkenhorst der den anwesenden Gesellschaftern das Schicksal von *studiVZ* in Erinnerung rief. >>*Die haben damals den Jackpot von Facebook vergeigt!*<< In der Tat war dieses Begebenheit in die Geschichte der deutschen Startup-Szene eingegangen. *studiVZ* war eine Online-Community für Studierende, die 2005 gegründet wurde und dem Konzept von *Facebook* sehr ähnelte.

Die Community entwickelte sich als soziales Netzwerk sehr schnell über die ursprünglich 2,3 Millionen Studenten in Deutschland, Österreich und der Schweiz hinaus. Der Business Angel forderte Björn auf nach dem entsprechenden Artikel bei *Google* zu suchen und ihn vorzulesen. Er stammte von *Holger Schmidt*, der damals Redakteur bei der *FAZ* war und vor einiger Zeit mit einem bekannten Co-Autor den Bestseller *Deutschland 4.0* geschrieben hatte. Björn fand ihn schnell im Archiv der Zeitung und referierte den Text:

Es ist Dezember 2006. StudiVZ steht zum Verkauf. Die Samwer-Brüder sind in ihrem Element: Sie verhandeln mit potentiellen Käufern – parallel, wie sie es gerne tun. Holtzbrinck, Springer und Facebook sind die Interessenten. Holtzbrinck und Springer bieten Geld, Facebook-Chef Mark Zuckerberg dagegen einen 5-Prozent-Anteil an seinem Unternehmen. Damals ist gerade die Yahoo-Offerte für Facebook über eine Milliarde Dollar bekannt ge-

worden, was den 5-Prozent-Anteil mit 50 Millionen Dollar bewertet hätte. Auch weil StudiVZ-Gründer Ehssan Dariani darauf besteht, das gleiche Gehalt wie Zuckerberg zu beziehen, platzt der Deal. Der Rest ist bekannt: Holtzbrinck bekommt den Zuschlag für kolportierte 85 Millionen Euro, Ehssan Dariani wird wegen seiner spätpupertären Eskapaden aus dem Management entfernt und Facebook wird nach dem Einstieg von Microsoft heute mit 15 Milliarden Dollar bewertet. Ach ja, 5 Prozent von 15 Milliarden Dollar sind 750 Millionen Dollar. Schade auch.

>>*Und wenn Facebook heute über 500 Milliarden Dollar wert ist, dann wurde aus heutiger Sicht sogar ein Mega-Jackpot vergeigt.*<< kommentierte Georg von Falkenhorst den Bericht mit der begrifflichen Anlehnung an die vorangegangenen Anmerkungen von Jörg Lehmann. Alexander wollte das so nicht stehen lassen und meinte >>*Das kann man ja wohl kaum vergleichen.*<< wobei er die nachdenkliche Mine von Jörg Lehmann zur Kenntnis nahm. Er fühlte ein zunehmendes Unbehagen, da die Stimmung gerade zu kippen drohte. Also ging er in die Offensive.

>>*Es kann und darf nicht sein, dass wir hier endlich einmal einen ernstzunehmenden Gegner für die Tech-Giganten aus den USA aufgebaut haben, nur um diesen dann an die zu verkaufen.*<< Auch wenn das eine mehr als verlockende Option war, so hatte er für sich andere Ziele mit *AudioKing.com*. Er wollte selbst ein *Mark Zuckerberg* werden. Er wollte selbst die Internet-Welt erobern. Er wollte Online-Geschichte schreiben

und beweisen, dass man ein erfolgreiches digitales Startup auch aus Deutschland beziehungsweise Europa aufbauen konnte.

>>*Alle beklagen doch immer wieder, dass wir Facebook, Amazon & Co. nichts entgegensetzen können. Jetzt haben wir die Chance dazu und genau das sollten wir nicht vergeigen.*<< meinte er scharf in Richtung von Georg von Falkenhorst. Doch es war Jörg Lehmann, der ihm mit einer gewissen Schärfe antwortet. >>*Du warst offensichtlich zu lange mit dem Bundeswirtschaftsminister unterwegs. Es geht hier nicht um Deutschland oder Europa. Es geht hier um Geld. Um unser Geld!*<<

Alexander war von diesem Statement in seiner Deutlichkeit doch ein wenig überrascht und schwieg zunächst. Entsprechend legte der *DIC*-Partner etwas entspannter nach. >>*Ich finde ja Deine Motive durchaus ehrenwert, aber wir können und wollen uns als Investor eine solche Standort-Romantik nicht leisten.*<< Er kritzelte erneut ein paar Symbole auf seinen Notizblock und meinte dann zu dem CEO >>*Aber Du kannst uns gerne Vorschläge machen, wie wir über ein mögliches Kaufangebot von Facebook noch mehr Geld verdienen können.*<<

Alexander musste sich an dieser Stelle ganz schnell eine Strategie zu Recht legen. Er überlegte und antwortete >>*Erstens gibt es noch gar kein konkretes Angebot von Facebook. Zweitens will auch ich, genauso wir die Investoren, sehr viel Geld bei einem Exit verdienen. Drittens will ich aber auch, dass sich AudioKing.com eigenständig und unabhängig zu einem Plattform-Giganten entwickelt.*<<

Er schaute in die Runde und versuchte die Reaktionen in den Gesichtern abzulesen. Die Vorstellungen lagen gar nicht so weit auseinander. Nur das Alexander neben dem Geld auch noch den Ruhm haben wollte. Also brauchte er eine Option, die beides ermöglichte. Und die gab es aus seiner Sicht.

>>*Wie soll das gehen?*<< wollte einer der anderen anwesenden Investoren wissen. Alexander richtete sich auf und gab die Antwort. >>*Mit einem eigenen Börsengang!*<< An dieser Stelle erinnerte sich Moritz an ihr Gespräch im *Bazzar Caffé* und musste innerlich lächeln. Die erste Antwort von Georg von Falkenhorst holte ihn aus seinen Gedanken. >>*Wie soll das gehen? Unsere fundamentalen Finanzzahlen geben das doch gar nicht her. Wer kauft den Aktien von einem Unternehmen, das nur Verluste macht?*<<

An dieser Stelle fühlte sich der CFO Björn Rademacher aufgefordert aus der bisherigen Geschichte zu den IPOs von digitalen Startups zu berichten. >>*In vielen Beispielen war nicht der Gewinn, sondern der Umsatz und die Zahl der aktiven Nutzer entscheidend und welche Perspektiven man daraus ableiten konnte.*<< Er führte einige Beispiel mit bekannten Namen an. Zudem verwies er auf ein weiteres Beispiel, um darzustellen, was für Investoren ein solcher Börsengang bedeuten konnte.

>>*Die Scout24-Gruppe hat mit ihren Plattformen 2015 über einen Börsengang einen Gesamterlös von 1,15 Milliarden Euro erzielt.*<< und mit einem Blick zu den Investoren ergänzte er >>*Davon flossen aber nur*

228 Millionen Euro in das Unternehmen. Der Rest ging an die Investoren.<< und mit einem Blick zu Alexander ergänzte er abermals >>*Heute liegt der Kurs je Aktie trotzdem noch immer stabil über dem Ausgabepreis.*<<

Jörg Lehmann kritzelte weiterhin pausenlos Symbole auf seinen Notizblock. Offensichtlich eine Angewohnheit, die er unterbewusst beim Nachdenken als begleitende Fingerübung vollzog. >>*Das bedeutet, hier pitchen im Moment zwei noch nicht reale 1-Milliarde-Dollar-Euro-Exit-Optionen gegeneinander. Ein noch nicht vorliegendes Kaufangebot von Facebook und ein noch nicht realistischer Börsengang.*<<

Er fand, dass dies alles noch viel zu wage war für eine weitere Diskussion und schlug eine Vertagung des Themas vor, bis genauere Informationen vorlagen. Entsprechend wurde die Geschäftsführung von *AudioKing.com* beauftragt, beide Optionen weiter zu verfolgen. Alexander sollte die Einladung zu den Gesprächen mit *Facebook* annehmen und dabei aber auch Björn mitnehmen.

>>*Vier Augen sehen da immer mehr als zwei.*<< meinte Jörg Lehmann. >>*Womit er eigentlich sechs meinte…*<< dachte Alexander mit Blick auf die immer noch enge Verbindung des *DIC*-Partnern zu seinem früheren Mitarbeiter Björn Rademacher, dem heutigen CFO von *AudioKing.com.* Es wurde aber auch vereinbart, dass die Geschäftsführung alles für die weitere positive Entwicklung des Unternehmens tun sollte, um die Zahlen so zu pushen, dass auch ein Börsengang möglich wurde.

>>*Alles klar, ich kümmere mich darum.*<< gab Alexander trocken zurück und ließ damit bewusst offen, was er damit meinte und auch wie er es meinte. Eins war ihm allerdings klar. Die Masken waren gefallen und die Ziele aller Beteiligten lagen auf dem Tisch.

Und das galt sprichwörtlich insbesondere für Jörg Lehmann, denn er hatte nicht nur irgendwelche Symbole willkürlich auf seinen Notizblock gemalt, wie Alexander erst jetzt bei Verlassen des Besprechungsraum erkannte. Er hatte aus vielen kleinen Symbolen ein großes zusammengesetzt, welches sich über das gesamte Blatt erstreckte. Es war ein Dollar-Zeichen.

>>*Der AudioKing.com-Nutzer aus unserem Experiment hat übrigens gerade die Waschmaschine gekauft.*<< meinte Moritz noch zu den gehenden Teilnehmern der Gesellschafterversammlung, doch niemand hörte dem CTO an dieser Stelle noch zu.

Expansion-Phase 10

Es war Spätsommer und Alexander und Anna-Maria waren zusammen mit Moritz und Emma über das Wochenende nach Domburg an die niederländische Küste gefahren, um noch mal die letzten warmen Sonnenstrahlen zu tanken. Das bekannte niederländische Seebad mit knapp 1.675 Einwohnern lag direkt an der Nordseeküste in der Provinz Zeeland und war nur 3 Autostunden von Düsseldorf entfernt. Viele Rheinländer nutzen den kurzen Weg, um schnell mal ans Meer zu fahren. An bestimmten Wochenenden und Ferientagen waren es sogar so viele, dass man mit Blick auf die Nummernschilder der zahlreichen Autos dort das Gefühl hatte, in „Klein-NRW“ zu sein.

Moritz liebte diesen Küstenabschnitt und ganz besonders Domburg. Der mondäne Badeort war nicht nur für seinen breiten Strand und das zugehörige gute Reizklima, sondern auch als Künstlerkolonie bekannt. Die Maler *Piet Mondrian* und *Jan Toorop* kamen aus ein und demselben Grund regelmäßig an die Küste von Walcheren: dem besonderen Licht in Domburg. Der Ort ist seit Jahr und Tag für sein besonderes Licht bekannt.

Dominiert wurde das Leben im Ort durch die Hauptstraße mit seinen zahlreichen Geschäften und Restaurants. Hier konnte man flanieren oder in einem Straßenkaffee die mehr oder weniger beeindruckenden Autos beobachten, die unmittelbar vor der eigenen Nase auf dieser Einbahnstraße aufgrund der vielen Menschen sehr langsam an einem vorbeizogen. In beide Richtungen galt dann ein „Sehen und Gesehen werden“.

Der andere Schwerpunkt für den Tourismus war natürlich der Strand. Hier ballte sich das Leben rund um die verschiedenen „Strandpaviljoen“ und das Meer näherte sich gegeben der Gezeiten mal mit mehr und mal mit weniger Brandung der befestigten Küste.

Entsprechend schmal oder breit war der zugehörige Strandabschnitt. Strandkörbe gab es hier nicht. Dafür standen direkt an der Düne eine ganze Reihe an Strandkabinen, die über einen Verschlag den Mietern die Möglichkeit gaben, sich ein eigenes kleines Reich mit Strandliegen, Tischen, Klappstühlen und Windschutz aufzubauen und die Sachen über Nacht auch dort zu belassen. Entsprechend beliebt waren diese Holzhütten und die Warteliste für eine Vermietung war sehr lange mit Wartezeiten von mehreren Jahren.

Moritz kam mehrere Male im Jahr hierher, um sich zu entspannen und den Blick mal nicht nur auf seinen Computer-Bildschirm, sondern auch mal in die Ferne schweifen zu lassen. Alexander sah das vollkommen anders und konnte sich nur bedingt mit Domburg anfreunden. Er fand das Ganze hier zu familiär und zu normal oder kurz gesagt - langweilig.

Er stand eher auf den Schickeria-Trubel auf Sylt, Mykonos und Sardinien im Sommer oder Kitzbühel und St. Moritz im Winter und war mit Anna-Maria auch hierhin schon mal nur für ein Wochenende hingeflogen. Einen längeren Urlaub hatte er sich seit dem Start von *AudioKing.com* nicht erlaubt. Er lebte nach dem Motto „Work hard – Play hard" und konzentrierte sich in erster Linie auf seine Arbeit. Wenn er sich aber dann mal ein Wochenende gönnte, dann ließ er es richtig krachen und dann spielte auch Geld irgendwie keine große Rolle.

Da musste es zum Beispiel die Villa auf Mykonos mit großen Pool direkt an der Küste für 2.000.- Euro pro Tag und die edelsten Clubs der Insel mit einem reservierten VIP-Tisch sein, damit er halbwegs abschalten konnte. Einen entsprechenden Vorschlag hatte er auch für dieses Wochenende gemacht. Aber Moritz hatte auf Domburg mit dem Hinweis bestanden. >>*Kostet auch deutlich weniger und ist auch sehr schön.*<< Alexander sah das anders, aber stimmte zu.

Sie waren jetzt gemeinsam am Nachmittag für einen ausgiebigen Spaziergang am Strand unterwegs. Die Schuhe waren ausgezogen, die Socken eingepackt und sie schlenderten an der Wasserkante gemütlich in der Sonne vom Golfplatz aus in Richtung Norden. Es war eine gute Gelegenheit, um sich mal wieder entspannt zur Lage bei *AudioKing.com* auszutauschen, während die beiden Frauen etwas getrennt von ihnen vorneweg liefen. Diesbezüglich eröffnete Moritz das Gespräch. >>*Wie schätzt Du die aktuelle Situation ein. Die Investoren machen ja ganz schon viel Druck.*<< fragte er seinen CEO.

>>*Die sind mir egal, denn den meisten Druck mache ich mir selbst.*<< antwortete Alexander. >>*Wir haben ja auch gar keine unterschiedlichen Ziele. Wir wollen alle viel Geld verdienen.*<< fuhr er fort und schupste seinen Mitgründer mit einem >>*Außer Dir vielleicht.*<< lächelnd ein wenig zur Seite. >>*Wir haben nur offensichtlich unterschiedliche Ansichten, wie wir das erreichen können.*<< ergänzte er dann wieder ernster in Richtung von seinem Mitgründer.

Sie liefen ein Stück weiter den Strand rauf. >>*Kannst Du Dich noch an den Meeting-Raum an der UDB erinnern, wo wir damals zum ersten Mal so richtig über die Geschäftsidee zu AudioKing.com gesprochen haben?*<< fragte Alexander und als Moritz nickte, fuhr er fort. >>*Damals hast Du zu mir gesagt „Das YouTube für die Ohren. Megastark!" und hast dieses Ziel als „ganz großes Facebook" empfunden.*<< und die zugehörige Szene spielte sich nochmals vor dem geistigen Auge des CEO ab. >>*Das stimmt.*<< gab Moritz zurück, der sich jetzt ebenfalls an seine genauen Worte gut erinnern konnte.

>>*Genau jetzt zeigt es sich, ob wir wirklich das Zeug dazu haben, um selbst ein YouTube oder Facebook zu werden.*<< und mit einem Blick auf Moritz fügte er hinzu >>*Und das werden wir nie herausfinden, wenn wir unser Baby einfach vorher an Facebook verkaufen. Dann sind wir raus und werden uns ein Leben lang fragen, ob wir das Richtige gemacht haben.*<<

>>*Na gut, aber wir werden uns diese Frage mit einem dicken Bankkonto im Rücken stellen und das lindert vielleicht den Verlust einer diesbezüglichen Antwort.*<< meinte Moritz. Alexander war überrascht und fragte zurück >>*Hey? Was ist los mit Dir? Du wolltest doch auch immer eine große und nachhaltige Plattform von Relevanz aufbauen, die edel und gut für alle Ewigkeit ist.*<< Er erinnerte ihn dabei an Ihren kleinen Streit während der Krisensitzung nach der *Mobi.dig Conference.*

>>*Auch das stimmt und das will ich immer noch. Aber vielleicht gibt es ja Ereignisse im Leben, ab denen man ein weinig umdenkt.*<< gab Moritz

zurück. Alexander würde erst später erfahren, was sein Mitgründer damit meinte und fragte an dieser Stelle auch nicht weiter nach. Der CTO gab ihm dazu auch keine Gelegenheit und sprach schnell weiter. >>*Und wenn Facebook uns nicht kauft, sondern gegen uns antritt, dann wird es ein harter Kampf. Ich möchte am Ende nur nicht mit leeren Händen darstehen.*<<

Alexander nahm seinen Kollegen freundschaftlich in den Arm. >>*Das will ich auch nicht und ich stehe zu meinen Aussagen aus der Krisensitzung und zu meinen Plänen aus dem Bazzar Caffé.*<< Er schaute sich kurz um, wo die beiden Frauen gerade waren.

>>*Der Börsengang ist deswegen die beste Lösung, mit der wir alle Fliegen auf einmal erschlagen.*<< sagte Alexander und erklärte auch, wie er das meinte. >>*Wir bekommen viel Geld, die Investoren bekommen viel Geld und das Unternehmen bekommt viel Geld.*<< und mit einem weiteren Blick in die Ferne ergänzte er >>*Alle werden glücklich sein und wir können mit AudioKing.com weiter eigenständig wachsen und auch weitere Märkte angreifen oder uns eben verteidigen, wenn es sein muss.*<<

>>*Aber was ist mit den Zahlen, die wir für einen Börsengang brauchen?*<< wollte Moritz wissen, der zwar die ganze finanzielle Materie nicht verstand, aber trotzdem ein gewisses Bauchgefühl hatte.

>>*Die haben sich in den letzten Wochen bestens entwickelt und wir sind auf einem guten Weg. Vertrau mir. Ich, nein wir kriegen das hin.*<< antwortete Alexander, der zudem darauf hinwies, dass parallel ja die Ge-

spräche mit *Facebook* weiterhin liefen und sich auch gut entwickelten. >>*Ich verspreche Dir, da nichts zu riskieren und diese Alternative offen zu halten, wenn wir die eigene Börsenfähigkeit nicht innerhalb der nächsten sechs bis zwölf Monate schaffen sollten.*<<

Er winkte den beiden Frauen zu, die inzwischen stehengeblieben waren, um auf ihre Freunde zu warten. Alexander nutze diese letzten Momente des Vier-Augen-Gesprächs und meinte abschließend >>*Und wer weiß, ob nur Facebook auf uns aufmerksam geworden ist. Vielleicht klopft nach dem Börsengang ja auch Google oder ein anderer großer Medienkonzern bei uns an.*<< Kurze Zeit später erreichten sie die anderen, um den weiteren Weg nun gemeinsam fortzusetzen.

Ihr Ziel war der „*Strand90*", dem Strand-Pavillon von Domburg, in dem Moritz am Liebsten war. Er lag etwas abseits der direkten Verbindung von der Hauptstraße zum Strand in der Nähe vom optischen Wahrzeichen dieses Küstenabschnittes, dem Wasserturm.

Oben auf der Düne gelegen, war er mit seiner runden Backsteinform und dem markanten Kupferdach ein weitsichtbares Zeichen für alle Besucher, die sich Domburg näherten. Er wurde 1933 von dem Architekten *Hendrik Sangster* entworfen und gebaut. Er ist stolze 28,5 Meter hoch und ist alleine schon deswegen auf fast allen Postkarten und Urlaubsfotos zu der Gegend zu finden. Nach einer bewegenden Geschichte befindet sich der Turm heute in Privatbesitz und wird als Feriendomizil genutzt.

>>*So ein Ferienhaus hätte ich auch mal gerne.*<< meinte Moritz, als sie vom Wasser in Richtung des Strand-Pavillon abbogen und den Wasserturm quasi frontal vor Augen hatten. >>*Wenn unser Exit bei AudioKing.com klappt, dann kannst Du Dir zehn von diesen Dingern kaufen.*<< meinte Alexander und nahm seinen Freund und Mitgründer in den Arm und klopfte ihm auf die Schulter.

>>*Einer würde mir für den Sommer schon reichen.*<< lachte Moritz zurück und meinte >>*Für den Winter kommen wir ja zu Euch in das Chalet nach Kitzbühel.*<< Und damit erreichten sie den Strand-Pavillon und klopften sich den Sand ab.

Strand90 hatte die Form eines Bungalow aus scheinbar edlem Holz mit einem weißen, etwas überlappenden Flachdach. Er hatte Style und Design eines *Loberon*-Katalogs in Formgebung, Ausstattung und Farbgebung. Blau, Weiß, Braun und das für die Niederlande obligatorische Orange, allerdings nicht in einer so knalligen, sondern dezenten Ausführung, dominierten die Bestuhlung, die Kissen auf den Lounge-Möbeln, die Regen- bzw. Sonnenplanen und die sonstige Einrichtung.

Der Außenbereich hatte zwei Ebenen mit einer Terrasse direkt auf Höhe des Bungalows und einen Umlaufbereich, der mit einer kleinen Treppe erreichbar war. Umrandet war dieser dann von den typischen Glasscheiben, die die Gäste vor Wind und Sand schützen sollte. Diese wurden hier von vertikalen Holzbalken gehalten zwischen denen geschmackvoll weißen gekreuzten Holzverstrebungen angebracht waren. An der Seite war das große Logo angebracht, wobei die „90“ ausgestanzt und somit invers in einem weißen Kreis im Vergleich zu dem Wort „strand“ hochgestellt war.

Der gesamte Boden bestand aus breiten Holzpanelen und mit der Mischung aus normalen Tischen, Lounge-Ecken und barähnlichen Hochtischen hinterließ der *Strand90* bei seinen Gästen auch mit seiner Inneneinrichtung eine Mischung edel, hipp, cool und gleichzeitig normal. Es war daher nicht verwunderlich, wenn man in dieser Mischung zwischen *Buhne 16* und der *Sansibar* auf Sylt dann durchaus auch etwas gehobenes Publikum antraf, ohne dass dieses jedoch abgehoben wirkte.

Moritz kannte sich hier bestens aus und winkte seine Freunde zu sich, weil er im unteren Bereich eine Lounge-Ecke hatte erobern können. Er hatte schon von Weitem erkannt, dass hier die Rechnung bezahlt wurde und die Gäste aufbrachen und konnte sich deswegen für die Übernahme strategisch positionieren. Jetzt saßen sie in der Sonne, schauten auf das Meer und kuschelten sich in der jeweiligen Paarkonstellation auf den kastenförmigen Möbeln mit einem Geflecht aus Polyrattan aneinander. Es war perfekt.

Entsprechend wurde bestellt. Erst eine Flasche Champagner und dann eine Runde Austern, die als „Dutch Royal“ gerade in Zeeland mehr als frisch aus den heimischen Gewässern kamen. Daneben gab es noch die typischen Bitterballen, eine Art runde Kroketten, die entweder mit Rindfleisch oder mit Garnelen gefüllt waren. Als der Champagner kam und in die Gläser gefüllt wurde, erhob Moritz das Glas und begann eine kleine Ansprache.

>>*Es gibt einen bestimmten Grund, warum wir heute hier sind und eben nicht wieder nach Mykonos geflogen sind.*<< Er wartete, bis er die volle Aufmerksamkeit der kleinen Gruppe hatte. >>*Zum einen ist es mir da viel zu heiß und zum anderen wollte ich Emma die Belastung nicht mehr zumuten.*<<

Jetzt richteten sich alle Blicke auf die Freundin von Moritz und die Kollegin aus dem Büro und es war diese besonders zauberhafte Ausstrahlung, die jede Frau im Gesicht hatte, wenn sie schwanger war und ein Kind erwartete. Als ihr dann auch noch zusätzlich die ersten Freudentränen über das Gesicht rollten, war die Sache für alle klar.

Anna-Maria jubelte laut auf, nahm Emma direkt herzlich in den Arm und drückte sie fest an sich. Auch Alexander war sichtlich überrascht und umarmte gratulierend erst seinen Freund und Mitgründer und dann auch Emma. Er konnte mit ihr zwar immer noch „keine Pferde stehlen“, aber ihr Verhältnis hatte sich nicht nur aufgrund ihrer liebevollen Beziehung zu Moritz über die Zeit deutlich verbessert. Und deswegen freute er sich wirklich für die Beiden, was man ihm auch anmerkte und ehrlich gemeint war. Zudem wurde ihm jetzt natürlich klar, was Moritz mit „Ereignisse im Leben“ in ihrem Gespräch beim Strandspaziergang gemeint hatte.

Jetzt mussten natürlich die Einzelheiten erzählt werden. Das Wann, das Wo und das Wie es passiert war, wobei letzteres natürlich nicht ausführlich geschildert wurde. Im Hinblick auf die damit verbundenen Fragen für die Zukunft meinte Emma >>*Wir wissen noch nicht, was es wird und haben auch noch keinen Namen. Ich bin ja auch erst am Ende des dritten Monats.*<< An dieser Stelle nahm Alexander ihr das Champagner-Glas aus der Hand und leerte es mit einem Schluck und meinte anschließend lachend >>*Das darfst Du ja nicht mehr.*<<

Es sollte ein entspannter Nachmittag werden. Es wurde viel gelacht und viel bestellt und man beschloss auch noch das Abendessen und den Sonnenuntergang im *Stand90* zu genießen. Als die Sonne dann im Meer versank, hatte sich eine romantische Stimmung eingestellt und Anna-Maria drückte sich ganz fest an Alexander. >>*Jetzt komm aber bitte nicht auf falsche Gedanken. Wir haben für so etwas im Moment nun wirklich keine Zeit.*<<

Seine Freundin löste sich ein wenig, sah ihn an und flüsterte ihm anschließend ihre Antwort ins Ohr. >>*Aber üben können wir ja schon mal.*<< Das verführerische Augenzwinkern verriet Alexander, dass es nach einem schönen Abend auch noch eine schöne Nacht werden sollte. Domburg war doch gar nicht so schlecht.

Expansion-Phase 11

>>*Irgendetwas stimmt hier nicht.*<< murmelte Moritz ein paar Wochen später mit einem Blick auf die Anzeigen zum *AudioKing.com*-System. Die Nutzerzahlen waren deutlich über dem bisherigen Trend gestiegen. Es gab deutlich mehr neue Account-Anmeldungen und auch zugehörige Audiofiles, die eingestellt wurden. Diese neuen Accounts riefen auch verstärkt andere Audiofiles ab. Eigentlich ein Tatbestand, über den man sich freuen sollte. Aber Moritz war sensibel für Abweichungen im System, für die es zunächst einmal keine direkte Erklärung gab. Er nahm sich vor, dieses Phänomen mal in der nächsten Sitzung der Geschäftsführer einmal anzusprechen.

Dieser sogenannte „GF-Stammtisch“ fand einmal pro Woche statt und es war ein fester Termin, zu dem sich Alexander, Moritz und Björn zu den wichtigsten Dingen austauschten. Dieser persönliche Austausch war umso wichtiger geworden, seitdem sie räumlich getrennt waren und sich nicht mehr unbedingt jeden Tag sahen.

Diese Woche fand der GF-Stammtisch wieder mal im Glaskubus im Hauptsitz der Company statt und Moritz war zudem diesmal besonders neugierig auf das Treffen, weil Alexander und Björn auch gerade erst aus den USA vom ersten Treffen mit *Facebook* zurück waren. Entsprechend direkt fragte er die vom Flug noch müden Kollegen >>*Und, wie war das Treffen mit Mark Zuckerberg?*<< Doch

Alexander musste ihn enttäuschen. >>*Auf der Flughöhe waren wir noch nicht. Wir hatten es erst mit einer Armee von Analysten und Produktentwicklern zu tun.*<<

Er berichtete ausführlich über das stundenlange Meeting, bei dem er aber hauptsächlich das Gefühl hatte, dass die herausfinden wollten, wie *AudioKing.com* funktioniert, welche Erfahrungen das Startup im Audio-Bereich gemacht hatte, wie es der Company aktuelle so geht und welche nächsten Schritte man plante.

>>*Wir kamen dann immer wieder an den Punkt, wo wir die Antworten ohne Vertraulichkeitserklärung und dem Beisein von Anwälten nicht geben wollten.*<< ergänzte Björn. Er erläuterte, dass man da höllisch aufpassen musste, dass man sich in der Hitze des Gefechtes nicht die Hosen ausziehen ließ, ohne sich vorher gegen mögliche Verbrennungen zu schützen. >>*Aber das haben wir ganz gut hinbekommen, auch wenn ich Alex hin und wieder mal bremsen musste.*<<

Alexander nickte und musste sich auch selbst zugestehen, dass er in dieser Hinsicht dankbar war, dass Björn dabei gewesen ist. >>*Am Ende haben wir zu 90% nur über AudioKing.com gesprochen und nur zu 10% über Facebook Live Audio.*<< Er berichtete weiter, dass man sich dann vertagt hätte und man wieder auf *AudioKing.com* zukommen würde. >>*Alle waren cool, alle waren nett und alle fanden uns toll. Aber konkreter wurde es nicht. Das muss aber jetzt im nächsten Schritt passieren, sonst fliege ich nicht nochmal dahin.*<< Björn nickte zustimmend.

An dieser Stelle wurde das Thema auch im Rahmen des GF-Stammtisches beiseitegelegt und die aktuellen Zahlen rückten nun in den Fokus. Moritz berichtete, was er entdeckt hatte und referierte die zugehörigen Bewegungen in seinem System. >>*Seit einiger Zeit verzeichne ich da ungewöhnliche Schwankungen und Steigerungsraten, die weit über den bisherigen Durchschnittswerten liegen.*<< Alexander schaute sich den zugehörigen Ausdruck an und meinte >>*Aber das ist doch toll! Mit dem Mehr an Traffic, haben wir auch ein Mehr an Werbeeinnahmen.*<<

Er schaute kurz in seinem Laptop nach den aktuellen Zahlen von der Marketing-Gang und fand hier eine entsprechende Bestätigung. >>*Ein sattes Plus von 20% in den letzten beiden Wochen für die Auslieferung der klassischen Werbespots. Das können wir gut gebrauchen.*<< und er schaute zufrieden in Richtung seines CFO. Björn signalisierte mit der Daumen-Hoch-Geste seine Zustimmung.

>>*OK, aber die hinterlegten Daten für diesen Traffic haben im Hinblick auf die Nutzer nicht die gleiche Qualität wie bisher und das beeinträchtigt langfristig unser neues PCR-Werbemodell.*<< meinte der CTO. Doch Alexander wollte davon offenbar nichts wissen. >>*Kurzfristig ist das aber ein toller Effekt für unser Börsenambitionen. Also freuen wir uns und nehmen das einfach mal mit.*<<

Moritz wollte sich damit jedoch nicht zufriedengeben und gab zurück >>*Ich werde das trotzdem mal weiter untersuchen. Nur um sicherzugehen, dass hier nicht irgendwelche Fake-Accounts einen künstlichen Traffic erzeugen, mit dem wir nichts anfangen können.*<< Nun reagierte Alexander etwas ungehalten. >>*Wir können mit jedem Traffic etwas anfangen, es sein denn, er verstößt gegen unsere Richtlinien. Tut er das?*<<

Moritz schaute ihn verwundert an und schaute in seine Unterlagen. >>*Offensichtlich nicht. Die Anzahl der problematischen Inhalte ist im gleichen Zeitraum nicht überproportional gestiegen.*<< Alexander klappte seinen Laptop zu und meinte mit einer ausladenden Geste >>*Na bitte! Es gibt kein Problem und die Zahlen steigen. Das ist genau das was die Investoren sehen wollen und was sie auch bekommen.*<< Und damit stand er auf und verließ den Glaskubus gefolgt von Björn, der diesbezüglich nur mit den Achseln zuckte. Der GF-Stammtisch war für heute zunächst beendet.

Moritz blieb noch eine ganze Zeit lang sitzen und grübelte. Irgendetwas störte ihn an der Wortwahl von Alexander. Wusste sein Mitgründer vielleicht mehr über diesen Traffic-Sprung als er zugab? Er nahm sich vor, diesem Phänomen weiter nachzugehen und Alexander später vielleicht mit neuen Erkenntnissen unter Vier-Augen anzusprechen. Und damit ging er in Richtung Aufzug, um zurück in sein Büro zu gehen.

Kurz bevor sich die Türen des Aufzugs schlossen, huschte Fynn mit hinein. >>*Hallo, wie geht es?*<< meinte er als sich die Aufzugstüren abermals schlossen. Nachdem man die ersten diesbezüglichen Floskeln ausgetauscht hatte, wollte Fynn etwas tiefer ins Gespräch einsteigen. >>*Ich habe gehört, dass Facebook ein Thema geworden ist? Ist da was dran?*<< Moritz schaute ihn überrascht an. >>*Wie kommst Du darauf und fragst Du mich das als Redakteur oder als Freund?*<<

Fynn lächelte. >>*Ich habe vielleicht nicht ganz zufällig mitbekommen, wohin die letzte Flugreise von Alexander und Björn mit einem zugehörigen Termin im Menlo Park ging.*<< meinte er und im Hinblick auf seine Rolle meinte er nur >>*Such es Dir aus.*<<

Moritz wusste nicht, wie er Fynn manchmal einschätzen sollte. Er war nett und sie hatten schon oft das eine oder andere freundschaftliche Gespräch geführt, aber er war eben auch von der Presse und in dieser Funktion musste er ihm gegenüber vorsichtlich mit Interna sein. >>*Im Menlo Park sitzen viele Firmen.*<< antwortete er diplomatisch.

>>*Aber aus meiner Sicht nur eine mit Relevanz für AudioKing.com. Insbesondere nach der Ankündigung von Alex auf der SXSW zum baldigen Markteintritt in den USA.*<< gab Fynn zurück.

Moritz überlegte, wie er auf diese Anspielung reagieren sollte. Er war leider kein guter Stratege und ein noch schlechterer Lügner. Also blieb ihm nur die Flucht. >>*Warum fragst Du nicht Alex selbst? Ich bin dafür nicht zuständig und war auch nicht mit.*<<

Der Redakteur von *startup.news* musste lächeln und wollte an der Stelle nicht weiter nachbohren, da auch er Moritz mochte und es sich mit ihm nicht verscherzen wollte. Also wechselte er das Thema.

>>*Aber Du bist doch zuständig für die Systeme, oder?*<< meinte Fynn. Moritz musste hierfür natürlich nicken. >>*Wie erklärst Du Dir als CTO den enormen Anstieg bei den Downloads und dem Traffic, den man auf der Wand der Wahrheit plötzlich beobachten kann.*<<

Moritz war erneut überrascht und auch ein wenig erschrocken, denn er hatte bislang gedacht, dass er der einzige war, der dieses Phänomen entdeckt hatte. Dabei hatte er vollkommen vergessen, dass viele Basisdaten ja im Office über die Monitore direkt für das Team als Motivation sichtbar wurden. Oder eben als Recherchequelle für Fynn.

>>*Vielleicht hat die Marketing-Gang einen guten Job gemacht?*<< versuchte Moritz das Thema erneut von sich weg zu lenken. Doch Fynn schüttelte den Kopf. >>*Da habe ich schon nachgefragt. Es gab in dem betreffenden Zeitraum keine besonderen Kampagnen auf die das zurückzuführen wäre.*<< womit er den Ball für eine andere Erklärung wieder an den CTO zurückgab.

>>*Vielleicht ein Sondereffekt, für den Niemand etwas kann? Ich werde mir das mal genauer anschauen.*<< gab Moritz unverbindlich zurück. Fynn musterte ihn und meinte anschließend nur >>*Vielleicht.*<< und nach einer kurzen Pause >>*Vielleicht aber auch nicht.*<< Sie hatten inzwischen nicht nur den Aufzug, sondern auch das Gebäude verlassen. Als sie sich verabschiedeten gab Fynn dem CTO noch etwas mit auf den Weg.

>>Wenn Du dir das angesehen hast, wäre ich für ein Feedback dankbar und Du kannst dann selbst entscheiden, ob Du mich als Redakteur oder als Freund ansprichst.<< Er winkte zu diesen Worten mit offenen Händen, machte auf dem Absatz kehrt und verließ Moritz in eine andere Richtung. Der schaute ihm länger hinterher und murmelte zu sich selbst >>*Zunächst muss ich selbst einmal herausfinden, was hier gespielt wird.*<<

Expansion-Phase 12

Als Moritz sich ein paar Tage später ein besseres Bild über den „Sondereffekt" gemacht hatte, schrieb er eine dringende private Nachricht per *WhatsApp* an Alexander.

„Wir müssen reden."

lautete diese Mitteilung und es dauerte nicht lange, bis ein

„OK. In 1 Stunde im Bazzar."

von Alexander zurückkam. Moritz sammelte seine Listen und Grafiken und machte sich etwas später auf den Weg zum vereinbarten Treffpunkt. Er war durchaus nervös und sehr gespannt, was Alex zu seinen neuerlichen Analysen sagen würde.

>>*Wo brennt es denn.*<< fragte Alexander, als er sich zu seinem Mitgründer setzte. Der wartete noch einen kleinen Moment, bis sein Freund angekommen war. >>*Ich habe herausgefunden, warum wir einen sprunghaften Anstieg bei unseren Nutzer- und Traffic-Zahlen haben.*<< flüsterte Moritz dann aber ziemlich aufgeregt seinem CEO zu. Doch der antworte ruhig. >>*Wirklich?*<<. Doch das nahm Moritz gar nicht richtig war und stieg direkt ein in seinen Bericht.

Dieser belegte, dass ein offensichtlich koordiniertes Netzwerk systematisch immer wieder Unmengen an neue Accounts bei *Audio King.com* aufmachte und es irgendwie auch schaffte, mit diesen Accounts auch ebenso automatisch und zudem willkürlich irgendwelche Channel zu abonnieren. >>*Und die spielen dann die zugehörigen Audiofiles in einer Art von Dauerschleifen-Playlist immer wieder ab. Ohne Musik, nur den Content.*<< meinte Moritz, der sich unsicher umschaute, ob auch niemand sie beobachtete.

Er berichtete weiter, dass diese Accounts gut gemacht sein und man nicht sofort erkennen könne, ob die echt sind oder nicht. >>*Hinzu kommt, dass die auch Audiofiles einstellen. Die sind aber nur eine zusammenhanglose Ansammlung von Audiospuren von irgendwelchen offenbar geklauten YouTube-Videos.*<< Er gab Alexander eine Liste mit den Namen der entsprechenden Dateinamen. Er berichtete weiter, dass er mal diese Accounts extrahiert hatte und im Anschluss dann die IP-Kennung und die E-Mail-Adressen analysiert hatte.

<<*Die kommen fast alle aus Osteuropa!*<< Moritz flüsterte immer noch und die ersten Schweißperlen rannten ihm von der Stirn. >>*Ich glaube, wir sind hier Opfer der russischen Klick-Mafia oder eines anderen osteuropäischen Hackerrings geworden.*<< meinte Moritz und riss dabei die Augen ganz weit auf. Alexander war zu seinem Erstaunen immer noch ganz ruhig. >>*Wer weiß noch davon?*<< wollte er nur wissen. Moritz war irritiert und antwortete >>*Im Moment nur ich. Glaube ich zumindest. Aber ist das Alles was Du dazu zu sagen hast?*<<

Alexander bestellte zu seiner Überraschung die Rechnung für die beiden Kaffee und die Flasche Wasser und meinte nur >>*Ich muss Dir was erklären. Aber nicht hier. Lass uns in den Hofgarten gehen.*<< Sie packten ihre Sachen zusammen und machten sich auf den Weg zum Ende der Königsallee, wo der zentrale Park zwischen der Stadtmitte und dem Ortsteil Pempelfort angesiedelt war. Sein ältester Teil wurde bereits 1769 angelegt. Damit ist der Düsseldorfer Hofgarten Deutschlands erster und ältester Volksgarten.

Sie setzen sich etwas abseits auf eine Bank und Alexander brach das Schweigen. >>*Was ich Dir jetzt sagen werde, wird Dir nicht gefallen und muss es auch nicht. Du musst es nur akzeptieren und die Schnauze halten. Das ist extrem wichtig für uns in der aktuellen Lage.*<< Schlimmer hätte das Gespräch für Moritz gar nicht starten können, aber er war gespannt auf das, was jetzt kommen sollte. Alexander schilderte nochmals den enormen Druck, den er verspürt hatte, nachdem der

Investorenkreis „auf einmal so geil auf Facebook“ war, wie er Moritz in Erinnerung rief.

>>*Ich hatte Dir ja schon in Domburg meine Meinung und meine Ziele gesagt. Und die haben sich nicht geändert. Ich will nicht an Facebook verkaufen. Ich will uns an die Börse bringen und zunächst eigenständig bleiben.*<< er lehnte seinen Oberkörper nach vorne und stützte sich auf den Oberschenkeln ab. >>*Mir ist aber auch klar, dass ich das bei unseren Investoren und Gesellschaftern nur durch bekommen, wenn die Zahlen dafür stimmen.*<< fuhr er fort.

Moritz schlug die Hände vor dem Gesicht zusammen und rief entsetzt. >>*Oh mein Gott! Du hast die Accounts und den Traffic illegal gekauft und damit unsere Werbekunden betrogen.*<< Alexander lachte laut auf. >>*Hallo? Wie sollte ich denn die Zahlungen dafür unbemerkt an Björn vorbei bekommen?*<< antwortete der CEO und ergänzte >>*Und ich habe nichts dergleichen gemacht und bin trotzdem dafür verantwortlich.*<<

Moritz, der sich von seinem ersten Schock-Gedanken ein wenig erholt hatte, wollte wissen, wie er das meinte. >>*In der ganzen Diskussion rund um Facebook, haben ich spontan einmal mit Oleg Rulenkow telefoniert und mich anschließend heimlich mit ihm in Berlin getroffen.*<<

Moritz erinnerte sich an den Namen. Oleg war der Vertreter des größten russischen Investors aus der ersten *Battle*-Finanzierungsrunde gewesen. Und dieser Investor war auch bei den folgenden Runden immer weiter mitgegangen und weiterhin der größte Anteilseigner bei *AudioKing.com.* >>*Auch wenn die sich weiterhin von der DIC bei uns vertreten lassen, so hatten und haben die uns genau im Blick und Oleg war bestens über uns informiert.*<< berichtete Alexander.

Er lehnte sich wieder zurück und breitete die Hände auf der Rückenlehne der Parkbank aus. >>*Was soll ich sagen… Er war natürlich überhaupt nicht begeistert von der Facebook-Idee. Vielleicht hatte das nur was mit dem politische Systemkonflikt zu tun. Aber egal…*<< Alexander atmete tief ein und setzte seinen Bericht fort. >>*Er hat mir seine Unterstützung für den Börsengang zugesichert und ich habe ihn über die dafür notwendigen Grundlagen informiert.*<<

Moritz ahnte, was nun kommen würde und meinte >>*Lass mich raten. Er sagte, Du sollst Dir keine Gedanken dazu machen, er würde sich darum kümmern.*<< Alexander nickte. >>*Hört sich kitschig nach einem billigen Agentenfilm an, aber so war es.*<< gab dieser zurück. >>*Aber um der Wahrheit die Ehre zu geben, wollte ich die Details auch gar nicht wissen. Aber natürlich ahnte ich, wie eine solche Unterstützung aussehen konnte.*<< murmelte der CEO.

>>*Du hast billigend in Kauf genommen, dass man uns manipuliert und die Zahlen schön schraubt. Hast Du Dir aber auch Gedanken gemacht was passiert, wenn das rauskommt?*<< wollte Moritz wissen.

Alexander hob beschwichtigend die Hände. >>*Es ist ein Risiko, ja… Aber nur für den begrenzten Zeitraum bis zum Börsengang. Danach wird alles wieder normal.*<<

Moritz schüttelte den Kopf. >>*Oh Mann, Alex! Wach auf! Das ist Betrug!*<< und er ergänzte >>*An den Werbekunden und an den Leuten, die beim Börsengang unsere Aktien kaufen. Da mache ich nicht mit!*<<

Alexander hatte mit einer solchen Diskussion gerechnet. >>*Oh doch, dass wirst Du!*<< gab er energisch zurück. >>*Du wirst nach der ersten Aufregung an die Company, an die Mitarbeiter mit ihren Beteiligungsprogrammen und nicht zuletzt an Dich selbst und Deine Verantwortung für Deinen demnächst vorhandene kleine Familie denken. Und dann wirst Du, wie schon gesagt, einfach die Schnauze halten.*<<

Er ließ diese Worte ein wenig wirken, um dann wieder etwas versöhnlicher nachzulegen. >>*Moritz, der Ball von Oleg ist jetzt schon am Rollen und kann nicht mehr vom Spielfeld genommen werden.*<< Er legte seine Hand auf die Schulter seines Mitgründers. >>*Wir ziehen das jetzt gemeinsam durch, bringen das Ding an die Börse, machen Kasse für uns und die Investoren und alle sind zufrieden.*<<

Der Begriff „alle" erinnerte ihn noch an die anderen Befürchtungen von Moritz und auch die wollte er noch zerstreuen. >>*Danach führen wir die Company normal weiter und sorgen dafür, dass die Aktionäre ihre Rendite bekommen und den Werbekunden geben wir zum Ausgleich nachträglich ein paar Gutschriften und Rabatte.*<< Doch Moritz schwieg weiterhin. Er hatte immer noch mit all diesen Informationen aber insbesondere auch mit der kalten Einstellung von Alexander zu kämpfen.

>>*Ich habe mal zu Anna-Maria gesagt, dass ich den Erfolg nicht um jeden Preis brauche.*<< gab Moritz leise zurück. >>*Ich schon und ich bitte Dich erneut, mir dabei nicht im Wege zu stehen.*<< antwortete Alexander ebenso leise aber eindringlich. Der CEO klopfte im Anschluss Moritz auf die Schulter, stand auf und ging zurück in Richtung Königsallee und ließ somit seinen CTO alleine auf der Parkbank zurück.

Der schaute ihm nicht nach, sondern vergrub sein Gesicht zwischen seinen Händen und beobachtete, wie die erste Träne langsam an seinem Gesicht entlang und anschließend zwischen seinen Beinen auf den Boden tropfte. Eine ganze Stunde brauchte er, um das Gespräch mit Alex halbwegs zu verarbeiten und sich mit den Konsequenzen zu befassen. Dann erst stand er auf und ging.

Emma nahm Moritz lange in den Arm, als er anschließend nach Hause kam. Er war nach dem Gespräch mit Alexander gar nicht mehr zurück in die Company gegangen, sondern hatte sich mit einer kurzen Nachricht für heute von seinem Team verabschiedet. Danach hatte er schon mit seiner Freundin telefoniert und kurz geschildert, was passiert war. Entsprechend war Emma vorbereitet.

Nachdem sie nun auch die Langfassung gehört hatte, fragte sie >>*Was willst Du nun machen?*<< Beide saßen Arm in Arm auf dem Sofa und schauten auf den Tee, den Emma gemacht hatte. >>*Ganz ehrlich? Ich weiß es nicht.*<< Er nahm einen Schluck und genoss die Wärme, die sich dadurch in seinem Körper freimachte. Er musste unweigerlich an den *Bauplan des Lebens* denken, den er in einem der ersten Gespräche mit Emma diskutiert hatte.

>>*Ich habe das Gefühl, dass meine Säulen mit Träumen und Zielen, Geld und Vermögen sowie Beruf und Karriere nicht mehr im Gleichgewicht sind.*<< sagte er mit Anspielung auf diesen Bauplan. Zeitgleich streichelte er den runden Bauch seiner Partnerin, deren Schwangerschaft nun schon weit fortgeschritten war. >>*Ich möchte dadurch aber nicht das Dach aus Glück und Liebe zum Einsturz bringen. Ich möchte Euch beiden ein tolles Leben bieten.*<< Er schaute zu ihr hoch.

>>*Dieses Glück und schon gar nicht unsere Liebe ist aber abhängig von AudioKing.com und was dabei herauskommt.*<< gab Emma zurück und ergänzte >>*Und wenn Du unglücklich bist, dann bin ich es auch. Daran wird auch kein Geld der Welt was dran ändern.*<< Sie streichelte seinen Kopf und fand es unfair, dass Alexander einfach so über ihn hinweg entschieden hatte und seinen Stiefel ohne Rücksicht auf Verluste durchzog. >>*Das macht man unter Freunden und Gründern nicht und das zeigt nur, wie egoistische er eigentlich unterwegs ist und es vielleicht immer schon war.*<< fand sie und Moritz musste unweigerlich nicken.

>>*Auf der anderen Seite muss man aber auch feststellen, dass wir Alle von dem Erfolg von AudioKing.com und damit auch seinem Erfolg profitieren würden.*<< gab Moritz zu bedenken.

>>*Ja, aber zu welchem Preis?*<< antwortete Emma und machte deutlich, dass auch Moritz wesentlich zu diesem Erfolg beitrug, denn

>>ohne Deine Programmierung wäre AudioKing.com doch gar nicht erst entstanden.<<

Auch das war natürlich richtig und *AudioKing.com* war genauso sein Baby, wie das von Alexander. Und deswegen ärgerte er sich auch so, dass sein Mitgründer dieses gemeinsame Baby einer solchen Gefahr aussetzte und er es zum Spielball der Investoren machte.

>>Hinzu kommt, dass das, was er da macht, aus meiner Sicht illegal und ein klarer Betrug ist. Er will den Markt, die Investoren, das Team und nicht zuletzt mich schlicht und einfach bescheißen.<< und damit schlug er mit der flachen Hand auf die Armlehne des Sofas.

>>Unabhängig davon, was Du jetzt vorhast, solltest Du auf alle Fälle das Alles dokumentieren, belegen und vielleicht bei einem Notar hinterlegen. Sichere Dich ab für den Fall, dass diese Bombe platzen sollte.<< meinte Emma zu ihm. Der war sich nicht sicher, ob das im Hinblick auf die möglichen Schadensersatzklagen helfen würde, denn er war ja auch einer der Geschäftsführer und somit mit in der Haftung.

Zudem war er es, der diesen Betrug als Erster aufdeckte und dann keine Abhilfe leistete. Das nennt man dann wohl schuldhaftes Verhalten für das man dann auch individuell trotz einer „Gesellschaft mit beschränkter Haftung" im Außenverhältnis in eine persönliche Schadensersatzleistung kommt. Hinzu kam, dass *AudioKing.com* gerade von einer GmbH in eine AG umgewandelt wurde, was diese Problematik nochmals verstärkte.

Ungeachtet dessen ging es aber auch noch um etwas Anderes. Er wollte ein tolles Unternehmen aufbauen, welches genauso ehrlich durch die Wirtschaft ging, wie er selbst durch das Leben. >>*Wie soll ich unserem Kind in die Augen schauen können, wenn ich ihm all die schönen Dinge nur durch einen Betrug ermöglichen konnte. Oder wird ihm das egal sein?*<< fragte Moritz seine Partnerin. >>*Wie willst Du Dir selbst in die Augen schauen?*<< gab die ruhig zurück.

>>*Wenn es hier um die Entscheidung zwischen Geld und Lebensglück geht, dann steht für mich die Entscheidung fest. Ich will lieber eine glückliche Familie als eine reiche Familie.*<< untermauerte Emma ihre Ansicht und verwies nochmals auf die vielen reichen Menschen, die aber extrem unglücklich durchs Leben gingen. >>*Die Balance bei den drei Säulen macht es aus, damit das Dach nicht einstürzt.*<< erinnerte sie ihren Lebenspartner nochmals an ihren *Bauplan des Lebens* und meinte abschließend >>*Egal was Du machen wirst. Ich stehe hinter Dir und unser Baby wird es später auch verstehen.*<<

Mit einem Kuss auf die Stirn von Moritz stand Emma auf und räumte die Teesachen weg. Moritz dachte lange nach und versuchte sich alle Aspekte seiner Entscheidung vor Augen zu führen. Sollte er schweigen und die Schnauze halten, wie Alexander es wollte und sich damit zum Mittäter machen? Oder sollte er den Betrug aufdecken und für eine Korrektur sorgen mit allen Konsequenzen, die eine solche Handlung für die Company hatte? Im Zweifel konnte

AudioKing.com durch seine Entscheidung alles gewinnen oder aber auch alles verlieren.

Er schien an diesem Dilemma innerlich zu zerbrechen und fing wieder an zu weinen. Er malte sich aus, wie die verschiedenen Szenarien auf alle Beteiligten wirken würden und wünschte sich, dass er diesen „Sondereffekt“ nie entdeckt hätte. Es gab jetzt auch keine Logik für die Lösung dieses Problems, keinen Bug, den man so einfach finden und beseitigen konnte. Und damit kam er als Coder nun gar nicht zurecht.

Er war es gewohnt, dass es eine mathematische Lösung gab. Doch diesmal war es anders. Es gab keine Lösung. Es gab nur einen Verlierer. Entweder er „sicher“ oder die Company „vielleicht“. Moritz schlug sich mit seinen Gedanken bis in die tiefe Nacht herum. Dann hatte er eine Entscheidung getroffen und schlief erschöpft ein.

Expansion-Phase 13

>>*Da ist was im Busch!*<< meinte Fynn Schneider zu Corinna Ohlsen als er mal wieder zurück in der Redaktion von *startup.news* in Berlin war. >>*Das spüre ich!*<< und er erklärte seiner Chefin in ihrem Büro, was er damit meinte. Er berichtete von seinen Erlebnissen und Gesprächen mit den Gründern und Mitarbeitern bei *AudioKing.com* und

schilderte ausführlich seinen *Facebook*-Verdacht und die Ungereimtheiten im Hinblick auf den „Sondereffekt“ bei den Nutzerzahlen, den er entdeckt hatte.

>>*Wenn da nichts dran ist, dann fresse ich meine Cap und gehe nie mehr zu einem Heimspiel von Hertha BSC.*<< rief er aus und wie zur Unterstützung warf er die weiß-blaue Cap auf den Tisch der Chefredakteurin. Corinna Ohlsen, die sich in ihrem Outfit heute an diesem Freitag an den allgemein Casual Day angepasst hatte und nur eine Jeans mit einer roten Bluse trug, hörte aufmerksam zu. Auch ihre Instinkte schienen anzuschlagen, jedoch fand sie das *Facebook*-Thema spannender und konkreter als die Sache mit dem Sondereffekt.

>>*Das mit den sprunghaft angestiegenen Nutzerzahlen und vor allem das mit den Belegen für eine zugehörige Manipulation, lässt sich nur schwer recherchieren.*<< sagte sie zu ihrem Redakteur und ergänzte >>*Dafür braucht man in der Regel einen Whistleblower, der einem das Material dafür zuspielt. Gibt es da jemanden?*<< Ein Whistleblower war eine Person, die interne Informationen aus einem geheimen oder geschützten Zusammenhang direkt oder indirekt über die Presse an die Öffentlichkeit bringt.

Der verdrehte die Augen und pustete laut aus. >>*Habe ich im Moment noch nicht, aber ich bleibe dran und ich könnte mir vorstellen, dass Moritz umkippen könnte, wenn ich ihn weiter unter Druck setze.*<< gab Fynn zurück und in diesem Moment war auch klar, dass er sich entschieden hatte. Gegen *AudioKing.com* und für seine Unabhängigkeit als Redakteur. Außerdem konnte das der große Paukenschlag für das Ende der Doku werden, der sich lohnte.

Corinna sah sich bestätigt und setzte deswegen eher auf das *Facebook*-Pferd. >>*Da sieht die Sache schon anders aus. Da kann man recherchieren und Kontakte anfragen. Zudem gibt es immer irgendwelche Belege wie Flugtickets, Quittungen, Gesprächspartner, Fotos und so weiter.*<< meinte die Chefredakteurin und schaute erwartungsvoll ihren Mitarbeiter an. Der fand die andere Story jedoch weiterhin spannender.

>>*Mit Facebook decken wir nur etwas auf, was im Zweifel positiv für AudioKing.com sein könnte. Mit einer Manipulation der Zahlen decken wir aber einen Skandal auf, was negativ für AudioKing.com sein könnte. Was bringt mehr Aufmerksamkeit?*<< fragte Fynn provokativ zurück.

Doch Corinna wollte sich darauf nicht einlassen und gab zurück >>*Nur ein „Positiv versus Negativ" ist nicht der Maßstab für unsere redaktionelle Arbeit. Wir decken in beiden Fällen etwas auf und präsentieren Fakten.*<<

Sie schaute aus ihrem Fenster und überlegte, wie sie Fynn von ihrer Ansicht überzeugen konnte. Sie drehte sich zurück zu ihrem Laptop und tippte eine Schlagzeile ein. Anschließend drehte Sie den Bildschirm zu Fynn. „*Facebook kauft AudioKing.com: Das Ende eines deutschen Unicorn-Traums*" konnte der Redakteur da lesen. Er musste grinsen und meinte >>*Auch nicht schlecht.*<<

Sie sammelten nochmals alle Fakten für diese Story. Fynn hatte Belege für den Flug von Alexander und Björn nach San Francisco mit einem zugehörigen Termin im *Menlo Park*, dem Hauptsitz von Facebook. Er hatte zudem auf der Webseite vom „German Haus“ in einem Nachbericht zur *SXSW* viele Fotos vom deutschen Messestand gefunden. Auf einem Bild konnte man sehr gut Alexander mit einem offensichtlich amerikanischen Gesprächspartner erkennen, der einen bekannten deutschen Butterkeks aß.

Er hatte mal über ein Startup für Gesichtserkennungssoftware berichtet und denen das Foto gegeben, um herauszufinden, wer dieser Gesprächspartner war. Das war nicht ganz legal, aber er hatte um einen Gefallen gebeten und das Ergebnis war nun sein Trumpf. Er zeigte das Bild seiner Kollegin. >>*Rate mal, wer das ist.*<< Corinna betrachtete den Mann, konnte aber keine Antwort geben und zuckte deswegen nur mit den Achseln.

Fynn grinste und kostete den kleinen Moment des Wissensvorsprungs ein wenig aus, bevor er seine Antwort gab. >>*Das ist Elroy Jackson, ein Senior Vice President aus der Corporate Division von Facebook.*<< Corinna pfiff durch die Zähne und nickte anerkennend und meinte >>*den Du natürlich auch schon vor dem Gefallen erkannt hattest.*<< Fynn grinste mit einem >>*Natürlich. Wer kennt denn Elroy Jackson, den letzten Held Amerikas nicht?*<< zurück und konnte sich die Anspielung auf den Kinofilm mit Jeff Bridges nicht verkneifen.

Corinna ignorierte diesen Hinweis, da sie den Film auch gar nicht kannte. >>*Das ist schon sehr gut. Aber vielleicht können wir auch unsere Quellen bei Facebook direkt noch mal anzapfen. Vielleicht war ja jemand bei dem Gespräch dabei oder hat die Beiden zufällig gesehen.*<< Fynn nickte und er war bereits dran an dieser Möglichkeit und kannte auch ein paar deutsche Entwickler, die im *Menlo Park* arbeiteten.

>>*Natürlich müssen wir auch AudioKing.com die Möglichkeit für eine Stellungnahme zu diesem Thema geben.*<< merkte Corinna in diesem Zusammenhang an. >>*Aber dann sind wir raus! Das könnte das Ende der Doku sein.*<< gab Fynn zurück. Er musste aber schnell erkennen, dass es spätestens nach der Veröffentlichung eines solchen Enthüllungsartikels so oder so mit der Doku zu Ende war.

>>*Aber ein schönes Ende. Und danach bist Du auch viel freier, um nochmals der anderen Sache nachzugehen. Wir sind dann raus und wechseln wieder zum kritischen Beobachter.*<< meinte Corinna, die schon seit längerem die Serie zunehmend kritisch betrachtete. Insbesondere hatte sie gestört, dass sie nicht so offensiv über das Aufkommen von problematischen Audioinhalten berichtet hatte, wie andere Medien.

Zudem bemerkte sie gerade in den letzten Berichten zunehmend einen inneren Konflikt von Fynn zwischen seiner Rolle als neutraler Redakteur und der Rolle als mehr oder weniger adaptiertes Teammitglied des Startups. Insofern begrüßte sie die nun offensichtlich vorliegende Entscheidung ihres Redakteurs. Trotzdem bemerkte sie ein leichtes Zucken und den traurigen Blick bei ihrem Kollegen, dem dieses Ende nun offensichtlich bewusstwurde.

>>*Du hast einen tollen Job gemacht und Lob von allen Seiten bekommen. Die Doku hat bei uns alle Rekorde geschlagen und wird als Meilenstein in der Startup-Berichterstattung eingehen.*<< Sie ging um ihren Schreibtisch herum und setze sich neben ihn. >>*Aber Alles hat mal ein Ende und das ist ein schöner und vielleicht auch spektakulärer Abschluss der Doku. Mehr kann man sich nicht wünschen.*<< Damit klopfte sie ihm anerkennend auf die Schulter und Fynn nickte. Es war trotzdem eine schöne Zeit in Düsseldorf für ihn gewesen.

>>*Wie gehen wir jetzt weiter vor?*<< wollte er wissen. Corinna ging wieder zurück hinter ihren Schreibtisch und meinte >>*Wir werden jetzt einmal ins Wespennest stechen.*<< und griff zu ihrem Handy. Sie überlegte einen Moment und tippte dann eine Nachricht an Jörg Lehmann von der *DIC* ein.

„Willkommen im Menlo Park. Haben Elroy Jackson die Kekse von AudioKing.com geschmeckt?"

Anschließend zeigte sie Fynn den Text und der nickte anerkennend. Sie drückte auf den Sendeknopf und legte das Handy für beide sichtbar auf den Tisch. Jetzt hieß es abwarten.

>>*In der Regel antwortet Jörg Lehmann ziemlich schnell.*<< meinte Corinna, aber nichts passierte. Auch nach zehn Minuten noch nicht.

>>*Vielleicht war er in einem Meeting oder auf der Autobahn unterwegs?*<< durchbrach Fynn die Stille im Raum. Corinna zuckte mit den Achseln, denn die ausbleibende Antwort war zunehmend ungewöhnlich.

Die Spannung stieg und endlich, nach fast einer halben Stunde kam eine Antwort. Sie kündigte sich mit dem typischen Signalton für eine eintreffende SMS mit zugehörigem Vibrationsalarm an. Doch es war nicht das Handy von Corinna, sondern das von Fynn, welches sich meldete. Der Redakteur schaute auf das Display. Es war eine Nachricht von Alexander.

„Du bist raus. Bitte komm nicht zurück in die Company. Es gibt hier von AudioKing.com keine Kekse mehr für Dich. Und auch nicht für Facebook."

Corinna las die Nachricht zweimal und schaute zu dem etwas blass gewordenen Fynn, der ihr das Display hingehalten hatte. Sie musste unweigerlich schmunzeln und sagte voller Tatendrang in Richtung ihres Kollegen >>*Volltreffer.*<<

Und damit gab sie ihrem Redakteur unweigerlich den Befehl zur Attacke und formulierte die zugehörige Marschroute. >>*Ich will den Artikel heute noch auf meinem Schreibtisch! Dann arbeiten wir den gemeinsam noch rund und morgen geht der als Abschlussknaller zu unserer Doku über AudioKing.com online.*<<

Expansion-Phase 14

Schon am folgenden Samstag liefen die Telefone im Gesellschafterkreis heiß. Der Artikel auf *startup.news* hatte hohe Wellen geschlagen und zwar diesseits und jenseits des Atlantiks. Denn viele andere Online-Medien in Europa und auch in den USA hatten die Meldung übernommen und selbst die Tageszeitungen in Deutschland reagierten ungewöhnlich schnell in ihren Sonntagsausgaben darauf. Das zeigte, welchen Stellenwert *AudioKing.com* schon hatte und welcher Zündstoff durch das offensichtliche Interesse von Facebook an einem Kauf dieses Startup angezündet wurde.

Viele meldeten sich zu Wort und die Bandbreite ging von „*Der Ausverkauf der deutschen Startup-Szene geht weiter*", „*Kasse machen statt Unicorn aufbauen*" bis hin zu der Forderung an den Gesetzgeber diesen Verkauf zu unterbinden, um die Tech-Giganten aus den USA nicht noch mächtiger zu machen, als sie sowieso schon waren. Alexander hatte Anna-Maria die klare Vorgabe gegeben, keinerlei Statements zu diesen Schlagzeilen abzugeben.

Der CEO wollte sich über das Wochenende erst einmal ein Bild von der Lage machen. Dabei galt es auch zu klären, woher das Nachrichtenleck gegenüber Fynn kam. Zunächst hatte er natürlich Moritz in Verdacht und wollte direkt nach seinem Telefonat mit Jörg Lehmann aufgrund dessen Weiterleitung der SMS von Corinna Ohlsen an ihn, seinen Mitgründer zu Rede stellen. Doch er wartete erst den Artikel ab und erkannte anhand des Fotos von der *SXSW*, dass man die Story auch ohne einen Hinweis von Moritz hatte spielen können.

Sofort feuern würde er allerdings am kommenden Montag die betreffenden Mitarbeiter aus der Verwaltung, die direkt in Kontakt zu der Flugbuchung und Abrechnung der Reise in den *Menlo Park* standen. Björn und auch Moritz hatten in einem gemeinsamen Call auch Jörg Lehmann gegenüber nach dem Erscheinen des Artikels zudem glaubwürdig versichert, dass sie diesbezüglich keine Informationen aus den Besprechungen weitergegeben hatten.

Was auch stimmte, denn Björn hatte nun wirklich überhaupt kein Interesse daran und Moritz hatte innerlich viel mehr mit der Datenmanipulation zu kämpfen, als sich Gedanken über *Facebook* zu machen. Wobei er dieses Thema nicht ansprach und somit das Ergebnis seiner inneren Entscheidung hierzu noch schuldig blieb, was Alexander aber an dieser Stelle nicht interessierte.

Blieb also nur noch eine Einzelaktion mit einer cleveren Recherche von Fynn Schneider. Entsprechend war die sofortige Beendigung der Zusammenarbeit eine richtige Entscheidung. Dabei war er genauso enttäuscht wie Anna-Maria, die während der gesamten Zeit das beste Verhältnis zu dem Redakteur aufgebaut hatte. Konstruktiv erinnerte sie ihren Freund aber an die vereinbarte Möglichkeit des Gegenartikels. >>*Das letzte Wort für diese Doku haben wir. Schriftlich vereinbart!*<<

Der CEO war dankbar für diese Erinnerung und bezog diese Möglichkeit in seine Strategie ein. Diese wurde aber noch viel mehr über die zahlreichen Telefonate geprägt, die er an diesem Wochenende führen musste. Diese gingen nicht nur nach Berlin und Hamburg, sondern auch nach Russland und in die USA. Im Ergebnis waren alle Gesprächspartner nicht begeistert über die Veröffentlichung, wenn auch aus unterschiedlichen Motiven.

Da man zu keinem einheitlichen Ergebnis kam, wurde direkt für den Montag eine Sondersitzung der Gesellschafter und Investoren angesetzt. Alexander wurde beauftragt, alle Informationen und Reaktionen zusammenzustellen. Doch der CEO musst sich zunächst einmal selbst im Klaren darüber werden, was er jetzt machen wollte. Er schob in Gedanken die verschiedenen Optionen wie Schachfiguren über das Spielbrett.

Schritt für Schritt setze sich dabei im Laufe des Sonntags ein Plan in seinem Kopf zusammen, wie er die Situation doch noch positiv für seine Ziele nutzen konnte. Am Ende kam ihm ein Lächeln über die Lippen. Er sendete ein imaginäres „*Danke*“ an Fynn Schneider und steckte sich seine *AirPods* in die Ohren und wählte über die Wiederholungstaste nochmals die Nummer von Oleg Rulenkow in Moskau.

Als die Gesellschafter dann am folgenden Montag als Investorenkreis zu der Sondersitzung nach Düsseldorf kamen, ging Alexander auffällig gelassen zusammen mit Moritz und Björn zu dem Treffen am Nachmittag in einen Konferenzraum vom *Breidenbacher Hof*. Aufgrund der verschieden weiten Anreisen, hatten sie den Vormittag noch nutzen können, um innerhalb der Company für Ruhe zu sorgen. Hier ging es zwischenzeitlich drunter und drüber, wozu nicht nur der Artikel bei *startup.news*, sondern auch die sofortige Entlassung von drei Mitarbeitern aus der Verwaltung beitrugen, die direkt nach dem Betreten der Company abgefangen und zu Alexander gebracht wurden.

Da ferner Emma aufgrund ihrer Schwangerschaft nicht mehr als Feelgood-Managerin bei *AudioKing.com* unterwegs war, mussten parallel insbesondere Moritz und Björn zahlreiche Einzel- und Gruppengespräche mit den Mitarbeitern führen. Es war jedoch der CEO, der eine kleine allgemeine Ansprache an das gesamte Team hielt und in der er das *Facebook*-Thema weder bestätigte noch dementierte, aber die aus seiner Sich positive Wirkung dieser Meldung dokumentierte.

>>*Wir sind inzwischen so stark geworden, dass sogar Facebook offenbar Angst vor uns hat, wenn man den Medien Glauben schenken darf und uns kaufen will.*<< Ein paar erste kleine Lacher waren zu hören. >>*Ich nehme das mal als Kompliment, aber niemand muss sich hier Sorgen um seinen Arbeitsplatz und unsere Ziele und Träume machen.*<< meinte der CEO

kämpferisch zu seinem Team. >>*Wir haben uns gemeinsam auf den Weg gemacht und werden ihn auch gemeinsam zu Ende gehen.*<< Wobei er offen ließ, welches Ende er sich vorstellte. Er bekam trotzdem die ersten Zustimmungsrufe und zaghaften Applaus-Bekundungen.

>>*Wir sind ein Team! Und wir spielen dieses Spiel gemeinsam und ich setze dabei weiter auf Sieg und Eure Unterstützung.*<< rief Alexander den Mitarbeitern vor sich zu, wobei er mit einer Geste in die aufgestellte Kamera auch die IT-Gang einschloss, die zwei Häuser weiter die Ansprache per Videoübertragung verfolgten.

>>*Und von meinem Team erwarte ich für diesen Sieg nichts Anderes als Loyalität, Vertraulichkeit und vollen Einsatz für die Company. Wer das nicht leisten kann, muss leider gehen.*<< sagte er mit einem Hinweis auf die heutigen Entlassungen bei *AudioKing.com*, wobei er sich trotzdem auch bei diesen Mitarbeitern für den bisherigen Einsatz in deren zwischenzeitlichen Abwesenheit bedanke. Das kam insgesamt gut an.

>>*Ich kann verstehen, dass sich der eine oder andere fragt, wie es jetzt weitergeht. Aber keine Angst, ich werde Euch die Antwort bald geben und sie wird großartig sein.*<< Er machte eine Pause, um den schon größer werdenden Applaus abzuwarten. >>*AudioKing.com hat sich super entwickelt und wir sind auf dem besten Wege zu einem weltweiten Unicorn der digitalen Medienszene zu werden. Auch Dank Eurer Arbeit!*<< Und jetzt applaudierte er seinen Mitarbeitern in die Runde, die natürlich dabei gerne mitmachten.

>>*Es ist nun unsere Aufgabe diesen Weg weiterzugehen und diese Steilvorlage zu nutzen, um das Tor zu schießen und als Sieger vom Feld zu gehen.*<< Er teilte in diesem Zuge mit, dass es sicherlich bald schon wieder etwas zu feiern geben würde und mit einem Blick auf Björn forderte er seinen CFO auf >>*Buch schon mal das Elektron für uns.*<< Und spätestens jetzt hatte er seine Mitarbeiter-Gemeinde wieder eingefangen und auf Linie gebracht. Die machte sich mit einem großen Abschiedsapplaus wieder auf den Weg zu ihrer Arbeit.

>>*Für wann soll ich denn das Elektron buchen?*<< wollte Björn im Anschluss wissen. >>*Das sage ich Dir nach der Gesellschafterversammlung.*<< gab Alexander gelassen zurück und verabschiedete sich in die Mittagspause. Und ebenso gelassen war er aus dieser zurückgekommen und jetzt mit den beiden Kollegen aus der Geschäftsführung unterwegs zu der Sitzung.

Diese Sitzung hatte nur einen Tagesordnungspunkt. Entsprechend brachte Alexander zunächst alle Teilnehmer auf den gleichen Stand der Dinge und fasste alle Reaktionen und Medienberichte im Nachgang zu dem Artikel auf *startup.news* zusammen. Er berichtete auch, wie dieser Artikel seiner Meinung nach zustande gekommen ist.

>>*Es war eine unglückliche Mischung aus Indiskretion, Zufall und Instinkt des Redakteurs.*<< meinte Alexander, womit er auf die Buchungsbelege zu ihrer USA-Reise auf dem Schreibtisch eines Mitarbeiters in der Verwaltung, das Foto auf der *SXSW* und den Riecher

von Fynn Schneider anspielte. Mit einem >> *Shit happens, aber wir können das jetzt nicht mehr ändern.*<< beendete er seinen Statusbericht.

>>*Ich möchte wissen, wie groß der Shit ist und was die Reaktion von Facebook war.*<< gab Georg von Falkenhorst schroff zurück. Alexander blieb obgleich der offensichtlichen Unzufriedenheit des „Hanseaten“ ruhig und berichtete von seinem Telefonat mit Elroy Jackson.

>>*Dort ist man natürlich überhaupt nicht begeistert von der Aktion und vermutet dahinter sogar einen gezielten Schachzug von uns selbst, um einen möglichen Verkaufspreis in die Höhe zu treiben oder andere Käufer auf uns aufmerksam zu machen.*<< Alexander wartete kurz ab, aber es wurden noch keine Fragen gestellt.

>>*Ich habe das natürlich verneint. Trotzdem hat mir Elroy das Feedback gegeben, dass man nun erst einmal im Menlo Park einen Gang bei den Gesprächen zurückschalten wolle, um zu sehen, wie sich die Dinge entwickeln.*<< sagte der CEO abschließend zu seinem Telefonat mit dem Facebook-Vertreter.

Georg von Falkenhorst schlug auf den Tisch und brüllte schon fast in den Raum >>*Das ist ja eine Katastrophe! Wir fahren das genauso an die Wand wie studiVZ! Und die mussten 2017 sogar in die Insolvenz gehen.*<< Und mit einem Blick zu Jörg Lehmann schob er aufgeregt hinterher. >>*Das ganze Geld der Investoren war damit spätestens futsch. Das wollen wir hier doch nicht auch erleben, oder?*<<

Der DIC-Partner erhob seine Stimme außergewöhnlich stark und gab nur ein >>*Wir müssen jetzt in erster Linie einen kühlen Kopf behalten. Schließlich hat es keine Wertvernichtung gegeben. Vielleicht ist sogar das Gegenteil der Fall und AudioKing.com ist dadurch noch interessanter geworden.*<< Es war klar zu erkennen, dass jedoch auch Jörg Lehmann sichtlich sauer über diese Entwicklung war und mit einem Blick auf Alexander aber auch Björn gab er zu verstehen >>*Fakt ist aber auch, dass hier vielleicht eine Exit-Option leichtfertig und sogar fahrlässig weggeworfen wurde.*<<

>>*Dann müssen wir das wieder heilen.*<< meinte Georg von Falkenhorst und schlug vor, dass Jörg Lehmann sofort zu *Facebook* fliegen sollte, um die Verkaufsgespräche wieder aufzunehmen. An der Stelle musste Alexander unweigerlich lachen und erinnerte den „Hanseaten" an die aktuellen Beteiligungsverhältnisse. Er würde ferner wohl keinen guten Eindruck machen, wenn ein Investor versuchen würde, das Unternehmen an den Gründern vorbei zu verkaufen.

>>*Ich schlage eher vor, dass wir uns an der Stelle der anderen Exit-Option widmen und diese nun ernsthaft diskutieren.*<< und damit zog der CEO eine Unterlage aus seiner Tasche. Es war seine Strategie für den Börsengang von *AudioKing.com* mit einem zugehörigen Zeitplan. Dieser sah eine Vorbereitungsphase vor, die mit der Umwandlung in eine AG aus seiner Sicht schon begonnen hatte. >>*Björn hat zudem schon vor einiger Zeit das Financial Reporting und die Compliance auf die Ansprüche des börsenorientierten Kapitalmarktes angepasst.*<<

In der anschließenden Umsetzungsphase sollte insbesondere das IPO-Team mit den betroffenen Banken, Anwälten, Steuer- und Wirtschaftsprüfern zusammengestellt werden. >>*Auch hier gibt es einen ersten Vorschlag, ohne dass wir da aber schon Vorgespräche geführt haben.*<< meinte der CEO und präsentierte zudem seine ersten Entwürfe für die Equity Story und dem zugehörigen Bewertungsszenario.

Die Equity Story bezeichnet das Argumentationskonzept, mit dem bei Kapitalmarktteilnehmern für eine Eigenkapitalinvestition geworben wird. Für den Börsengang bestand diese hauptsächlich in der internationalen Expansion von *AudioKing.com* mit einem weltweiten Wachstum insbesondere in den USA. Insgesamt wollte Alexander dafür 1,4 Milliarden Euro über den Börsengang realisieren.

Er hatte sich auch schon Gedanken über die Spanne eines möglichen Emissionspreises für die dann ausgegebenen Aktien gemacht und errechnete daraus den Multiplikationsfaktor für die bisherigen Investoren.

>>*Das ist schon ganz schön Facebook.*<< meinte er etwas salopp in die Runde, um im Anschluss weitere Details zu dieser Platzierungsphase vorzustellen. >>*Der eigentliche Börsengang könnte heute in 9 Monaten erfolgen und wir brauchen dafür noch nicht einmal mehr eine Bridge-Finanzierung.*<< Und mit einem Blick auf Björn ergänzte er >>*Unser aktuelles Kapital reicht aufgrund der Maßnahmen unseres hervorragenden CFO bis dahin.*<<

>>*Das ist doch alles ohne Substanz.*<< meinte Georg von Falkenhorst und schaute fragend zu Jörg Lehmann. Doch es war erneut Alexander, der hierauf antwortete. >>*Ist es nicht! Unsere aktuellen Zahlen liegen inzwischen durchaus im Korridor für dieses Szenario.*<< Und an dieser Stelle schaute er eindringlich zu Moritz, denn jetzt war einer dieser „Schnauze-halten-Moment“.

Der CTO fing noch mehr an zu schwitzen, als er es die ganze Zeit schon getan hatte. Zudem zitterte er jetzt merklich, wo sich die Augen von Alexander auf ihn richteten und ihm wurde schwindelig. Eigentlich hatte er sich seine Antwort für diesen Moment zurechtgelegt, aber er bekam diese nicht über die Lippen. Der Druck war einfach zu groß und deswegen stand er einfach nur auf und verließ mit einem >>*Entschuldigung, aber mir geht es nicht gut.*<< den Raum, was aber an dieser Stelle kaum Beachtung fand.

Vielmehr meinte Björn >>*Es gab schon erfolgreiche Börsengänge von vielversprechenden Startups, die weniger Substanz hatten als wir jetzt.*<< und erinnerte dabei an die Diskussion zu diesem Thema aus der letzten Gesellschafterversammlung. >>*Fakt ist, wir können und werden es schaffen, wenn wir heute den Startschuss dafür geben.*<< war Alexander überzeugt und beantragte eine diesbezügliche Abstimmung.

>>*Also ich bin immer noch für Facebook.*<< sagte Georg von Falkenhorst und auch ein anderer Investor war dieser Meinung. >>*Auch wenn Moritz im Moment nicht hier ist, so stimmen die Gründer mit*

ihren Anteilen für den Börsengang.<< erwiderte Alexander kühl. Und damit richteten sich die Augen auf Jörg Lehmann von der *DIC*. Offenbar wollten auch die Gesellschafter, die sich noch nicht entschieden hatten, das Stimmergebnis von diesem Pool-Führer und zudem größeren Einzelinvestor abwarten.

>>*Die DIC hatte im Vorfeld einen engen Austausch mit dem größten Pool-Investor, der zudem auch seine zusätzlichen Stimmen als Einzelinvestor auf eine dann gemeinsam getroffene Entscheidung mit uns optierte. Diese Entscheidung lautet: Börsengang.*<< gab Jörg Lehmann bekannt und zähneknirschend flüsterte er dem neben ihm sitzenden Alexander König verärgert zu. >>*Mit freundlichen Grüßen aus Moskau.*<<

Alexander wusste, dass er und Oleg Rulenkow noch am Sonntag länger telefoniert hatten. Und zwar nachdem Alexander dem russischen Investor seine nun genaueren Pläne für den Börsengang vorab vorgestellt und ihn um weitere Hilfe für die anstehende Gesellschafterversammlung gebeten hatte. >>*Wer A sagt, muss auch B sagen.*<< hatte Oleg geantwortet und erneut mit einem >>*Ich werde mich auch darum kümmern.*<< aufgelegt.

Mit dieser Stimm- und Stimmungslage seitens der *DIC* hatte Alexander mehr als gewonnen, denn jetzt stimmte auch noch der Rest der Investoren zu. Alexander bekam den Auftrag, in enger Abstimmung mit Björn Rademacher als CFO und Jörg Lehmann als Teil des IPO-Teams, den Börsengang von *AudioKing.com* vorzubereiten. >>*Aber wenn sich Facebook doch noch melden sollte, dann wird das als Plan B weiterverfolgt.*<< wollte Georg von Falkenhorst im Protokoll niedergeschrieben wissen, was man ihm zugestand.

Damit war die Gesellschafterversammlung vorbei und bis zum nächsten Treffen sollte die Umsetzungsphase mit allen notwendigen Vorbereitungen und Unterlagen abgeschlossen sein. Hinzu wurde Alexander gestattet, in ein vorsichtiges Preannouncement für den geplanten Börsengang zu gehen und so die Wassertemperatur für diese Möglichkeit im Markt zu fühlen.

>>*Wir werden das über die Zusammenstellung des IPO-Teams und den ersten Gesprächen mit Banken und großen Investmentsfonds sowieso nicht geheim halten können.*<< entkräftete Jörg Lehmann die diesbezüglich Bedenken eines anderen Investors im Raum. Alexander wusste, wie er das machen wollte. *startup.news* bekam über den vereinbarten Gegenartikel zu der *Facebook*-Meldung eine schöne Retourkutsche zum Abschied. Und damit löste sich die Gesellschafterversammlung auf.

Alexander blieb noch mit Björn ein wenig länger im Raum sitzen. Als alle anderen Teilnehmer gegangen waren meinte Björn >>*Wow, ich werde ein CFO von einem börsennotierten Unternehmen. Wer hätte das gedacht.*<< Alexander grinste zurück und meinte im Hinblick auf die zugehörige Bekanntgabe gegenüber den Mitarbeitern und deren zugehörige Einschwörung auf dieses Ziel >>*Und genau dafür kannst Du jetzt das Elektron buchen.*<<

Expansion-Phase 15

>>*Ist das deren Ernst?*<< fragte Fynn seine Chefin. Corinna Ohlsen nickte mit einem Blick auf den Artikel, den sie von Anna-Maria als Gegendarstellung zu den Facebook-Spekulationen auf *AudioKing.com* bekommen hatte. Er überflog die Zeilen, aber er wusste schon anhand der Überschrift, dass Alexander ihm einen Tritt in die Eier verpassen wollte. Sie lautete „*Börse statt Facebook: Die Fortsetzung eines deutschen Unicorn-Traums*“ und insbesondere war der letzte Satz eine Frechheit „*… und deswegen sollte man auch nicht alles Glauben, was zu schnell spekuliert und dann so geschrieben wird.*“

>>*Damit lassen die uns ganz schön dumm dastehen.*<< meinte Fynn und fragte zurück, ob sie das wirklich bringen wollte. Corinna seufzte und gab zerknirscht zurück >>*Wir müssen wohl. Andernfalls drohen die mit der Veröffentlichung unserer Vereinbarung, wo wir das schriftlich zugesagt haben.*<< und sie ergänzte >>*Und dann hätten wir uns noch mehr blamiert. Also müssen wir den Artikel wohl bringen und dann aktiv durch den Shitstorm.*<<

Sie berichtete aber auch von einem Gespräch mit ihren Anwälten, dass danach die Drohung wegen Erfüllung aber immerhin wirkungslos wird. >>*Wenn sie dann die Vereinbarung noch öffentlich machen würden, dann könnten wir sie wegen Verstoßes gegen die Vertraulichkeitspflicht mit Schadensersatz verklagen.*<< und das hielt Corinna während eines Börsengangs für keine gute Story, die *AudioKing.com* haben wollte. Also plante sie den Artikel für den kommenden Samstag an gleicher Stelle wie den Facebook-Bericht als Doku-Epilog ein.

>>*Und dann?*<< fragte Fynn. >>*Dann bin ich angepisst und wir werden die andere Story mit dem Sondereffekt bei den Nutzerzahlen intensiv verfolgen.*<< gab Corinna immer noch verärgert zurück. Und sie berichtete, dass sie schon mit einer befreundeten Analyse-Firma gesprochen und sie auf das Thema angesetzt hatte. >>*Mal sehen, was wir von außen dazu herausfinden können.*<<

Sie gab ferner Fynn den Auftrag, zusammen mit Meike Klausen und einem weiteren Kollegen eine AK-Sondergruppe in der Redaktion von *startup.news* einzurichten und sich ebenfalls intensiv mit dem Fall zu befassen. >>*Lasst da keinen Stein auf dem anderen und versuch nochmal, ob Du Moritz vielleicht doch noch anzapfen kannst.*<< meinte die Chefredakteurin. Eigentlich sollte man sich ja als Medienvertreter nicht von einer persönlichen Ebene leiten lassen. Aber das letzte Wort wollte sie diesem Alexander dann doch nicht überlassen.

>>*Wir bleiben dabei redaktionell fair aber knallhart investigativ. Und wenn wir dann was haben, dann müssen wir diesmal nur sicher sein, dass der Schuss wirklich sitzt.*<< und definierte damit die Marschroute für die AK-Sondergruppe. Fynn nickte und meinte >>*Ich gehe dann am Samstag auch mal nicht zum Heimspiel meiner Hertha.*<< Corinna antwortete >>*Und ich werde einfach mal ein Wellness-Wochenende machen.*<<

Als der Artikel dann am Samstag erschien, musste die Redaktion auch nicht lange auf die Schadenfreude warten. „Was für eine knallharte Facebook-Fehlrecherche… @startup.news #AudioKing" oder „Wie war das nochmal? Erst recherchieren, dann prüfen, dann veröffentlichen… Oder? #AudioKing #startupnews #fail" waren noch die harmlosesten Kommentare.

Gleichzeitig gab es aber auch anerkennende Hinweise für die Fairness, dass man diesen Artikel von Alexander König veröffentlicht hatte. Viele Leser bedauerten aber auch allgemein, dass die Doku einfach nicht mehr weiterging, was sich auch schon in den Klickzahlen bei *startup.news* bemerkbar gemacht hatte. Andere forderten die Redaktion auf, jetzt erst Recht den *AudioKings* auf die Finger zu schauen. Viele waren das allerdings nicht.

Alexander verfolgte das Alles mit einer gewissen Genugtuung. Viel mehr interessierte ihn aber die Reaktionen auf die eigentliche News aus seinem Artikel. Wie reagiert die Online-Gemeinde auf die Ankündigung des Börsengangs von *AudioKing.com*?

Zusammen mit Anna-Maria sammelte er die diesbezüglichen Kommentare. Sie reichten von einem „Jawohl, auch wir können Unicorn! Wann kann ich Aktien kaufen? @DeutscheBoerse #Audio King" bis zu einem „Das wird das Börsenereignis des Jahres! #Audio King macht einen #IPO. Ich drücke die Daumen!" Alexander lächelte und meinte >>*Damit kann ich leben…*<<

Und als dann ebenfalls bereits am Sonntag die ersten Wirtschaftsredakteure die Meldung für die Tageszeitungen aufnahmen und durchaus positiv kommentierten, war er insgesamt zufrieden mit diesem Move. Gleichzeitig hatte er schon die ersten Anfragen von institutionellen Investmentfirmen per E-Mail bekommen, die mehr zu dem Börsengang erfahren wollten. Es konnte also losgehen und er freute sich auf den Montag, um diesbezüglich Gas zu geben.

Die nächsten Wochen verliefen wie im Rausch. Das Börsenfieber war ausgebrochen und ganz *AudioKing.com* war infiziert. Alle hatten nun wieder ein gemeinsames Ziel. Alle, bis auf einen. Moritz Hansen wollte und konnte sich an dieser Euphorie nicht beteiligen. Er zog sich zunehmend zurück. Das fiel zunächst gar nicht weiter auf, denn die IT-Gang rückte in dieser Phase weitgehend in den Hintergrund.

Bis zum Börsengang sollten keine weiteren technischen Features eingeführt werden, die den laufenden Betrieb gefährden konnten. Das System musste jetzt einfach nur laufen und skalieren. Das Wachstum der Zahlen stand im Mittelpunkt. >>*Nutze die Zeit, um Dich um den Upload-Filter zu kümmern und lass von allen anderen Dingen die Finger.*<< sagte Alexander zu ihm und meinte das mit den Fingern als übertragende Einmischung nicht nur in technischer Hinsicht.

Alexander hoffte, dass Moritz sich schon wieder einkriegen würde, wenn erst einmal die Millionen aus dem Börsengang auch auf seinem Bankkonto sichtbar werden würde. Außerdem stand zwischenzeitlich die Geburt von seinem Nachwuchs an und das sollte ihn ebenfalls genug von dummen Gedanken ablenken. Doch diese Haltung entfremdete den CTO immer weiter von seinem Unternehmen und auch von seinem Mitgründer. Und es brodelte weiter der Vulkan der Ungerechtigkeit in ihm.

Davon bekam Alexander allerdings nichts mit. Seit seinem Artikel bei *startup.news* war er nur noch mit einem Thema beschäftigt und er gab schon am besagten Montag danach auch innerhalb der Company den Startschuss dafür. Wie gegenüber den Mitarbeitern angekündigt, gab er diese Marschroute über ein gemeinsames Teamevent bekannt. Dafür wurde noch am gleichen Abend das *Elektron* gebucht und ein quasi ein Pre-IPO-Party gefeiert.

Die anschließenden Wochen waren von unzähligen Terminen rund um die Vorbereitung des geplanten IPO geprägt. Dabei standen Banken, Anwälte, Wirtschaftsprüfer und Steuerberater genauso auf der Liste, wie erste Gespräche mit möglichen Zeichnern von Aktien im Zuge des IPO. Parallel wurde das Emissionskonzept und das Wertpapierprospekt erarbeitet. Auch die Präsentationsmaterialien für Analysten, Presse und Investoren wurden feinjustiert. Diese Feinjustierung betraf die Equity Story und die Bewertungsvorstellungen.

Diese ganzen Vorbereitungen mündeten in der Finalisierung des Wertpapierprospektes, welches eine schriftliche Zusammenstellung von Informationen über die Art, den Gegenstand und die Risiken von Wertpapieren darstellte. Vor jedem öffentlichen Angebot von Wertpapieren und vor jeder Börsenzulassung an einem geregelten Markt muss ein solches Prospekt veröffentlicht werden.

Hiermit verbunden war auch die Prospekthaftung. Der Prospekt, insbesondere etwaige unrichtige oder unvollständige Angaben über relevante Risikofaktoren, kann als Grundlage für zivilrechtliche Haftungsansprüche herangezogen werden. Genau an der Stelle fragte sich Moritz, inwieweit die manipulierten Zahlen genau eine solche Haftung hervorrufen konnten, was seine Unruhe bezüglich dieses Themas nur noch weiter steigerte.

Eine entsprechende Anfrage an Alexander beantwortete der nur mit dem Hinweis, dass dieser „Sondereffekt" ja außerhalb der Beeinflussung von *AudioKing.com* liegen würde und man deswegen diesbezüglich für die Prospekthaftung „safe" sei. >>*Wir können schließlich nicht jeden Nutzer einzeln prüfen und ihn fragen, warum er da ist.*<< Und zudem merkte er an >>*Die Zahlen sind halt so wie sie sind und wir berichten nur, was sich in den Systemen auch ablesen lässt.*<<

Das Problem war nur, dass aus dem „Sondereffekt" inzwischen ein „Dauereffekt" geworden war, denn die Zahlen stiegen aufgrund der problematischen Account aus der bereits recherchierten Region weiter überproportional. Nicht mehr so offensichtlich, aber angepasst geschickter und dennoch signifikant. Und Moritz wusste davon und er informierte Alexander auch ständig per E-Mail aktiv darüber. Er bekam jedoch keine Antwort.

Für Alexander viel wichtiger war offensichtlich die Billigung des Wertpapierprospektes durch die *BaFin*. In Deutschland dürfen Wertpapiere im Grundsatz nicht ohne einen von dieser Bundesanstalt für Finanzdienstleitungsaufsicht gebilligten Prospekt öffentlich angeboten oder zum Handel an einem organisierten Markt zugelassen werden. Diese Hürde musste genommen werden. Entsprechend investierte der CEO zusammen mit seinem CFO viel Zeit für diese Billigung.

Gleichzeitig wurden die Gespräche mit der Deutschen Börse geführt, an deren Börsenplatz der IPO stattfinden sollte. Dort musste eine generelle Zulassung erfolgen, damit die Wertpapiere in Form von Aktien gehandelt werden konnten. Zwar wurde von einem Investor von *AudioKing.com* auch die NASDAQ in New York ins Spiel gebracht, aber das Momentum war nach Ansicht von Alexander mit einem IPO über einen europäischen Börsenplatz besser.

>>*Schließlich kommen wir aus Europa und wir wollen das Geld ja auch, um den amerikanischen Markt anzugreifen.*<< meinte der CEO in einem der vielen zwischenzeitlichen Telefonkonferenzen innerhalb der Gesellschafter und war überzeugt, dass diese Equity Story von und durch Europa aus, zu besseren Zeichnungsergebnissen führen würden. Und in Europa war die Deutsche Börse der führende Börsen-

platz, insbesondere nachdem die London Stock Exchange nach dem Brexit raus war aus der EU.

Am Ende konnte man schneller als gedacht die gesetzlichen Vorgaben an Prospekteinreichung und Wertpapierzulassung realisieren und damit war *AudioKing.com* in der Lage die Roadshow bei nationalen und internationalen Großinvestoren durchzuführen. Diese Roadshow führte Alexander und Björn so ziemlich in jede europäische Hauptstadt und darüber hinaus zu drei Terminen in Asien und zwei Meetings in Dubai. Aber auch New York für die Ostküste und San Francisco für die Westküste der USA standen auf dem Programm.

Insgesamt waren der CEO und CFO von *AudioKing.com* vier Wochen nur dafür unterwegs und kaum zu Hause gewesen. Sie waren fast zweimal rund um den Globus geflogen und kannten nun die jeweilige Wartelounge vieler Fluggesellschaften. Dabei rückten Alexander und Björn auch über den Job hinaus immer enger zusammen und vertieften ihre Freundschaft. Moritz spielte in diesem Zuge immer weniger eine Rolle.

Entsprechend nahmen sie auf dem Singapore Changi Airport die Meldung von Moritz zu der Geburt seines Sohnes Maximilian fast schon nur so nebenbei zur Kenntnis. Trotzdem wurde natürlich gratuliert und Alexander tippte ein

„Herzlichen Glückwunsch. Jetzt hat Emma ja auch einen Max zum Moritz.“

in sein Handy ein und drückte den Sendeknopf. Gleichzeitig bestellte er bei *Amazon* den Buchklassiker von *Wilhelm Busch* und zwei Plüschfiguren der beiden Hauptfiguren und lies diese Geschenke direkt an die Heimatadresse von seinem Mitgründer liefern.

Viel wichtiger war es Alexander aber, dass das Bookbuilding über die Roadshow funktionierte und er somit das Orderbuch für den Börsengang voll bekam. Das zugehörige Bookbuilding-Verfahren beschreibt ein spezielles Verfahren zur Platzierung von Wertpapieren, bevor der öffentliche Handel an einem Börsenplatz beginnt.

Hierbei kann der Börsenkandidat eine Preisspanne für die Aktien vor der ersten Notierung vorgegeben oder diese aus den Gesprächen im Rahmen der Roadshow entwickeln. Innerhalb dieser Preisspanne können dann die interessierten Investoren innerhalb einer vorgegebenen Zeichnungsfrist ihre Zeichnungsangebote abgeben. Nach Ablauf der Zeichnungsfrist wird entsprechend der Nachfrage entschieden, welcher Bieter die Wertpapiere zu welchem Emissionspreis erhält.

Alex musste diesen Prozess ein wenig steuern, denn er hatte ja gegenüber dem Gesellschafterkreis einen Erlös aus dem Börsengang in Höhe von 1,4 Milliarden Euro in Aussicht gestellt. Das bedeutet, dass er in etwa 5600 Zeichner zu je 10.000 Aktien bei einem durchschnittlichen Preis von 25.- Euro finden musste. Wenn es weniger Zeichner oder weniger Aktien pro Zeichner waren, dann musste der Emissionspreis entsprechend höher sein, um auf diese Summe zu kommen.

Das waren jedoch nur durchschnittliche Zahlen und es kam nicht selten vor, dass große institutionelle Anleger direkt für 10 Mio. Euro und mehr zeichneten, wodurch sich die notwendige Anzahl an Zeichnern natürlich reduzierte oder die Anzahl der ausgegebenen Aktien in Relation zu einem höheren Preis reduzieren konnte.

Insgesamt gab Alexander aber das Ziel aus, >>*dass der letztendliche Emissionspreis so attraktiv auch für Kleinanleger sein musste, um direkt zum Börsenstart einzusteigen und den Kurs weiter nach oben zu treiben.*<<

Dafür musste am Ende die Preisspanne psychologisch deutlich unter 100.- Euro und vielleicht sogar unter 50.- Euro liegen. Entsprechend peilte der CEO von *AudioKing.com* zusammen mit seinem CFO eine Preisspanne von 35.- bis 45.- Euro an und testete diese im Zuge seiner Gespräche auf der Roadshow.

Diese Preisspanne passte auch zu den Angaben im Wertpapierprospekt, in dem die Ausgabe von 35 Mio. Aktien angekündigt wurde. Das entsprach dann einem Streubesitzanteil von fast 25%. Damit sollte *AudioKing.com* bei einem Ausgabepreis von 35.- Euro eine Gesamtbewertung von 4,9 Mrd. Euro bekommen.

Und das funktionierte, wie Alexander König auf einer Pressekonferenz nach seiner Rückkehr in Düsseldorf im *Breidenbacher Hof* mitteilte. >>*Das Orderbuch ist voll.*<< verkündete der CEO stolz.

>>*Bis gestern Nachmittag konnten institutionelle Investoren und große Privatanleger die AudioKing.com-Aktie zeichnen.*<< berichtete Alexander und ergänzte mit einem strahlenden Gesicht >>*Und sie haben es in großem Umfang getan.*<<

Er berichtete über die Roadshow und den großen Zuspruch für *AudioKing.com* und gab auf Nachfrage bekannt, dass der Emissionspreis sogar bei 39.- Euro >>*und damit bestens innerhalb der vorgeschlagenen Emissionsspanne*<< liegen würde. Und mit einem optimistischen >>*Wir werden dem Bullen an die Hörner packen!*<< kündigte er mit der Anspielung an die Skulptur vor dem Gebäude der Deutschen Börse dieses große Ereignis für das Ende des nächsten Quartals an.

Im Anschluss genoss er das Blitzlichtgewitter der anwesenden Fotografen und beantwortete noch die offenen Fragen der Journalisten. Dabei tippte er wie nebenbei eine Nachricht an Moritz in sein Handy:

„Wo bist Du? Wir haben eine PK und unser CTO ist nicht da!“

Moritz war zu dieser Pressekonferenz trotz Einladung nicht erschienen. Er war heimlich nach Berlin gefahren, um sich einmal unverbindlich mit Fynn Schneider von *startup.news* zu treffen, der auch nicht zu der Pressekonferenz gegangen war, wobei dieser jedoch auch gar keine Einladung erst bekommen hatte.

Expansion-Phase 16

Es war die letzte Gesellschafterversammlung vor dem Börsengang und wie immer waren die entsprechenden Protagonisten als Gesellschafter nach Düsseldorf gekommen. Im Gegensatz zu vielen anderen Treffen dieses Kreises, herrschte heute eine gelöste, wenn nicht sogar euphorische Stimmung. Auch bei Georg von Falkenhorst, der offen zugeben musste, dass sich der Börsengang entgegen seinen Erwartungen doch sehr gut entwickelt hatte. >>*Donnerwetter, hätte ich nicht gedacht. Deswegen an dieser Stelle auch einmal ein Lob an die Geschäftsführung.*<< sagte der Hanseat offen in die Runde.

Der Blick, den Alexander daraufhin zu Jörg Lehmann warf, war eindeutig, denn der signalisierte ein „Dass ich das noch erleben darf!" Entsprechend gelöst präsentierte der CEO den aktuellen Stand und den konkreten Fahrplan bis zum eigentlichen IPO bei der Deutschen Börse in Frankfurt. Sogar für den eigentlichen Tag gab es schon eine Regie. >>*Wir haben hier das Opening Bell Event gebucht, zu dem ich Sie hiermit alle einlade.*<< meinte er.

Um 08:00 Uhr würde die *AudioKing*-Delegation durch Mitarbeiter der Deutschen Börse für einen Frühstücksempfang in die IPO-Lobby geführt. Um 08:30 Uhr würde es auf das Börsenparkett gehen, wo Alexander eine Ansprache halten würde. Um 09:00 Uhr konnte dann der CEO zum Handelsbeginn unter Begleitung anwesender

TV- und Medienjournalisten die Börsenglocke läuten. Anschließend waren TV-Interviews vorgesehen und danach sollte es zu dem obligatorischen Fototermin auf dem Börsenplatz bei der Bulle-und-Bär-Skulptur gehen.

>>*Anschließend laden wir alle Beteiligten noch zu einem Mittagessen ins Restaurant Schönemann im Sofitel Frankfurt Opera ein.*<< beendete Alexander seinen Ausblick. In diesem 5-Sterne-Hotel waren für die gesamte Delegation auch schon Zimmer reserviert worden, um am Vortag entspannt anzureisen. Alle waren in großer Vorfreude und auch wenn die anwesenden Investoren nicht direkt an diesem Tag selbst aufgrund der Lockup-Periode die große Kasse machen konnten, so erlebten sie dennoch die enorme Wertsteigerung ihrer Anteile.

Die Lockup-Periode bezeichnet den Zeitraum, in dem die Altaktionäre und damit auch Gründer nach einer Emission ihre Aktien nicht verkaufen dürfen. In Deutschland war eine Lockup-Periode von mindestens sechs Monaten üblich. Der Zweck dahinter war, dass die Neuaktionäre nach dem Börsengang vor Kurseinbrüchen durch den Verkauf von Aktienpaketen der Altaktionäre geschützt wurden. Somit musste auch sich auch Georg von Falkenhorst noch ein wenig gedulden, was ihm ursprünglich gar nicht so bewusst war.

>>*Na ja, wir haben dann schon so lange gewartet und gezittert, so dass es auf die sechs Monate nun auch nicht mehr ankommt.*<< sagte er und bat die Geschäftsführung lachend darum, in dieser Zeit keinen Blödsinn

zu machen, was zu einem Kursverlust und damit zu einem Verlust in seiner Brieftasche führen würde.

>>*Der Blödsinn wurde schon gemacht.*<< meinte Moritz. Doch zunächst wurde den Anwesenden die Tragweite dieser Bemerkung gar nicht bewusst und man scherzte weiter. Doch der CTO ließ sich nicht beirren und noch bevor Alexander ihn aus dem Verkehr ziehen konnte, lies er die Bombe platzen. >>*Wir werden leider den Börsengang verschieben müssen.*<<

Sofort stellte sich eine gespenstische Ruhe im Raum ein und alle Augen waren auf Moritz gerichtet. Vielleicht hoffte man noch, dass es sich um einen Scherz handelte, aber der CTO machte keinerlei Anstalten, um einen solchen zu erkennen zu geben. >>*Wie bitte?*<< stammelte Georg von Falkenhorst, der glaubte sich verhört zu haben. Moritz schaute dem Hanseaten tief in die Augen und antwortet >>*Sie haben richtig gehört. Unsere Zahlen wurden manipuliert und damit bewusst geschönt. Entsprechend kommt AudioKing.com in die Prospekthaftung, wenn wir jetzt nicht die Reißleine ziehen.*<<

Der Schlag saß und alle Anwesenden waren in einem kollektiven Schockzustand. Auch Alexander, der sich nicht hatte vorstellen können, dass Moritz ausgerechnet jetzt alles kaputt machen wollte. Der CEO wollte gerade anfangen die Situation zu überspielen und die Bemerkung seines Mitgründers ins Lächerliche zu ziehen, als Jörg Lehmann ihm mit einer klaren Handbewegung zurückhielt und sich seinerseits an Moritz wandte. >>*Kannst Du uns das bitte ein wenig genauer erklären und auch eindeutig belegen?*<< Doch auch seine Stimme zitterte dabei.

Moritz antwortete ruhig >>*Das kann ich und das werde ich.*<< Und damit teilte er eine umfangreiche Dokumentation an den Gesellschafterkreis aus, die er in den letzten Wochen angefertigt hatte. Er berichtete im Detail, wie er den ersten „Sondereffekt" entdeckt und die zugehörigen Manipulationen analysiert hatte. Er schilderte ebenso, wie dieser „Sondereffekt" in den letzten Wochen und Monaten zu einem „Dauereffekt" geworden ist. Er machte zudem deutlich, dass damit auch die Werbekunden aufgrund von diesen künstlichen Abrufzahlen zu Unrecht abkassiert wurden.

>>*Da wurde bewusst gehandelt, um die Zahlen für den Börsengang künstlich nach oben zu treiben und somit zu beschönigen.*<< fasste Moritz seine Analyse zusammen, für die er auch alle Zahlen und Beweise anhand von Auszügen aus der Datenbank mit in die Dokumentation gepackt hatte. >>*Sie werden relativ schnell erkennen können, dass ich Recht habe und hier ein Betrug von enormen Ausmaß vorliegt.*<< und der CTO ergänzte >>*Und deswegen müssen wir den Börsengang verschieben, bis wir das wieder gerade gezogen und das im Wertpapierprospekt ausgewiesene Geschäftsniveau mit fairen Mitteln erreicht haben.*<<

Wieder stellte sich eine unheimliche Ruhe ein, die nur vom Umschlagen der Seiten in den Unterlagen von Moritz unterbrochen wurde. Es war Jörg Lehmann, der immer noch mit zitternder Stimme fragte >>*Das darf ja wohl nicht wahr sein. Das ist ja ein Alptraum! Warum erfahren wir das erst jetzt?*<< Moritz schaute hinüber zu seinem Mitgründer, der zwischenzeitlich einen hochroten Kopf bekommen hatte und meinte >>*Das müssen Sie unseren CEO fragen.*<<

Und damit spielte es den Ball zu Alexander. Zu diesem Zeitpunkt glaubte Moritz, dass man immer noch alles retten konnte – Dass Alexander alles retten konnte. Die Situation, die Company und vor allen Dingen ihre Freundschaft. Er hatte ihn noch nicht offen als Urheber beziehungsweise als Verursacher dieser Effekte angeklagt. Alexander konnte sich jetzt also noch an die Spitze deren Beseitigung stellen. Der CEO musste nur seinen Traum vom Börsengang ein wenig verschieben, so wie er selbst seinen Traum von einer tollen und nachhaltigen Startup hatte verschieben müssen.

Doch über diesen Schatten konnte Alexander unter diesem Druck nicht springen. Er fühlte, dass Moritz ihm die Pistole auf die Brust setzte und drohte abzudrücken. Er wollte ihn im übertragenen Sinne ermorden. Er wollte *AudioKing.com* und damit ihr Startup ermorden. Das konnte er nicht zulassen. Und so nahm das Schicksal seinen Lauf…

>>*Wir müssen gar nichts verschieben! Der Börsengang kann stattfinden!*<< keifte Alexander zurück und rückte dabei das Einstecktuch in seinem Sakko zurecht. >>*Niemand kann nachweisen, dass wir selbst die*

Zahlen manipuliert haben. Und ob man das überhaupt eine Manipulation nennen kann, ist zudem fraglich.<< versuchte der CEO zu retten, was zu retten war. Er argumentierte, dass es nicht die Aufgabe von *Audio King.com* sei, die Nutzer einer allgemeinen Prüfung auf Glaubwürdigkeit zu unterziehen. Er war ferner der Meinung, dass man gar nicht ausschließen konnte, dass hinter diesen Accounts nicht doch reale Verhaltensmuster mit echten Nutzern stecken würden.

>>*Diese Accounts tun nichts Verbotenes. Sie laden keinen verbotenen Content auf die Plattform und sie faken auch keine Kommunikation mit anderen Nutzern.*<< erläuterte Alexander. Für ihn seien diese Accounts deswegen kein Problem und sie gehören zu *AudioKing.com*, wie alle anderen auch. >>*Sie laden fremden YouTube-Content hoch und wir knüpfen den Werbekunden über deren Audio-Fraud-Verhalten unrechtmäßig Geld für die wirkungslose Ausspielung ihrer Werbespots ab.*<< erwiderte Moritz energisch und erklärte kurz, was er damit meinte.

Er schilderte kurz die Systematik beim Click-Fraud, bei dem die gezielte Manipulation von Werbeabrechnungssystemen durch künstlich erzeugte Klicks auf Bannerwerbung, Textanzeigen oder Affiliate-Links vorlag. >>*Bei uns ist das eher ein Audio-Fraud, denn über das manipulierte Abspielen von Audiofiles, werden die Werbespots bei uns automatisch beigemischt und ebenfalls abgespielt.*<<

Moritz erläuterte ferner, dass wenn diese Interaktion künstlich und ohne Interesse am beworbenen Angebot herbeigeführt wird, dann hatte dies je nach Zielsetzung natürlich Konsequenzen für den Werbetreibenden oder den Werbeplatzanbieter. >>*Der Werbetreibende verliert Geld für sinnlose Werbeausspielungen und der Werbeplatzanbieter verliert seine Reputation und läuft Gefahr, dass er Werbekunden verliert.*<< meinte Moritz.

>>*Stimmt nicht! Erstens, sobald ein Content auf YouTube hochgeladen wurde, kann er in alle anderen sozialen Netzwerke geteilt werden. Nichts Anderes haben diese Accounts gemacht. Das ist aber vollkommen legal und normal!*<< argumentierte Alexander und fuhr fort >>*Und Zweitens müsste man überhaupt erst einmal feststellen, ob nicht hinter jedem einzelnen der in Deiner Liste aufgeführten Accounts nicht doch eine reale Person steckt.*<<

Der CTO kratzte sich am Kopf. >>*Die Account-Systematik und das statische Nutzerverhalten lassen meiner Meinung nach keinen Zweifel daran, dass es keine echten Nutzer sind. Aber wir können das ja gerne von einem externen Gutachter tiefer prüfen lassen.*<< schlug Moritz vor.

>>*Wir müssen gar nichts, denn das ist laut unseren AGBs nicht unsere Verpflichtung.*<< zischte Alexander sehr verärgert zurück. Er zitierte die entsprechende Passage aus den zugehörigen Regelungen und Moritz musste an dieser Stelle erkennen, dass er diesen Punkt durchaus übersehen hatte. Und so schloss Alexander seine Ausführungen mit einem Fazit. >>*Erst wenn wir einen externen Hinweis auf eine Manipulation seitens der Nutzer bekommen, müssen wir dem nachgehen. Den gab es bislang nicht.*<<

Moritz überlegte und antwortete >>*Moralisch ist das nicht haltbar und Selbsterkenntnis schlägt aus meiner Sicht den Fremdhinweis. Und was so oder so bleibt ist die Tatsache, dass die tatsächlichen Nutzerzahlen nicht stimmen.*<< Damit war der Schlagaustausch zwischen den beiden Gründern beendet und die Argumente ausgetauscht und es kehrte wieder Ruhe ein.

Es war Georg von Falkenhorst, der sich unsicher den Schweiß mit seinem Einstecktuch abwischte und mit leiser Stimme fragte >>*Aber was machen wir den jetzt?*<< Und mit dieser Frage wurde das Problem auf der Gesellschafterseite sichtbar, welches durchaus als Dilemma bezeichnet werden konnte.

Schloss man sich der Argumentation von Moritz an, dann mussten sie den Börsengang verschieben, das System bereinigen und die Zahlen gerade ziehen. Wahrscheinlich mussten sie auch eine weitere interne Finanzierungsrunde durchführen und hierfür weiter tief in die Tasche greifen, damit das Startup über diese erneute Kapitalzufuhr die Zeit bekam, den verlorenen Boden in der Öffentlichkeit und den Zahlen wieder gut zu machen.

Wenn man dann wieder mit diesen Zahlen auf dem heutigen Niveau war, konnte man einen erneuten Versuch für den Börsengang unternehmen. Unklar war dabei jedoch, welcher Vertrauensverlust bei den heutigen Zeichnern durch die nun vielleicht anstehende Absage ausgelöst wurde. Würden die bei einem zweiten Versuch noch dabei sein? Von dem allgemeinen Imageverlust gegenüber Werbekunden und den Nutzern von *AudioKing.com* ganz zu schweigen.

Und was war, wenn andere diese Schwächephase ausnutzen und konkurrierende Systeme auf den Markt brachten? Oder vielleicht *Mark Zuckerberg* doch ernst machte und sein *Facebook Live Audio* pushte. Die Investoren spürten, dass sich vielleicht dadurch das Fenster für einen erfolgreichen Exit schloss und alle ihre finanziellen Träume platzen könnten.

Schloss man sich der Argumentation von Alexander an, so konnte der Börsengang durch die Aufdeckung von Moritz einen erheblichen Schlag bekommen. Die Anleger konnten nach der Eröffnung des Handels die Aktien links liegen lassen und auch die neuen Zeichner würden vielleicht direkt ihre Aktien wieder verkaufen wollen. Der Kurs würde schnell weit unter das Ausgabeniveau von 39.- Euro fallen und die Altinvestoren könnten aufgrund des Lock-ups nur zuschauen.

Auch hierbei würde es zu dem Vertrauens- und Imageverlustes kommen. Das war wohl so oder so nicht zu vermeiden. Der Unterschied war, dass man dann wenigstens an der Börse war und solange warten konnte, bis sich die Situation beruhigt hatte und man wieder über das Tagesgeschäft überzeugte. Und selbst wenn der Kurs weiter fallen würde, so hätte er am Ende der Lock-up-Periode immer noch ein Niveau, mit dem man ein wenig Kasse machen konnte.

Niemand redete und man schaute sich nur gegenseitig an. In den Gesichtern zeichnete sich aber langsam eine Meinung ab und die lautete offensichtlich: Geld schlägt Moral.

Es war entsprechend Jörg Lehmann, der die Verantwortung übernahm und das aussprach, was sich kein anderer traute. >>*Ich sehe leider aufgrund des Zeitpunkts und der gesamten Rahmenbedingungen keine Alternative, als den Börsengang jetzt durchzuziehen.*<< Der *DIC*-Partner schaute alle anwesenden Investoren der Reihe nach an. Und alle nickten ihm einzeln als Bestätigung langsam zu. Nur Moritz schüttelte den Kopf und gab zu Protokoll >>*Da mache ich nicht mit.*<<

Es war Alexander, der diese Bemerkung aufnahm und trocken sagte >>*Dann ist die Konsequenz, dass wir uns leider an dieser Stelle von unserem CTO mit sofortiger Wirkung verabschieden müssen.*<< Und damit beantragte er die fristlose Kündigung und Freistellung von Moritz Hansen aufgrund von geschäftsschädigendem Verhalten.

Moritz traute seinen Ohren nicht. Nicht er war doch hier der böse Junge, sondern Alexander war es! Er hatte die Manipulation doch nur aufgedeckt, während Alexander sie herbeigeführt hatte. Er hatte den Gesellschaftern die Möglichkeit gegeben, alles zu bereinigen, während Alexander den schmutzigen Weg weitergehen wollte. Eigentlich müsste Alexander freigestellt werden und nicht er.

Er schaute erst Alexander, dann Jörg Lehmann und dann den Rest der Runde an und fragte >>*Das kann jetzt nicht wirklich Ihr Ernst sein, oder?*<< Doch er bekam keine Antwort und musste erkennen, dass auch hier offenbar der alte Spruch aus dem *Watten*-Kartenspiel galt: Oberbauer schlägt Unterbauer. Und er war halt nur der Unterbauer, der das einfachere Opfer war. Doch er wollte kein Opfer sein und sah sich zudem im Recht.

Es war erneut Jörg Lehmann, der versuchte eine Brücke zu schlagen. Er winkte mit seinem weißen Einstecktuch wie mit einer Parlamentärflagge, um Frieden zu schaffen. >>*Gibt es hier vielleicht die Möglichkeit einer Einigung?*<<

Moritz schnaufte aus und gab kritisch zurück >>*Wie soll die den bitte aussehen?*<< Der *DIC*-Partner hatte schon viele kritische Situationen erlebt und kannte verschiedene Antworten und zog eine mehr oder weniger spontan aus dem Hut.

Er schlug vor, dass Moritz selbst sofort aus „persönlichen Gründen“ dem Unternehmen als CTO ausstieg, seine Anteile aber behalten und wie die anderen an der Börse verkaufen konnte. In dem zugehörigen Auflösungsvertrag wurde die Gehaltsfortzahlung für die nächsten 12 Monate zugesichert und zudem würde es eine sofortige Bonuszahlung in Höhe von 10 Mio. Euro als Abfindung geben.

Im Gegenzug würde es eine Vertraulichkeitserklärung mit enormen Schadensersatzansprüchen geben, in der sich Moritz verpflichtet, keinerlei Informationen zu den Vorfällen bei *AudioKing.com* zu veröffentlichen.

>>*Nicht zu fassen, ihr wollt mich kaufen!*<< stammelte Moritz fassungslos zurück. >>*Und was ist, wenn ich da nicht mitmache?*<< wollte er wissen.

Es war erneut Jörg Lehmann, der antwortete. >>*Dann werden wir Dich ohne diese Vereinbarung entlassen und freistellen. Zudem müssen wir eine Klage in Erwähnung ziehen, weil Du uns offensichtlich diese Manipulationen erst mit einiger Verzögerung mitgeteilt hast.*<< Und mit einem eindringlichen Blick zu dem CTO ergänzte er. >>*Und wenn Du trotzdem diese Sache noch publik machen solltest, dann werden wir das für die Öffentlichkeit als beleidigtes Nachtreten eines entlassenen Mitarbeiters hinstellen.*<<

Moritz war geschockt und sauer und traurig zugleich und seine Gesichtszüge zeigten das auch deutlich. Sogar Alexander tat in dieser Situation sein Mitgründer und Freund ein wenig Leid. Ihre gemeinsame Reise, die in einem Meeting-Raum an der *University of Digital Business* begonnen hatte, endete in einem Meeting-Raum vom *Breidenbacher Hof.* Es war das Ende des gemeinsamen Startup-Traums und auch das Ende ihrer Freundschaft.

Moritz stand langsam auf und unter Tränen sagte er nur >>*Ihr könnt mich mal kreuzweise! Steckt Euch Euer Geld sonst wo hin!*<< Und damit stand der CTO, der es nun nicht mehr war, auf und sammelte alle seinen Unterlagen und auch die ausgeteilten Dokumentationen ein und verließ den Besprechungsraum in Richtung Tür. Dort drehte er sich nochmals um sagte >>*Das wir Euch noch leidtun! Es gibt noch so etwas wie Anstand im Leben und nicht Alles wird durch das Geld bestimmt. Schämt Euch!*<<

Die verbleibenden Gesellschafter blieben eine ganze Zeit lang stumm. Björn schniefte in sein Einstecktuch, welches er jedoch nicht im Sakko, sondern in der Hosentasche trug. >>*Er wird nicht schweigen. Soviel ist sicher.*<< meinte Alexander nach einer gewissen Zeit, der seinen nun ehemaligen Freund in dieser Hinsicht gut kannte. >>*Wir werden uns kommunikativ darauf vorbereiten, um den Schaden so gering wie möglich zu halten.*<< Er bekam jedoch keine Antwort und spürte die allgemeine Unzufriedenheit, Enttäuschung und auch Angst, dass dieses finanzielle Startup-Abenteuer in die Hose ging.

Alle dachten intensiv nach, was der Ausgang dieser Sitzung für sie bedeuten würde. Alexander König, Björn Rademacher, Jörg Lehmann, Georg von Falkenhorst und drei weitere Investoren waren in ihren Gedanken gefangen. Und in einem dieser Köpfe setzte sich eine Konsequenz zusammen, die dieser jedoch nicht aussprechen würde: „*Er muss schweigen und er wird schweigen.*“

Expansion-Phase 17

Moritz war nach Hause gegangen. Er hatte seine Antwort bekommen und war nun fest entschlossen, seine im Vorfeld geplanten Konsequenzen für dieses Szenario umzusetzen. >>*Das können die nicht mit mir machen.*<< dachte er halb murmelnd vor sich hin. Entsprechend saß er an seinem Rechner und zog noch alle Daten aus dem *Audio King*-System, so lange er noch den Zugriff darauf hatte. Damit vervollständigte er seine Dokumentation und lud alle Dateien verschlüsselt in seine private Cloud außerhalb von *AudioKing.com* hoch. Morgen wollte er sich mit Fynn Schneider von *startup.news* über die weiteren Schritte abstimmen.

In diesem Moment klingelte es an der Tür. Er war alleine, denn Emma war mit dem kleinen Maximilian zu ihren Eltern gefahren, also machte er auf. Er war kurz überrascht und dann doch nicht, als er seinem Besucher gegenüberstand. Er hatte mit einem weiteren Überredungsversuch gerechnet, wusste aber nicht genau, durch wen dieser erfolgen sollte. Jetzt wusste er es.

Er und der Besucher diskutierten intensiv. Teils ruhig, teils heftig. Später sollten Nachbarn zu Protokoll geben, dass man laute Stimmen wie bei einem Streit zwischen zwei Männern gehört hatte. Es sah sich allerdings niemand genötigt, dem selbst nachzugehen oder die Polizei zu verständigen. >>*Das kann ja mal vorkommen.*<< meinte ein Befragter diesbezüglich. Und so wurde der eskalierende Streit auch nicht unterbrochen.

Alle Versuche des Besuchers hatten auch keinen Erfolg. Weder ein Bitten noch ein Flehen brachten Moritz von seiner Meinung und seinem Vorhaben ab. Auch das erneute Angebot von zusätzlichem Geld hatte keinen Erfolg. Ebenfalls wirkungslos war der Versuch, an das Überleben des gemeinsamen Startups zu erinnern, welches er mit einer solchen Veröffentlichung in Gefahr brachte. Doch alle Versuche scheiterten, den Moritz hatte eine feste Entscheidung getroffen und hielt daran fest.

Verzweiflung machte sich beim Besucher breit. Moritz war offensichtlich bereit, alles kaputt zu machen. Er wollte sich nicht umstimmen oder von seinem Vorhaben abbringen lassen. Also musste auch der Besucher eine Entscheidung treffen. Und als Moritz ihn zurück zur Tür brachte, griff sein Gast zu einem der beiden alten Kerzenhaltern aus versilbertem Messing, die auf der Kommode im Eingangsflur standen. Er hatte diese schon beim Betreten der Wohnung bemerkt und unterbewusst abgespeichert.

Jetzt hob er diesen Kerzenhalter an, der durchaus schwerer in seiner Hand lag, als er vom ersten Betrachten aus vermutet hätte. Er schätze, dass es rund zwei Kilogramm waren. Er musste innerlich lachen, denn die Szene und das Vorhaben war so absurd einfach, dass er unweigerlich an das Spiel *Cluedo* denken musste, welches schon seit 1948 auf dem Markt war und welches er schon als Kind intensiv gespielt hatte. Jetzt war er quasi Oberst von Gatow mit dem Kerzenleuchter in der Eingangshalle. >>*Was für ein Witz des Schicksals!*<< dachte der Besucher.

Und dennoch stand er so jetzt hinter Moritz und noch bevor dieser die Tür öffnen konnte, schlug er zu. Nur einmal, aber so kräftig auf den Kopf des ehemaligen CTO von *AudioKing.com*, dass dieser ohne einen Laut in sich zusammensackte und wie ein nasser Sack zu Boden fiel. Der Besucher schaute zu dem leblosen Körper hinunter und erkannte direkt die sich ausbreitende Blutlache, die sich auf dem Boden ausbreitete. Entsetzt über die Tat und dennoch verwundert, wie einfach es dann doch gewesen ist, überlegte der Besucher kurz, was er jetzt tun sollte.

Er nahm sein Einstecktuch und wischte im Wohnzimmer alle Gegenstände und Möbel ab, die er in seiner Erinnerung angefasst hatte. Geistesgegenwärtig sammelte er auch die auf einem Tisch liegenden Dokumentationen aus der Gesellschafterversammlung ein und nahm auch den Laptop von Moritz mit. Danach öffnete er mit dem gleichen Tuch die Wohnzimmertür und drückte sich an der Leiche vorbei. Draußen schloss er ebenso vorsichtig die Tür und wischte zudem auch noch den Klingelknopf an der Wohnung und unten im Eingangsbereich ab. Niemand beobachtete ihn dabei und der Besucher verschwand somit unerkannt in die Nacht.

Als Emma am nächsten Tag vorzeitig von dem Besuch bei Ihren Eltern zurückkam und die Tür aufschloss, bekam sie den Schock ihres Lebens. Sie hatte sich sowieso schon Sorgen gemacht, weil sie Moritz gestern Abend nicht mehr per Telefon erreichen konnte. Also ließ sie ihr Kind bei Ihren Eltern zurück und fuhr direkt zurück nach Düsseldorf. Und nun fand sie ihren Lebensgefährten in seiner eigenen Blutlache auf dem Boden liegend. Sie fing furchtbar an zu schreien und schwanke zurück in den Hausflur.

Zwei Nachbarn waren nun alarmiert und kamen der jungen Frau zu Hilfe. Nachdem beide sich ein Bild von der Lage hatten machen können, nahm eine Nachbarin Emma in den Arm und zog sie vom Tatort weg. Nur schnell außer Sichtweite kommen, dachte die Helferin. Währenddessen rief der andere Nachbar die Polizei und den Rettungsdienst. Beide trafen in etwa zeitgleich ein und nachdem der Tod des jungen Gründers festgestellt wurde, begann die Spurensicherung mit ihrer Arbeit. Gleichzeitig versuchte der leitende Beamte mit Emma zu sprechen, um Hintergründe zu der Tat in Erfahrung zu bringen.

Zwei Stunden später tauchten die Beamten bei *AudioKing.com* auf und fragten nach Alexander König. Der war sichtlich geschockt über die Nachricht, dass sein ehemaliger Freund nicht mehr am Leben war. Er beantwortet alle Fragen und gab die Kontaktdaten der Teilnehmer aus der Gesellschafterversammlung heraus. Nur auf die Frage nach dem möglichen Grund für den Tod wich er aus und erzählte zunächst nichts von dem heftigen Streit während der Sitzung. Auf die Frage nach seinem Alibi für die wahrscheinliche Tatzeit gab er an, dass er direkt nach dem Meeting nach Hause gegangen sei. Einen Zeugen dafür hatte er nicht, denn auch Anna-Maria war unterwegs gewesen.

Als die Beamten gegangen waren, informierte er alle Gesellschafter persönlich in einem Telefonat über dieses Ereignis und im Anschluss daran das Team von *AudioKing.com*, wobei er sein tiefstes Bedauern zum Ausdruck brachte und in Tränen ausbrach. In diesem Moment wurde ihm erst wirklich bewusst, was da passiert war und dass er so oder so einen Anteil daran hatte. Das Moritz nun nicht mehr am Leben war, hatte er natürlich nicht gewollt, aber vielleicht doch mit seinen Handlungen vorbereitet.

Nachdem er sich wieder ein wenig gefangen hatte, gab er zusammen mit Anna-Maria eine Pressemeldung heraus, welche die Öffentlichkeit über den Tod des *AudioKing*-Gründers in Kenntnis setze. Diese Nachricht schlug in der Redaktion von *startup.news* wie ein Donnerschlag ein und Fynn Schneider eilte zu Corinna Ohlsen mit einem Ausdruck der Meldung, die eben über die Ticker kam. Dabei rief er nur immer wieder >>*Scheiße, Scheiße, Scheiße…*<< über die Gänge der Redaktion.

Davon bekam Alexander in Düsseldorf jedoch nichts mit. Er versuchte er die Eltern von Moritz zu erreichen, was ihm aber ebenso wenig gelang, wie ein Kontakt zu Emma aufzunehmen. Entsprechend fuhr Anna-Maria los, um die junge Mutter zu finden und ihr beizustehen. Es war schlichtweg ein Chaos auf allen Ebenen.

Interessanterweise hielten sich auch alle anderen Teilnehmer der Gesellschafterversammlung merklich in ihren Aussagen zu dem Verlauf der Sitzung zurück. Sie alle hatten im *Breidenbacher Hof* übernachtet, waren aber angeblich alle müde auf ihre Zimmer gegangen, wofür es ebenfalls keine Zeugen gab. Da sie auch alle schon ihre Zimmerschlüssel mit zur Sitzung dabeihatten, gab es an diesem Abend auch keinen weiteren Kontakt zur Rezeption. Alle zeigten sich geschockt und bedauerten den Vorfall, gaben sich ansonsten aber sehr reserviert.

Die Beamten verwiesen auf die weiteren Ermittlungsarbeiten und baten darum, dass alle Teilnehmer sich zunächst weiter zur Verfügung halten mussten. Alexander beobachtete die zugehörigen Entwicklungen und Kommentare im Netz und natürlich wurde der Tod mit einer ganzen Reihe von Spekulationen auch rund um den Börsengang in Verbindung gebracht. Diese Spekulationen nötigten ihn am nächsten Tag zu einer Pressekonferenz.

Diese begann mit den üblichen „*Mit großer Trauer haben wir die Nachricht vom Tod…*"-Floskel. Alexander berichtete pathetisch über den Verlust für die Company und auch für ihn persönlich und erzählte noch einmal die Geschichte von der Idee bis zum anstehenden Börsengang und welchen großen Anteil Moritz Hansen an dieser Entwicklung hatte. Er beendete diese Schilderung mit >>*Ich habe nicht nur meinen Kollegen und Mitgründer von AudioKing.com verloren. Ich habe auch einen Freund verloren.*<< und war danach natürlich in Gedanken bei Emma und dem gemeinsamen Sohn sowie den weiteren Angehörigen.

Danach schlug er eine andere Richtung in der Kommunikation ein und unterstrich, dass der Tod von Moritz Hansen nach der derzeitigen Erkenntnis nichts mit dem anstehenden Börsengang zu tun habe. Er wies damit alle diesbezüglichen Spekulationen zurück. Er machte ferner deutlich, dass der Verlust des CTO zwar eine große Lücke hinterlassen würde, diese aber schnell geschlossen werden könnte, zumal das System in seiner aktuellen Form „ausentwickelt“ und voll funktionsfähig sei. Man hätte also genug Zeit, um einen neuen CTO zu finden, der in diese großen Fußstapfen treten könnte.

Entsprechend optimistisch sei er für den anstehenden Börsengang, den er in keiner Weise durch die Vorfälle in der Substanz gefährdet sah. Auf die Frage, was mit den Anteilen von Moritz Hansen an *AudioKing.com* passieren würde, antwortete Alexander >>*Das ist durch eine Einziehungsklausel beziehungsweise eine Abtretungsklausel im Gesellschaftervertrag geregelt und darüber fallen die Anteile an das Unternehmen zurück.*<<

Der CEO straffte den Rücken und gab in diesem Zusammenhang zu Protokoll >>*Unabhängig davon, welcher finanzieller Ausgleich dafür für die Erben vereinbart wurde, werde ich mich persönlich um Emma und Maximilian kümmern. Das verspreche ich.*<< Da Moritz und Emma zwar nicht geheiratet, aber nun einen gemeinsamen Sohn hatten, würde dieser erbberechtigt für die Klauseln im Gesellschaftsvertrag in Frage kommen. Allerdings lag die dort vereinbarte Abfindung weit unter dem erwarteten Wert bei einem Börsengang.

Am Ende der Pressekonferenz und den zugehörigen Fragen ergriff Alexander nochmals das Wort und meinte >>*Mir ist bewusst, dass der Tod von Moritz Hansen ein schwerer Schlag für uns Alle ist, aber er hätte es sicherlich gewollt, dass wir den Börsengang wie geplant durchziehen und AudioKing.com weiter erfolgreich wachsen lassen.*<<

Damit erteilte der CEO nochmals allen Spekulationen eine Absage, die aufgrund der Ereignisse eine Absage oder Verschiebung vermutet hatte. >>*Wie stehen hervorragend dar und wir werden deswegen einen tollen Börsengang erleben. Für AudioKing.com und auch für Moritz! Herzlichen Dank.*<<

Fynn schaute sich die Live-Übertragung im Netz an und fluchte. >>*So ein eiskalter Wichser. Der hat seinen Kumpel doch über die Klinge springen lassen.*<< gab er Corinna zu verstehen, die neben ihm auf den Bildschirm schaute. Die Chefredakteurin kannte den Stand seiner Recherche und wusste auch von seinem engen Kontakt zu Moritz Hansen und meinte daher zunächst >>*Es tut mir leid.*<<

>>*Der wollte auspacken. Ich sagte es Dir doch.*<< rief Fynn laut in den Raum und schlug die Hände über dem Kopf zusammen. Doch leider hatte der ehemalige CTO von *AudioKing.com* ihrem Redakteur

noch keinerlei Dokumente oder Beweise zugespielt. Und deswegen hatten sie nichts in der Hand, mit dem sie nach draußen gehen konnten. >>*Ich muss nach Düsseldorf.*<< meinte Fynn und verließ ohne eine Antwort abzuwarten das Büro.

Expansion-Phase 18

Die nächsten Tage blieben turbulent für alle Beteiligten. Die Beerdigung von Moritz und die weiteren Ermittlungen zu den Umständen seines Todes hielten die Gesellschafter weiterhin in Atem. Doch die schicksalhafte Kapitalallianz hielt und schwieg auch weiterhin zu den Hintergründen und den Vorfällen während der Gesellschafterversammlung. Trotz massiven Druck der Kriminalpolizei kippte auch keiner der Verdächtigen bislang um und es konnte auch kein Keil zwischen die Aussagen und den zugehörigen Gesellschafterkreis getrieben werden.

Die Spurensicherung hatte ebenfalls mit den üblichen Methoden bislang keine weiteren Hinweise liefern können. Es waren zwar Faserspuren gefunden worden, aber die konnte man bislang noch nicht zuordnen. Es stand nur fest, dass diese offensichtlich nicht zu den Anziehsachen von Moritz Hansen gehörten, die er an diesem Tag trug.

Einen Überfall schloss die Polizei allerdings aus, denn erstens war nichts gestohlen worden und zweitens lag das Opfer so im Flur, dass es sich offensichtlich auf dem Weg zur Tür befunden hatte. Der Täter musste also mit Moritz gemeinsam in der Wohnung gewesen sein, um von hinten zuschlagen zu können. Das Opfer kannte also seinen Mörder, was den Kreis der Verdächtigen einschränkte.

Die Beamten gingen also davon aus, dass der Mord irgendwie im Zusammenhang mit *AudioKing.com* und wahrscheinlich auch mit der vorausgegangenen Gesellschafterversammlung stehen musste. Jedoch fehlte ihnen bislang das Motiv und auch die Tatwaffe und so zogen sich die Ermittlungen hin, da man sich bei den Verdächtigen ohne weitere Hinweise im Kreis drehte. Die zugehörige Ungewissheit war nicht nur für die Beamten unbefriedigend, sondern natürlich auch für die Eltern von Moritz und gerade auch Emma.

Entsprechend kühl fielen die Begegnungen im Zuge der Beerdigung aus. Emma ging Alexander entweder aus dem Weg oder verweigerte ein Gespräch. Sie hatte eindeutig ihn in Verdacht, ihren Freund und Vater ihres Kindes ermordet zu haben. Moritz hatte ihr ja von dem Disput zwischen den beiden Gründern im Hinblick auf die Manipulation erzählt.

Da Alexander gegenüber der Polizei einen solchen Streit und den Vorwurf von manipulierten Zahlen jedoch standhaft zurückwies und sie leider auch keine Beweise dafür hatte, konnte sie den CEO darüber offensichtlich nicht packen. Und leider blieben auch alle Unterlagen und der Laptop von Moritz verschwunden.

Eine freiwillige Hausdurchsuchung bei Alexander hatte diese auch nicht zum Vorschein gebracht und trotzdem war Emma fest davon überzeugt, dass er die Finger im Spiel hatte. Deswegen distanzierte sie sich auch von Anna-Maria, die ihr gegenüber immer wieder die Unschuld von Alexander beteuerte. Entsprechend offen war sie dagegen für die Ansprache von Fynn Schneider, der ebenfalls mit Moritz in Berlin ja noch in einem vertraulichen „was-wäre-wenn"-Gespräch über die aktuelle Situation gesprochen hatte.

Gemeinsam durchsuchten Sie ein paar Tage später nochmals die Wohnung auf der Suche nach Hinweisen. Aber es waren keine Datenträger mehr zu finden, zumal diese ja auch sowieso schon von der Polizei beschlagnahmt worden wären, hätten sie nach dem Mord noch offen rumgelegen. Doch Fynn brauchte Beweise, sonst konnte er die Bombe nicht zünden und Moritz auch ein Stück weit rächen, wie er es gegenüber Emma formulierte. Gleichzeitig rückte der Börsentermin immer näher. Die Zeitfenster schlossen sich also und die Lage spitze sich so oder so zu.

Fynn wollte schon fast aufgeben, als Emma sich noch einmal einige Zeit später bei ihm meldete. Es war der Tag vor dem Börsengang von *AudioKing.com* und die SMS-Nachricht lautete kurz:

„Moritz was in the Cloud. Wie kommt man da rein?"

Der Redakteur, der immer noch in Düsseldorf war, um über andere Mitarbeiter an Informationen zu kommen, lies alles stehen und liegen und fuhr zu Emma. Die hatte einen Auszug von dem Konto von Moritz über seine Eltern bekommen, die zwischenzeitlich dafür einen Zugang von der Bank bekommen hatten.

Eine Abbuchung hatte sie stutzig gemacht. Diese erfolgte durch die *Tresorit AG*, von der sie noch nie etwas gehört hatte. Eine Abfrage bei *Google* führte sie zu einem entsprechenden Eintrag bei *Wikipedia*: „*Tresorit* ist ein Filehosting-Dienst. Das gleichnamige Unternehmen hat Niederlassungen in der Schweiz und Ungarn und legt den Schwerpunkt auf erhöhte Sicherheit und Verschlüsselung." Moritz hatte einen privaten Tresor in der Cloud.

Jetzt war nur die Frage, wie sie da drankam. Eine Anfrage beim Unternehmen ergab, dass man zunächst zahlreiche Dokumente wie Totenschein, Erbschein und weitere Bestätigungen einreichen musste, um einen berechtigten Zugang zu bekommen. Das dauerte jetzt zu lange und so musste sie selbst versuchen, die Zugangsdaten und das Passwort von Moritz zu raten und richtig einzugeben. Da sie sich aber nicht gut auskannte, rief sie Fynn Schneider um Hilfe.

Als der Redakteur von *startup.news* kurze Zeit später bei ihr war, erklärte sie ihm kurz die Zusammenhänge. >>*Fangen wir mit der E-Mail-Adresse an.*<< meinte Fynn und wusste, dass diese sicherlich nicht die offizielle E-Mail-Adresse von Moritz aus der Firma war.

Emma berichtete, dass sie sich privat immer anders per E-Mail ausgetauscht hatten und gab ihm die entsprechende Adresse mit einer *gmx*-Kennung. Deutlich schwieriger war da schon das Erraten des Passwortes.

Sie probierten erst die üblichen Verdächtigen aus. Namen, Geburtsdaten, Kosenamen, Orte und viele andre Möglichkeiten aus dem Leben von Moritz und auch Emma. Das nahm viel Zeit in Anspruch zumal *Tresorit* die Eingabe nach einer gewissen Anzahl von falschen Passwörter immer wieder für eine gewisse Zeit sperrte. Stunden vergingen und es wurde Abend. Die Zeit drängte, denn am nächsten Morgen sollte der Börsengang stattfinden und um 09:00 Uhr war Handelsbeginn.

Fynn redete nochmals intensiv auf Emma ein. Er fragte nach banalen und zum Teil auch sehr privaten Ereignissen, um irgendeinen Hinweis auf das Passwort zu bekommen. Es waren Fragen wie „*Wo und wie habt ihr Euch kennengelernt?*“, „*Wie heißt Euer Lieblingsrestaurant?*“ bis hin zu „*Wo habt Ihr Euer Kind gezeugt?*“. Fragen über Fragen und der Kopf von Emma fing an sich zu drehen.

Natürlich konnte sie diese Fragen alle beantworten, nur richtig für das Passwort waren die Antworten nicht. Fynn stand entnervt auf und ging durch den Raum. Dabei schlug er die Hände über dem Kopf zusammen, schaute willkürlich umher und rief immer wieder >>*Verdammt nochmal Moritz, wie lautet Dein beschissenes Passwort?*<<

Emma schaute den Redakteur ungläubig an, als ob jetzt eine Stimme kommen und ihm die Antwort auf diese Frage geben würde. >>*Frage und Antwort…*<< murmelte sie vor sich hin und dachte innerlich „Was war die verdammte Antwort auf die Frage nach dem beschissenen Passwort?“

In diesem Moment fiel ihr Blick auf ein gemeinsames Foto von ihr und Moritz. Es zeigte das Paar liebevoll Arm in Arm in Domburg auf der Strandpromenade und im Hintergrund war natürlich der Wasserturm zu sehen. Sie erinnerte sich und sie bekam Tränen in die Augen. Es war ein toller Sommer gewesen und entsprechend leicht gekleidet waren sie.

Sie hatte ein leichtes weißes Crop-Top mit Spaghettiträger an, welches in der Mitte mit ein paar Knöpfen einen verführerischen Einblick ermöglichte. Dazu trug sie eine Hotpants aus blauem Jeansstoff. Moritz hatte ein einfache blaue Bermuda-Short an und trug eines seiner zahlreichen Coder-Shirts. Dieses war jedoch im Zusammenhang besonders. Es war das knallroten T-Shirt mit der großen weißen 42 und dem passenden Schriftzug „Don't Panic“

Als Emma auf dieses Foto schaute, machte es sprichwörtlich „Klick“ in ihrem Kopf, denn der Begriffe „Frage“ und „Antwort“ lösten nun etwas in ihr aus. Sie antwortete leise >>*Die Antwort ist 42!*<< und schaute anschließend zu Fynn. >>*Wie bitte?*<< fragte der zurück, der Emma akustisch und inhaltlich nicht ganz verstanden hatte. >>*Die Antwort ist 42!*<< rief sie deswegen jetzt laut und deutlich und sie erklärte ihm anschließend, wie sie jetzt darauf gekommen war.

>>*Das ist gut!*<< gab der Redakteur zurück und beide setzten sich jetzt wieder vor seinen Laptop. Fynn tippte „DieAntwortist42" als Passwort ein. Ihm schlug jetzt das Herz bis zum Hals, als er die Eingabetaste drückte. Doch auch diesmal war das Passwort nicht korrekt. >>*Scheiße, Scheiße, Scheiße… Und zwar mit einem dicken Ausrufezeichen!*<< rief Fynn in den Raum. Dieser Versuch hatte sich so gut und richtig angefühlt und trotzdem war er es nicht.

Er vergrub seinen Kopf zwischen seinen Händen. Kurze Zeit später hatte er einen Gedanken. Moritz war doch ein Coder. Er würde bestimmt bei der Vergabe seines Passwortes die üblichen Vorgaben berücksichtigen. Mindestens 8 Zeichen, mit Klein- und Großbuchstaben, Ziffern und einem Sonderzeichen. „Einem Sonderzeichen" dachte er, als er nochmals über das Passwort nachdachte, welches Emma vorgeschlagen hatte.

Er tippte „DieAntwortist42!" ein und drückte die Eingabetaste. Das Passwort war korrekt. Er war darüber so überrascht, dass er gar nicht merkte, wie Emma ihm um den Hals fiel und ein lautes >>*Jaaaaa!*<< brüllte. Sie waren drin in der privaten Cloud von Moritz Hansen und eine umfangreiche Ordner- und Datenstruktur wurde ihnen auf dem Bildschirm angezeigt.

Es war nicht schwer, die Dokumentation zu den Manipulationen zu finden, da die zuletzt hochgeladenen Dateien direkt angezeigt wurden. Fynn öffnete das Dokument und brauchte fast 20 Minuten, um sich einen Überblick zu verschaffen. Dann pfiff er durch die Zähne und meinte >>*Wow, das hat Sprengstoff.*<< Er schaute auf seine Uhr. Es war fast Mitternacht. Nachdem er sich die Zustimmung von Emma eingeholt hatte, diese Dokumentation verwenden zu dürfen, rief er Corinna Ohlsen an und schilderte ihr die Lage und was er gefunden hatte.

>>*Das ist nicht nur ein Skandal rund um den Börsengang, sondern das konnte auch das Motiv für den Mord an Moritz sein.*<< schloss Fynn seinen Bericht. Corinna stellte ein paar Fragen, auch an Emma, die über die Lautsprecherfunktion mithörte und dann gab es von allen Beteiligten ein „Go“, um die Sache durchzuziehen. >>*Machen wir es.*<< war die einhellige Meinung.

Folgender Zeitplan wurde vereinbart. Fynn sendete die Dokumentation zu Corinna, die das Ganze auch aus ihrer Sicht nochmals prüfen sollte. Gleichzeitig würde der Redakteur über Nacht den zugehörigen Artikel schreiben, den Corinna ab 05:00 Uhr nochmals zur Überarbeitung erhalten sollte. Um 08:00 Uhr sollten alle Unterlagen als Beweismittel an die zuständigen Beamten der Kripo in Düsseldorf versendet werden und um 09:00 Uhr sollte dann der Artikel bei *startup.news* erscheinen.

Von alldem bekam Alexander König natürlich nichts mit. Er war schon in Frankfurt im Hotel und bereitete sich auf den großen Tag vor. Sein Traum würde wahrwerden. Er würde sein Startup an die Börse und damit auf das ganz große Parkett der Online-Giganten bringen. Dafür hatte er jahrelang hart gearbeitet, sehr hart. Bis hin zu gesundheitlichen Einschränkungen, denn die Folgen aus dem ersten Hörsturz zum Online-Start von *AudioKing.com* waren nicht ganz verschwunden. Seit diesem Tag war ein leichter Tinnitus zu einem ständigen Begleiter geworden.

Doch er ignorierte das. Er konnte sich quälen und hatte es in den letzten Wochen, Monaten und Jahren auch getan. Es ging ihn dabei immer nicht nur um sich selbst und seinen Erfolg oder seine Gesundheit, auch wenn das viele glauben mögen. Es ging ihm auch um *AudioKing.com* und die zugehörigen Mitarbeiter, die ebenfalls kräftig von dem Ereignis des Börsengangs profitieren sollten. Es ging ihm aber auch um den Online-Standort in Deutschland und er wollte beweisen, dass man eben auch von hier aus ein großes und erfolgreiches Startup bis hin zu einem digitalen Weltmarktführer entwickeln konnte.

Natürlich musste er sich eingestehen, dass auch er selbst nicht schlecht bei diesem Abenteuer wegkam und durch den Börsengang zu einem sehr vermögenden Unternehmer werden sollte. Aber warum nicht das Angenehme mit dem Nützlichen verbinden und eine Situation herbeiführen, wo alle profitieren würden. Das Unternehmen, die Investoren, die Mitarbeiter, der Standort und eben auch er selbst. Auf dem Papier war er schon längst mehrfacher Multi-Millionär. Jetzt mussten die Zahlen auf diesem Papier nur zu echten Zahlen auf seinem Bankkonto werden.

Ungeachtet dessen hatte er aber auch noch viel mit *Audio King.com* vor. Er wollte den Erlös aus dem Börsengang nutzen, um den weltweiten Durchbruch seiner Audio-Plattform zu ermöglichen. Er wollte *Facebook* und allen anderen Tech-Giganten in den Arsch treten, die meinten, sich mit ihrem Geld alle Wettbewerber vom Markt zu kaufen. Die sollten ihn gefälligst auf Augenhöhe akzeptieren. *AudioKing.com* ist gekommen, um zu bleiben.

Und trotzdem mischte sich in all diese Euphorie auch die Trauer rund um den Tod von Moritz. Dessen Gesicht tauchte immer wieder vor seinem geistigen Auge und leider auch regelmäßig in seinen Träumen auf. Sie hatten sich gemeinsam auf diesen Weg gemacht, doch leider konnten sie ihn nicht gemeinsam zu Ende gehen. Ja, er wollte, dass sein Mitgründer schwieg und die Manipulationen nicht ausgerechnet jetzt zum öffentlichen Thema machte. Nach dem Börsengang hätte man das in Ruhe gestalten können, aber die Zeit wollte Moritz ihm ja nicht geben.

>>*Ich war es nicht!*<< schrie Alexander laut auf, als er in dieser Nacht schweißgebadet aus einem Albtraum aufwachte. Anna-Maria,

die neben ihm lag, schreckte dadurch natürlich ebenfalls hoch und nahm ihren weinenden Freund in den Arm. Der stammelte jedoch nur ein >>*Ich habe Moritz nicht umgebracht.*<< und wiederholte diese Aussage in losen Abständen, bis er sich wieder beruhigt hatte.

Und diese Aussage stimmte auch. Er war es nicht gewesen. Und trotzdem fühlte er sich verantwortlich, weil er es zu dieser Situation hatte kommen lassen. Zudem hatte er den Konflikt mit dem Rauswurf von Moritz Hansen während der Gesellschafterversammlung zusätzlich forciert. Wer auch immer es gewesen war, er hatte diesem Ereignis in die Hände gespielt und deswegen konnte er seine Hände auch nicht in Unschuld waschen. Dennoch, einen Mord hatte er in letzter Konsequenz nicht gewollt.

Erschöpft schlief er nach einiger Zeit in den Armen von Anna-Maria nochmals ein. Als der Wecker auf seinem Handy klingelte, fühlte er sich jedoch alles andere als ausgeschlafen. Trotzdem stand er auf und zog sich dem Anlass angemessen an.

Ein feiner dunkelblauer Anzug von *Brioni*, ein weißes Manschetten-Hemd mit Knöpfen von *Bulgari*, ein weißes Einstecktuch und edle Business-Schuhe. Zur Erinnerung an den besonderen Tag hatte er sich zudem eine *Speedmaster Moonwatch* von *Omega* mit schwarzem Zifferband und grauem Polyesterarmband gegönnt. Schließlich war es der bislang größte Tag in der Geschichte seines Startups – es war der Tag vom IPO von *AudioKing.com*.

Pünktlich um 08:00 Uhr war er zusammen mit Anna-Maria vor Ort. Allerding fiel der Frühstücksempfang in der IPO-Lobby aus. Keiner der Investoren war nach Frankfurt gereist. Keiner wollte sich angesichts der laufenden Ermittlungen zu dem Tod von Moritz Hansen ins Scheinwerferlicht stellen, um sich zusätzlich verdächtig zu machen. Alle Gesellschafter waren zu Hause oder in den jeweiligen Büros und verfolgten die Ereignisse über den Nachrichtensender *ntv*, der live von diesem Börsengang berichtete.

In Berlin bei *DIC* hatten sich alle Partner und die zugehörigen Mitarbeiter ebenso vor einem TV-Gerät versammelt, wie Georg von Falkenhorst in seinem Büro in Hamburg, wo er jetzt wieder einmal durch die Fensterscheibe auf seine Oldtimer-Sammlung schaute. In Gedanken plante er schon, mit welchen Fabrikaten er demnächst seine Sammlung würde erweitern können. Alle bangten und hofften, dass dieser Börsengang gelingen würde. Alles andere würde sich danach regeln. So zumindest die Hoffnung aller Beteiligter.

In Frankfurt ging es wie geplant um 08:30 Uhr auf das Börsenparkett. Es war eine kleine Delegation mit einigen Mitarbeitern von *AudioKing.com*, die als Ersatz für die Investoren zum Dank mitgenommen wurden. Angeführt wurde diese Gruppe von Alexander König als CEO, Björn Rademacher als CFO und Anna-Maria als PR-Sprecherin des Unternehmens. Ein Mitarbeiter trug zudem ein größeres Foto von Moritz Hansen, welches einen Trauerflor hatte.

Nach der kleinen Ansprache von Alexander, die er an die anwesenden Pressevertreter adressierte, nahm er von einem Mitarbeiter der *Deutschen Börse* die Börsenglocke entgegen. Es war 08:50 Uhr. Schon in alten Zeiten war die Börsenglocke ein Zeichen dafür, wann der Handel eröffnet und wieder geschlossen wurde. Rund um den Globus wird bis heute in New York, Brüssel, Chicago, Kairo, Tokio, Warschau und an vielen anderen Börsenplätzen der Welt aus verschiedenen Anlässen immer noch eine Glocke geläutet. Nicht selten wird diese Zeremonie von prominenten Persönlichkeiten übernommen.

In Frankfurt wurde diese reale Glocke, nachdem sie eigentlich schon abgeschafft und durch akustische Signale ersetzt war, aus symbolischen Gründen gerade für neune Börsengängen wiedereingesetzt. Es war 08:55 Uhr und um 9:00 Uhr startete der *Xetra*-Handel. Und trotzdem musste Alexander noch ein wenig warten, bis er die Glocke für *AudioKing.com* würde läuten dürfen. Bei neuen Aktien im Zuge eines IPO gab es zunächst eine zugehörige Eröffnungsauktion.

Diese Eröffnungsauktion für den Börsengang begann mit einer Aufrufphase. Während der Aufrufphase können Handelsteilnehmer weiterhin Aufträge eingeben, ändern oder eben auch löschen. Die Eröffnungsauktion dauert mindestens 15 Minuten. Danach ermittelt das Handelssystem nach dem Meistausführungsprinzip den ersten Preis der Aktie.

Erst wenn das Handelssystem den ersten Preis festgestellt hat, ruft der zuständige Spezialist diesen im Börsensaal aus und informiert so alle anwesenden Händler beziehungsweise das anwesende Publikum, denn wirklich reale Händler waren in Zeiten der Digitalisierung kaum noch vor Ort. Erst im Anschluss an die Bekanntgabe dieses ersten Aktienpreises wurde die Börsenglocke vom Vorstand des Börsenneulings geläutet.

Die Uhr sprang auf 09:00 Uhr um und alle *AudioKing.com*-Teilnehmer schauten sich doch zunächst ein wenig unsicher um. Aber die zuständigen Mitarbeiter der Deutschen Börse erklärten ruhig, was jetzt gerade in Bezug auf die Eröffnungsauktion passierte. Es war Usus, dass der Vorstand in dieser Phase aber schon erste Zeichen bekam, in welche Richtung das Ganze laufen würde, um sich in seiner Reaktion auch darauf einzustellen.

Es wurde 09:05 Uhr und noch gab es keine Zeichen oder Andeutungen. Alexander wurde jetzt doch merklich nervös und drückte die Hand von Anna-Maria, die jedoch ebenso angespannt wirkte wie er. Auch ein Blick zu Björn verriet, dass dieser unweigerlich anfing an seinen Fingernägeln zu kauen. Es wurde 09:10 Uhr und das gesamte Startup-Leben von *AudioKing.com* lief im Kopf von Alexander König nochmals im Schnelldurchgang ab.

Jetzt war es soweit. Er konnte nichts mehr tun. Er konnte nur noch abwarten, ob sich alle Mühen und Entbehrungen gelohnt hatten. Er fing unweigerlich an, innerlich zu beten. Jetzt hieß es nur „Top“ oder „Flop“ beziehungsweise „King“ oder „Harlekin“. Und dann endlich gingen die ersten Daumen in Richtung von Alexander König seitens des für seinen IPO zuständigen Spezialisten nach oben. Es schien gut zu laufen…

Um 09:15 Uhr stand der Spezialist hinter seinem Desk auf und rief >>*Der erste Kurs von AudioKing.com lautet 42,50 Euro.*<< Der Börsengang war geglückt. Mehr als das. Der Handelskurs lag schon jetzt deutlich über dem Ausgabepreis von 39.- Euro, der für die Zeichnung innerhalb der Bookbuilding-Phase veranschlagt wurde. Das bedeutete auch, dass *AudioKing.com* über 1,48 Milliarden Euro über den IPO eingenommen und aktuell eine Bewertung von fast 6 Milliarden Euro hatte. Was für eine Erfolgsgeschichte. Und der Kurs schien auch weiter zu steigen.

Der Jubel beim Team von *AudioKing.com* kannte zu diesem Zeitpunkt keine Grenzen und jetzt konnte Alexander König die Börsenglocke schwenken. Dies lag schwer in seiner Hand und trotz aller Erleichterung, fiel es dem CEO merklich schwer in die zahlreichen Kameras zu lächeln. Aber er war gefangen im Drehbuch der Situation und spielte entsprechend mit.

Er schwenkte die Glocke in einem hohen Bogen über seinen Kopf und schüttelte sie kräftig und drehte sich dabei in die verschiedenen Richtungen für die Fotografen. Doch der Schatten vom Tod von Moritz Hansen lag über der Szenerie und so wurde Alexander unweigerlich an eine Kirchenglocke erinnern und erschauderte.

In diesem Moment gingen nicht nur zahlreiche Nachrichten per SMS und WhatsApp bei ihm ein, sondern in Berlin ging der Artikel von Fynn Schneider und Corinna Ohlsen bei *startup.news* online. Es hatte etwas länger gedauert als ursprünglich geplant, weil die Chefredakteurin wegen der enormen Brisanz doch auch noch einmal ihren Anwalt über den Text schauen lassen wollte. Der hatte ihn zwar um 06:00 Uhr heute Morgen schon bekommen, aber ihn auch wegen der Komplexität und möglichen juristischen Auswirkungen erst vor ein paar Minuten mit einer Freigabe zurückgesendet. Gerade noch rechtzeitig.

Ebenfalls zu gleichen Zeit war die Polizei auf dem Weg zur Frankfurter Börse. Zwei Beamte der Kripo aus Düsseldorf hatten sich um 07:00 Uhr in ein Auto gesetzt und waren in die Mainmetropole gefahren. Sie wurden von Emma aus dem Bett geklingelt, die zu ihnen aufgrund der Ermittlungen einen direkten Draht hatte. Nach einer kurzen Erklärung sendete sie ihnen um 06:00 Uhr ebenfalls alle aufgearbeiteten Unterlagen von *startup.news* zu. Von unterwegs hatten die Beamten eine Unterstützung von den Kollegen in Frankfurt angefordert.

Dort hatte Alexander König die ersten TV-Interviews durchgeführt und atmete jetzt erst einmal ein wenig durch. >>*Wir müssen jetzt nach draußen gehen!*<< holte ihn Anna-Maria Abrams aus seinen Gedanken. Der Zeitplan sah jetzt das obligatorische Foto mit der Bullen-Skulptur vor dem Börsengebäude vor. Anna-Maria zog ihn hierfür in Richtung Ausgang. In diesem Moment bekam Alexander die Nachricht.

„Du Schwein! Ich mache Dich fertig! MfG Moritz"

Es war Emma, die diese Nachricht an Alexander vom Handy von Moritz aus gesendet hatte. Sie hatte das Smartphone nach dem Auslesen durch die Polizei zurückbekommen und ihren Freund oft beobachtet, mit welchem Code er dieses Gerät entsperrte. Sie hoffte, dass sie damit einen Schock bei Alexander König auslösen würde. Und diese Wirkung trat auch in Frankfurt beim Adressaten wie geplant ein, denn der CEO wurde beim Lesen dieser Nachricht sichtbar blass und ihm wurde schlecht.

Emma legte das Handy von Moritz zur Seite und fing an zu weinen. Sie hatte zwar gehofft, dass es ihr nach diesem Racheakt bessergehen würde, musste jedoch feststellen, dass es nicht so war. Denn Moritz würde dadurch auch nicht wieder lebendig und der kleine Maximilian musste auch weiterhin ohne seinen Vater aufwachsen. Und trotzdem wollte sie Alexander König nicht ungeschoren davonkommen lassen. Was auch nicht passieren sollte, wenn sich der Artikel von *startup.news* erst einmal rumsprechen sollte.

Genau das passierte mit einer enormen Dynamik und tatsächlich platzte damit die Bombe, die Fynn Schneider für sich aber auch für Moritz Hansen gegenüber *AudioKing.com* und Alexander König platzen lassen wollte. Nicht nur, dass sie diesen Artikel online gestellt hatten, sondern sie taten auch alles für dessen schnelle Verbreitung.

Andere Redaktionen gerade auch mit Börsenkollegen wurden aktiv informiert, die zugehörigen sozialen Medien wurden bedient und natürlich sendete Corinna Ohlsen auch eine direkte SMS an Jörg Lehmann. Fynn wiederrum sendete den Artikel nicht ohne eine gewisse Genugtuung per SMS direkt an Alexander und fügte ein paar persönliche Zeilen hinzu.

„Du bist raus. Bitte geh nicht zurück in die Company. Es gibt bei AudioKing.com keine Kekse mehr für Dich. Auch nicht von Facebook."

Auch in Frankfurt verbreitete sich der Artikel mit dem Titel „Eilmeldung: *AudioKing.com* geht mit manipulierten Zahlen an die Börse und betrügt so die Anleger" wie ein Lauffeuer. Entsprechend fingen die ersten Pressevertreter an, Alexander König danach auf seinem Weg zu der Bullen-Skulptur zu befragen. >>*Was sagen Sie zu den Vorwürfen der Manipulation der Zahlen von AudioKing.com?*<< fragte ein Reporter und hielt ihm direkt ein Mikrofon unter die Nase.

Alexander schaute sich fragend zu Anna-Maria um und ahnte trotzdem bereits, was passiert war. Er wandte sich vom fragenden

Pressevertreter ab und schaute auf sein Handy und folgte dem Link in der Nachricht von Fynn Schneider. Schon mit der Überschrift wusste er, welche Glocke nun für ihn geläutet hatte. Schade, er hatte sich so auf die Bullen-Skulptur draußen gefreut. Daraus würde nun nichts mehr werden.

Alexander bekam gerade noch mit, wie jemand >>*Die Aktie von AudioKing.com schmiert ab!*<< rief und sah aus dem Augenwinkel, wie sich die Polizeibeamten auf ihn zubewegten. Das Alles wurde von den Medien eingefangen und bei *ntv* immer noch live gesendet. Mit ein Grund, warum sich der Abwärtstrend beim Aktienkurs von *AudioKing.com* weiter verstärkte und inzwischen sogar schon unter den Ausgabepreis von 39.- Euro fiel. Ein Ende war nicht in Sicht.

Doch an dieser Stelle war Alexander König nicht mehr in der Lage darauf zu reagieren. Er spürte, wie er einen weiteren Hörsturz bekam und der zugehörige, diesmal besonders starke Schwindel ihn in die Knie zwang. Ihm wurde schwarz vor Augen und er fiel parallel zum Aktienkurs bewusstlos zu Boden. Es war das vorläufige Ende der Erfolgsgeschichte von *AudioKing.com* und auch aller Voraussicht nach auch das Ende von Alexander König als CEO dieses Startups.

Corinna Ohlsen, die das Ganze bei *ntv* verfolgt hatte, machte vom zugehörigen Fernsehbild ein Foto und lud es mit folgender Nachricht bei *Twitter* hoch. „Schach matt! Der König ist gefallen… #AudioKing #IPO #Manipulation"

Epilog

Er schaute fassungslos aus dem Fenster. Im Hintergrund lief immer noch das Programm von *ntv*, die weiterhin über die Ereignisse auf dem Frankfurter Börsenparkett rund um *AudioKing.com* berichteten. Darunter gab es die Schlagzeilen im Laufband, die versuchten, die wesentlichen Punkte zusammenzufassen. Manipulation, Kurssturz, Verhaftung des CEO und andere Informationen waren dort als Kurztext eingeblendet. Inzwischen wurde auch Corinna Ohlsen von *startup.news* für ein Interview zugeschaltet, welche die Enthüllungen ihrer Redaktion nochmals im Detail erklärte.

Das Fazit war niederschmetternd und es war kein Wunder, dass der Handel der Aktie von *AudioKing.com* kurze Zeit später sogar ausgesetzt wurde. Zu stark waren die Schwankungen und letztendlich die Kursverluste. Deswegen entschied die Börsenleitung, auch gegeben der Informationslage rund um die Manipulationen, diese Notbremse zu ziehen. Der Handel von Aktien eines Unternehmens an der Börse wurde immer dann ausgesetzt, wenn wichtige Ereignisse oder Nachrichten erheblichen Einfluss auf den Kurs dieser Wertpapiere haben können.

Das war bei *AudioKing.com* im Zusammenhang mit dem Artikel bei *startup.news* gegeben. Durch das Aussetzen des Handels sollte gewährleistet werden, dass alle Aktionäre die neue Informationslage auswerten können, um die für sie richtigen Investitionsentscheidungen zu treffen. Es bestand aber wohl kaum Zweifel, dass diese Auswertung zu weiteren Verlusten führen werden. Es war das erste Mal in der Börsengeschichte, dass der Handel einer Aktie nur drei Stunden nach dem Start wieder ausgesetzt wurde.

Bis dahin hatten viele Aktionäre schon sehr viel Geld verloren und es dauerte ebenfalls nicht lange, bis die ersten Klagen auf Schadensersatz aufgrund der Prospekthaftung angekündigt wurden. Die damit verbundenen Regressansprüche würden weit über den aktuellen Kurs hinausgehende Zahlungen nach sich ziehen. Der damit insgesamt einhergehende Wertverlust würde enorm sein und vielleicht würde auch die generelle Substanz des Startups dafür nicht ausreichen. Denn wer würde angesichts der aktuellen Lage dem Unternehmen nochmals frisches Kapital geben, um das Alles zu überleben?

Er wandte sich vom Fenster ab und ging zurück zu seinem Schreibtisch. Es war vorbei. Seine Träume waren ebenso geplatzt, wie die der anderen Investoren und die vielen Millionen, die er schon auf dem Papier hatte, waren ebenso weg, wie das bisher auch eingesetzte reale Kapital. Unter dem Strich würde wahrscheinlich nichts bleiben.

Neben dem Kapitalschaden gab es aber auch noch den enormen Imageschaden. Wo und wie konnte man sich als Investor von

AudioKing.com noch sehen lassen? Hätten sie doch nur an *Facebook* verkauft. Jetzt war es zu spät.

Auch sein Mord an Moritz Hansen hatte nichts gebracht. Er hatte dadurch nichts retten können. Im Gegenteil, vielleicht hatte er auch mit dieser Handlung zum Mord an *AudioKing.com* beigetragen. Zudem würden sich jetzt die Ermittlungen nochmals verstärkt auf den Gesellschafterkreis beziehen und es war nur eine Frage der Zeit, bis doch alles ans Tageslicht kommen würde.

Er schaute sich verzweifelt um und betrachtete auch nochmals die ersten Nachrichten, die er per SMS und WhatsApp bekam. Auch aus denen wurde klar, dass es ein wirtschaftlicher und gesellschaftlicher Spießrutenlauf für ihn werden würde. Das würde er nicht ertragen können und traf deswegen eine einsame Entscheidung.

Er öffnete den großen Wertschutztresor in seinem Büro, der wichtige Akten und Verträge sicher verwahrte und nahm seinen Beteiligungsvertrag zu *AudioKing.com* und einen Laptop heraus. Er griff ebenfalls nach dem Kerzenleuchter, den er hier deponiert und mit dem er Moritz Hansen erschlagen hatte. Mit den drei Gegenständen ging er langsam in Richtung seiner Bürotür, wo er sich nochmals umschaute und nach einem wehmütigen Blick zurück schließlich das Licht ausmachte.

Er stand nun auf der anderen Seite des Fensters, durch welches er eben noch geschaut hatte und befand sich nun in seiner großen angeschlossenen Garage. Er startete einige Motoren seiner geliebten Oldtimer und ließ sie laufen. Die Alarmanlage für das sich ausbreitende Kohlenmonoxid hatte er vorher ausgeschaltet. Anschließend setzte er sich in sein absolutes Lieblingsauto. Es war der schwarze *Jaguar XK 150* von 1957 in der Cabrio-Ausführung.

Georg von Falkenhorst streichelte über die Ledersitze und genoss noch einmal den Griff ans Lenkrad. Den Aktenordner, den Laptop und den Kerzenleuchter hatte er auf den Beifahrersitz gelegt. Es war nur eine Frage der Zeit, bis sich die CO-Vergiftung bemerkbar machen würde. Dann startete er auch noch zusätzlich den Motor vom *Jaguar* und lies ihn mehrfach kräftig aufheulen. Was für ein königlicher Klang. Bei diesem Gedanken musste er nicht nur erstmalig husten, sondern auch nochmals an *AudioKing.com* denken.

Irgendwie hatten alle einen Anteil daran, dass es zu diesem Ende gekommen war. Sie hatten dieses Startup mit ihrer unangemessenen Gier und ihrer Sucht nach Erfolg aus unterschiedlichen Motiven ermordet und er selbst hatte zudem auch noch einen Menschen umgebracht. Moritz war tot, *AudioKing.com* war tot und er würde es auch bald sein.

Disclaimer

Das Startup *AudioKing.com* in diesem Roman wurde inspiriert durch die Plattform *LEKIO.de - THE SOCIAL RADIO NETWORK*, einer Gründungsidee des Autors, die er zusammen mit seinen Studenten von der Universität Duisburg-Essen im Jahr 2016 umsetzte und 2017 erstmals auf den Markt brachte. Die zugehörige App ist/war seitdem immer mal wieder als laufendes Experiment in den diversen Stores kostenlos verfügbar. Bis auf die grundsätzliche Konzeption haben beide Online-Plattformen in der Umsetzung und dem Geschäftsverhalten der beteiligten Akteure aber keinerlei Zusammenhänge.

Geschrieben wurde dieses Buch hauptsächlich zwischen 2017 und 2019 an zahlreichen Schauplätzen der deutschen Startup-Szene in Berlin, Köln, Düsseldorf und Hamburg mit ihren digitalen Hubs, Inkubatoren und Co-Working-Spaces sowie im Café *Palladio*, der Espressobar *Galestro* und dem Bistro *Le Quartier* in Köln-Rodenkirchen, welche auch als Vorlage für die Chill-Area an der im Roman als fiktive Hochschule eingeführten *University of Digital Business (UDB)* dienten. Alle Recherchen, Zahlen und realen Bezugspunkte beziehen sich auf diesen Zeitraum.

Der Autor legt Wert auf die Feststellung, dass die fiktiven Charaktere und ihre Handlungsweisen nicht repräsentativ für die Startup-Szene in Deutschland sind und diesbezügliche Ähnlichkeiten mit lebenden Personen rein zufällig wären. Die real existierenden und in diesem Roman vorkommenden Personen sind allesamt herausragende Persönlichkeiten des öffentlichen Lebens und werden diesbezüglich rein positiv in ihren Handlungen und Beschreibungen interpretiert. Der überwiegende Teil der Geschichte befasst sich zudem mit den positiven Aspekten einer Startup-Gründung, ohne jedoch im Ausgleich dafür nicht auch auf einige mögliche Risiken und Gefahren hinzuweisen. Insbesondere das dramatische Ende von *AudioKing.com* ist daher als Fiktion auch eher als Mahnung mit Blick auf den *Wirecard*-Skandal zu verstehen, wie sich ein Startup nicht entwickeln sollte, sofern sich alle diesbezüglichen Informationen als belastbar herausstellen.

Es ist entsprechend das Ziel, neben einer spannenden Geschichte auch kompaktes Wissen rund um die Gründung eines Online-Startups zu vermitteln. Dies ist unabhängig von dem Schicksal von *AudioKing.com* als positive Anregung und Aufforderung zu verstehen, das Abenteuer einer eigenen Unternehmensgründung mit Mut, aber eben auch Besonnenheit in Angriff zu nehmen.

Autor

Tobias Kollmann ist ein intimer Kenner der deutschen und internationalen Startup-Szene. Als Gründer von *AutoScout24* im Jahre 1999 und Entwickler der ersten mobilen UMTS-App als Feldversuch in Deutschland im Jahre 2004 gehörte er mit zu den Pionieren im Internet. Als Investor finanzierte er über viele Jahre zahlreiche junge Unternehmen mit elektronischen Geschäftsmodellen und wurde 2012 von *BAND* zum Business Angel des Jahres gewählt. Laut der Zeitschrift *Business Punk* (2/2014) gehört er als Forscher, Berater, Experte, Investor aber auch politischer Vordenker zu den 50 wichtigsten Köpfen der deutschen Startup-Szene.

Als Professor für E-Business und E-Entrepreneurship bringt er seinen Studenten an der *Universität Duisburg-Essen* das Grund- und Gründungswissen für die digitale Wirtschaft bei. Für sein besonderes Lehr- und Förderkonzept in diesem Bereich erhielt er 2007 beim UNESCO Entrepreneurship Award „Entrepreneurial Thinking and Acting" einen Sonderpreis. 2018 und 2019 gehörte er laut der *FAZ* zu den 100 einflussreichsten Ökonomen in Deutschland mit „Gewicht in Medien, Forschung und Politik". Seine Forschungsergebnisse wurden in internationalen A-Journals wie *Entrepreneurship Theory and Practice* (ETP), *Journal of Business Venturing* (JBV), *Strategic Entrepreneurship Journal* (SEJ) und *Journal of Management Information Systems* (JMIS) publiziert. Seine Lehrbücher „E-Business" und „E-Entrepreneurship" gehören in den jeweils 7. Auflagen zu den führenden Standardwerken in diesem Lehrgebiet.

Er ist zudem ein gefragter Keynote-Speaker für alle Themen rund um die Digitale Wirtschaft und ein renommierter Berater von Unternehmen und der Politik rund um die Aspekte der Digitalisierung. Von 2013 bis 2020 war er der Vorsitzende des Beirats „Junge Digitale Wirtschaft" im *BMWI*. Von 2014 bis 2017 war er zudem der Landesbeauftragte für die Digitale Wirtschaft in NRW. Die Redaktion von *politik & kommunikation* zählte ihn 2016 zu den bedeutendsten Akteuren der Digitalisierung im politischen Berlin. *Brandwatch* führte „Prof_Kollmann" 2017 unter den TOP-10 der einflussreichsten Twitter-Autoren rund um das Thema „Digitale Transformation" und „Digital Leadership".

Mit seiner *netSTART-Academy* versucht er zudem den Mitarbeitern in den Betrieben über ein berufsbegleitendes Weiterbildungsprogramm die Angst vor der digitalen Zukunft zu nehmen. Dafür bietet er zusammen mit der *Universität Duisburg-Essen* zwei Zertifikatskurse zum E-Business-Manager und zum E-Business-Leader an.